INFANCIA & JUVENTUD

Memorias

FITO PÁEZ

INFANCIA & JUVENTUD

Memorias

Obra editada en colaboración con Editorial Planeta – Argentina

Bajo el sello editorial PLANETA M.R.
Avenida Presidente Masarik núm. 111,
Piso 2, Polanco V Sección, Miguel Hidalgo
C.P. 11560, Ciudad de México
www.planetadelibros.com.mx

Primera edición impresa en Argentina: octubre de 2022
ISBN: 978-950-49-7742-1

Primera edición impresa en México: junio de 2023
ISBN: 978-607-39-0403-2

Impreso en los talleres de Impregráfica Digital, S.A. de C.V.
Av. Coyoacán 100-D, Valle Norte, Benito Juárez
Ciudad De Mexico, C.P. 03103
Impreso en México - *Printed in Mexico*

Para Martín
Páez Roth
& Margarita
Páez Richi

PREFACIO

Las cosas por su nombre. Este libro es obra de la voluntad inquebrantable de Nacho Iraola. Hacía tiempo que me venía insistiendo con la idea de escribir un libro autobiográfico. Nada más lejos de mis deseos en aquellos años prepandémicos. "Nacho, por favor, ¿quién podría tener ganas de ponerse a revisar su propia vida? Nadie en el uso de sus cabales". Rezongaba contra la casi sicopática insistencia de Nacho, que más que un editor parecía un cortejante. Con infinita paciencia, él iba horadando la piedra ante mis rotundas y permanentes negativas.

El 12 de marzo de 2020 se suspendió el primer concierto de *La conquista del espacio* en Rosario y el mundo que conocíamos los argentinos empezaba a irse por la borda, ahora por cuestiones de políticas sanitarias tomadas por el gobierno de Alberto Fernández. Comenzó un largo período de casi un año y medio de cuarteles de invierno, incluido el verano de 2021. En ese tramo, cada cual la pasó como pudo. Hubo reacciones de adhesión al encierro, otras de rechazo. Cada uno con su argumento. Los cadáveres iban regando las morgues y los cementerios de las ciudades del mundo. Una tristeza nueva iba tomando cuerpo, y surgieron palabras como "Brasil es una cámara de gas al aire libre", de Chico Buarque, que helaban la sangre. La información era confusa y variopinta. La suerte de dos duchas y dos comidas al día, más ponérsela cada cinco noches entre alcoholes y zooms con gente querida y algunos exóticos desconocidos, hizo de aquel tiempo una extraña temporada en una niebla demente.

El tiempo libre y la desesperación fueron el terreno donde se abonó este libro. Ahora no tenía argumentos para escaparme de mi insistente editor planetario. "Dale, ya no tenés excusas", me decía Nacho detrás del teléfono, con su voz agitada plena de entusiasmo. "No voy a hacer eso, amigo. ¡No tengo capacidad física ni intelectual para meterme allí!".

Una noche comencé.

Fue sobre el recuerdo de las visitas a la tumba de mi madre junto a mi papá, en la primera infancia. De manera intuitiva, empecé por lo esencial, la ausencia de aquella mujer fundamental. Escribí esa página de un tirón. Al otro día me levanté. Increíblemente, me gustó. Allí se definieron algunas cuestiones que, palabras más, palabras menos, fueron respetadas como matrices del libro en general. Cuanto menos adjetivación, mejor. Cuanto menos sentimental todo, muchísimo mejor. Las acciones sin distracciones inútiles ayudarían a navegar la lectura. Incluida la mía. Reescribir algunas anécdotas mejorándolas. La vida también era eso. La investigación policial y periodística. Rememorar el femicidio de mis abuelas y Fermina embarazada en calle Balcarce. El contacto con personas del pasado a quienes hacía mucho tiempo que no veía. Bordar ese perdedor de la primera adolescencia que casi muere ahogado por un "minitsunami" en una playa de Mar del Plata o recordar lo vibrante del primer concierto de Charly García con La Máquina de Hacer Pájaros en agosto del 76, que cambiaría mi vida. Todo fue apasionante. Llorar, reír, que suba y baje la presión, no comer durante algunos períodos, vivir en estado de delirante desconcierto, de lisergia creada por la ensoñación de la escritura y la pérdida de tiempo y espacio por algunos momentos en los que no se sabía quién era el que estaba escribiendo. Si el niño que fui o quien creía que era o el Fito Páez de bolsillo. Una auténtica montaña rusa emocional.

Un día lo di por finalizado. Pero no fue real. Surgían nuevos recuerdos que volvían a encender el fuego. Otra vez a la pesca de alguien que me diera otra versión de los hechos. Mientras, componía músicas y canciones nuevas. Había mucho tiempo libre. Después ya no quise moverme más de aquella biblioteca mágica de la calle Esmeralda. Por fin había logrado vivir en un mundo fantástico. La realidad es un espacio de locura y alienación que nunca me fue empático.

El amor, el cine, los libros y la música me acompañaron y rescataron en cada tramo de esta odisea, en extremo desconcertante, que había resultado la vida. Aquí, este errático intento de escritura de lo que creo, imaginé o me contaron de la mía. Espero les ayude a pasar el rato y les robe una sonrisa. Gracias a mi tribu por regalarme el don del tiempo de vivir, cantar y contar aventuras durante todos estos años.

Ah... El título, "Infancia y juventud", me lo regaló mi hermana Alina Gandini mientras iba leyéndole por teléfono algunos de los primeros tramos del libro.

Fito Páez

PRIMERA PARTE

INFANCIA

I

De niño conocí el olor de la muerte. Ningún niño está preparado para oler a la muerte. Tiene un aroma muy particular. A flores marchitas. A encierro. Todos los sábados, cerca del mediodía, durante varios años, mi padre me llevaba a enfrentarme a la lápida de mi madre. Estaba en el cementerio El Salvador. Cruzábamos el frontispicio de columnas de estilo dórico por un amplio pasillo techado, hasta la escalinata que descendía en la avenida central. Caminábamos de la mano varias cuadras interminables. Luego doblábamos a la derecha hasta encontrarnos con una escalera que se adentraba en las profundidades de aquel laberinto de cadáveres. Mi madre nunca fue una entelequia. Una noción imaginaria o un fantasma. Mi padre compraba religiosamente una docena de claveles rojos o blancos en los puestos de flores que se ubicaban sobre la avenida Ovidio Lagos, frente al cementerio. Lo primero que me enseñó fue el ritual de aquellos encuentros. Después de atravesar los pasillos subterráneos durante algunos minutos de caminata en silencio, llegábamos a la tumba de la muerta. Eran cinco hileras de cien metros de largo sobre las que se disponían las lápidas. Una arriba de la otra. Nosotros tuvimos suerte. Estaba en la segunda fila comenzando desde abajo. Podía ver la foto de mi madre directo a los ojos. Otros estaban obligados a agacharse o a usar las escaleras disponibles para encontrarse con sus muertos. Entonces mi padre besaba la foto de mi madre con la mano a modo de saludo. Después me indicaba que hiciera lo propio. Retirábamos las antiguas flores que despedían su néctar mortecino. A veces no eran las que habíamos dejado la última vez. Alguien más había visitado el sepulcro. Esos silencios de mi padre aún me acompañan. Esas miradas. Las flores, entonces. Aquellas flores vivirían tan solo algunas horas después de puestas en el florero de lata. Solo conocían el abrigo del frío, la humedad y las sombras. Todas esas flores sabían que llegaban a sus horas finales cuando atravesaban aquellos canales helados aislados del sol. Algún registro de agonía siempre supuse que tenían. Todo abriga la virtud de la premonición. Luego yo tiraba las flores muertas en el cesto. Y comenzaba el protocolo de limpieza. Primero, la foto de mi madre. Estaba en un marco de metal adherido al mármol blanco veteado de gris. Luego limpiaba la placa de bronce donde se leía el epitafio: "Su esposo e hijo, que siempre la amarán". Primero se limpiaba con rigurosa meticulosidad cada milímetro de aquella lápida con un trapo que traíamos en un pequeño bolso. Se tiraba el trapo en el cesto junto con el papel en el que habían estado envueltas las nuevas flores condenadas a morir. Después se rezaba. Mi padre parecía ausente en esa rumiación. Yo también. Eso era todo. Sentía que ese era un no lugar. Una máxima incomodidad. Hacíamos el camino de vuelta. Subíamos a un taxi y volvíamos a la casa de calle Balcarce. Mi padre se encerraba en su habitación hasta el almuerzo. No recuerdo qué pasaba en aquellos largos minutos hasta sentarnos a la mesa. Los niños y las flores no están preparados para la muerte.

Calle Balcarce 681. La Casa Páez. Se encontraba a escasos cien metros del emblemático Boulevard Oroño. Un terreno de 6,91 × 13,92. Tradicional casa chorizo. Denominación que se utiliza para definir a las casas con los cuartos en fila, uno detrás del otro, sobre la medianera, tan típicas de las primeras décadas del mil novecientos. Según datos catastrales de la Municipalidad de Rosario, el permiso de edificación es el número 56 del año 1926.

Demos una vuelta por el vecindario. Les propongo un largo plano secuencia, con un *steadicam* en manos de algún camarógrafo amigo o un dron volador a control remoto que pueda subir y bajar *a piacere*.

Relato en *off*.

Viví mi infancia y pubertad en el barrio del macrocentro de la ciudad de Rosario. Allí, enfrente de mi casa, se encontraba el conservatorio de música Scarafía. Del lado izquierdo, en una vieja casona, vivieron María Elena Falcón, mi vecina, con su marido y un hijo adolescente. Porte de mujer ruda de los campos de la Europa del Este. Dueña del kiosco que atendía por una ventana de su casa que daba a calle Santa Fe. Mujer amorosa, tía putativa. Cruzando Balcarce hacia el Boulevard Oroño, enclavado en la esquina misma de Balcarce y Santa Fe, el restaurant, bar, café, pizzería Grand Prix. Mi cafetín de Rosario. "De chiquilín te miraba de afuera como a esas cosas que nunca se alcanzan, la ñata contra el vidrio en un azul de frío que solo fue después, viviendo, igual al mío". Enrique Santos Discépolo sabía nombrar con precisión y emoción los lugares entrañables. Así su cafetín de Buenos Aires. Así mi Grand Prix.

Cruzando Santa Fe hacia el sur, por Balcarce, se encontraba la parada del colectivo 200. En esos carromatos iría a la escuela primaria casi todos los días. De mañana, al taller a aprender herrería, aeromodelismo, carpintería, y a la tarde al turno escolar. Sin contar las frías mañanas de invierno, yendo a las clases de educación física cuando la humedad asesina se colaba entre el par de calzoncillos largos y el pantalón de gimnasia, entrenándonos tempranamente para soportar los fríos polares rosarinos.

Cruzando de vereda, sobre Santa Fe, frente al kiosco de María Elena, estaba el Normal 2. Escuela de futuras mujeres, adolescentes en flor. Con sus polleras grises entabladas, sus medias blancas hasta la rodilla, sus zapatos negros y sus camisas blancas recién planchadas en primavera. El obligado pulóver gris en ve en invierno, sus sacos azules y sus cabellos recogidos. Delicias de mis sueños juveniles.

Al lado se erguía la Facultad de Ciencias Agrarias y Ciencias Políticas de la Universidad Nacional del Litoral. Verán el distinguido estilo de neoclasicismo francés. Allí anidaban cuevas de murciélagos y palmeras quinoteras que llegaban hasta el cielo.

Último destino: la plaza San Martín. Fíjense que ocupa toda la manzana de Santa Fe, Moreno, Córdoba y Dorrego.

Toda una plaza.

A la derecha, cruzando Santa Fe, verán, aún imponente, la Jefatura de Policía. Lóbrego centro clandestino de tortura y desapariciones forzadas durante la última dictadura militar.

En ele con la calle Moreno, la plaza lindaba con el Museo de Ciencias Naturales. También cuna de murciélagos y niños exploradores caminadores de cornisas. En la esquina de Moreno y Córdoba, cruzando la calle, se emplazaba el Segundo Cuerpo del Ejército. A pocos metros por la misma vereda de la calle Córdoba se encontraba la CGT. En frente, la Facultad de Derecho.

A su lado, casi llegando a Balcarce, se erigían como dos gigantes las puertas forjadas en hierro que oficiaban de salida del Normal 2.

Las armas, la ley, la educación, la ciencia, la música, el recreo infantil y la política muy cerca.

Doblemos por Balcarce.

Allí enfrente, en ese edificio de dos pisos, vivía la familia Gallardo. Fabián, uno de sus hijos, será uno de mis compinches de primera adolescencia. En aquel otro edificio vivía la familia Boglioli. En ese tercer piso pasaría largas horas alrededor de una mesa jugando al póker, escuchando rock progresivo. Al lado, casi llegando a la esquina de la calle Santa Fe, otro edificio en el que ocurrirían hechos de extrema violencia. De esta vereda, por la que voy, solo se ve la pared lateral del Normal 2. Saludemos a las chicas que agitan sus manos desde las aulas. Doblando por la misma vereda, por calle Santa Fe, vivía ese atorrante hermoso, galán de barrio y artista iluminador llamado Fernando Piedrabuena, que iba a acompañarme en gran parte de este viaje.

Crucemos Santa Fe.

Otra vez la casa de María Elena, y al lado, mi casa de nuevo.

Enfrente, pegadas al Grand Prix, dos casas muy antiguas similares a la mía. Eran edificaciones donde las habitaciones se disponían alrededor de un gran patio. Vivían señoras mayores que regían sus inmuebles como pensiones temporarias.

A su lado el ya mencionado y querido conservatorio Scarafía. Hacia la esquina de la calle San Lorenzo se erigía otro edificio de un piso, donde vivía una familia con quien no teníamos otro trato que los cordiales saludos entre vecinos. Sus hijas eran mayores que yo. Dos adolescentes guapísimas que atraían mi permanente atención. De pelo largo, espigadas, espléndidas. Por la vereda de mi casa, a la derecha, separados por una medianera, vivían el doctor Costa y su señora, de apellido Buñone. Tenían catorce hijos. Una familia muy reservada que también acompañó en mis primeros años la vida en el barrio. Siguiendo por la misma vereda, en un edificio de un piso, cuyo frente era de piedra gris con pequeñas incrustaciones de piedritas de colores brillantes, vivía la familia del doctor Caviglia. Un hombre de unos sesenta años, muy elegante. Venía todos los fines de semana a tomar un vermut con los Páez. Allí enfrente, siguiendo el paneo hacia la derecha, a manera de *travelling* frontal, se ve un garaje, y al lado, la casa del doctor Cochero, abogado de prestigio que vivía con su mujer y sus dos hijos. Cruzando la calle San Lorenzo se encontraba la despensa Pochi. Todo lo que quisieras conseguir en materia comestible se encontraba allí. Despensa de lujo. Siguiendo unos metros, la tintorería japonesa de frente azul, y después unas casas antiguas que lindaban con la panadería El Peñón. Allí compraría muchas tortas negras y bolas de fraile para acompañar las tareas de la secundaria antes del mediodía, después de las clases de educación física. Nada como una docena de esos manjares acompañados de Coca-Cola helada para pasar la mañana.

Volviendo a la esquina de Balcarce y San Lorenzo, frente al Pochi se encontraba el bodegón El Pampa. Restaurant sombrío, de larga tradición en el barrio. Por esa misma vereda, subiendo por San Lorenzo hacia Moreno, estaba mi almacén favorito. Atendido por dos hermanas cincuentonas solteras. Las Persic. Subía dos escalones y entraba a un antiguo almacén de pueblo de ramos generales. Un gran mostrador sobre dos heladeras gigantes de madera oscura, con fiambres y lácteos. Una máquina para cortar embutidos, quesos y una balanza. Detrás, una despensa llena de productos alimenticios que iba de lado a lado del boliche. Por una persiana de hilos de plástico de colores se podía ver el raído cuarto de estar, en el que pasaban gran parte de sus días estas dos hermanas. Una, de pelo corto y anteojos, flaca y pizpireta. La otra, mujer robusta, de melena castaña oscura cortada al cuello, siempre de riguroso delantal verde y carácter más seco. A la derecha, otras dos heladeras para las bebidas, y siempre la sonrisa amorosa de las dos, que antes de irme, después de anotarme todo lo comprado en la libreta familiar, me regalaban unos caramelos para que volviera contento a mi casa.

Así sucedía.

De la vereda de enfrente, llegando a Moreno, estaba la carnicería. El carnicero era un hombre de contextura mediana. Casi calvo, con un fino bigote que dejaba ver su sonrisa de actor de circo. Siempre amable y servicial. Vestía de riguroso delantal blanco. El día que a mis trece años le compré dos hígados, me dijo implacable: "¿Qué vas a hacer con eso? Tus abuelas nunca llevan hígado". Él también había sido púber. El ingenio provinciano y la sexualidad carecen de fronteras. Los dos hígados encerrarían a mi pito ávido de curiosidad y yo me sacudiría en busca de un éxtasis desconocido. Esa humedad de vísceras rojas, me habían contado mis amigos de la plaza San Martín, daba una dulce sensación de placidez.

Unos metros adelante, volviendo a cruzar de vereda, en un PH, vivía José Luis con su mamá. Tenían un patio grande con una Pelopincho y muchos juguetes. En ese pasillo, en otro departamento, viviría mi hermano Coki Debernardi, con quien atravesaríamos infinidad de situaciones *non sanctas* años más tarde, a metros de distancia de la casa de mi amiguito de la infancia.

Tiempo al tiempo.

Crucemos de vereda nuevamente por la calle San Lorenzo y volvamos hacia atrás. Pegando la vuelta a la izquierda, ya por la calle Balcarce.

Imaginemos que por esa intersección vemos pasar el colectivo de la línea 1 que me llevaba a la Municipalidad, enclavada en las esquinas de Buenos Aires y Santa Fe, donde trabajaba mi padre, y la línea L, que nos llevaba hasta Funes y Roldán, pueblos cercanos donde vivía una parte importante de los trabajadores de la ciudad de Rosario.

Allí delante, unos metros antes de llegar a Santa Fe, otra vez la casa de mis amores.

Aquí habían vivido mi bisabuelo Pantaleón y mi bisabuela Rodolfa. Allí nacen sus hijos Marcial, Honorio Santiago y Pantaleón. Honorio Santiago sigue en la casa y se casa con mi abuela Belia Ramírez.

Crían a sus dos hijos, Rodolfo y Rosario.

Rosario es mi tía Charito, que se casa con Eduardo Carrizo y se van a vivir a un pueblo cercano. Cepeda.

Mi padre, Rodolfo, queda en la casa como único hijo. Fallece Honorio Santiago, padre de Charito y Rodolfo.

Entonces llega Pepa, pariente por la línea Páez afincados en la provincia de Córdoba. La casa queda conformada con Belia, Pepa y mi padre.

Entremos, por favor, acompáñenme.

Aquí la puerta marrón, en dos partes de tres metros de altura, que daba a calle Balcarce.

Subiendo dos escalones entramos a un zaguán en el cual, sobre la pared izquierda, había una placa con una frase inscripta del *Martín Fierro* de José Hernández: "Naides sabe en qué rincón / se oculta el que es su enemigo".

Ese recibidor conducía a dos espacios.

A la derecha, al living comedor, y hacia adelante, a través de otra puerta cancel, al patio.

El living es un salón rectangular con una mesa de madera rojiza en el medio, que en días de fiestas se podía extender con otro módulo, con mantel de un rabioso floreado en tonos amarillos y rojos. A su alrededor seis sillas de madera tapizadas en cuero rojo. Encima de la mesa, la lámpara araña de tela con motivos floreados en tono ocre iluminaba el comedor de los Páez. Sobre las paredes laterales izquierdas vemos dos armarios de madera roja lacrada separados por una puerta. Esta puerta daba a la habitación de mi abuela. Del lado de la abertura derecha de la puerta, una mesa alta con un teléfono envuelto en plástico rojo. En la parte inferior de esa mesa se guardaba la guía telefónica. A su derecha uno de los muebles rojos sostenía una mesada de mármol a tono, con veteados blancos, donde se apoyaban cuadros y objetos de valor para la familia. Uno muy especial. El portarretrato de mi madre. Debajo, dos armarios cerrados con llave. En uno de ellos supe guardar mi primera colección en miniaturas de bebidas alcohólicas, que generalmente compraba en la panadería Nuria, en Santa Fe y San Martín, en los paseos de los domingos a la mañana junto a mi padre. Whisky, ron, vodka, Campari, anís, rhum, fernet. La primera escena te cuenta la película, se suele decir. Por sobre los armarios se disponían dos cajones. Encima de la mesada, un sobremueble que constaba de tres espacios, finamente curvado, de medio metro de altura, aplicado a la base del mueble. Dos laterales con puertas de vidrio que dejaban ver las copas de distintas vajillas. En el medio, otro con puertas espejadas que funcionaba como un pequeño botiquín de urgencias, con algodones, gasas, agua oxigenada, curitas y alcohol. A su derecha, una mesa de patas de madera y tapa de bronce. Allí se apoyaba la pila de discos de mi padre que fueron centrales en mi educación sentimental. A su lado, una silla para múltiples usos. Uno de ellos era, cuando niño, subirme a buscar los discos de arriba de la pila. Sobre esa pila, clavada en la pared, la foto de los graduados del Superior de Comercio, entre quienes se encontraba mi padre. En ángulo perfecto, detrás del frente de mesa, el piano rojo August Förster, propiedad de la familia Páez. Reinaba el piano en aquel espacio, con la solemnidad de un sepulcro imperial. Inviolable. Pasarían muchos años para que mi abuela Belia me diera la llave que abriría el cofre que contenía el santo grial familiar. Fue la noche en la que descubrí una de las formas del cine, a mis seis años. Estaban dando *El hombre que volvió de la muerte*, de Narciso Ibáñez Menta. Era una serie televisiva de terror que pasaban los viernes a las diez de la noche. Abrí la tapa del piano, con extrema delicadeza quité la felpa azul con motivos floreados que cubría las teclas. Me acerqué al televisor, bajé el volumen y esperé a que ingresara aquel hombre con su máscara negra. Comencé a pegar clústeres sobre el piano, que llevaba años muy desafinado. Mejor para mis fines. Estaba musicalizando una escena de terror en mi propia casa. Fue una sorpresa para todos y la primera vez que sentí el poder de la música sobre las imágenes. Todos festejaron a regañadientes. Fue una prueba de talento y un juego divertido. Iba a ser siempre así. El August Förster era un piano emperifollado por dos candelabros draculeanos, muy a lo Liberace, que le daban un look *gore*. Encima de él, fotos de mi padre y su hermana, mi tía Charito, apoyadas sobre una manta blanca bordada a mano en crochet por alguna comadre de la familia. Arriba del piano, un paisaje nocturno de unos pescadores subiéndose a un bote para salir a pescar o conspirando. Bella escena indescifrable. A su costado, el combinado Ranser de cuatro patas. Radio y tocadiscos. Las paredes de color verde. No inglés. Más bien verde agua. Y el techo, altísimo y blanco, con escoriaciones de humedad que hacían que se despegaran trozos de pintura. Si la cámara me sigue, en la pared que da a calle Balcarce, se encontraba un sillón que oficiaba de cama de la Pepa, mi tía abuela. Que un buen día llegó desde San José de la Dormida, provincia de Córdoba, y se instaló con nosotros. Dice la leyenda que fue virgen. Por el amor que prodigó y por cumplir esa condición *sine qua non* de no haber tenido relaciones sexuales durante toda su vida, y según los estrictos protocolos de las encíclicas papales, debería ser declarada santa. Santa Pepa.

Por sobre el sillón, un espejo con bordes en el mismo tono rojizo de los muebles del living comedor. A los dos costados del sillón cama se abrían dos puertaventanas que daban a los balcones de calle Balcarce. De madera, vidriadas, con persianas exteriores. Esto permitía generar infinidad de tipos de luces en días soleados y nublados abriendo y cerrando los postigos. Recuerdo en aquellos balcones la cálida sensación de los rayos de sol en las mejillas de la infancia, junto a mi abuela, esperando la llegada del almuerzo. A la derecha del balcón cercano a la puerta vemos el televisor. Pequeño. Blanco y negro. En él vi al Capitán Piluso, insigne personaje protagonizado por Alberto Olmedo, uno de los grandes comediantes argentinos. También el aterrizaje del hombre en la Luna, los almuerzos de Mirtha Legrand, a los geniales uruguayos de *Hupumorpo*: Ricardo Espalter, Berugo Carámbula, Gabriela Acher, Andrés Redondo, Enrique Almada y Eduardo D'Angelo. Otros programas de humor como *La tuerca*, los programas de Porcel, Blackie y sus entrevistas, Pipo Mancera, el entrañable Tato Bores, etc. *Fútbol de Primera* con Macaya Márquez de comentarista los viernes por la noche. *La botica del 5* o *El clan*, célebres magazines rosarinos conducidos por Osvaldo Granados, el Negro Moyano Vargas y el pianista Mario Cánepa, y los noticieros del mediodía y cierre de Canal 3 y Canal 5. La televisión era un miembro de la familia. Siguiendo en círculo nos topamos con la puerta de acceso al zaguán. A su derecha, la estufa Eskabe a garrafa de gas. Aquí a su lado, un pequeño armario donde se guardaban los libros escolares. Los míos y los de mi abuela Belia, que era maestra de primaria. En ángulo recto, siempre a la derecha, el otro mueble rojo, similar al descripto unas líneas arriba. Entonces pegamos la vuelta y nuevamente la puerta que daba a la habitación de mi abuela Belia. Pintada en sus cuatro paredes de color amarillo. Muebles negros rotundos a los costados de la cama. En los dos armarios, dos enormes espejos se reflejaban uno al otro. Frente a ellos hice todas las coreografías posibles intentando copiar a Ritchie Blackmore, Lennon, Pappo, Luis Alberto Spinetta, Jimmy Page, Ricardo Soulé, Pete Townshend, Steve Howe y a tantos otros, con el bastón que mi padre usaba para ayudarse a caminar como guitarra. Era un bastón de madera revestido en un material marmolado brillante de color marrón con una agarradera en el mismo tono, lo que le daba al objeto un aspecto falsamente aristocrático. Me miraba en el espejo y movía mi cabeza de un lado al otro haciendo muecas de gran guitarrista. Me paraba sobre la cama de mi abuela y me revolcaba tocando solos imaginarios con la boca. Cambiaba tema a tema y disco a disco en ese maravilloso Winco portátil verde manzana y lograba aislarme del mundo real. La pasión con que vivía aquellas escenas me teletransportaba a los escenarios más disímiles en Londres, Buenos Aires, Liverpool, Monterrey, Woodstock, Nueva York y mil ciudades inventadas. Veía grandes públicos frente a ese espejo y un montón de chicas clamando por mí, imaginando un futuro demasiado improbable para ser cierto. En esa cama comencé a masturbarme, a muy pronta edad. Me enroscaba sobre la almohada y me agitaba hasta la desesperación. También le robaba algunos pesitos a mi abuela para golosinas y cigarrillos en el trascurso de mi pubertad y parte de mi adolescencia. Dos mesas de luz al costado de la cama y la figura de un Cristo dibujado con perfección fotográfica dentro de un marco negro, con ínfimas molduras barrocas, de forma ovalada. Fíjense cómo mira a cámara mostrando sus manos heridas. Él coronaba la habitación. Separados por otra puerta gris igual a la que daba al comedor, alta como un dinosaurio, la habitación de mi padre. Roja. Una cama de una plaza sobre la pared contigua a la habitación de Belia. Una mesa de luz alta con un pequeño cajón. De donde alguna vez lo vi sacar una pistola de corto calibre. "Hay que saber resguardarse, hijo", dijo ante mi perplejidad de niño. Encima, un velador. A su izquierda, un armario donde guardábamos parte de nuestra ropa. Más allá, el baño. Amarillo. Viejo, pequeño y desvencijado. Con una bañera blanca y su ducha correspondiente. Un inodoro y una bacha con espejo donde mi padre se afeitaba cada día con extrema meticulosidad. El baño quedaba aislado por una incómoda dificultad. Había que hacer movimientos bruscos y aceitar permanentemente aquel mecanismo en el piso por donde se deslizaba la puerta corrediza de vidrios gruesos esmerilados. Al costado de la cama había una mesa rodeada de cuatro sillas que nunca se usaron y que impedían el paso al ropero. Ese armario tan misterioso. Vestidos de mi madre se atesoraban allí como reliquias sagradas. A su lado, mi roperito amarillo patito, donde se guardaban mis ropas de niño. A su izquierda, la heladera Siam, con esa manija fantástica que al mínimo de presión se abría con delicadeza. En la cocina no había espacio para semejante mamotreto, entonces recaló allí. Estas dos habitaciones contiguas, la de Belia y la de papá Rodolfo, daban al patio. En ese patio, en los días de verano, corríamos con unas sogas el gran toldo verde que nos protegía del sol rosarino. Había tres sillones de hierro, curvado en los apoyabrazos, pintados de blanco y dos almohadones de plástico floreados que hacían posible sentarse. La mesa apoyada en la pared ubicada entre medio de las habitaciones era donde comíamos en verano. A veces a resguardo del insoportable calor húmedo del día y en muchas noches estrelladas. Esta mesa también fue mi refugio. Entre sus patas armé mis primeras covachas. Casitas donde forjé mis primeros momentos de intimidad y mis deseos de independencia. La tapaba con sábanas y colchas viejas. Mi carpa india. La pared enfrente a la mesa era altísima. Colgaban varias macetas con helechos que la Pepa regaba periódicamente, cuando no lo hacía la lluvia. Pasaba en más de dos metros de altura a la terraza. Un alambrado rectangular se dejaba ver allí arriba. Pareciera que, desde la terraza de los Costa, hubieran querido observarnos. No tenía ningún sentido ese agujero alambrado allí, en esa alta medianera que nos separaba de los vecinos. Misterios de la arquitectura argentina o delicias de algún vecino *voyeur* trasnochado en busca de sonidos o imágenes que satisficieran su curiosidad. Una noche, yendo a dormir, cerramos los altos postigos. Las puertas de las habitaciones quedaron abiertas por el excesivo calor. Recuerdo haber sentido unos ruidos en el patio, intentando dormir junto a mi abuela. El ventilador Rosario de pie, prendido. Esa noche el ruido de las aletas y el motor estaba logrando ponerme nervioso. La ansiedad me estaba jugando una de sus primeras malas pasadas. Era Noche de Reyes. Me levanté con miedo. Con extremo sigilo, alcé una de las pestañas móviles de los postigos que daban al patio y allí estaban los fantásticos Reyes Magos. Sus capas brillantes de colores. Sus cofias relucientes, sus bombachas y sus sandalias moras. Sentí el olor a bosta de los camellos. Animales exóticos en aquellos parajes rosarinos. Todo mi cuerpo se ruborizó de alegría. Gaspar, Melchor y Baltasar estaban en el patio de mi casa. Baltasar fue el que sacó de una bolsa que llevaba colgada de los hombros la bicicleta Avianca verde doblada en dos partes. La apoyó en el piso con gran delicadeza, intentando no despertarme, y la dejó parada en el patio. Los otros dos cuchicheaban con mi padre.

La tarea más pesada la realizaba el africano. Gaspar y Melchor, los blancos, negociaban. ¿Sugestión o realidad?

El patio culminaba en una cocina de mínimas proporciones donde Pepa cocinaba con amor y dedicación cada día y cada noche de nuestras vidas. Miren allí adentro. Era un espacio muy pequeño. Una mesa de madera destartalada, una cocina vieja de cuatro hornallas y un horno. Aquí, la mesada con una bacha y un armario estante donde se guardaban diversos condimentos y paquetes de fideos, harina y arroz. Lindando, saliendo al patio, un gran armario despensa, que con sus puertas cerradas oficiaba de arco de fútbol. Solíamos tener una pecera encima de este armario. Solía romperla a pelotazos. Rescatar a los peces entre los vidrios y meterlos en una bolsa de plástico era una tarea ineludible. Siempre lograba rescatarlos. A su lado, un baño de letrina con puerta negra. Como en un patíbulo, debías arrodillarte para hacer tus necesidades. Tenía mal olor, seguramente por el gran tamaño del agujero. Por allí se colaba con facilidad el olor fétido de las cloacas. Por el lado izquierdo, en el exterior, una bacha grande, construida debajo de la estructura de la escalera, hecha de una sola pieza, donde Pepa lavaba la ropa con una tabla que en otros parajes del mundo se utilizaba para tocar ragtime. En noches de fiesta servía de refrigerador de bebidas, repleta de hielo. Unos metros a la izquierda, la escalera de escalones de cemento gris y una baranda de metal raído para ayudarse a subir, que llegaba a un patio de dos por dos que daba a una pequeña habitación. Por aquella escalera mi tía Charito y mi abuela Belia vieron descender a la Virgen María mientras mi abuelo Honorio Santiago fallecía en el mismo momento en algún hospital de Rosario. De allí, otra escalera ascendía unos metros hacia la terraza. Allí vivieron mis padres el tiempo que estuvieron juntos, casados. También había otra pequeña habitación, contigua, donde estaba "el muerto". Un cajón al cual era imposible acceder. Estaba bajo una pila de objetos en desuso. Había un aroma muy especial en esa pequeña covacha. Era uno de mis lugares favoritos. Al igual que el piano, ese cajón era resguardado con celo por los adultos de la casa. Y luego la terraza se abría como un gran campo de baldosas naranjas que terminaba en un galponcito, muy timburtiano, que alojaba objetos añejos que no servían para nada. El perímetro en ele casi perfecto estaba protegido por una baranda de hierros terminados con ornamentos barrocos. Obviamente, corroídos por la lluvia, las inclemencias del sol y la humedad. Servían para no caer al vacío sobre el piso del patio. Cómo olvidar los gritos de mis abuelas pidiéndome que me metiera para adentro. "Nene, ¡te vas a caer! ¿Querés darle un disgusto a tu padre?". Disfrutaba el peligro de caminar por la cornisa agarrado a los fierros, mirando para abajo hacia el sufrimiento de mis abuelas. Para observar a los autos o tirarles bombas de agua en carnaval a los peatones desprevenidos teníamos que subirnos aquí. A esta angosta plataforma que recorría de punta a punta el frente de calle Balcarce. A su izquierda lindaba con la terraza de María Elena.

Fin del recorrido.

Ahora, a los hechos.

2

Había una vez en Rosario dos familias: los Páez y los Ávalos. Mi padre Rodolfo y mi madre Margarita Zulema Juana. Ella, mujer de facciones suaves y carácter angélico. Sus ojos almendrados debajo de unas pestañas ligeramente delineadas. Sus labios perfectos, finamente estilizados. Su cabellera castaña toda enrulada, cortada sobre el extremo superior del cuello. Domada por *spray* en su versión prolija. Alzada al viento en su versión *sauvage*. Criada en una familia pudiente de clase media.

Él, hombre refinado en cuanto a sus gustos. De rostro redondo, ojos castaño oscuros y piel de manzana. El pelo, recortado como el Drácula de Béla Lugosi, formaba un triángulo sobre su frente que le daba el clásico aspecto del conde que vimos en aquellas primeras versiones cinematográficas. Esa cabellera se mantenía firme contra los posibles efectos del viento por los rigores de la buena presencia y por el uso de fuertes dosis de Lord Cheseline, gomina o fijador de cabello muy popular en aquellos años. Hombre de buen corazón, excelentes modales y carácter conservador.

Papá y mamá.

Así presentados, Margarita y Rodolfo decidieron contraer nupcias el 25 de marzo de 1961 con la anuencia de mis abuelos maternos, don Aurelio Ávalos y Margarita Rosa Magnelli de Ávalos, y mi abuela paterna, Belia Zulema Ramírez de Páez. Mis padres vivieron en aquella habitación de la terraza de la casa de calle Balcarce. Viajaron a Córdoba, acumularon recuerdos, se besaron bajo la luz de la luna, rieron en complicidad, hicieron planes. Se amaron. Enfrentaron un mundo y una Argentina sin buenos pronósticos para el futuro más inmediato. Margarita se embarazó y las esperanzas y las alegrías fueron todo en aquellas familias.

A los nueve meses de su casamiento, en el año 1962 nace, muerta, mi hermana Valeria.

Mi madre se volvió a embarazar. Entonces renacieron todas las esperanzas.

Yo nací el 13 de marzo de 1963. Un mediodía de sol a las 14 horas. El borracho en la quiniela.

Mi tía Charito guardaba aún la fotografía que me hicieron a pocos instantes de nacer. En la imagen estoy en manos de mi tío Eduardo Carrizo, uno de los asistentes de la cesárea, colgando cabeza para abajo. El tamaño de mis pelotas era superior al de mi cabeza. Se ve que hay cosas que no cambian.

Ocho meses más tarde mi madre fallecía de un tumor maligno denominado coriocarcinoma o mola hidatiforme. Tumor de crecimiento lento que se forma con células uterinas que ayudan a que el embrión se adhiera al útero. Por la zona en la que se forma y por la periodicidad con la que avanza, este cáncer se hace ver como un embarazo. Un falso embarazo.

Así las cosas, Montescos y Capuletos renacen seiscientos sesenta años después, lejos de las calles de Verona, bajo la inapelable precisión quirúrgica con la que míster Shakespeare había representado las peleas entre clanes familiares sobre los finales del mil quinientos. Los Páez y los Ávalos entraban en una guerra que tendría treguas y versiones encontradas. Este conflicto, cincuenta y cinco años más tarde de mi nacimiento, arribaría a una suerte de final feliz. Con los sobrevivientes sentados a la mesa en un restaurante a la vera del río Paraná, brindando por aquel reencuentro que tantas horas de dolor había costado. Allí, mi tía Charito y mi tío Eduardo lograron juntarse con mis tres tías maternas: Zulema Felisa, apodada "Perla", Leonor Elisa, apodada "Pocha", y Norma Elena, apodada "Yiya", junto a Aurelio Alfredo Antonio, mi tío materno. Vinieron con sus hijos y nietos. Fue un encuentro emotivo en el que afloró un clima de camaradería y reconciliación.

Aunque sabemos que la vida nos atraviesa, y aquella coyuntura dramática que rodeó a la muerte de mi madre había dejado heridas que no cerrarían jamás.

Mi madre muere el 24 de noviembre de 1963. A sus treinta y dos años.

Esa mujer tan plena. Profesora de ciencias en la escuela de Corral de Bustos, donde daba cursos de álgebra y matemáticas. Eximia pianista. Recibida con las mejores calificaciones en todos sus estudios. Amada sin excepción por todos a quienes había conocido. Hija ejemplar. Amorosa compañera marital llena de tímidas malicias de juventud que ahora, en la flor de su vida, iba dentro de aquel féretro en estricto *rigor mortis* rumbo a la oscuridad final. Todos descreídos de la ominosa realidad que imponía la muerte, que invadió a todas esas almas mutiladas por el alejamiento definitivo de la bien amada Margarita.

No sé por dónde andaría yo en aquellos momentos. Nadie pudo contármelo con exactitud. A veces las tormentas son tan grandes que las criaturas más frágiles son invisibilizadas.

Un río de lágrimas lo inundó todo.

Sellaron la lápida y el mundo siguió andando.

Mi padre se encerró en la habitación de la terraza de Balcarce durante algunos días. Su asma no hacía más que empeorar las cosas. Belia y Pepa, que andarían por los cincuenta años, pasarían a ser mis madres putativas. Belia, una mujer pequeña de rasgos elegantes. Nariz corta levemente respingada, maestra de escuela primaria. De pelo corto a la moda. Muy coqueta al salir del hogar, siempre recurría a sus collares de perlas para exhibir cierta distinción. Faldas de lana por debajo de las rodillas y zapatos de taco bajo. Pepa, mujer voluptuosa a quien los años le achuecaron las piernas en sentido contrario. Patizambos, se les dice. La curva ósea se produce hacia adentro, lo que le hacía arrastrar sus pies con cierta incomodidad. El pelo gris nunca llegaba a caer sobre su rostro. Era una virulana de rulos pequeños. Usaba lentes que le daban un look sakamoteano. Ajaponesada y aindiada a la vez. De facciones angulosas. Sobresalían de ese rostro unos ojos de ternura infinita. Tanto Belia como Pepa eran mujeres de pechos grandes. Debo haberme dormido infinidad de veces sobre esas tetas del amor. Belia no perdía oportunidad para demostrar sus dotes de líder en la casa de calle Balcarce. Podríamos decir que crecí en un declarado matriarcado. Ellas fueron mis dos madres en el mundo real. Las que me cambiarían los pañales, me harían la comida, me lavarían la ropa, me bañarían, me bajarían las fiebres y oficiarían de cómplices para ocultar algunas de mis travesuras que hubieran ameritado el reto implacable de mi padre. Pepa mucho más que Belia. Todo lo que soy se lo debo a ellas. La entrega con la que esas dos mujeres me criaron y protegieron es el cofre donde anidó el más puro amor. Así que allí estuvieron ellas, a sol y sombra, detrás de esa criatura frágil que había sido arrancada, al poco tiempo de nacer, de la única fuerza de la cual se depende en esas instancias. Su madre.

Puedo imaginar el silencio del patio de esa casa la primera noche después del disloque. Después del velorio y el entierro. Los cuerpos de todos ellos bajo las sábanas en los instantes previos a la llegada del sueño. Me los imagino temblorosos. Sus espíritus plenos de dolor e incertidumbre. El intento de restauración anímica de estas almas fue una tarea que les llevaría toda la vida y de la que no sabremos nunca nada. Solo que lucharon por salir adelante. Porque la omnipresencia de mi madre fue arrolladora, y su pérdida, irremplazable.

El portarretratos desde donde me mira ahora mismo, sobre uno de los estantes de la biblioteca de mi departamento de calle

Esmeralda, en la ciudad de Buenos Aires, sigue a mi lado. A través de sus ojos calmos, eternizados en aquel retrato en el que mira hacia un costado y levemente hacia abajo en un meticuloso primer plano, fue que establecí contacto con ella. Una extraña mezcla de pudor y miedo hizo que siempre fuera reticente a esa mirada, también huidiza del lente del fotógrafo. Es más bien un retrato bucólico que trasmite una melancolía, nunca sabremos si real o impostada. Muy propia de los retratos de las casas de fotografía de la época. En esa mirada pareciera esconder el secreto de su destino fatal. O tal vez fuera solo una indicación del fotógrafo. "Señora Páez, gire la cabeza hacia el costado derecho y baje suavemente su mirada, por favor". Pues bien, estaba muerta, yo era apenas un gurrumino, y nunca es sencillo el vínculo con los muertos.

Mi tío Eduardo Carrizo y mi padre me subieron al Rambler de mi tío y me llevaron a pasar una larga temporada en la casa de Cepeda, donde Carrizo vivía con mi tía Charito. Cepeda queda a una hora de Rosario. Mi tío Eduardo, morochazo oriundo de Santa Fe de la Vera Cruz, era un hombre alto, lleno de bríos y elegancia criolla. Nacido en una familia trabajadora de clase media, fue el orgullo de sus padres al haberse recibido de médico. Hombre de acción. Afecto al folklore del Paraná y a los saberes populares. Imponía seguridad. Lo que no sabía, lo aprendía. Lo que no funcionaba, él lo reparaba. Charito, mi tía, una acuariana sin límites. Físicamente parecida a su madre. De una belleza discreta y rotunda. Dueña de un carácter que hacía que nadie que la conociera se olvidara de ella. Precursora y moderna en cuestiones sexuales, muy por encima de la media. Se nombraba y se jugaba con la sexualidad. Contra los mandatos de la época y la religión católica, que siempre profesó, incluso como catequista. Hija noble y paciente hermana. Se arremangó junto a su marido, a quien le daría dos hijos, Eduardo y Guillermo. Pusieron rumbo a Cepeda, un pequeño pueblo de calles de tierra y un tren que nunca llega. Él trabajaría allí como médico rural una decena de años. Vivirían en una casa muy amplia. Con grandes habitaciones. Por el frente, la puerta de hierro de entrada. Subiendo una escalera, una pequeña habitación con un balcón que daba a la vereda. Allí dormiríamos muchas siestas con mi padre en las temporadas cepedinas. Debajo de esa habitación estaba el garaje donde ocasionalmente se guardaba el Rambler junto a una vieja Ford T negra. Por un largo pasillo que limitaba con las grandes habitaciones por un lado y con un patio interno por otro, se llegaba a la cocina. Esa cocina daba a un patio externo, que a su vez daba a un terreno de proporciones que ocupaba media manzana. Los naranjales y limoneros que se utilizaban para aderezar comidas se codeaban con eucaliptus y antiguos nogales que regaban de sombras las tardes de Cepeda. Esa fue la casa de mi vida de campo.

3

Dani vivía enfrente de mi casa de calle Balcarce. La suya era de tipo andaluza. Con un gran patio y una fuente de agua en el medio. Él solía venir a la mía a jugar, y yo un poco menos a la suya. Jugábamos a la pelota, a los cowboys y a los indios. Habremos tenido unos seis años. Crucé con permiso de mis abuelas. Me recibió su madre, que estaba saliendo, y nos dijo que no hiciéramos lío. Que volvía en unos minutos. Su padre trabajaba en su estudio de abogacía, así que la casa quedaba vacía para nosotros. Que no rompiéramos nada con la pelota. Que no abriéramos las canillas. Que no atendiéramos si sonaba el timbre. En un momento Dani me invita a que entremos al baño. Nos metimos en la bañadera vacía. Él sacó el pito de su pantalón y comenzó a tocárselo. Me indicó que hiciera lo propio con el mío. Lo hice. Él estaba evaluando proporciones, colores, tipo de piel, y me estaba ayudando a hacer lo mismo. Cada uno tocaba su pito con la curiosidad propia que imponen los descubrimientos. "A ver, sacá la cabeza para afuera", me indicaba mi amigo. Yo le hacía caso. Dani oficiaba de guía con audacia y seguridad. Yo lo seguía. Había que descubrir la parte roja superior del pito. "Eso es la cabeza", me decía. Dani acercó su mano hacia el mío y comenzó a tocarlo. Yo detuve mis movimientos y me dejé. "Dale, ahora tocá vos el mío", me indicó. Lo hice. Apoyé los dedos gordo e índice de mi mano derecha y comencé a frotar su pito. Los pitos crecían de tamaño. Poco, pero crecían. Seguimos un rato en aquella situación placentera hasta que escuchamos a la mamá de Dani cerrar la puerta de calle con llave. Nos subimos las braguetas. Salimos al patio y seguimos jugando a la pelota. "¿Qué tal, chicos, hicieron lío?". Jugamos otro rato y tomamos la merienda con facturas.

Recuerdo el primer día de clases de preescolar en la escuela Mariano Moreno. Todos los niños estaban con su mamá salvo yo, que estaba acompañado de mi abuela. Era una pequeña sala con mesitas y sillas en miniatura que se encontraba atravesando el pasillo de bambalinas del escenario del gran salón de fiestas de la escuela. Un recoveco pequeño y colorinche. Entré de buena gana. Me divertía el paseo diario en taxi con mi abuela. Una tarde sucedió mi primer ataque de vergüenza. Ganas abrumadoras de hacer caca estando en una clase. No pedí permiso para ir al baño. Lo soporté estoicamente. Mientras tanto, manchaba mis calzoncillos y pantalones con la masa fecal que desprendía un olor nauseabundo.

Los primeros años de jardín de infantes y primaria los hice con la señorita Susana. Tenía un rostro muy atractivo. Una Jean Seberg con mucho más *sex appeal*. Puedo decir que mis primeras erecciones las logré con ella a los siete, en segundo grado. A Moria Casán le gustó mucho cuando le conté, años más tarde, que en mi adolescencia me masturbaba con ella. Espero que mi señorita Susana no se moleste con esta confesión sobre mi despertar sexual. Esto es una autobiografía y no es un tema eludible. En esas largas miradas que le hacía a mi señorita durante sus caminatas por los pasillos del salón de clase comencé a acumular recuerdos que luego utilizaría al descubrir el placer de la masturbación. Con ella aprendí a leer, a escribir y las primeras nociones de geografía y matemáticas. Una tarde me descubrió tocándome en clase.

Podía ver sus fantásticas piernas enfundadas en unas botas de cuero que le llegaban por debajo de la rodilla. Se ve que estaba agitándome fuerte. “Señor Páez, ¿se siente bien?”, preguntó con severidad y ternura a la vez. Paré ante su observación, sintiéndome vergonzosamente descubierto. Había actividades que iba a tener que desarrollar en la más cuidada intimidad.

En cuarto grado, en aquel escenario al lado de la salita del jardín de infantes, realicé mi debut musical ante el público. Éramos Claudio Barberio, mi gran amigo de la niñez, Jorge Ramírez, alto como un eucaliptus, en guitarras españolas. Yo tocaba el bombo legüero. Los tres cantábamos. En aquellos años, fines de los sesenta, las maestras particulares de guitarra enseñaban las zambas criollas folklóricas. Claudio y Jorge las sabían todas. Allí estábamos, entonces, en aquel pequeño escenario, como auténticos *amateurs*, entonando “La Felipe Varela”, “Zamba de mi esperanza”, “Valderrama” y otras clásicas del cancionero folklórico argentino. Habré andado por los ocho, nueve años. Lo primero que noté en aquellas tertulias escolares fue que, después de esos miniconciertos, las chicas comenzaban a interesarse en mí. No es un dato menor. Posiblemente este haya sido el caldo donde se cocinó o hirvió el monstruo.

Lo siguiente que recuerdo es al niño Rodolfo rodeado de cuatro bombos legüeros improvisando un solo en seis por ocho de varios minutos. El pudor comenzaba a ceder viendo crecer a la bestia. Y la improvisación iba muy bien con mi carácter.

Pasábamos los veranos familiares en hoteles sindicales del Valle de Punilla. En La Falda y Valle Hermoso. Todo era nuevo en aquellos viajes. Las sierras de Córdoba se veían como altas cumbres. Aunque no superaban los seiscientos metros. A los ojos de un niño nacido y criado en una ciudad, parecían cúspides majestuosas. Se desayunaba, se almorzaba y se cenaba en el salón principal. Mi memoria me deja en esta noche de recuerdos volver a ver al gran hotel El Cortijo de La Falda. Por la tarde, piscina o siesta, y luego, paseo en burro con algún parroquiano del lugar o una caminata por la calle del centro. La avenida Edén de La Falda siempre fue mi preferida. Al final de su recorrido se encontraba, en estado de abandono casi total, el Hotel Edén. Cuenta la leyenda que Adolf Hitler y otros jerarcas nazis pasaron largas temporadas escondidos en sus instalaciones después de la definitiva caída de Berlín en 1945. El bar Bon Con dominaba una avenida de muy buenos barcitos en los que se comían exquisitos tostados con chocolate. El Bon Con era igual a estar en Hong Kong. Entrabas a un gran salón abierto desde donde se veía a los peatones andar por la vereda. Lo exótico de los faroles blancos con sus textos en mandarín, su techo en forma de pagoda y sus sillas y mesas de diseño ultramoderno, tarantinesco, contrastaban con la vida familiar de la clase media argentina y la paz de la serranía cordobesa. Recuerdo la excitación que me provocaba el contraste. En las tiendas de aquella mítica avenida también se vendía aire de La Falda enlatado. Igual al negocio de los bares de oxígeno, hoy tan populares en los grandes *malls* de Las Vegas. Sin duda, los habitantes del Valle de Punilla fueron adelantados en el negocio de vender fluidos o materias invisibles. Aunque a las cúpulas religiosas de aquí y allá no les ha ido tan mal tampoco.

La leche Cindor es la primera adicción que recuerdo. Su dulce sabor a leche de vaca mezclada con chocolate fue mi primer vicio. En Rosario no se conseguía, así que cada verano Belia, Pepa y mi padre debían echarme un ojo para que no vaciara en plan atracón todas las pequeñas botellas que descansaban en un rincón del living de la habitación. Fui un chico feliz. Tenía todo lo que un niño precisa: amor a raudales.

Las primeras lecturas que recuerdo fueron los libros con ilustraciones, tamaño bolsillo, de tapa dura, de la editorial Bruguera. Iban enfundados en un papel, como primera cubierta, con preciosas ilustraciones. Leí *Viaje al centro de la tierra* y *Veinte mil leguas de viaje submarino* de Julio Verne, *Buffalo Bill* de W. F. Cody, *Sandokán* de Emilio Salgari. *Azabache* de Anna Sewell, *Robinson Crusoe* de Daniel Defoe, *El llamado de la selva* de Jack London y *El mago de Oz* de L. Frank Baum. Mi padre entendió que las aventuras eran lo mío. La imaginación de ese niño volaba hacia parajes y épocas desconocidas y su carácter pisciano a veces hacía difícil el retorno al mundo real. Mi padre inyectaba delirio y orden. Porque así estaban construidos esos relatos. Yo pasaba horas frente a esos primeros libros y las tardes escapaban rápidas. También recuerdo, años más tarde, las lecturas de *Juvenilia* de Miguel Cané, *Cuentos de la selva* de Horacio Quiroga y *Recuerdos de provincia* de Domingo Faustino Sarmiento. Obras iniciáticas que —ahora puedo apreciar con precisión— fueron escritas con temple y claridad. Años más tarde, en plena pubertad, otros libros me tomaron totalmente. *El exorcista* de William Peter Blatty y *Drácula* de Bram Stoker. Encontraba en el mal algo fascinante. Pasaba horas leyendo y releyendo aquellas páginas de terror que me hacían más difícil el sueño.

Una tarde caminando con un grupo de turistas en una excursión por Los Terrones de Capilla del Monte me quedé solo. Mi padre y mis abuelas avanzaron mientras yo intentaba ponerme una zapatilla que se me había salido. Eran dos paredones de piedras enormes que encerraban el lecho de un riacho de piedritas de mica casi sin agua. Cuando levanté la cabeza después de ponerme la zapatilla y anudarme los cordones, no vi a nadie. Desesperación fue lo que sentí en aquellos minutos interminables. Corrí entre las piedras en una dirección que no sabía si era la correcta. Después hacia el otro lado. Empecé a gritar y al no recibir respuesta mi desesperación fue tornándose en una angustia insoportable. Aún recuerdo la pata de elefante en el pecho al sentir ese desamparo indescriptible. Perdido, solo, sin papá ni abuelas en aquel paraje inhóspito y desconocido. Entonces volví a correr entre lágrimas y a los gritos hacia la nada. No tenía noción de dónde estaba. De pronto, allá a lo lejos vi a mi padre apoyado en un árbol. Corrí hacia él. Solo quería abrazarlo. Había recorrido kilómetros para ese abrazo en medio de la más terrible confusión y abandono que alguien pueda imaginar. Lloraba y no me salían las palabras. "¡Me quedé solo, papá, me perdí!", le dije ahogado en llanto. "Mi amor, acá está papá", me abrazó mi padre con la tranquilidad obvia que le daba la seguridad de la ausencia total de peligro. Le conté mi experiencia al líder de la excursión a la vera del arroyito donde desembocaba el camino de Los Terrones. No estaba a más de treinta metros de distancia del lugar de donde se me salió la zapatilla. Y los gritos que pensé que pegué no los pegué. Las paredes de piedra repiten los ecos de cualquier sonido amplificados a mucho volumen. Cualquiera los hubiera escuchado.

Mis escuchas de música crecían día a día. En el Ranser, en los años de mi infancia más marcada, y luego en el combinado Motorola, en mi adolescencia temprana. Mi padre había implementado un rito. Todos los sábados a la mañana, cuando ya las visitas a mi madre en el cementerio se hicieron menos usuales, íbamos hasta la disquería Oliveira. Allí compré mis primeros álbumes. *Es una nube, no hay duda* de Vox Dei fue el primer álbum de rock en castellano que escuché. Con un Willy Quiroga marcando el pulso del bajo tras la batería endiablada de Rubén Basoalto. Y las sólidas composiciones de Ricardo Soulé, que no solo cantaba, sino que tocaba la guitarra eléctrica y la armónica como nadie. Recuerdo el impacto que me causó escuchar *La Biblia*, épico disco doble de la misma banda. Y fueron llegando los primeros discos de Led Zeppelin, el álbum doble recopilación de The Carpenters, Deep Purple, Almendra, Sui Generis, el primer álbum solista de David Lebón, donde tocaba todos los instrumentos. Los primeros solistas de Litto Nebbia: *Huinca*, *Despertemos en América*, *Muerte en la catedral*, *Melopea*. Luego Invisible y Pescado Rabioso y tanta música argentina.

Papá Rodolfo era el director general de Gobierno de la Municipalidad de Rosario. Había sido subsecretario de Cultura. Era el único que conocía el funcionamiento interno de esa institución delirante. Había mucha labor por hacer. ¿Era por la ansiedad que le provocaba la muerte de Margarita o la búsqueda de un cumplimiento ineludible de tareas administrativas que solo él podía cubrir que no dejaba de trabajar ni siquiera los fines de semana? Me recuerda a alguien que conozco que lleva su mismo nombre y apellido. Durante muchas mañanas y algunas tardes de aquellos sábados, después de los almuerzos en calle Balcarce, papá Rodolfo juntaba todos los expedientes que quedaban por corregir. Entonces comenzábamos la tarea. Esta consistía en revisar el original y el duplicado correspondiente de aquella montonera de expedientes. Él los disponía sobre la mesa del comedor. Yo leía el duplicado y, en caso de que hubiera algún error de copia, él corregía con la máquina de escribir y la goma de borrar. A mí me tocaba darme cuenta de los errores. La materia escolar se llamaba Lengua y siempre sacaba puntajes altos. Pude lucirme con mi padre en aquellas jornadas de trabajo práctico. Antes de comenzar esta tediosa tarea había otro ritual. Al comienzo fue él y luego, con los años, compartimos esta parte del proceso. Mi padre elegía una cantidad equis de discos y los poníamos apilados en el pirulín del medio del tocadiscos. En el Ranser, no más de cuatro, y luego seis en el Motorola. En esas largas tardes rosarinas mi padre logró inyectarme belleza intravenosa. El primero fue *Canciones para chicos* de María Elena Walsh. Todas eran clásicas. "Twist del Mono Liso", "El reino del revés", "La reina Batata", "Manuelita", "La canción del Jacarandá". Con esas canciones también crie a mis hijos. Con sus libros, años más tarde, los arrullé para hacerlos dormir. Así también escuché a pianistas tan diversos como Friedrich Gulda, el virtuoso artista vienés salido de la música clásica que terminó inclinándose al jazz, hasta el canadiense Oscar Peterson, fiel seguidor y continuador de Art Tatum. Las orquestas de Aníbal Troilo, Horacio Salgán y Osvaldo Pugliese con cantantes de la talla de Edmundo Rivero y Roberto Goyeneche. Las obras más populares de George Gershwin, "Rhapsody in Blue" y "Un americano en París". Conocí a Mercedes Sosa en muchas versiones. Varias recopilaciones con las zambas y las chacareras clásicas argentinas. Sus piezas más modernistas junto a Ariel Ramírez musicalizando a Félix Luna en obras tan destacadas como *Mujeres argentinas* y *Cantata sudamericana*. La popularísima *Misa criolla* realizada por el mismo team, sin Mercedes, con Los Fronterizos y el organista rosarino Héctor Zeoli, en un formato algo más conservador pero igualmente bello. Descubrí a Astor Piazzolla en "Libertango". Sin olvidar casi toda la obra de Jobim, incluido el majestuoso álbum que grabó junto a Claus Ogerman y Frank Sinatra, de quien mi padre era un fanático radical, y otros tantos álbumes del cantante de ojos azules acompañado por las orquestas arregladas y dirigidas por Nelson Riddle y un joven Quincy Jones. Tampoco podía dejar de escuchar el extraordinario álbum *La Fusa*, que llevaba en su portada en blanco y negro una foto, hoy icónica, de Vinícius de Moraes, Toquinho y Maria Creuza. Visto en perspectiva, fue el ingreso oficial de la música popular brasilera a Argentina. Burt Bacharach y todos sus hits, Herb Alpert y su Tijuana Brass Band, y por último, y para no agotarlos, el álbum de Stan Getz con João Gilberto grabado por Phil Ramone, mi amigo americano, que treinta y cinco años más tarde produciría *Abre* y *Rey Sol*.

Maruca, mi maestra de cuarto grado, me pone un "¡Muy bien 10, felicitado!". Sobre una decena de cartulinas había pegado un montón de fotos e inventado acueductos imaginarios que unían provincias argentinas en un viaje fantástico que tuvo mucho de real. Mi tío Carrizo, al comando de un Torino de cuatro puertas, nos llevó por cinco provincias. Éramos mis primos Eduardo y Guillermo, mi tía Charito, mi abuela Belia, él y yo. Dormimos la primera noche en un club de La Banda, en Santiago del Estero, bajo un frío casi polar. Los hoteles de la capital no disponían de camas. Cruzamos la cuesta del Totoral y avistamos Catamarca. Aquel paraje ensoñado de las tierras del noroeste argentino. Visitamos la Casa de Tucumán. Aquel lugar donde el 9 de julio de 1816 se declaró la independencia argentina ante el "Supremo que preside el Universo". Claro, no íbamos a reclamar este ajuste de cuentas ante un grupo de pillos españoles, con pretensiones de estar contactados con los dioses. Allí compramos el bombo legüero que cambió mi vida. Recorrimos la ruta-montaña rusa que nos llevó casi en línea recta desde Salta hasta San Salvador de Jujuy. Y allí, en pleno invierno, mi primo Eduardo y yo nos quitamos las remeras y quedamos en cuero en Tilcara, en plena Quebrada de Humahuaca. El escenario era monumental. Los cerros de catorce colores. Almorzamos tamales y choclos con agua. Vino tinto para los adultos. Aquella aventura a lo Indiana Jones no estuvo desprovista de fallidas caídas por precipicios infinitos, caminos imposibles de transitar por su desmesurada angostura, peleas entre primos o algunas resacas de los mayores. Las vueltas siempre tienen menos encanto. Entonces mi maestra Maruca pidió que levantemos la mano los que queríamos exponer sobre lo vivido en las vacaciones de invierno. Por supuesto que fui el único que se animó a tamaño despropósito. Y preparé aquella clase magistral con pasión y audacia entre plasticolas, tijeras de escuela, lápices de colores, reglas de todo tipo y un caradurismo extraplus.

Llegué nervioso en el colectivo de la línea 200 con mis petates en el portafolio. El frío rosarino de las mañanas era un inmenso cuchillo atravesándolo todo. Eso implicaba también a mi alma aterrorizada por el temor a ser descubierto en medio de un robo a un banco a tan temprana edad. Pegué las cartulinas en el pizarrón y comencé. Algo te sostiene en aquellos momentos. Empecé a hablar con la soltura de un académico de repostería bajo la tierna y atenta mirada de Maruca, mi querida profesora. Mas dentro mío todo temblaba ante la mínima posibilidad de ser descubierto como un impostor o de generar un fulminante rechazo. Este tampoco iba a ser un tema menor en mi vida.

Comencé a explicar el recorrido de aquellos oleoductos y gaseoductos imaginarios. Que iban de una ciudad que no existía a otra que tampoco existía. Y los dibujos y las fotos podrían haber sido hechos y sacadas por un niño en Cracovia. Y la lengua que se soltaba. Era eso o la cárcel. Imagino a una persona apelando a todos los recursos posibles, hablándole a su inminente asesino, que tiene la Colt apuntando a su cabeza, desplegando razones para hacerle creer que no tiene motivos para disparar ese gatillo. O el comienzo de *Las mil y una noches*. Había que ir muy lejos y no dejar silencios. Arrebatar con acción y abrumar. Nunca fui un superdotado. Más bien un encantador de serpientes. "Actuar para vivir", rezaba aquella canción fundacional de mi vida, que compuse en el viejo August Förster unos años más tarde. De eso se trataba todo. Actuar en los infinitos escenarios que se nos plantean y ser multitudes de personas. Al final no se trata de reprimirlas e imponer un orden inapelable que sea el ámbito invisible de contención de todos los despropósitos, sino dejarlas ser. A todas. Y llegó el final de la exposición. Hubo un aplauso cerrado en aquella salita de la escuela Mariano Moreno. Maruca me abrazó y fui congraciado por mis compañeritos espectadores en esa escena mágica. Ese año fui abanderado. Las luces se derramaron sobre mí. Portando la bandera argentina ante la mirada emocionada de todos, en el acto de fin de año de la escuela. Debo reconocer que, al año siguiente, cuando fui escolta, disfruté muchísimo más. Así como Rosario inspecciona a Buenos Aires, el escolta puede mirar los comportamientos que circundan los hechos con mayor detenimiento y precisión que el gran protagonista. Entendí que mi lugar iba a ser el de la clandestinidad pública. Estar sin ser visto. No tendría las presiones ni las responsabilidades del número uno. Definitivamente hoy, con conocimiento de causa, puedo afirmar que la invisibilidad pública es un lugar mucho más divertido. Este pequeño magma existencial con los años se transformó en "Al lado del camino".

También era muy bueno en los deportes. Me destaqué en fútbol, vóley y handball. Me encantaba ir a comprar ropa deportiva junto a mi padre, a la casa Rizzo Suar y a la Proveeduría Deportiva. Allí elegía camisetas de diversos colores. Y los botines, que se usaban cuando jugábamos en cancha de tierra. Ya sea en partidos interescolares o frente a los Tribunales, en algún terreno improvisado para un picadito. No conocía aún la pasión por los equipos, si bien mi padre era hincha de Newell's Old Boys e indefectiblemente intentaría que yo continuara con esa tradición familiar.

Durante los fines de semana, en los primeros bailes de la primaria, comencé a ejercer de disk jockey. Llevaba mis discos y operaba con los tocadiscos de las casas. Creo que el primer hit que pegué fue "Philadelphia Freedom" de Elton John. Lo acababa de comprar en forma de simple. Lo importante era empezar a conocer a los otros y bailar. Sobre todo, los lentos. Sin embargo, en esos momentos me recluía al lado del equipo de música y eso me obligaba a no participar de esa situación de pudor infinito. El miedo al rechazo. ¿Dónde y cómo se podría haber fundado ese miedo atávico al rechazo de las mujeres?

> Había oído unos golpes constantes. Tumtum, tum-tum. Un retumbe lejano que lo acompañó desde siempre. Un ritmo de tres cuartos con acentos en el segundo y tercer tiempo que hacía de aquello una música que sería, para él, inolvidable. Había estado solo en la más perfecta compañía. Había formado parte de algo. Algo parecido a lo que se siente adentro del agua cuando en la vastedad del océano, sumergidos algunos segundos, reconocemos esa sensación de extrañeza y calidez. Hasta que pasó lo que pasó aquel mediodía. Los gritos y los sonidos metálicos, la repentina falta de mar, el cordón con el que jugaba y se enredaba había desaparecido. El tum-tum también

y la bolsa con la que jugaba, a la que le pegaba patadas. Los sonidos suaves y acuíferos fueron reemplazados por el caos y el desorden. La sangre saltando a borbotones a su alrededor. Y el volumen atronador de todo lo que allí vivía. La textura resbaladiza del plástico sobre su piel, luego el agua tibia en la que fue sumergido. Hasta que su llanto se hizo claro y liberador.

El aroma de la piel de esa mujer fue su bálsamo tranquilizante. Y el sonido de esa voz, que era como de terciopelo. La primera noche durmió tranquilo, sin sobresaltos. Ella lo había recibido en sus brazos después de una dura faena. Él, cansado después de chupar y tragar, por fin había cerrado los ojos y sin saberlo se deslizó, casi narcotizado, hacia su primer sueño. De a poco y obligado fue acostumbrándose a las molestias externas e incorporando la nueva realidad. No fue fácil. Ella no siempre permanecía junto a él. Desaparecía cada vez con más frecuencia, justo cuando había descubierto el color de sus ojos negros. Él no comprendía por qué lo que más quería no se mantenía más tiempo a su lado. Solo esperaba el momento en el cual ella volviera y todo fuera felicidad y protección otra vez. Aquel ritual fue transformándose en una tortuosa costumbre y funcionaba de esta manera: cuando ella se iba, de a poco y en crescendo, desde los primeros segundos de su ausencia hasta que el llanto agotaba las horas del día, la desesperación en él se hacía cada vez mayor hasta lo insoportable. Se sentía un extranjero con cada persona que no fuera ella. Las frecuencias de contacto fueron alargándose día tras día y más se agigantaba la pena en ese diminuto cascarón de sangre, piel y hueso. Así pasaron ocho largos meses hasta que una mañana él ya no volvió a ver sus ojos, ni a oler su aroma, ni a oír su voz.[1]

1. Extracto de *La puta diabla*, Buenos Aires, Emecé, 2013.

4

Entonces llegaron los *Titanes en el ring* a Rosario. A la sala Mateo Booz. A tres cuadras de mi casa. Fui a verlos con mi abuela Belia. Una troupe de actores pugilistas que practicaban la lucha libre. Un circo comandado por Martín Karadagian. Un hábil empresario artístico de origen armenio y gran luchador. Martín fue el inventor de "el cortito", golpe provocado por un *touch* fulminante de codo a la quijada del contrincante que lograba dejarlo fuera de juego. Hombre de baja estatura, musculoso y fortachón, pelo blanco y barba negra cuyo máximo enemigo era la Momia: "Luchador sordomudo, es más fuerte que el acero, es el paladín de la justicia. La Momia protege a los buenos, castiga a los malos, y quiere a los niños muy tiernamente". La Momia vestía un traje hecho de cintas blancas muy apretadas al cuerpo, igual a las momias que resucitaban delante de los expertos expedicionarios en el medio de las catacumbas egipcias de cartón pintado que veíamos en las películas de los sábados a la tarde. Las peleas de Martín y la Momia generaban profundas contradicciones. Eran los dos buenos. Los quince minutos que duraban los encontronazos entre ambos héroes, nuestros corazones de niños se agitaban en altas cumbres de emoción. Junto a ellos, las estrellas máximas. El Caballero Rojo, envuelto en una capa roja y máscara de luchador mexicano. Amado por todos nosotros, los niños, que sufríamos ante cada golpe que le asestaba el maligno

Gitano Ivanoff. El Ancho Rubén Peucelle, luchador autóctono de las pampas, de impactante espalda y musculosos brazos de oso, se enfrentaba con las garras rabiosas del Leopardo, hábil púgil que sabía ponerlo en apuros con tus *tackles* sorpresivos. *Titanes en el ring* era un espectáculo de altísimo nivel. Un show vibrante para toda la familia. Karadagian comprendió a la manera de Disney que los niños queríamos a los buenos y detestábamos a los malos. Infinidad de luchadores pasaron por aquella mágica troupe de hombres y mujeres, cuya labor en la vida era entretener a los más pequeños e infundir una moral muy férrea. Había un bien y un mal. Sin grises. Nunca olvidaré el ruido de los golpes en la lona y las peligrosas caídas del ring. Tampoco al delirante personaje del Hombre de la Barra de Hielo, que pasaba caminando alrededor del ring con paso cansino, llevando una barra de hielo sobre sus hombros. Un personaje inquietante, porque en su andar transmitía un misterio indescifrable. Tenerlos tan cerca hacía que parecieran reales aquellas morisquetas hechas con el máximo profesionalismo y temblar de terror ante los falsos golpes que se proferían. También saltar de alegría ante cada triunfo de uno de los buenos. Los gritos eran atronadores. La adrenalina, indescriptible para la sensibilidad de un niño. Lo recuerdo como uno de los shows televisivos más estimulantes que vi en la infancia y ni qué decir una vez que los vi en vivo y en directo.

En otro sentido, los payasos españoles Gaby, Fofó y Miliki hacían las delicias de las tardes frente al televisor. Vestidos con sus azules trajes circenses, pelucas de colores, grandes zapatones de circo y maquillados como los payasos más payasos del mundo. Siempre ingeniosos y autores de canciones fundacionales del género para niños. Valdría recordar "La gallina Turuleca", "Había una vez un circo", "Hola, don Pepito" y "El ratoncito Miguel", para nombrar solo algunas. Payasos inolvidables, músicos de excelencia y artistas que no se repetirán. Ellos hicieron felices a un montón de niños alrededor del mundo. Yo fui uno de ellos.

El cine fue otra pasión que también despertaría mi padre. Recorríamos las salas de Rosario. Me llevaba a tomar chocolate con churros o comer carlitos en el Augustus de la calle Corrientes y Córdoba o al Bar Natalie en Rioja y San Martín. La ceremonia de comprar el maní con chocolate o el bombón helado al chocolatinero del cine. La sala a oscuras y las aventuras que íbamos a vivir juntos. En bosques de colores, en el espacio sideral, en el medio del mar, en Montecarlo o en una isla antillana. Era lo mismo. No importaba nada porque el mejor lugar del mundo era mi papá.

La aventura del Poseidón fue un film que vi insistentemente. En el cine Radar. Estaba tomando clases de supervivencia. Un barco de alta escala era tumbado por una ola gigantesca en medio del océano. El film se trataba de un grupo de personas que intentarían sobrevivir a un hundimiento inminente. Las similitudes con la República Argentina son meras coincidencias. Ellos lo lograban. *2001: Odisea del espacio*, de Stanley Kubrick, fue otro film que vi con mi padre en el cine Monumental. Lo recuerdo como un largo viaje en tren fantasma. Ese niño que fui jamás pudo olvidarse de aquella experiencia sobrenatural. Siempre vuelvo a verla y cada vez me parece otra película. Para explicar la teoría darwiniana, la aparición del conocimiento, seguir descifrando técnicas de filmación o como un sencillo viaje narcótico en familia sin tóxicos de por medio. *Papillón* fue otra que vi decenas de veces. Steve McQueen bancándose todas las paradas. Los largos confinamientos de meses, que eran los castigos impuestos por sus incesantes intentos de fuga. El momento en que el leproso le pasa el cigarro y Papillón se lo lleva a la boca tratando de infundir valor y confianza en su interlocutor, que terminaría traicionándolo, lo transformaba en un héroe inalcanzable. Y el cálculo final sobre la secuencia de las siete olas. La última se replegaba y volvía al mar. Papillón tenía que calcular el tiempo que duraría la caída de la bolsa de cocos que oficiaría de balsa, y que él a su vez cayera apenas segundos después, cerca. Poder treparse a ella y no perder la concentración por la ingesta de agua o la ceguera momentánea derivada de la luz del sol o la sal sobre sus ojos. La caída se producía desde un risco de seiscientos metros. Finalmente, Henri Charrière logra subir a su balsa de cocos, y yo quise creer que se había salvado y alcanzado la libertad. *Juan Moreira*, de Leonardo Favio, fue otra de mis obsesiones cinematográficas de aquellos tiempos. Sobre todo el revoleo de sangre, ponchos y muertes en el pasillo fatal donde lo balean hacia el final de la película y del cual él, aún en las peores condiciones, logra salir y así darnos a los espectadores la sensación de que consigue escapar del fusil de Chirino, el sargento que terminará asesinándolo por la espalda. En el cine Sol de Mayo íbamos con amigos a ver las matinées de tres películas. Recuerdo una especialmente. El programa: un western spaghetti, una de James Bond con Sean Connery y alguna de Armando Bó. Era un cine muy particular. Tenía un bar en planta baja donde vendían cervezas en vasos de plástico, cocacolas y sándwiches de mortadela y queso. Sobre la mitad de la de Bond sentimos caer un agua olorienta desde el pulman, muy cerca de nuestras butacas. Algún parroquiano con ganas de orinar. *Amarcord*. La música de Nino Rota y las inolvidables tetas de "la gorda de Fellini". La adolescencia después me llevó al cine Arteón, en la galería de la calle Sarmiento entre Córdoba y Santa Fe. Allí vi *Blow Up* de Antonioni, *El fantasma del paraíso* de Brian de Palma, *Woodstock*, *The Song Remains the Same* de Led Zeppelin, *Saló o los 120 días de Sodoma* de Pier Paolo Pasolini, *Repulsión* de Roman Polanski y *Calígula* de Tinto Brass. Estos son los films que la memoria me permite recordar, así como también que se veían solo en función trasnoche los sábados y la entrada estaba prohibida para menores. Hecha la ley, hecha la trampa. Un amigo de mi padre lograba colarnos. Sin el consentimiento de mi progenitor, por supuesto.

Las familias de mis amiguitos de primaria eran en general de clase media. Mi mejor amigo era Claudio Barberio. Un niño asmático, muy mimado por sus padres. Aída su madre y Tito su padre. Él regenteaba propiedades y Aída era ama de casa. Los recuerdo como personas mayores. Tito llevaba un ano contra natura y eso generaba situaciones un tanto incómodas a veces en los riquísimos almuerzos o cenas que nos preparaba Aída con infinito amor. Eran una familia adorable. Claudio me mostró su guitarra criolla. Tocaba zambas y fue quien me entusiasmó con la idea de formar una banda escolar. La casa de los Barberio quedaba en la calle Sarmiento al 2000. Crecimos entre pastas y guisos domingueros con aroma a romero y carne estofada, que eran la especialidad de la casa. Claudio y su padre eran de Newell's. Me llevaban todos los domingos a la cancha. Lograron hacerme adepto. Ya había comprado mis petates leprosos y era un hincha más. Fue una pasión impuesta. Hay que ver hasta dónde pueden extremarse estas situaciones forzadas. Sobre todo en cuestiones sentimentales como lo es el amor por un club. La piel es todo en estos casos. Allí estábamos, entonces, una tarde fría de invierno cuando Pavón, célebre tres de Lanús, desmayó de un zurdazo a un desprevenido plateísta. Recuerdo el sonido sordo de la pelota sobre el rostro de ese pobre hombre, produciéndole un desvanecimiento fulminante. Fue una fuertísima impresión la de ver desmayarse a un hombre a tan pocos metros de distancia. Siempre íbamos detrás del arco que daba a la avenida Infante. Donde se ubicaba parte de la platea local. Agarrados al alambrado. Una tarde, saliendo de la cancha en busca del Fiat Gordini verde propiedad de la familia Barberio, le dije a don Tito: "Quiero hacer pipí". Entré con él en uno de los baños públicos ubicado en la planta baja del estadio. Bajé mi bragueta y comencé a orinar en un mingitorio. Don Tito hacía lo mismo en otra fila, de espaldas a mí. Era un enjambre de hombres aquel meadero. De pronto, un hombre de estatura pequeña, con la cabeza rapada tostada por el sol, con ojos de sátrapa, comenzó a tocarme el pito. Con delicadeza. Recuerdo su mirada perdida en éxtasis. Le saqué su mano de mi pito y comencé a gritar: "¡Don Tito, don Tito!". El hombre salió disparado entre la multitud. Tito se acercó y le conté lo sucedido. Nos tomó de la mano a su hijo, que también terminaba de orinar, y a mí. Comenzamos a correr. El tipo fue fácil de detectar porque era el único que corría entre la muchedumbre. Tito corría al grito de "¡Violador!". La hinchada leprosa lo detuvo. Tito me preguntó si había sido él quien me había tocado. Respondí afirmativamente. El hombre negaba los hechos y yo no salía de mi asombro. ¿Cómo alguien podía mentir con un testigo mirándolo a los ojos? La vida se iba a parecer mucho a eso. Por fin la policía se lo llevó esposado y detuvo un inminente linchamiento.

Otro episodio inolvidable en aquella cancha fue en un partido entre Newell's y Rosario Central. Nosotros, ubicados donde siempre. Minuto noventa del segundo tiempo, un penal para Newell's. Después del estallido de júbilo de parte de la torcida leprosa y del de indignación y bronca de la hinchada canalla, se produjo un silencio atronador. El penal era en el arco contrario. Alfaro era el jugador que iba a ejecutar la falta para darle un triunfo casi seguro al equipo del Parque Independencia. Tomó carrera. A punto de desatarse la euforia leprosa, se escuchó una voz aguardentosa que surgió de las cavernas de la hinchada centralista. "¡Alfaro, la concha de tu novia!". Alfaro tomó contacto con el balón en el momento exacto en que terminaba el humillante insulto. Le pegó fuerte y la pelota salió elevada por sobre el travesaño. Yo estallé en una carcajada interminable. Los hinchas de Ñuls que nos rodeaban empezaron a mirar a Tito Barberio con cara de pocos amigos. Me retiró inmediatamente del lugar, regañándome. Central se fue con un empate de la cancha de su archienemigo y yo con la sospecha de que algo se estaba moviendo en mi interior. Posiblemente ese gesto bárbaro del hincha centralista tuviera más que ver con mi naturaleza. Hasta el último momento, con el último recurso, había que ganarle al enemigo. Las formas eran lo de menos. ¡Qué obsesión por las formas y jamás por los fondos, la del alma bien pensante! A las pocas semanas le pedí a mi padre que me llevara a la cancha de Central. Me llevó a regañadientes. Ya en los alrededores del estadio comencé a sentir un cosquilleo en el estómago. No sabía si eso era bueno. Los colores pintados sobre las paredes cercanas me gustaban más. El azul y amarillo, íntimamente, me gustaban más que el rojo y negro. Subí aquellas escaleras junto a mi padre con sigilo. En el momento en que pisé la platea canalla sentí que ese era el club de mis amores.

El primer sábado de cada mes, ya más grande, mi papá me llevaba de ronda por la ciudad. "Vamos, Bugsy", me decía, por las pronunciadas paletas frontales que asomaban de mi boca, como las de Bugs Bunny. Nos subíamos a un taxi y arrancábamos el derrotero. En la casa Urcal de electrodomésticos, emplazada en la esquina de Sarmiento y San Luis, comprábamos ventiladores o alguna de esas estufitas eléctricas que comenzaban a estar de moda hacia comienzos de los setenta. En cómodas cuotas, doce meses. Luego íbamos a la casa de ropa Al Elegante, ubicada en la calle Córdoba, pleno centro. Un amplísimo espacio de dos pisos pleno de vitrinas y enormes percheros con trajes de todo tipo. Nos recibía el señor Romero, el amable gerente del local. Un hombre pequeño de pelo negro a base de tinturas, siempre impecable, con un bigote finito sobre el labio superior que le daba un toque de rufián de película. Mi padre se hacía los trajes a medida debido a su exceso de peso. "Cuando seas grande te vas a hacer los trajes aquí, como tu papá", me decía Romero con absoluta pecaminosidad comercial. Yo asentía ante la mirada tierna de mi padre, pensando: "Eso sí que sería lo último que haría en mi vida". Luego íbamos a la pedicuría Scholl. Quedaba pegada al ampuloso local de ropa. Era un ámbito pequeño de paredes negras con los diplomas de los pedicuros colgados de las paredes. Cuatro gabinetes separados, alineados entre sí por bloques de durlock y una cortina corrediza que daba al pasillo y brindaba la privacidad necesaria para realizar las tareas del oficio. Primero se atendía mi papá y después, yo. De allí a la peluquería La Bolsa, ubicada en Corrientes entre Córdoba y Santa Fe, a cortarnos el pelo. Nos atendía Fermín. Un simpatiquísimo peluquero de cabellera blanca, parecido al famosísimo Roberto Galán, animador del programa *Si lo sabe, cante*. Fermín tenía una Siambretta con la que me sacaba a dar una vuelta a la manzana con la aprobación de mi padre. Nos cortaba media americana. O sea, muy corto. Eventualmente tomábamos un snack en el clásico Augustus, un bar con grandes vidrieras a la calle. Mesas pequeñas con cuatro sillas cada una, salvo las que daban a la calle, que tenían dos. Los mozos eran auténticos profesionales. Atendían con rapidez y una amabilidad nada impostada. Luego volvíamos felices a casa. Ese tiempo junto a mi padre era todo para mí. Papá era todo mío. Aquellas salidas fueron también fuente de enseñanzas. Había que dar el paso a las mujeres primero. En el trámite de una entrada a un local, en la subida a un colectivo, en el paso en la calle. Era un signo de caballerosidad. Había que escuchar con atención y luego responder. Había que ser amable en el trato con todas las personas. También aprendí a molestarme cuando caminábamos por la calle junto a mi padre y la gente giraba la cabeza hacia atrás para volver a ver su gordura. Imagino sus cotilleos, sus comentarios. Su desmesurado asombro por ver a una persona obesa, ni siquiera en extremo, caminar por la calle, como si fuera un monstruo indigno de la vida social. Esa fue una de mis primeras nociones sobre la estupidez humana.

Con mi abuela Belia también salíamos de recorrido por el centro. Pero por menesteres ligados al estudio o la vestimenta. Íbamos a La Favorita, situado en las esquinas de Córdoba y Sarmiento. Era un gigantesco local de cuatro pisos, similar a La Buena Vista, enclavado en Córdoba y San Martín. La Favorita era mi favorito. Había una escalera mecánica que hacía mis delicias de niño. Las subía y las bajaba de modo adictivo. Eso era el futuro. Máquinas que se movían solas. Allí comprábamos la ropa escolar de cada año y de vez en cuando algún pulóver o abrigo algo subido de precio. Bajando por la calle Córdoba, después de pasar por una de las entradas de la Galería Sarmiento, estaba Casa Tía. Ahí comprábamos cuadernos, papel glasé, cartulinas, tijeras, reglas y escuadras de todo tipo, las cartucheras para poner los lápices y crayones multicolores que utilizaría en las tareas escolares. Pasábamos por Robelito, casa de ropa para niños, dependiente de la casa Robel para adultos. Las dos, ubicadas, una al lado de la otra, en Entre Ríos entre San Luis y Rioja. Aquellas calles y aquellos locales estaban en el corazón céntrico-comercial de la ciudad. Eran un recorrido obligado. Mi abuela caminaba con dificultad, pero se daba maña para todo. Yo la ayudaba con los bolsos y los paquetes. Siempre a su lado sentí seguridad y cuidado.

Fumé el primer cigarrillo subido a uno de los árboles situado en la plaza frente al Normal 1. A la vuelta de la Mariano Moreno. Con Edgardo Pituelli, un amiguito audaz y callejero. Se sentía bien. Mareaba. Iba a cambiar muchas marcas en los años por venir. Particulares 30, 43-70, Parliament, Pall Mall, Le Mans, Jockey Club, Colorados, Parisiennes, etcétera. Si fumabas, eras grande. No más un chiquilín. Te harías respetar y las chicas verían en ti a un espía de rango internacional y no al mequetrefe que eras. Y a mí nunca me pareció mal aquello de que "de ilusión también se vive".

En la casa Barberio fue que Silvia Campanari, la piba más hermosa del mundo, aceptó bailar conmigo. Muy apretaditos los dos. Ella era una aparición. Ojos marrones y unos pómulos suaves que caían sobre un mentón que dejaba asomar sus labios rosas y carnosos. Cabello largo moreno hasta la cintura. Habremos andado por los doce años. El séptimo grado de la primaria. El último. Íbamos a separarnos. Posiblemente para siempre. Yo sí que tenía dimensión de esa sensación. *Para siempre*. Sin embargo, allí estábamos, mejilla contra mejilla y las piernas a punto de entrecruzarse, bailando algún lento de los Beatles. Los álbumes dobles recopilatorios rojo y azul eran perfectos para las fiestas porque podías ir desde "While my guitar gently weeps" para chapar hasta "Back in the USSR" para bailar agitados por patios, comedores o garajes transformados en salones de fiestas. Esa noche Silvia y yo nos besamos muy suave con los labios en la penumbra de aquel patio, con la candidez de dos bambis. La marcha iba por dentro. Terminamos la escuela primaria. La volví a ver en la sala Lavardén cuando grabé *Circo Beat* en 1994. Era la hija del portero de aquel edificio emblemático de la ciudad. Se había casado, había tenido hijos y cantaba tangos y folklore. Dulce Silvia, dulces recuerdos.

Hoy es Nochebuena. Es una de esas felices. Navidad en Rosario. TV en la rúa, palangana en los pies de papá, porrón, pizza y odio al peronismo. Carlitos del Grand Prix, los amigos del barrio, que al final nunca lo fueron, y los tíos Charito y Eduardo que caen con mis primos. Eduardito el mayor y Guillermo el menor, muy chiquito. Después estoy yo, el diferente, el que no tuvo mamá, el del medio. Somos una familia. Estaban el tío Lito, la Mangola y la Luisa, el tío abuelo Pantaleón, el gran jefe, y su mujer Angelita. Podemos sumar a la Chola y su marido Benigno, español de pura cepa. Igual a Bernardo, el compañero del Zorro, amigos de la familia Páez de toda la vida. La fiebre de la felicidad navideña. Gran momento. Todos esos locos haciendo esa Nochebuena. Se supone que celebrábamos la llegada del Señor Jesucristo, pero terminaba siendo un hecho siempre irrelevante. El pavo relleno, los turrones, la sidra, el Ananá Fizz, las nueces, los amores prohibidos entre todos ellos, el arbolito lleno de regalos, los cuarenta grados de calor todavía a la noche, el sudor de los cuerpos y los ventiladores que no andaban. Pantaleón, patriarca indiscutido, tío abuelo, demandaba que llenen su copa roja.

Pantaleón, gran aristócrata rosarino, inteligente, bicho, me lleva una tarde al velorio de un antiguo enemigo. Me sienta a su lado, en un rincón de aquel patio. Su figura imponía respeto. Siempre empilchado de primera.

De pronto veo que observa con extrema atención el vuelo de una mosca que revoloteaba impaciente.

—Abuelo Pantaleón, ¿podés atrapar una mosca con una mano?

—¡*Callesé*!

La mosca desaparece y Pantaleón deja su mano derecha cerrada, apoyada sobre una pierna cruzada sobre la otra.

—¡La atrapaste!

—¿Alguien me pone un mate por favor? —pregunta a unos asistentes del velorio.

—¿La atrapaste, abuelo?

Él mantenía su mano cerrada y los ojos pícaros.

—¿Y usted qué piensa?

—¡No sé! Abrí la mano…

Él no la abría y yo no podía ocultar mi nerviosismo.

—*Fijesé*. ¿La ve volando por ahí?

—Dele, Panta… ¡Dígame!

Pantaleón abrió su mano y la mosca salió disparada.

El gran cazador de moscas en realidad era el único hombre en la familia que sabía manejarse con el dinero y de cosas importantes. Que la venganza era un plato y que se comía frío era una de ellas.

—Ahí está, ¿la ve, sobrino?

—Sí.

Éramos Pantaleón, el cajón abierto en el medio del patio y yo. La mosca revoloteaba sobre el cuerpo muerto de su enemigo.

—Todo pasa, *mijo*, todo pasa.

Esa frase la inventó mi tío abuelo Pantaleón Páez.

5

Bueno, cómo olvidar el olor a los chocolatines Jack. Esos chocolates rectangulares con forma de caja sin la tapa de arriba, que traían un regalito. O el olor a tutifruti de los chicles Bazooka, o el de los rompeportones en las fiestas, las cañitas voladoras y las estrellitas. Ese aroma a pólvora de juguete que regaba nuestra infancia.

Un sábado a la tarde mi padre me llevó a visitar a un amigo en la localidad de Funes, un pueblo ubicado a diez kilómetros de Rosario. El viaje duró casi una hora. Era lejos esa distancia en aquel momento. Recuerdo que mientras mi padre pagaba el taxi, ya detenido frente a la casa, bajé apurado. Corrí unos pasos intentando cruzar hacia la vereda de enfrente y un auto me atropelló. Volé diez metros. Quedé inconsciente en el asfalto con serias dificultades respiratorias. Me asistieron mi padre y la mujer de su amigo. El shock fue tan fuerte que no pude salir del trance del susto hasta bien pasadas unas horas, después de que los médicos me revisaran dentro de la casa. Una de las primeras cosas que les enseñé a mis hijos fue a mirar a los costados y a observar con mucha atención los semáforos antes de cruzar una calle.

Felipa era toda una mujer. Una hembra santiagueña de ojos negros profundos y una boca comestible con los labios para afuera. El pelo negro entreverado como Ava Gardner. De piel marrón.

Una juventud que se le salía por todos lados. Una mañana llegó a calle Balcarce. Después de una entrevista llevada a cabo por mi abuela, quedó como mucama, cama adentro de la casa, y *nanny* del niño Rodolfo. Yo habré tenido cuatro años. Felipa vivía en el cuartito de arriba sobre el patio de dos por dos. En aquella habitación que después fue mía. Esa inolvidable y fantástica habitación. Entrabas por una puerta de madera que siempre costaba cerrar por los golpes de las lluvias, el granizo, el sol y la humedad. Sobre la pared de fondo se afirmaba el respaldo de una cama destartalada hecha de barrotes de un metal acobrado de muy bajo presupuesto, en la que reposaba un viejo colchón de alambres enrulados, sábanas percudidas y una colcha marrón. A la derecha, a solo un paso de la cama, un mueble negro de patas finas, con un pequeño *desk* en el medio, dos espejos torcibles a sus costados y uno grande y ovalado en el centro. Primo hermano de los muebles negros de la habitación de la abuela Belia. Frente al pie de la cama se amontonaban cajones y baúles con chucherías fuera de uso, revistas viejas y lámparas raídas. Un poco más allá, mirando hacia arriba, se veía, a la manera de un camarote, una ventanita hecha de la misma madera gris que la puerta. Allí vivía Felipa. Mi Felipa. Durante varios años me llevó a la plaza San Martín a jugar a la pelota con algunos amigos del barrio. Felipa hablaba con el cuidador de la plaza o con algún policía. Allí andaba ella con sus pantalones Oxford apretados, su melena negra y su mirada caliente. Pasaron los años. Nunca me perdía el rastro. Alguna vez la vi salir del frondoso nogal que daba a calle Dorrego limpiándose la boca, en algún frío atardecer de otoño, corriendo hacia mí, tras un encuentro furtivo con algún hombre. Nos queríamos mucho. Era mi *nanny*. Jugué gran parte de mi infancia con ella. Jugábamos a los penales en el patio de baldosas falsamente andaluzas, mientras mis abuelas o mi padre protestaban por los golpes que pegábamos con la pelota de goma en las persianas o en las puertas que daban a las habitaciones. "Dejen de molestar", gritaba alguno de ellos. Y allí nos escondíamos entre risas, Felipa y yo, de las miradas hostiles de los mayores de la casa. Éramos dos niños. Ella jugaba como si fuéramos hermanitos. Y también oficiaba de mamá. Me enseñaba que esto sí, que esto no. El día que me dijeron que Felipa no trabajaría más en la casa lloré durante horas, durante días. Fue un terrible desconsuelo.

Dos semanas antes de su partida pasó lo siguiente... Fue un sábado por la tarde. Papá Rodolfo, Belia, Pepa y yo almorzábamos juntos. Mi padre trabajaba duro los días de semana y nunca almorzaba en la casa. El vermut constaba de dosis generosas de Campari Rosso, Fernet Branca y Gancia. Eran para mi padre y mi abuela. La Pepa nunca bebía. El aperitivo iba acompañado de papas fritas de paquete y aceitunas. Luego se pasaba al vino Vaschetti de damajuana servido en pingüinos marrones veteados en blanco. Se almorzaba mondongo o pasta o asado. Todo transcurría como siempre, mientras los pingüinos sufrían graves horadaciones en sus bases, por lo que eran repuestos como en los Evangelios. Felipa almorzaba sola en la pequeña cocina que estaba al final del patio. Bebiendo y comiendo lo mismo que la casta superior. Sentí un fuerte olor a tabaco cuando se acercó a retirar los utensilios que quedaban en la mesa. Abuela Belia le dijo: "Andá, Felipa, recostate, nosotras levantamos lo que falta y lavamos, no te preocupes". Felipa accedió y se retiró tambaleante. Yo le pedí permiso a mi papá para ir al baño. No era habitual ver a Felipa con los ojos perdidos. Me acerqué hasta la escalera y mientras ella subía le grité despacito: "¿Te sentís bien?". Se dio vuelta. Me miró un instante en silencio y sonrió. Siguió subiendo la escalera hacia su habitación y desapareció. La familia Páez pasó a sus aposentos a dormir la siesta. La Pepa dormía en el living, Belia en el cuarto contiguo y mi padre en su habitación. Yo quedé en el patio, sentado en uno de los tres sillones de hierro pintados de blanco con almohadones floreados de plástico cuasi brasileros. Solía pasar ratos allí. En silencio. Aquel silencio ensordecedor de las tardes rosarinas. Mi madre muerta pesaba en aquel patio lleno de helechos donde había pasado sus últimos días. Subí despacio la escalera. Midiendo el sonido de mis pasos. La puerta estaba abierta. Felipa dormía en la cama. Me acerqué como una gacela. Cauto de no despertarla. Su cuerpo estaba al revés de lo habitual. Acostada sobre el pie de la cama. Me tomó de la mano y me subió encima de ella. Quedé sentado sobre su panza. Felipa me empujó y me deslizó hacia abajo. Pude oler su boca. El aliento a tabaco y alcohol. Sin abrir los ojos comenzó a frotarme por encima de su pantalón igual que a un muñeco. Sube y baja. Ese olor fuerte. Ese sonido que salía de su boca. Eso que me puso duro el pito de niño. Esos gemidos y ese olor penetrante a sobaco, cigarrillo y vino negro. También me sacudí. A más velocidad. Ella gritó fuerte. Todo fue mágico, hasta el agua que mojó mi pantalón de Robelito. "¿Me estaré haciendo pis?", pensé, mientras me abandonaba a un placer imposible de describir. Ella se desmayó en su letargo alcohólico y yo me retiré confundido en el medio de un huracán de sensaciones nuevas. Creo que abuela Belia escuchó el grito fuerte de Felipa. Vinieron unos días extraños en la calle Balcarce. Mi tía Charito hablando con Felipa. Mi tío Eduardo hablando con Felipa. Lo mismo que les conté a ustedes con un léxico más acotado le conté a mi papá. Pasaron unos días y nunca más la volví a ver.

En la plaza San Martín era usual pedir bicicletas prestadas a otros amigos. Algunas más grandes, como la del hermano de Sergio Camino, cuyo padre tenía una imprenta en Santa Fe entre Dorrego e Italia. La cuestión es que el hermano de Sergio me prestó su bicicleta para dar una vuelta a la plaza. Era de carrera. Tenía cambios. Solo sabía manejar mi Avianca verde. Me subí en el centro de la plaza, en una de las escalinatas del monumento al general San Martín. Tomé la salida que conducía hasta Santa Fe y doblé. Comencé a pedalear más rápido y más rápido hasta que la velocidad se hizo incontrolable. De la excitación inicial que provoca la velocidad la primera vez en tu vida pasé al miedo. Esto sucede en cuestión de segundos. Llegando a la esquina de Moreno me di cuenta de que no tenía ningún control sobre aquella bicicleta. Me costaba llegar a los pedales. Intenté doblar a la izquierda. El artefacto no reaccionó. El colectivo de la línea 15 que venía por Moreno en dirección hacia Santa Fe, con semáforo en verde, no tuvo ni tiempo a frenar. Pasé a una velocidad inimaginable frente al bus, que no me atropelló por milímetros. Al golpear las ruedas con la vereda del otro lado de la calle, caí de la bicicleta y me lastimé las piernas y los brazos. Entendí que la muerte también era una cuestión de suerte. El viento que silbó en mis oídos cuando crucé delante del colectivo azul y blanco aún lo siento soplando en mi nuca y sigue provocándome escalofríos. Se imaginarán el resto. Casi un mes sin volver a la plaza después de un reto furibundo de mi padre, y un poco por propia convicción también. El arreglo de la bicicleta salió un dineral.

Pasé gran parte de mi infancia en la casa de Carrizo y Charito en Cepeda. Pueblo de provincias con un club de bochas, un almacén de ramos generales, una carnicería, una capilla, una plaza y no más de ocho manzanas donde vivían cerca de doscientas personas. A pocos kilómetros de Villa Constitución, la ciudad cercana más próspera. Don Suárez y doña Fefa, su mujer, fueron los padres putativos de aquella joven pareja de emprendedores en ese paraje de Dios. Allí crecí junto a mi primo Eduardo. Él era mi protector. Era un mundo salvaje y necesitaba un escudero. Así permanecerá ese hombre robusto y amoroso que acompañó a mi padre en sus últimos momentos, mientras yo iniciaba mi vida porteña. El ambiente campero y la imaginación de mi tía Charito invitaban a los más terroríficos relatos en las noches de tormenta cepedinas. Una noche nos contó a Eduardito y a mí, que no habremos tenido más de seis años, la historia de la viuda negra. Ese cuento después inspiraría la canción y el film "La balada de Donna Helena". Se trataba de una mujer que en las noches de tormenta venía caminando por las vías del tren, con su vestido negro, pegando alaridos que helaban la sangre. Charito se ocupaba de reproducirlos con escalofriante fidelidad. A la luz de las velas, Charito actuaba y declamaba para nosotros las macabras escenas que nos inyectaban el más horripilante de los terrores. También la historia del hombre que se arrojaba debajo del tren y que, en las noches de luna llena, corría por el pueblo, sin cabeza, detrás de alguna víctima.

Una mañana, mi primo Eduardito y yo acompañamos a mi tío Eduardo a visitar a un enfermo en las proximidades de Cepeda. Una vez terminada la visita a una señora que no tenía más que una gripe, mi tío sugiere que pasemos a saludar a don Suárez. Ese viejo de piel curtida por el sol y sonrisa campechana, alto como una torre, hermano gemelo de John Huston, de ojos achinados y marcadas patas de gallo alrededor de los ojos. Ni lerdo ni perezoso, nos recibe y nos pide que lo acompañemos hasta el corral. Asistido por un amigo que se encontraba en la casa y por mi tío Eduardo, agarraron un chancho y lo llevaron hasta el patio, al aire libre. Lo ataron a un palo con unas sogas por las patas. Eduardito y yo, sentados en un banco bajo la parra, viéndolo todo. El chancho quedó cabeza para abajo. Allí, don Suárez desenvainó un puñal y abrió al chancho por la panza haciéndole una herida profunda. Todas las tripas se desparramaron en el piso junto con un montón de sangre. El chancho gritaba con un sonido agudo ante la absoluta tranquilidad de los compadres camperos, que sonreían y se cuidaban de no ser salpicados por la sangre del animal. Esos gritos no los olvidaré jamás. A la noche, bajo el parral de ese patio comimos aquel chancho entre risas y vino patero. Los niños, temprano a la cama. Era ruda la vida de campo. No había por allí organizaciones de defensa a los animales, y la civilización era un concepto difuso a la hora de dictaminar conductas sociales en aquellos parajes del mundo. Los animales eran parte del alimento de la raza humana y había que matarlos para comer. Muchos años más tarde, una vez muerta la Fefa, su eterna pareja, don Suárez preparó un sofisticado mecanismo en la casa donde terminaría su vida, en la zona sur de la ciudad de Rosario. Un aparato de madera sobre el que apoyaría la base de una escopeta recortada de doble cañón, sin culata, cuyo gatillo iría atado fuertemente a un hilo. Al pisar el pedal, el gatillo se activaría y se dispararían los cartuchos a través de sus dos cañones. Los perdigones se esparcirían dentro del radio de su cabeza y la harían añicos. Así sucedió. Era un hombre noble, buen padre de sus hijos. Abuelo de campo entrañable.

Mi primo Eduardo aprendió a manejar el Rambler de la familia a los siete años. Hasta el día de hoy, las veces que intenté manejar un automóvil, fracasé. Puede que allí radique uno de los motivos de mi supervivencia.

Para mi cumpleaños número nueve me regalaron un caballo. El día que lo monté se paró en dos patas y me tiró al piso. Batuque, el perro de la casa de Cepeda, le ladraba al caballito. Batuque era blanco y estaba siempre sucio. Un atorrante. Pegamos inmediata afinidad. No le gustaba lo que había hecho aquel caballo conmigo. No sufrí ninguna contusión grave. O posiblemente sí. Quizás hoy sería un artista de gran talento. Cabalgué a ese caballo pocos meses después de aquel accidente. Me encantaba cabalgar. Esa sensación de libertad compartida con el caballo, volando a campo traviesa con el viento en la cara, sin rumbo ni límite de velocidad. Primeras impresiones de libertad.

El Rulo era el hermano menor de Marcelo. Los Marzulo. Amiguitos de la plaza San Martín. Los conocí jugando a la pelota en las tardes de la niñez. Yo tenía ciertos dones futbolísticos que años más tarde llegaron a salvarme la vida. Era un niño habilidoso con el balón. Hacía gracias y gambetas. El Rulo era peladito. Parecía Oaky, el *enfant terrible* sin brazos ni piernas que García Ferré inmortalizó en *Hijitus*, el dibujo animado vernáculo más popular del que se tenga recuerdo en la Argentina. El Rulo jugaba muy bien al fútbol. Enfrente de la CGT, entre las escalinatas de entrada a la Facultad de Derecho, comenzamos un picado entre dos equipos desparejos. Sería injusto no decir que ellos me veían como el hijo de un archiduque europeo, aunque todos pertenecíamos a la misma y castigada clase media. De padres laburantes que pagaban todo a crédito. Los suyos trabajaban de porteros de una dependencia sindical y el mío en la Municipalidad de Rosario. La cuestión era que ellos eran más "cancheros" que yo, que hablaba correctamente y vestía de una manera más prolija. Eso no me quitaba un ápice de picardía. Los dos, el Rulo y yo, habremos tenido unos nueve años. Así las cosas, quedamos enfrentados después del pan y queso. Nosotros teníamos un jugador menos. Jugábamos con una pelota semiprofesional de cuero mientras los alumnos entraban y salían de la casa superior de estudios. Esto obligaba a tener que recalcular permanentemente cada movimiento. Cada alumno o profesor que entraba o salía de la facultad interrumpía las jugadas a favor o en contra. Esa tarde estaba encendido. Me salían todas. El Rulo iba montando en cólera en la medida en que se supone monta en cólera un niño de esa edad. Primero habrá sido un caño. Después una chilena por sobre su cabeza. Después un amague. En fin, el Rulo comenzó a pegarme. Codazos. Cabezazos. Yo crecía en la cancha y me sentía un pequeño dios en pleno dominio de sus oficios. Así el juego fue avanzando. El Rulo me pegó duro en una pierna con sus botines de punta. La sangre comenzó a brotar. No aflojé. *Ful.* Pelota detenida. Disparo al arco y hago un golazo. El Rulo levantaba temperatura. Yo también, pero mi ánimo se compensaba con un holgado triunfo que a su vez estaba condimentado con un inhabitual virtuosismo. Luego cambiamos de arco. Segundo tiempo. Me entregan la pelota. Me hago un autopase por sobre la cabeza del Rulo, engancho hacia las escaleras de la facultad, paso a otro pibe y gol. El Rulo se me va a las manos y me pega una piña en la cara. Me sangra la nariz. No importa. Un fuerte resentimiento brotaba de su corazón mientras mi audacia crecía. Nunca había estado tan inspirado. Los dioses saben enviar señales. A veces son confusas. Debería haber dejado de hacerme el listo en ese momento. Ya había sido humillado el equipo contrario y estábamos en dominio total del partido. El Rulo avanza. Queda solo frente al arco. Cuando está a punto de tocar la pelota y consagrarse frente a su equipo, crucé mi pie derecho sin tocarlo y evité el gol. Su rabia se agigantaba mientras el orgullo explotaba en mi pecho. Toda la peña de Derecho se había frenado a mirar aquel prodigio. Tomé la pelota, pasé entero al equipo contrario y quedé solo frente al Rulo. Intenté correrme a un costado y me tiró un cabezazo. Después, una patada en el pecho que me dejó sin respiración. El Rulo lo había logrado. Yo estaba caído en el piso delante de todos. Mi equipo había visto la acción y corrieron a asistirme. Había una indignación general por tan bárbaro ataque. Estoy en el piso. Su hermano Marcelo le choca los cinco. "Este no se levanta más", le dice el Rulo con seguridad y sorna. Yo leo sus labios desde el piso. Eso me inflama de odio puro. Los Marzulo, riéndose y mofándose. Me levanto y corro hasta Oaky. Lo tomo del cuello con la fuerza de un cabro salvaje. No le di tiempo a absolutamente nada. Lo tiré de un cabezazo en el estómago. Cayó de rodillas y comencé a golpear su cabeza contra las escaleras. Fueron nueve golpes. Frené cuando vi su sangre en las escalinatas y sentí su cuerpo laxo. Salí corriendo hasta mi casa. Por Córdoba hasta Balcarce. Corrí una cuadra y media. Crucé Santa Fe. El corazón se me salía por la boca. Llegué hasta el 681. Crucé corriendo el zaguán. Entré de un portazo en la habitación de mi padre y me metí en el baño a rezar mil padrenuestros. Estuve cerca de una hora allí encerrado esperando no haber matado al Rulo.

La vez siguiente que vi a los Marzulo fue en ese mismo lugar. El Rulo llevaba una venda en la cabeza. Estaban invitándome a subirme por la fachada de la Facultad de Derecho a esa cornisa que daba al vacío. A más de veinte metros de altura. Había que llegar hasta el frente del amplio balcón del Museo de Ciencias Naturales por calle Moreno. Podía haber sido una invitación, y así someterme a la humillación de una venganza con posible final de asesinato. Prefiero pensar que no. Hoy me arrepiento de no haber subido con ellos para vivir esa experiencia. Los dos llegaron en perfecto estado a ese balcón, casa de murciélagos. Sanos y salvos.

La mirada de esos niños salvajes, felices, desafiantes, intentando sortear la muerte es algo que siempre llevaré conmigo. Los policías gritaban desde abajo.

Entre lobos nos olemos, y de alguna u otra forma aprendemos a ganarnos el respeto del otro.

Aquí no ha pasado nada.

La noche en que conocí las estrellas fue en la pensión que quedaba al lado del Club de la Familia. Balcarce entre Rioja y Córdoba. Conocí a Marcelo Cardozo en la plaza San Martín jugando al fútbol. Era un niño pícaro, de mediana estatura y flaco como yo. Su madre trabajaba. Vivían en una de las habitaciones de aquel viejo edificio. Solíamos pasar largos ratos en el cuarto de luces rojas. Tenía una cama con una colcha de colores, estampitas de vírgenes y santos colgados de las paredes. Una mesa de luz, alguna ropa apoyada en una silla y olor a Felipa. Cigarrillo, alcohol y sobaco. Me sentía cómodo en aquel espacio pequeño. Había que subir una larga escalera hasta llegar al primer piso. Allí, un recibidor que conducía a un pasillo que daba a varias habitaciones, con un baño compartido sobre el fondo. Marcelo caía a horas extrañas en mi casa y me pedía que lo acompañara. Yo lo hacía la mayoría de las veces. A mi familia no le caía bien Marcelo. Decían que era molesto. A mí me daba ternura. Nos reíamos, tomábamos la leche con *El Capitán Piluso* y salíamos mucho a callejear. También compartíamos horas en el Club de la Familia. La hija del portero se llamaba Viviana Randón, una morochita muy simpática de ojos negros a la que le encantaba pasar horas con nosotros. Jugando a la pelota en la cancha de básquet del club o charlando en alguno de sus grandes salones. Viviana era compañera de curso en la escuela Mariano Moreno. Marcelo era pobre, motivo por el cual siempre me pedía cosas. Monedas o caramelos y ropa. Una tarde vimos salir a dos hombres de su habitación. Y otra noche a un señor entrado en años. Y otra a unos adolescentes. Siempre eran hombres distintos. Nunca hacíamos ningún comentario al respecto. Una tarde de invierno Marcelo me invitó a subir a la terraza de la pensión. "¡Mirá qué hermoso!", me dijo. Fue la primera vez que vi a Venus, la primera estrella de la noche. El lucero. Sucedió todo en silencio. Durante dos largas horas. Poco a poco, tirados sobre el piso frío de aquella terraza minúscula, comenzaron a aparecer las estrellas. El cielo cambió en degradé, de naranja a violeta y de violeta a rosa y de rosa a negro. Esa noche Marcelo Cardozo me regaló las estrellas.

Sábados por medio, de mañana, asistía a las clases de catecismo en la Catedral. Estaba separada de la Municipalidad por un gran patio. Esos dos edificios inamovibles como esfinges arquitectónicas mirando hacia adentro de la ciudad. La fe y la política. Y a la vez siendo observados por el Monumento a la Bandera a sus espaldas. ¿Era la nación más fuerte que la fe y la política? ¿O estaría constituida de estos dos elementos de la forma más caótica imaginable? Sabemos que cuando Leonardo Favio las cruzó en el documental *Perón, sinfonía de un sentimiento* de sus tripas surgieron imágenes potentísimas. Allí estaba yo, mirando a Laura, los sábados. Una rubiecita hermosa con ojos de ángel que se sentaba detrás de mí en las sillas donde varias maestras y un curita nos enseñaban los mandamientos, los Evangelios y la historia de Jesús. En los recreos jugábamos al fútbol con casi todos los pibes de la clase. Yo intentaba deslumbrar sin éxito alguno a mi adorada Laura. Era una princesa de cuentos. El pelo lacio dorado del sol y una piel suave. Su mirada desprendía ternura y alegría. ¿Será hoy una defensora de la siembra de soja transgénica, aliada de Monsanto? Dios quiera que no.

Mi memoria recuerda con total claridad estas palabras repetidas en cada misa, cada sábado o domingo al mediodía, de la liturgia católica rosarina: "Señor, no merezco que entres en mi casa, pero una palabra tuya bastará para sanarme".

Sin lugar a dudas, esta traducción tardía e imposible de rastrear del salmo de Mateo 8:5-13 es de lo más disparatada. Léase la original: "Entrando Jesús en Capernaum, vino a él un centurión, rogándole, y diciendo: 'Señor, mi criado está postrado en casa, paralítico, gravemente atormentado. No soy digno de que entres bajo mi techo; solamente di la palabra, y mi criado sanará'".

La traducción moderna, digamos, borra al centurión de la escena y al motivo por el cual este no se siente digno de la presencia de Jesús en su casa. El centurión era un soldado. Un artefacto de la guerra, lo contrario a la paz que profesaba Jesús en aquel período de su corta vida. También elude la innecesariedad del desplazamiento de Cristo hasta su casa. Solo con que Jesús diga una palabra que nombre la sanación del desdichado, el criado se repondría. Esta versión, que aparece en infinidad de traducciones casi con la misma exactitud, habla sobre la humildad del centurión y el respeto que le infundía la figura del Nazareno. En la otra, el yo del replicante litúrgico, nosotros, público fiel, nos declaramos innobles ante su presencia, indignos al no creer que nuestra casa o nuestro corazón sean lugares donde pudieran habitar la fe o los buenos sentimientos. Y por último la idea "una palabra tuya bastará para sanarme". Ese pedido casi obsceno, que impone la encubierta extorsión de exigir un milagro a fin de probar, de modo canallesco, la existencia de lo sagrado y recién así poder creer. Existe un deseo en esta replicación inexacta de la escena, el de hacer quedar a las personas como mendigos y miserables. Dios probará con su milagrosa sanación nuestra transformación a la fe católica y dejaremos nuestro óbolo, felices de haber sido acogidos en la casa del Señor. Esto duraría unos instantes de teatro pleno, de ambas partes (Iglesia y feligresía), y regocijo del espíritu. Algo del orden de la comedia humana nos hace sentir por algunos segundos que estamos protegidos y amparados por los dioses. El colmo de la hipocresía. El ombligo del cosmos. Hay algo simpático también en la raza humana, asesina y maligna por naturaleza, de lo que Dios nunca iba a darse cuenta si nos viera actuar, logrando arrepentirnos mientras nos golpeamos el pecho en el ritual de la misa. Hay que admitir que una religión excelsa en santos y pecadores es por lo demás entretenida como el mejor libro de aventuras. Siempre sospeché que no existía la pureza en aquellas escenas de redención domingueras leídas desde el púlpito con gravedad y solemnidad por el cura de toga negra. Solo fui a esos espectáculos obligado por el mandato familiar y aún siguen atrayéndome sus fastuosas puestas en escena, de las que el rock and roll, sin dudas, es legatario. Esa indiferencia natural por todo lo impuesto, a la manera de una prótesis a temprana edad, no implica que no haya aprendido sabias enseñanzas en aquellos textos bíblicos. Solo quería darme vuelta en la cola hacia la ingesta de la hostia, camino al altar, y ver a la chica rubia de mis sueños. Su indiferencia y su letalidad implacables. Eso animaba mi deseo y ponía el barco a todo vapor. Qué indignidad ni qué palabra de nadie. Iba a tener que ganarme el pan para que esa niña hermosa se detuviera en mí. Bajo otros cielos y con otros rostros esa escena ha sido consumada. Amadas mías.

Cuando terminábamos las clases nos cruzábamos a un barcito muy chiquito que quedaba sobre calle Buenos Aires. Allí me consagré campeón de metegol. Se me daban bien los deportes. Incluso este.

La Municipalidad fue otro lugar sagrado. Al primer piso, después de atravesar un largo y ancho pasillo donde se encontraba la recepción, se subía por una gran escalera dividida en tres tramos. Hacia el final de uno de aquellos pasillos kafkianos, llegaba a la oficina donde trabajaba mi padre. Era un amplio rectángulo con piso de madera y había un montón de escritorios con máquinas de escribir, papeles, carpetas de expedientes, lapiceras, gomas de borrar, etc. El escritorio de mi padre era el más grande. A su derecha, subiendo una escalera más, larguísima, de la que era muy fácil caer por el mínimo tamaño de sus escalones, se encontraba un mueble de madera que recorría todo el ancho del salón, donde se archivaban todas esas historias que nadie recogerá pero que son la historia viva de la ciudad. Rodolfo Páez funcionaba como un director de orquesta de aquella oficina, que tenía a sus espaldas dos altas ventanas que daban a la calle Santa Fe y que permitían la entrada de la luz. Desde aquellos pequeños balcones vi por primera vez el río Paraná. Ondulaban sus aguas rumbo al mar. Aguas marrones, que regaban tierras que daban frutos, cargadas de camalotes con monos en algunas temporadas y serpientes venenosas en otras. Nadie como mi padre conocía los entretejidos de aquella Municipalidad. Por eso, mientras los políticos y los militares pasaban, mi padre seguía en dominio absoluto de aquella endiablada máquina burocrática. Fue muy querido entre sus empleados y colegas. No me paran de llegar agradecimientos y loas hacia su persona. Cartas y reencuentros de viejos compañeros, los que viven aún, que me cuentan lo generoso y buena persona que era. De lo bien que trataba a todo el mundo en su calidad de jefe, aun siendo estricto en el cumplimiento del trabajo. En tiempo y forma. El trabajo lo fue todo para él. En algún momento habrá sentido la necesidad imperiosa de ocupar el tiempo. Esa iba a ser su arma de combate contra la nostalgia tatuada en su corazón.

Los viernes se tomaba cerveza Quilmes de porrón con pizza y carlitos del Gran Prix junto a Belia y Pepa. Algunas noches de verano recuerdo un ritual expulsado de la vida moderna. Mi padre sacaba el televisor a la vereda. Se sentaba en una silla. Muy bien peinado, vestido con una elegante bata. Me hacía traer una palangana de agua fría en la que remojaba sus pies. Yo jugaba al fútbol bajo su mirada atenta, con Dani o algún compañerito del barrio, y así se hacía de noche. Recuerdo la luz de la pantalla sobre su rostro, viendo algún programa de televisión mientras yo reía y jugaba entre los autos y colectivos, que nos esquivaban con cuidado y amor. Después salían Pepa y Belia. Chusmeaban con las vecinas. Si Carmen se casó, si la otra engañaba al marido con Alberto, el soltero de la otra cuadra, o si Rodolfo estaba detrás de alguien que reemplazaría a Margarita. "No, no puede. No va a haber nadie como ella", escuché que le decía alguna de mis viejas a María Elena.

Leonor era una mujer muy bella. Una Tippi Hedren con el pelo recogido que dejaba ver un cuello estilizado. Mi padre la trajo a cenar a la casa de calle Balcarce una noche de invierno. Fue una cena tensa. Belia y Pepa no se sentían cómodas con aquella mujer. Yo, por el contrario, la veía muy linda. Dueña de una sonrisa suave y franca. Nunca había visto así a mis abuelas. Eran dos animales conteniendo la furia para que una intrusa no se entrometiera en nuestras vidas. Mi papá intentó dominar la escena y de alguna u otra forma lo logró. Después del postre la acompañó a su casa en un taxi. Yo levanté la mesa con mis abuelas en un silencio algo afectado. "No me gusta para Rodolfo. Se viste mal y no sabe hablar", escuché que Belia le decía a Pepa a bajo volumen, atravesando el patio de camino a la cocina. Me quedé despierto hasta tarde. Mi padre llegó bien de madrugada. "¿Será mi nueva mamá?", pensaba intentando dormir, hasta que lo oí llegar. La relación duró unos meses. Una noche Leonor nos invitó a su casa, a mi padre y a mí. Era un PH que quedaba al lado de la sala Pau Casals, en Entre Ríos al 700. Frente a la Facultad de Humanidades. Me dejaron en el patio. Mi padre salió al poco tiempo igual de espléndido que como había entrado. Con su traje gris y su corbata beige y violeta comprados en Al Elegante, sus zapatos marrones muy bien acordonados y su cabello negro perfectamente engominado. Leonor me saludó, algo despeinada, con un abrazo cariñoso. Salimos con mi padre a la calle a buscar un taxi de regreso a Balcarce. Nunca más volví a saber de ella.

6

En algún momento de la hecatombe nacional mis tíos progresan y se mudan a Villa Constitución. Era una casa emplazada sobre la calle Belgrano, cerca del centro de la ciudad. Los veranos eran potentes. Con mosquitos de gran tamaño y humedades tropicales. Mi primo Guillermo aún era un gurrumín. Siempre queriendo meterse en la vida de su hermano y su primo, los más grandes. Nadie imaginaba al hombre nobilísimo en el que iba a convertirse con el correr de los años. En el patio de esa casa se armaban fiestas los fines de semana. Eduardo, mi primo mayor, era el convocante, y todos los jóvenes de su curso asistían a aquellas tertulias de baile. Asaltos, se llamaban. Curioso nombre, ¿no? ¿A quién se asaltaba allí? ¿Éramos ladrones? En fin, misterios del lenguaje y de la cultura argentina. Yo seguía desarrollando mis dotes de DJ con mis discos de los Beatles, el *Rosko Show* (álbum de moda que traía canciones souls de Aretha Franklin, Diana Ross, etc.), las posibles canciones bailables de Deep Purple, el álbum del famoso DJ Pato C, más los vinilos que traían algunos de los amigos y amigas de mi primo. Íbamos a la pileta del club Talleres y a la del club Riberas del Paraná. Los fines de semana el salón del Riberas se transformaba en sala de cine. Jugábamos al básquet. Mi primo era muy bueno en esas lides. Mi tía Charito nos llevaba a misa los domingos a la mañana.

Una tarde sentimos un griterío en la calle. Frenadas de autos y algunos tiros. Un comando del Ejército se estaba llevando a la abogada que vivía al lado de la casa de mis tíos. Después de su secuestro, su casa y su estudio se cerraron. La violencia se respiraba en el aire. ¿Qué era ese mundo que estaba ahí afuera? Mi tío salía en el medio de la madrugada al sanatorio y al hospital. No importaba de qué lado vinieran las balas. Él tenía que salvar esas vidas. Aparte de traer a más de cinco mil bebés al mundo, cumplió a capa y espada el juramento hipocrático, cualesquiera fueran las circunstancias. Por eso también hoy es, ya fallecido, uno de los médicos más destacados en la localidad de Villa Constitución. Difícil tarea la de ese hombre, atravesar la balacera de los años setenta sin perder el honor, respetando la sagrada vida humana por sobre cualquier coyuntura.

El final de la infancia pudo haber sido marcado por este episodio. Los sábados después del mediodía un grupo de amigos de la escuela habíamos decidido abordar una auténtica aventura. Teníamos doce años. Íbamos hasta la estación de trenes de Rosario Norte, ubicada en avenida Aristóbulo del Valle esquina Callao, en el barrio de Pichincha. Muy cerca del cabaret Telarañas, donde Rita la Salvaje, la bailarina Juana González, nacida en Isla Maciel, hacía números de desnudismo total. Entonces esperábamos sobre las tres de la tarde a que el tren arrancara para la zona del aeropuerto. Era el ramal que iba al noroeste argentino, que llegaba hasta San Miguel de Tucumán. La Estrella del Norte. La aventura consistía en subirse al tren en movimiento sin que nos viera nadie y, durante el tramo hasta el aeropuerto, escondernos en los baños repartidos en las puntas de cada vagón. Dos por baño. El mayor riesgo era andar suelto por los vagones escapando del guarda. Pura adrenalina. Teníamos una marca que era un cruce de caminos, que avistábamos por la ventanilla del baño o asomándonos a alguna escalerilla del tren. Estuviéramos donde estuviésemos, los mosqueteros sabíamos que en ese cruce había que saltar del tren. Todavía recuerdo el corazón bombeando fuerte en aquellos momentos de éxtasis y riesgo. Recién después de ese tramo, a unos diez kilómetros de la salida de la estación, el tren agarraba velocidad. Entonces era el último momento para saltar. El que no lo hiciera por miedo o por haber sido descubierto por el guarda debía continuar hasta la siguiente parada. Muchísimos kilómetros más adelante. Era "ahora o nunca". Saltábamos como malhechores en busca de la libertad, habiendo sorteado el peligro de ser descubiertos. Caíamos a la cuneta al lado de las vías y nos cerciorábamos de que todos los integrantes de la comitiva estuvieran sanos y salvos, mientras el tren seguía su rumbo. Todo consistía en caminar libres bajo el sol en los alrededores, a campo abierto, cerca del aeropuerto de Rosario. A pocos metros del cruce había una garita de control que siempre estaba vacía. A alguno de nosotros se le ocurrió bombardearla a cascotazos. Abollábamos sus paredes. Reíamos y nos sentíamos la banda de Butch Cassidy. Después de unas horas de deambular y quedarnos tirados en el césped bajo el sol, emprendíamos la retirada, que consistía en hacer el mismo movimiento pero al revés. Esperábamos al tren, que ya había comenzado a bajar la velocidad para entrar correctamente a la estación Rosario Norte. Nos trepábamos como monos. Y otra vez lo mismo. Separarse en grupos de a dos o caminar por los vagones sin ser descubiertos. Llegábamos a la estación y saltábamos hacia la plataforma. Nunca nos descubrieron.

Fue en otra tarde soleada que nos aventuramos a la misma cantinela. Nos divertía muchísimo hacer algo fuera de las leyes. La de nuestros padres y la otra. Al llegar al cruce, saltamos. Todos sanos y salvos. Rompimos a piedrazos todos los vidrios de la garita. Era lo único que nos faltaba romper. De pronto sentimos un frenazo a nuestras espaldas. Era un Falcon verde. Dos hombres de civil se bajaron del auto con cara de pocos amigos. Llamaron por *walkie talkie* a un patrullero. Esperamos sudando frío. Cuando llegó el patrullero nos llevaron a la comisaría de Funes. Nos interrogaron uno por uno y tomaron nuestros datos. Estábamos muy asustados. Las preguntas, de todos modos, eran las correctas: "¿Qué hacíamos allí?", "¿Por qué habíamos roto la garita?", "¿Nuestros padres estaban al tanto de dónde estábamos?", "¿Sabíamos lo que implicaba lo que acabábamos de hacer?". La alegría de la aventura se había transformado en terror absoluto. Nos tuvieron incomunicados en una habitación pequeña hasta la medianoche, sin dejarnos hacer un llamado telefónico a nuestras familias y sin permitirnos hablar entre nosotros. Nos dejaron ir al baño en una sola oportunidad. Pasada la medianoche comenzaron a llegar los padres. Cada uno tuvo diferentes reacciones. Alguno se quejó a la policía por el tiempo que nos habían tenido demorados. Que era inconstitucional. Otros se llevaron a su hijo en silencio, sin protestar. Otros miraban a sus hijos con indiferencia. La máquina represiva ya estaba en pleno funcionamiento en 1975, con algunas innegables y obvias torpezas. Teníamos doce años. No éramos soldados entrenados en la lucha armada, ni siquiera militantes de ninguna organización política. Solo púberes en busca de alguna alegría propia de la edad. El tono de los policías era implacable. Duro y sin temor a ninguna bravuconada de algún padre con aires republicanos. Yo quedé último. De pronto, desde la habitación donde nos tenían encerrados, escuché la voz firme de mi padre entrando a la comisaría: "¿Dónde está ese delincuente?". Después de aquel episodio estuve dos meses sin salir de mi casa, salvo para ir a la escuela.

En marzo de 1976 comencé la escuela secundaria en la Dante Alighieri. Unos días antes de que la Junta Militar comandada por el teniente general del Ejército, Jorge Rafael Videla; el almirante de la Armada, Emilio Eduardo Massera, y el brigadier general de la Fuerza Aérea, Orlando Ramón Agosti, el 24 de ese mismo mes, dieran un nuevo golpe de Estado. Lo nombraron Proceso de

Reorganización Nacional. Esa mañana Belia prendió la radio a las siete de la mañana, como todos los días. No sonó la clásica "Quejas de bandoneón" de Aníbal Troilo con la cual Radio Nacional anunciaba cada mañana el inicio de un nuevo día. Recuerdo la voz del locutor anunciando el comunicado número uno. Se produjo un escalofriante silencio en aquella casa. Mi padre también tenía encendida la radio y la voz se duplicaba y resonaba con fuerza en esas habitaciones de techos altos. Casi ocho de los años más sombríos de la historia vendrían a teñir la vida argentina entera de enormes amarguras.

La Dante Alighieri es una escuela de renombre académico situada en el Boulevard Oroño. Mi padre siempre buscó la máxima excelencia para mis estudios. Aprendería italiano e inglés, historia, física y química, el teorema de Pitágoras, caligrafía, educación física y cívica, geografía y contabilidad. Lo mejor fueron los bailes y los cumpleaños de quince. Miriam Zoco, con quien nos dimos el primer beso, y comenzar a tocar en los actos escolares música de Serú Girán. Vamos por partes. Aún debo inglés y contabilidad. Tenía que rendir esas dos materias el 9 de diciembre de 1980. La noche anterior habían asesinado a John Lennon. Fui hasta la puerta de la escuela y allí me quedé fumando unos Pall Mall cortos sin temor a que me descubriera algún celador. Fue una mañana triste. A mis diecisiete ya conocía su obra casi de memoria. Lennon posee una particularidad poco usual en grandes artistas: es una obra muy sencilla de plasmar en piano o guitarra. Era canalla y sofisticado. Siempre quise parecerme a mis hermanos mayores. John era uno de ellos, aunque podría haber sido mi padre. Él había sido uno de los que habían inventado la juventud, como bien decía Charly de los Beatles. ¿Quién iba a querer matar a Lennon? ¿El FBI, el macartismo, las fuerzas diabólicas del edificio Dakota que quedaron impregnadas después de la filmación de *El bebé de Rosemary* de Roman Polanski, el servicio secreto británico, algún agente comedido en busca de un aumento de bonos para su jubilación de la Guerra Fría, algún *dealer* resentido...? ¿Alguna muchacha celosa de Yoko? El asesino fue un fanático enloquecido llamado Mark Chapman que había tomado la decisión de que la vida de John Winston Lennon debía llegar a su fin. Con cinco balazos lo liquidó a mansalva en la entrada del edificio Dakota de la ciudad de Nueva York, donde residía junto a Yoko Ono y su pequeño hijo Sean, frente al Central Park. En aquellas horas solo sentí dolor e incapacidad para afrontar un sistema de preguntas de cualquier índole. Así que inglés y contabilidad, afuera.

Los cumpleaños de quince fueron inolvidables. Podía acercarme en las baladas lentas a las muchachas que más me gustaban. Sentir los olores de sus pieles, rozar sus manos, sus piernas dejándome entrar. Fue Miriam Zoco la que llegó a enloquecerme. Todo en ella era sexo y ternura. Cuando comenzábamos la primera jornada, durante cada uno de los cinco años que asistí con ella a la secundaria, me tomaba el trabajo, en cuestión de segundos, de encontrar un asiento en la clase desde donde verla. Siempre delante de ella. Cuando volteaba hacia atrás lograba ver cómo cruzaba sus piernas. Sus voluptuosos pechos de mujer en su cuerpo de adolescente. Su mirada pícara. Su bondad al pasarme papeles clandestinos para copiarme en clase. Un sábado a la tarde la invité al cine Palace. Era una tarde fría de otoño. Fuimos a ver *Barry Lyndon*. Ya saben. Los nervios de la primera vez al estar en una extraña intimidad con la chica de tus sueños. Cada movimiento de mi cabeza hacia su lado eran leguas de viaje interestelar a través del tiempo. ¿Me sacaría la mano de arriba de su brazo? Obvio que sí. Esa preciosura no estaba allí más que para apiadarse de un mequetrefe sin fuerzas, con total desconocimiento de la materia amatoria. Estaba allí para palmearme la espalda y darme ánimos. "¡Vamos, Rodolfito, vas bien!". Seguramente haría un mal movimiento y mandaría todo al diablo. Nacido para el fracaso. Nos tocamos las manos mientras Ryan O'Neal intentaba seducir a Marisa Berenson. A Miriam le sudaban las manos. Ella también estaba nerviosa. Eso me excitó. Parecía un triunfo. Cuando intentaba arrebatarle los labios ella se giraba, encendía el deseo y mis certezas irrefutables de perdedor. Miriam no me soltaba la mano mientras tratábamos de disimular y a la vez seguir las decisiones de Kubrick en aquel film sobre las vicisitudes del amor enmarcado por la guerra de los Siete Años. La besé cuando se dejó besar. Creo que los dos teníamos ganas. Yo más que ella. Tuve que volver a ver el film por motivos que imaginarán. El tiempo se había esfumado. Ciento ochenta y cinco minutos en un abrir y cerrar de ojos que duró una eternidad. Cuando se prendieron las luces del cine le pedí ir a la plaza San Martín. Ella aceptó de buena gana contra mis malos pronósticos. Ante la posibilidad del rechazo de parte de una mujer, en términos amorosos, siempre preferí el pudor o dejarme avanzar y entregarme como un soldado derrotado que se rinde ante su vencedor. Paradoja falsa si las hay. En algún rincón de mi corazón iba cocinando la teoría en la cual mi madre me abandona y me rechaza por motivos más que misteriosos creados en alguna dimensión desconocida. En vez de ir por el simple camino de comprender que solo se había muerto. Los bebés no piensan. Sienten. Y eso que sienten puede ser el sedimento de edificios majestuosos construidos en el transcurso del tiempo con aire y arena. De eso se trata mi primera novela, *La puta diabla*. Volvamos a la plaza San Martín. Nos sentamos en el banco que daba al monumento del bravo general libertador y comenzamos a besarnos. Fue tal mi entusiasmo que logré que nos cayéramos los dos hacia atrás y el banco encima nuestro. Ese fue el comienzo del final con Miriam. Seguramente no habrá querido que una persona tan arrebatada la acompañara el resto de sus días. Ni siquiera los minutos siguientes. Nos habíamos pegado un tremendo golpazo. Ella se tomaba la cabeza y se quejaba de un fuerte dolor. De hecho, quise acompañarla a tomar el colectivo 218 hasta la esquina de mi casa. Posibilidad que me fue negada. Cada vez que vuelvo a pasar por la plaza recuerdo el simpático episodio. Es más, cuando pasé una y mil veces, en los años siguientes, por Córdoba y Provincias Unidas, a cuatro calles de donde Miriam vivía, miré hacia adentro entre las callecitas de aquel barrio camino a Fisherton, siempre esperando verla.

Mientras tanto comenzábamos a ensayar en casa de Toto Paniagua. Éramos Mario "Pájaro" Gómez en batería, Toto en guitarra eléctrica, Carletto en bajo y yo en piano. Tocábamos "Perro andaluz" de Serú Girán sin la destreza de los fabulosos cuatro porteños. Aún conservo una foto de alguna de esas jornadas en los actos de la escuela. Gritaba con desenfreno y pasión legítima. Hormonas explotadas y amor por la música. El olor del viejo piano Bechstein que inundaba el gran salón de actos de la Dante Alighieri. Las ganas de gustar y seducir. Los ensayos. El deseo de todo. Se empezaban a acercar compañeros de otros cursos que pasaban por allí de casualidad o alertados por algún movimiento extraño en aquel salón de carácter solemne, que permanecía inactivo casi la totalidad del año. Germán Risemberg, futuro bajista de Staff, recuerda habernos visto a Patricio Prieto y a mí cantar una versión de "Alto en la torre" de Sui Generis en alguno de esos ensayos. Patricio era un joven de una belleza perturbadora. Creo que fue el primer hombre que me atrajo. Sentía deseos de besarlo. Era muy mal alumno y absolutamente descarado. Sin embargo, el embrujo duraba poco. Siempre volvía a mis compañeras de curso. A sus bocas, sus piernas, sus sonrisas. Las pulsiones sexuales estaban a la orden del día. Las mujeres siempre me perdieron. A menos que pase algo extraordinario en los próximos años, esto será siempre así.

Logré hacerme un espacio en esa institución tan conservadora. Hasta el día de hoy sospecho que todos los maestros secretamente disfrutaban de aquellos minutos donde hacíamos esa música desencajada de los protocolos italianos de la buena enseñanza.

Algo se trastocaba en aquel palacio del orden. Las primeras luces encendían en el alma.

Tenía un grupo de amigos con quienes comenzábamos a escuchar música. Ese era el planazo los sábados y domingos. Dos de ellos, Fabián Gallardo y Diego Boglioli. Pertenecían a una clase media alta pudiente. Esto nunca significó un inconveniente de ninguna naturaleza entre nosotros. Los amantes de la música no aceptamos conflictos de clases. A ninguna edad. Es un tipo de vínculo que resiste toda diferencia. La música, en algún orden, funciona como el porro o el mate. O cualquier materia que reúna el interés de una tribu, sea global o minúscula. Invita al placer de lo colectivo. Nos hicimos adictos al póker en tardes de frío en el regio departamento que tenían los Boglioli en Balcarce al 700. Todo enmarcado en madera oscura con un amplio living que daba a unos ventanales sobre Balcarce. El equipo Audinac de altísima calidad, que hizo las delicias de nuestros oídos reproduciendo maravillas, estaba asentado en un rincón del living, que lindaba con el comedor y se cerraba con una puerta corrediza muy diferente a la del baño de mi calle Balcarce. Todos estos elementos eran objetos de ultramodernidad ante mis ojos acostumbrados al combinado Ranser, estufas a gas y paredes roídas. Los aires acondicionados y los radiadores aclimataban aquel espacio de cuentos de reyes. Allí escuchábamos *Quadrophenia* de The Who. *Tales from Topographic Oceans*, *Fragile*, *Close to the Edge*, *Relayer* y *The Yes Album* de Yes. *Selling England by the Pound*, *The Lamb Lies Down on Broadway*, *Foxtrot* y el álbum en vivo de Genesis. Todos ellos con Peter Gabriel. *Octopus* y también *In a Glass House* de Gentle Giant. El grupo italiano Premiata Forneria Marconi y su extraordinario álbum *Chocolate Kings*. Los primeros discos de Zappa que llegaban a Rosario: *Apostrophe (')* y los de Mothers of Invention. Fue Mario, el hermano mayor de los Boglioli, el que un día en un salón de la Escuela Superior de Comercio tocó "Para quién canto yo entonces". La canción que cerraba *Pequeñas anécdotas sobre las instituciones*, el último álbum de estudio de Sui Generis. La banda que lideraba Charly García, que por aquel entonces tenía veintitrés años. Lo saqué en el piano, no sin dificultad. Había escuchado esa canción cientos de veces. Era sencilla y genial. La música y el texto. "¿Para quién canto yo entonces si los humildes nunca me entienden, si los hermanos se cansan de oír las palabras que oyeron siempre?". Era un texto que ya nos daba a nosotros, diez años más jóvenes, pistas sobre verdades que resultarían inmanentes a la naturaleza humana y en especial a la coyuntura política de aquel momento. Muchas canciones de Charly fueron el cofre donde se guardaba el secreto de la inminente aventura revolucionaria de la ultraizquierda argentina. Así de duro. Charly ya lo sabía. Nadie escuchaba más que su propia voz. Pero en esos años la cosa no estaba para chiquitas. Por más oráculo que trajera un músico popular a escena, las cosas iban a suceder porque nadie puede evitar el destino. Incluso el que forjamos. La sangre bajo las armas comenzaba a ser materia de todos los días. Y así, las intrigas palaciegas y el terrorismo de Estado. Y las traiciones y las entregas de compañeros y compañeras. Y toda aquella muerte luchando para la liberación de millones de personas que no deseaban ser liberadas. La enorme masa de clase media argentina se sentía ajena a aquella aventura continental que iba a intentar darles pelea a las dictaduras implantadas en América Latina. Hoy siguen algunos altos mandos de allí con vida y muchos niñatos muertos y otros desaparecidos. Entregados por sus superiores a cambio de una abyecta supervivencia. Más algunos generales, de más acá, muertos en la cárcel después de tantas idas y vueltas. Y tribunales y "nunca mases" e indultos, luego revocados, y el terrorismo de Estado como un dios omnipresente y algún poeta "exiliado" durante tantos años intentando obtener su redención, antes de morir de viejo, en los panteones vacuos de la literatura.

El 7 de agosto de 1976 asistí a mi primer concierto. Debutaba, en el Auditorio Fundación Astengo, La Máquina de Hacer Pájaros, el nuevo grupo de Charly García. Todo allí se puso a temblar.

Aquel teatro y mi alma. Yo estaba en la fila 7 sobre el costado izquierdo frente al escenario. Del otro lado Charly apareció con una flor roja en la boca tocando los primeros acordes de "Rock", la canción que abre el lado B del primer álbum de esta banda inigualable. Todo el teatro se puso de pie, y fue tal el miedo y la adrenalina que sentí que pensé que el muchacho que tenía a mi lado iba a acuchillarme. La energía que se desplazó por aquel espacio fue tan fuerte que hoy que vuelvo a revivirla, en este preciso momento de la escritura, se me hace un nudo en la garganta y mis pulmones se inflaman de la misma libertad que sentí aquella noche. La noche en la que los dioses me dieron una clara señal. No habría otra posibilidad. Tenía que aprovecharla. La música era la libertad. Decidí en aquel momento que iría tras ella. Iba a desencorsetarme de todo lo inculcado hasta el momento. No digo que lo haya logrado. Solo que aún sigo intentando abrir mi corazón en busca de ese camino incierto, que no cotiza en mercado, pero hace de quien quiera transitarlo una persona inmune a la estupidez de los demás. Incluso a la propia. Que intentará traer algo a su tribu para la fiesta, el baile, la reflexión, etcétera, y a la vez transmitir algo, de lo que nunca se llega a estar seguro, más allá de un auténtico deseo de nobleza. Y, por supuesto, jamás confiar en que se está haciendo lo correcto. Porque en los errores está la vida. Y hay que decirlo: también en los aciertos. Que nunca los marca uno, sino el tiempo, el implacable.

La semana siguiente tocó Invisible a tres cuadras de mi casa, en el Club Sportivo América. Ese fue otro deslumbramiento. La música de Luis Alberto Spinetta fue otro antes y después en mi vida. Recuerdo esa noche alucinada en la que un Luis encendido de gracia le pedía patafísicamente al iluminador del concierto que cesara con esa "eterna sucesión de días y noches" que se generaba por la ininterrumpida acción de un sistema estroboscópico de luces que no lo dejaba ver ni concentrarse. El carisma de

Luis Alberto, su genio permanente sobre la palabra. Su música, su humor, su disposición natural a inventar y su amor por las personas lo convertían en un hombre sumamente especial. Fue después de ese concierto que decidí que el bombo legüero oficiaría de redoblante. Que un atril haría las veces de *hi hat* y que mi talón derecho golpeando sobre el piso de madera del living de calle Balcarce funcionaría como bombo. Al lado del tocadiscos comencé a sacar todas las baterías de Pomo del primer álbum de Invisible. Al día de hoy recuerdo con absoluta precisión cada síncopa o cambio de velocidad o ritmo de esa obra inclasificable. Me convertí en un novel baterista sin batería.

La amistad con Fabián Gallardo se iba acentuando. El amor por la música nos entreveraba. Él me hizo escuchar el primer álbum de Supertramp y conseguía los discos de Steely Dan. Charly los había nombrado en una entrevista en *El Expreso Imaginario*. Algunos sábados por la noche él discotequeaba y me llevaba en su Torino Super Sport verde. Lo mío no era la discoteca. Cuando él veía una chica por la calle y le coqueteaba, yo me avergonzaba y quedaba anclado en el asiento del acompañante, en silencio. No era una buena compañía en las salidas a la búsqueda de besos o amores furtivos. Tampoco poseía en mi naturaleza la prepotencia del joven explotado de hormonas criado en la voracidad machista de la caza. En todo caso, estaría elaborando tácticas un tanto más sutiles y tramposas. No pertenecía a esa tribu arrebatadora. Tenía un cuerpo pequeño, cara de niño, era lampiño, y prefería la seguridad que me daba el placer de escuchar música en el abrigo de la soledad o selectamente acompañado, a la idea del rechazo de alguna de las señoritas que cursaban el Sagrado Corazón o el colegio Adoratrices, que se mojaban debajo de sus polleras escuchando *Fiebre de sábado por la noche* y gustaban de pibes más parecidos a los hombres. Más seguros. De todas maneras, con Fabián nos juntábamos, contra todas las normas, en su departamento de la calle Balcarce al 700 y en mi casa. Pasamos de escuchar música a tocar la guitarra y a cantar. Él logró desarrollar un notable talento. La vida nos haría hacer música juntos una pila de años.

Comienzo a tomar clase con una profesora de piano. La señora Bustos. Hacía honor a su apellido. Era una señora sesentona muy coqueta. Llevaba el cabello levantado como la copa de un árbol, de color negro azabache rociado en *spray*. Lo que le daba una consistencia que resistía todos los avatares del clima. Años más tarde, viendo una colección de ropa interior femenina de Jean Paul Gaultier, descubrí que esos corpiños enconados hacia delante ya los usaba mi profesora debajo de sus blusas de colores en los tempranos años setenta. Lograba distraerme. Era voluptuosa. Toda sensualidad. A pesar de la marcada diferencia de edad, llegué a excitarme con esta imponente mujer. Era toda ternura y amor. Paciencia y voluntad. Me enseñó el Hanon, el Czerny, la "Marcha turca" de Mozart, el "Para Elisa" de Beethoven y seguramente algunas piezas más. Me inició en la lectura musical, tarea en la que nunca fui ducho. Entre mi marcada ansiedad juvenil y la posesión de un oído virtuoso y trabajador, siempre intenté desprenderme de la lectura de partituras. Eso trajo pros y contras.

Al año siguiente ya estaba asistiendo al Conservatorio Scarafía, dirigido por el gran maestro Domingo Scarafía. Esta nobilísima casa de estudios era un edificio de un departamento situado en un primer piso al cual se llegaba después de subir una larga escalera. Tenía un montón de habitaciones llenas de pianos. Se recordará que estaba exactamente cruzando la calle frente a mi casa. Allí mi madre había estudiado música con aquel hombre rudo, de gran corazón. Llegó a convertirla en una de las mejores pianistas de su generación, con un futuro más que promisorio. Aquel hombre había querido mucho a mi madre. Y allí estaba yo. Lleno de entusiasmo ante la academia. El maestro Scarafía se sentaba conmigo e intentaba hacerme leer. Yo repetía mecánicamente sus movimientos mirando hacia adelante, mintiendo que leía. Después de las clases cruzaba a mi casa y repetía como una máquina lo aprendido. Y me dedicaba a lo que yo quería, que era tocar el piano como Charly García y componer en su estilo. Así pasaron dos años. Mis avances eran notables. Solo con mi oído había logrado convencer a todos de que estaba haciendo lo correcto. Pasaba horas frente al piano August Förster. Ese piano había sido tocado por mi abuela Belia, por mi tía Charito y por mi madre. Cuando vi *The Dead*, el notable film de John Huston, no pude dejar de imaginar que aquellas tertulias dublinesas debían de haberse parecido a las tertulias rosarinas. Teniendo en cuenta que Joyce publica *Dublineses* en 1914, nosotros estaríamos pensando en un período que iría desde el arribo del August Förster a calle Balcarce, sobre finales del 1800, hasta la llegada de la tecnología, que desaparecería ese tipo de encuentros sociales. Sin televisión, karaoke, tocadiscos, Internet, teléfonos, iPads ni computadoras. La gente se juntaba a bailar, cantar, declamar poemas y tocar el piano. El piano con forma vertical era un instrumento importante en la clase media de aquellos años treinta, cuarenta y cincuenta. Formaba parte de la vida popular. Un día le llevé al maestro Scarafía *Pequeñas anécdotas de las instituciones* y él se prestó a enseñármelo. A pesar de no ser una costumbre en el conservatorio, me enseñó "Instituciones", la primera canción del tercer álbum de Sui Generis. Pude memorizarla y tocarla bien en la siguiente clase. Un día quise darle una sorpresa a mi padre. Le llevé al ilustre maestro la "Rhapsody in Blue" de Gershwin, una de sus músicas favoritas. Comencé a estudiarla con cierta dificultad. Gershwin era un modernista. La obra comienza con un *glissando in crescendo* de clarinete representado en la partitura para piano como una sencilla escala cromática. En este caso había que atravesar tres octavas. Esto no ofrecería mayores dificultades. Cientos de veces había ensayado esas escalas subiendo y bajando por el piano con absoluta comodidad. Sin embargo, los nervios me jugaron una mala pasada. Scarafía me indicaba "repita desde el compás treinta y cuatro". El maestro hablaba con un acento muy similar al del olmediano Mago Ucraniano. Personaje icónico de su larga galería de maravillas actorales. Era un castellano italianizado muy gracioso. Yo estaba perdido. "A ver, repita entonces desde el compás dieciséis". Yo no sabía de qué me hablaba el maestro, que comenzaba a darse cuenta de algo que no iba a gustarle mucho, de confirmarse su sospecha. Ya en un tono más enojado me dice: "¡Compás ochenta y nueve!". Esa iba a ser su forma definitiva de darse cuenta de si su alumno sabía dónde estaba o no. Intenté la escala cromática desde el comienzo. Estaba llegando al último do agudo, que era el sitio al que tenía que arribar para continuar con tranquilidad y desarrollar la pieza, que sabía perfectamente hasta la segunda página. Pero el maestro no dejó que aquello sucediera. Cerró la tapa del piano sobre mis manos y me echó del conservatorio. Había sufrido un gran disgusto. El hijo de Margarita había resultado un malandra. Bajé las escaleras lleno de sentimientos vergonzantes. Muchas veces Scarafía me había hablado de las virtudes musicales de mi madre y de cómo lo sorprendía mi capacidad para adquirir conocimientos. Él quería lo mejor para mí. Yo también. Solo que mi oído cumplía mis deseos más rápido que la práctica del estudio en términos más formales.

Debo hacer hincapié en algo que considero fundamental en aquellos años: las clases de audioperceptiva que nos daba el maestro. Analizando obras de Mozart, Schumann, Haydn, y la lectura y estudio del *Adiestramiento elemental para músicos* de Paul Hindemith, una obra fundamental para adentrarse en el océano musical. El engaño al que sometí a mi maestro derivó en desazón, lo que no le impidió sentirse orgulloso de su descarriado alumno cuando me vio arrebatando pianos y haciendo músicas por el mundo, aquí y allá. Tomo las palabras de su hija Norma, notable docente y eximia pianista, como un bálsamo de amor y redención ante mi querido maestro. "Papá te quería mucho y estaba feliz de verte triunfando. Le encantaban tus músicas. Hoy las enseñamos en el conservatorio". El Conservatorio Scarafía ya cerró. Esa casa hoy vacía fue ayer un lugar pleno de historias de música de todos los tiempos. Un templo donde este lenguaje tan misterioso formó a músicos de excepción. Celebrado instituto durante más de cuatro décadas, guardo tu fachada como recuerdo imborrable, esa postal que surge diáfana cada vez que me veo sentado frente al piano de la calle Balcarce tan solo girar la cabeza hacia la derecha.

7

Sobre las primeras luces de la mañana comenzaron a sonar los tiros. Fue la primera vez que sentí miedo. Rebotaba el sonido de las balas en el patio de la calle Balcarce. A un volumen irreal. De una crudeza lisérgica. La vida en 7D. La sensación era que la balacera sucedía en la casa. Fue uno de los enfrentamientos más salvajes acontecidos en Rosario entre las fuerzas militares y una célula terrorista formada por miembros del ERP y Montoneros. Dormía en el cuarto de Belia, contiguo al de mi padre, en un sillón convertible al pie de su cama. Todos despertamos aterrorizados. Nos refugiamos en el cuarto de papá. Nadie se animaba a abrir las puertas, menos los postigos. Los disparos rebotaban acústicamente en el patio. Pero se emitían desde cincuenta a ciento cincuenta metros de la casa. El edificio fue atacado por los dos lados. Por Balcarce y Boulevard Oroño. Yo me escondí debajo de la cama de mi padre. Belia y Pepa permanecieron sentadas en las sillas de la mesa que no se usaban. Mi padre, sentado en su cama. Era terrorífico no poder ver quién le disparaba a quién. O suponer que esas balas eran para nosotros. Lo máximo que conocía sobre asuntos bélicos era la serie *Combate*, que trasmitía cada noche Canal 3, protagonizada por un jovencísimo Vic Morrow. Estuvimos en silencio las cinco horas que duró el operativo.

Murieron cinco personas. Tres mujeres, una de ellas embarazada, y un hombre. Cuando todo terminó, cerca del mediodía, fui corriendo hasta el edificio en el que se habían desarrollado los hechos, burlando tanques, soldados y policías. Era un caos. Ambulancias, enfermeros, miembros de las fuerzas de seguridad, gente deambulando después de un bombardeo. Familias enteras que bajaban de otros pisos en estado de shock. Necesitaba ver. Morbo en estado puro. Llegué hasta el palier y vi manchones de sangre por todo el pasillo y hasta la calle. Los habían bajado a la rastra por las escaleras desde el piso ocho. Había sido una carnicería. "Una de las mujeres estaba viva", repetía como una lora una comadrona alborotada. Otra vez la muerte y el sinsentido. El olor a pólvora, los tanques, el bazucazo final que retumbó con la fuerza de un grito de Marte, dios de la guerra. ¿Qué había sido esa batalla a metros de donde compraba el pan, de la tintorería, del Gran Prix, sus pizzas y empanadas, del Normal 2, del quiosco de María Elena, del conservatorio Scarafía? ¿Qué había sido toda esa locura? Nací en una casa antiperonista. Se llamaba "sediciosas" a esas personas que mataban sin razón alguna y alteraban el orden. Los diarios de la época estimulaban esa sensación. Era todo muy confuso. No tenía quince años todavía. Pero había algo que no llegaba a creerme. ¿En qué iba a creer un niño cuya madre había fallecido a meses de nacer? ¿De héroes y villanos iba la cosa? Nunca me gustó la cara del almirante Isaac Rojas que mi padre tenía pegada en la pared al lado de su cama. Qué hombre feo, pensaba. Siempre creí en los *physique du rôle*. Y sí, un poco de héroes y villanos iba la cosa. Pero a la vez las cosas terminan siendo como son. Complejas. Nada en la vida resulta sencillo. No existe lógica en las estrellas que pueda sostener el abismo de misterios en el cual navegamos y que intente, sin fracasar, argumentar el sentido de cualquier imposible ética o moral de la existencia. El bien y el mal podrían ser útiles a los fines de la claridad en el devenir de algunos relatos, pero la vida distaba mucho de aquella dicotomía. Cuando volví a la casa después de haberme escapado, el reto de mi padre fue escandaloso. Había violado todas las leyes del sentido común.

El Pupi, el Negro Pérez, Carletto, Ricardo Vilaseca, Germán Risemberg, Piñón, el Pájaro Gómez y yo conformábamos un grupo de jóvenes melómanos. Sobre los comienzos de la dictadura y hasta el año 79 organizábamos veladas nocturnas en la casa de uno y de otro. Allí se escuchaba música, se hablaba y se celebraban ceremonias espiritistas. Una noche decidimos, en casa del Pupi, jugarle una broma a nuestro amigo Carletto. Preparamos mecanismos con hilos de coser casi invisibles, atados a llaves de luz, a cajas de metal escondidas detrás de un sillón, al teléfono, a una silla y a una lámpara. Todo se hizo con malicia y dedicación. Los miembros de la comitiva los iríamos poniendo en funcionamiento a medida que transcurriera la macabra ceremonia. Nos pasamos una tarde entera preparando el escenario para que la broma fuera efectiva y así asustar al desprevenido Carletto, poseedor de un apasionado agnosticismo. El Negro Pérez fue el designado para quedarse escondido en una habitación a fin de generar ruidos de voces y arrojar objetos al piso para darle mayor credibilidad al falso terror que intentaríamos representar. Cerca de las seis de la tarde cada uno regresó a su casa y volvimos a las nueve de la noche en punto. Salvo el Negro Pérez, a quien por sorteo le tocó la peor parte. Llegar media hora antes de las nueve y quedarse escondido en la habitación contigua para realizar las tareas acordadas. Esa noche se sumó Alejandro Vila, hoy reconocido neurocientífico, que había traído unos álbumes inéditos de Frank Zappa. Eso generó un nuevo entusiasmo. Se abrieron cocacolas, bandejas de carlitos de rotisería y alguna que otra pizza. Dejamos que las cosas avanzaran. El único que no estaba al tanto de la situación era Carletto. Íbamos a probarle que los muertos podían cobrar vida y que era posible conectarse con ellos a través del juego de la copa.

Este juego consistía en dejar una copa de mediano tamaño en el centro de la mesa. Alguien haría una pregunta y la copa haría algún movimiento. Lo importante era confirmar que esos espíritus o fantasmas estaban allí entre nosotros. En nuestra dimensión. Después de atravesar las tinieblas llegarían a la casa y harían que esa copa se moviera sola, sin la intervención de ninguno de los presentes. Eso provocaría el terror de nuestro amigo Carletto. Se invocaría a familiares o conocidos ya fallecidos.

Cerca de la medianoche alguien propone el juego y todos nos sentamos a la mesa. Cada uno en una silla. Todos con sus indicaciones bien aprendidas. Había que respetar el guion a rajatabla. Apagamos las luces del living. Quedó prendida solo la del patio, que se colaba a través de las cortinas de madera entreabiertas. Esa luz nos permitiría conectarnos a los dispositivos que estaban cerca de cada participante. En una de las puntas de la mesa, el Pájaro Gómez se ató a una de sus zapatillas el hilo que habría de mover la silla que estaba medio metro detrás de él. Germán Risemberg, a su lado, se ató un hilo a la mano derecha, conectado a la lámpara que colgaba sobre la mesa. Al lado de Germán, en el centro de la mesa, Carletto. El Pupi, dueño de casa, en la posición contraria a Germán, se ató otro hilo, en la mano izquierda, que movería la lámpara en dirección contraria, lo que provocaría una perfecta ondulación. A su lado Alejandro Vila se preparaba para disfrutar de la escena. Sabía todo, pero no participaría de la acción coreográfica. Piñón, sentado en la otra punta de la mesa, ató con uno de los hilos su zapatilla a la caja metálica de galletitas, que estaba escondida detrás de un sillón. El otro hilo lo ató a su mano, y sería el encargado de mover la copa embrujada. Carletto no percibió ninguno de los movimientos que darían vida a la simpática sesión. Yo quedé frente a él, de espaldas a la ventana, y tomé dos hilos que escondí en mis manos y que agitarían esas persianas abiertas por las que se filtraba un mínimo haz de luz. El Negro Pérez, atento en la habitación de al lado. Carletto no pudo evitar ponerse algo nervioso. Y nosotros tampoco. Los misterios tenebrosos pueden cobrar vida en la oscuridad.

La ceremonia comenzó a las doce menos cuarto de la noche. El Pájaro empezó a hablar. "Vamos a tomarnos de las manos". Todos asentimos en silencio salvo Carletto, que no dejaba de hacer comentarios ácidos, aunque nerviosamente. De alguna manera había sido cooptado por la situación. Las manos de todos dispuestas sobre la mesa. La copa en el centro. Pude ver la cara sudada de Carletto. Continuó el Pájaro: "Si algún espíritu está presente, queremos saberlo". Cuando sonaran las campanadas del reloj de pie, a la medianoche, comenzaríamos a activar los mecanismos. "¿Alguien quiere convocar a algún muerto?", preguntó con voz firme el Pájaro. Nadie se animó a decir nada. "¿Alguien se encuentra presente en esta sala?", insistió el Pájaro. Entonces la copa se movió y recorrió la mesa con una lentitud aterradora. Se soltó el hilo atado a la mano de Piñón, que resistió el susto con estoicismo. No recuerdo quién pegó el primer grito. La copa no paraba de moverse y todos nos levantamos aterrados ante la innegable presencia de un espíritu. Entonces el Negro comenzó a gritar desde la habitación contigua y a tirar los lápices y los libros previstos al suelo. Pensaba que los tiempos se habían acelerado. Salimos corriendo hacia la puerta de la casa buscando la calle. Y todo se movió. La silla, la lata de galletitas vacía, las persianas, la lámpara sobre la mesa. Claro, estábamos conectados. Al movernos, todo aquello cobró vida. Sonó el reloj a la medianoche. El Pupi no encontraba las llaves de la puerta de calle. Nos chocamos unos con los otros. Carletto insultaba a todas nuestras madres, el Pájaro tropezó con el reloj de pie, que cayó al piso. Alejandro Vila encontró en la oscuridad sus discos de Frank Zappa y se aferró a ellos. Los gritos eran ensordecedores. El Negro Pérez salió de la habitación y me llevó puesto. Terminamos en el piso uno frente a otro, gritándonos.

Germán Risemberg encontró las llaves y finalmente logró abrir la puerta. Estuvimos media hora en la vereda sin animarnos a volver a entrar. Acción que sería ineludible por el frío húmedo del invierno rosarino. Entramos de a uno. El Pupi delante de todos. Y los demás en una temerosa fila india. La copa estaba en el centro exacto de la mesa. Donde la habíamos puesto antes de empezar la fallida mascarada.

Uno de mis mejores amigos de la escuela secundaria fue Ricardo Vilaseca. Vivía con sus padres en una casa espléndida sobre el Boulevard Oroño. A una cuadra de mi casa. Le habían comprado un órgano Yamaha y él era lo contrario a mí. Era un alumno aplicado que aprendió a leer música rapidísimo. Tocaba la intro de "Quinto de quinto" de Tony Banks, el tecladista de Genesis, a la perfección. Recuerdo su sentido del absurdo y su risa. Creo que fue uno de los sonidos que más recuerdo de su compañía. Por eso y por su nobleza, Ricardo es una figura inolvidable en esta reseña. Compañero de todas las aventuras. Pero hermanos en una: escuchábamos música, ese era nuestro *métier*. Fuimos compañeros del Tata Martino, gloria de Newell's que como DT llegó a dirigir a la Selección Argentina, la de Paraguay, la de México, al Barcelona, etcétera. Era un jugador de fútbol extraordinario y un noble compañero. En los partidos que jugábamos en las prácticas de educación física quedábamos dibujados ante su extrema habilidad con el balón. Todos lo queríamos en nuestro equipo. La china Andrea Sabesinsky fue una compañera hermosa, chispeante. Muy bella e inteligentísima. Silvia Panero era tapa de *Vogue*. Llegué a darle un beso en una de las últimas fiestas antes de terminar la secundaria. Alta, rubia, de ojos verdes, el pelo a lo Rita Hayworth. Imposible para mí. Misterios del destino. Marcela Paredes, una bomba sexy de piernas largas. Siempre maquillada y con ropa en extremo apretada. Sus labios explotados y sus ojos de pantera no podían terminar de esconder una niña dulce, llena de ternura.

Alejandra Olita. Otra hermosa compañera de curso. Siempre la sentí como una hermana. Una noche se me fue la mano con nuestra familiaridad. Festejaba su cumpleaños en su casa. Una casa dentro de un PH. Se entraba por la cocina. Me recibió su mamá. Me querían, en esa familia, por lo que Alejandra contaba de mí. Mi historia familiar. Lo buen compañero que era. Me agradeció las gaseosas que había llevado. Aunque ella estuviera de novia con Gustavo Méndez, percibía claramente que había un sentimiento de favoritismo hacia mi persona por parte de su madre. Me preguntó sobre el año escolar y sobre mis estudios de piano. Mis respuestas le encantaban. Por lo bien que me expresaba. Lo que una madre y un padre querrían para su hija en un hogar de clase media pudiente de los años setenta, en una ciudad como Rosario. La cocina daba a un patio y en el rincón derecho, sobre el fondo, estaba Miriam Zoco, la chica a quien yo quería reconquistar. Al verla, me apresuré e intenté salir hacia el patio. Debía bajar un pequeño escaloncito. Estaba allí mirándome desde aquel rincón. De pronto me di la vuelta y dejé a la mamá de Alejandra hablando sola. Cuando intenté pasar al patio me llevé puesta una puerta de blíndex transparente. Caí al piso del patio y la rompí en mil astillas. La mamá y el papá de Alejandra vinieron a mi rescate. Me sentaron con mucha dificultad en una silla del living, que separado del patio por otro blíndex se ubicaba a la derecha. La mamá de Alejandra me curó todas las heridas con el amor de una madre y la seguridad de una enfermera. El padre no dejaba de rezongar en voz baja por lo que saldría comprar otro vidrio. ¡Con toda razón! Las chicas y los chicos iban llegando y el patio se iba poblando de jóvenes que habían venido a bailar y a divertirse. Por fin quedé junto a algún amigo, sentado frente a la mesa. No debía moverme de allí. El papelón no tenía vuelta atrás. Miriam nunca volvería a ser mía. Y francamente me dolía todo. Los huesos, la cara, las heridas dejadas por las astillas, la vergüenza. Estaba todo vendado, lleno de curitas. Apenas me repusiera iba a irme de allí. Era el hazmerreír de todo el curso. "Miralo al pavote de Páez". "¡Jajajaja! ¿Qué te pasó?". "¡Parece la momia!". Mis amigos estaban haciendo su tarea. Por fin decidí que ya había sido demasiado. Que debía volver a casa. Entonces tomé fuerzas. El mueble en el que estaba apoyado quedaba separado de la pared por escasos centímetros. Al pararme produje un movimiento ondulatorio hacia atrás que hizo chocar al mueble con la pared del living, rebotar hacia adelante y derramarse sobre mí. Se produjo un ruido estruendoso. Era un mueble de madera y vidrio. Estos eran de verdad, no de blíndex. Toda la vajilla de copas y platos de todos los tamaños, tazas, azucareros y utensilios pertenecientes a varias generaciones de Olita caían en cámara lenta hacia el piso rompiéndose en mil pedazos ante mi mirada de espanto. Y el mueble encima mío. No sé cómo fue que sucedió aquella hecatombe. Pero allí estaba yo, debajo de ese mueble, mientras el padre de Alejandra insultaba a los gritos en italiano y me tomaba de un brazo casi a punto de arrancármelo. Quería sacarme de allí abajo para darme una buena tunda. La tenía merecida. Me echó a patadas y juró que nunca un Páez volvería a entrar en su casa. Tengo que decir que ha cumplido con su palabra al pie de la letra. Mis disculpas no alcanzaron para reparar el legado familiar hecho añicos.

No conocía el mar. Fuimos en plan familiar a San Clemente del Tuyú. Allí se juntan las desembocaduras del Río de la Plata y el océano Atlántico. El agua era marrón. No era el mar que había visto en las películas ni el que había imaginado a través de los libros. Allí estábamos con mi papá, Belia, la Pepa, mis dos primos hermanos Eduardo y Guillermo y sus padres, Charito y Carrizo. Recuerdo una hermosa mañana en la que hubo que salir corriendo al mar a ver un fenómeno poco usual. Había subido la marea hasta el centro de la ciudad. Un cambio brusco de marea. Esto me traería algunos dolores de cabeza en un próximo verano. Estaba la ciudad inundada. La sal se revelaba y su ingrediente de cloruro potásico brotaba del agua en cantidad. La gente se revolcaba en él, a pesar de la baja temperatura, por sus componentes curativos. La playa estaba colmada. La marea había crecido, sí, pero sin el ánimo de un tsunami. Esa noche fui al cine con mi papá a ver *Terremoto*, una auténtica *disaster movie*. Los cines, donde tocaría años más tarde en largas giras por la costa argentina, eran rectángulos gélidos con butacas y una pantalla en uno de los extremos. Dos o tres parlantes repartidos por todo el local. Eso era todo. Igual funcionaba. Se hacían llamar cine-teatros. El film era una experiencia terrorífica. La tierra en una localidad cercana a Los Ángeles se ponía a temblar. En un momento un señor sale al porche de su casa. Un policía le grita que se meta adentro, que era más seguro estar al resguardo, bajo techo. La cámara se queda en la puerta del porche vacío. A los pocos segundos la casa explota en mil pedazos. Todo el cine se estremeció ante la terrible fatalidad. A mí me dio un ataque de risa. Me fui saliendo de control a tal punto que primero me chistaban y luego parte del público comenzó a gritar para que me callara. La risa era incontrolable. Era un gag, claramente. "Métase adentro", dijo el policía. La cámara se quedó quieta en el mismo lugar. El tipo entra y sale todo volando. ¡Jajajajajajaja! Era muy absurdo. La muerte del señor, el tono de seguridad con que el policía le indica a la futura víctima que se meta en la casa para resguardarse. La explosión. No pude frenar aquel ataque. Mi padre terminó sacándome a bastonazos del cine. Eso creó una atmósfera bastante irrespirable en la casa durante los días siguientes. Él no sabía qué hacer con la muerte de su mujer. Yo no sabía qué hacer con la muerte de mi madre. Los dos actuábamos cosas diferentes.

Llegamos por primera vez a Mar del Plata. Ya fumaba como un vampiro. Parábamos en un departamento que quedaba a una cuadra de la avenida Colón, a pocas cuadras de la playa Bristol. Yo deambulaba por las casas de flippers y bowlings de la ciudad.

Iba al mar ocasionalmente. Me daba vergüenza la flacura de mis piernas. Sentía que no estaba bien formado físicamente. No haber tomado leche materna era mi argumento. Una tarde llego al Torreón, donde terminan las playas del centro. Era uno de los lugares *cool* de aquel momento. Allí andaba con mis lentes intentando emular a Charly García, mis Pall Mall, mis zapatillas Topper blancas, toda mi inseguridad a flor de piel y una malla muy corta ajustada al cuerpo. Todo aquello me transformaba en un tero con lentes. Las mareas y yo tenemos algo personal. Caminando por aquella playa repleta, fumando un cigarrillo, veo a una chica que era una aparición sagrada. Enfundada en un bikini explosivo. Tomaba sol despreocupada. Estaba sentada leyendo en una silla pequeña junto a sus padres y su hermano, unos años mayor que ella. Ese podía llegar a ser el primer escollo. Luego su padre. La madre no, porque sabía que si conquistaba su corazón, eso allanaría notablemente el camino hacia esa criatura divina que Dios había puesto delante de mis ojos para que atravesáramos el océano del tiempo y prodigáramos hijos y la tierra floreciera de belleza y amor. Esto sin contar que debía sortear el muy probable proceso del inevitable rechazo de su parte.

La veía entre la gente. Era de una belleza esplendorosa. Su cabello ondulado por la cintura, su nariz levemente respingada, sus ojos marrones abiertos hacia el cielo, sus manos pasándose protector solar por sus largas piernas. Y yo, imagínense. No había peor partido en el mundo para esa preciosa muchacha que este esperpento provinciano con aspiraciones a émulo de Sam Spade fuera de forma. Sin embargo, no podía dejar de mirarla entre la gente. No logré capturar su atención ni siquiera cuando intenté ponerme lo más cerca posible y taparle el sol. Solo se corrió de mi sombra. Eso era mi vida. Había que correrse de mi sombra para seguir adelante. De pronto, quedé parado frente a ella. Se hizo un silencio de película. Y lo sucedido a continuación deberán imaginarlo en cámara lenta. La gente se abrió a nuestro alrededor.

Ella ahora me dedicaba su mirada, mientras recogía sus objetos playeros a toda velocidad. Intentaba decirme algo. Escuché violines por todos lados. Hasta me pareció oírla gritar. Me extendió sus brazos. ¡Iba a ser mía! Todo sucedió en una milésima de segundo. Yo estaba parado de espaldas al mar. Lo último que vi de ella fue su espalda, mientras se iba corriendo junto a toda su familia. ¿Qué había sucedido entre el instante en el que me miró y esta huida vertiginosa? Una ola de dos metros y medio me arrastró hasta el final de la playa, cerca del Boulevard Marítimo. Estuve a punto de ahogarme. La ola me revolcó, me golpeó y me arrojó a los pies de esta sirena irreal. "¿Te ayudo?", me dijo al verme con los anteojos cruzados sobre mi cara y un acceso de tos fabuloso, escupiendo agua y pececitos. Un cambio abrupto de mareas había impedido que yo pudiera criar hijos con aquel proyecto esplendoroso de mujer. "Vamos, Francisca… ¡Vamos!", le gritaban sus padres. "Dejalo a ese pordiosero". No solo los sistemas de traslación y rotación de la Tierra se habían inmiscuido en mis asuntos más personales, sino que ahora también era un pordiosero. ¡*Porca miseria*!

En ese contexto, unos años antes nace un grupo mágico para los ojos de un adolescente: Irreal. Su formación original era Adrián Abonizio en voz y guitarra, Juan Chianelli en teclados, Hugo García en guitarras, Ricardo "Topo" Carbone en batería, Yayi Gómez en saxo y clarinete y Marcelo Domenech en bajo eléctrico. Fue una agrupación importantísima en la ciudad de Rosario. En clave sinfónica y juglaresca, lograron amasar una obra original y novedosa. Abonizio, gran artista, originalísimo escritor, deja el grupo y en el transcurso de algunos años cambia la formación. Juan Carlos Baglietto era un joven del barrio de Alberdi, criado en Génova y Cordiviola, una de las esquinas emblemáticas de la ciudad, donde está emplazado el Gigante de Arroyito. El club de mis amores: Rosario Central. Juan era dueño de un carisma único y una voz virtuosa. Ingresó al grupo en reemplazo de Adrián.

Carbone, un baterista amado por todos los músicos de la ciudad, también había dejado el grupo y lo reemplaza Daniel Wirtz. Un virtuoso de los parches nacido en la ciudad de San Nicolás de los Arroyos, provincia de Buenos Aires. De allí también era oriundo el talentoso Beto Corradini, que tomó el lugar de Hugo García en la guitarra. Beto era, aparte de un notable guitarrista, un hábil compositor. Y por último, Marcelo Domenech fue reemplazado por otro nicoleño: el guapísimo y entrañable Sergio Sainz. Irreal era el ideal de cualquier banda que anduviera dando vueltas por aquella ciudad de Dios, sin dejar de nombrar a Pablo el Enterrador, grupo sinfónico que comandaba el Turco Antún. Esta agrupación también fue importantísima en la escena rosarina de aquellos años. Su cantante: el gran Rubén Goldín, dueño de una voz lírica insuperable y eximio compositor. Su grupo Exordio de Brujas fue otro prodigio poético de música y elegancia. Entonces, a través de Juan Carlos Baglietto conozco a Juan Chianelli, tecladista de Irreal. Ellos me permitieron participar como oyente en algunos ensayos del grupo. Y fue Chianelli el que generosamente me prestó su pianet Hohner durante algunos fines de semana. La primera vez que lo trajimos a calle Balcarce fue caminando desde el barrio Echesortu, alrededor de unas cincuenta cuadras, junto al Pájaro Gómez y algún otro héroe espartano. Alrededor de ese piano fue que, en el viejo cuarto donde dormía Felipa, armamos las primeras tertulias de lo que al poco tiempo se transformó en Neolalia. Un grupo de amateurs con pretensiones de músicos y poetas. El Negro Pérez, Germán Risemberg, Carlos Murias, el Pupi, Claudio Joison, el Pájaro Gómez, el Sapo López —pueril y destacado poeta en ciernes— y algunos otros jóvenes trasnochados. Pasábamos largas horas en aquella habitación. La bautizamos El Carajo. Años más tarde, y gracias a la Real Academia Española, pude saber que era una palabra de origen incierto con la que se designa al miembro viril. Eran años en los cuales la explosión hormonal era tan fuerte que hasta cobraban vida palabras que no utilizábamos habitualmente. Fue por aquel entonces que descubrí, a fuerza de inventiva, un método de masturbación al que apodé "la dormidita", que tantas satisfacciones me trajo en mi primera juventud. Consistía en sentarme en el inodoro con los pantalones bajos y pasar mi mano derecha debajo de mi pierna derecha. Después de unos segundos, el brazo y la mano se dormían. Esto producía un acalambramiento temporario que permitía gozar de la ilusión de que otra persona estuviera maniobrando mi miembro viril de arriba hacia abajo y en todas las direcciones posibles. Todo debía suceder en un lapso de tiempo razonable para no causar daños importantes en el sistema nervioso y muscular. Entonces la leche tibia de la juventud brotaba a chorros como agua de cántaro y una nueva felicidad lograba inundar con absoluta plenitud mi alma y mi cuerpo. Fue una técnica muy festejada en muchísimos ámbitos patibularios y también eruditos, en infinitas tertulias y en diversos continentes. Otro hit de esos años fue un campeonato de pajas realizado entre varios miembros de aquel grupo de jóvenes, en aquel espacio de la calle Balcarce, en una cálida tarde de primavera. Paja igual práctica masturbatoria. Gané casi por goleada y cansancio. Llegué a la furibunda suma de trece pajas en el lapso de dos horas. Mis contrincantes iban cayendo de a poco ante mi poderío hormonal. Con las zapatillas limpiábamos lo que caía en el piso o en los escalones que llevaban a la terraza. El sol haría el siguiente paso, secar los restos de semen esparcidos en el suelo.

8

Una persona de extraordinario valor dentro del desarrollo de la música rosarina y pionero empresario de rock fue Poli Román. Tuvo una larga carrera en la radio LT3, primero como locutor y después conduciendo programas de radio como *La cueva* y *El expreso*, donde lo acompañó la muy querida Pily Ponce. Luego accedió a la televisión y se transformó en una persona muy popular en la Rosario de la década del setenta. Organizó conciertos de grupos como Oasis y Pablo el Enterrador, Los Grillos y Los Dangers. Llevó a una larga lista de grupos porteños por primera vez a la ciudad de Rosario. Su función como operador cultural fuera de los sistemas estatales y del *mainstream* de la época fue crucial para que el público rosarino tomara contacto con bandas como Almendra, Los Gatos, Vox Dei, Sui Generis, Pescado Rabioso, Pappo's Blues, Manal, Billy Bond y la Pesada del Rock and Roll, Aquelarre, etcétera. Él creó el formato de pícnic del 21 de septiembre, el Día de la Primavera, a orillas del río Carcarañá, y los encuentros en el Cine Teatro Real, ubicado en la intersección de Salta y Oroño. Otra hubiera sido la historia sin Poli en Rosario.

Neolalia llegó a presentarse en la sala de Empleados de Comercio de la calle Corrientes, el 16 de noviembre del 79, ante un público cautivo de amigos y familiares, y tuvo un último concierto en la sala Lavardén, junto a Irreal. Estábamos destinados al fracaso. Eran espectáculos muy aburridos. Sin embargo, ¿quién dijo que la vida no se trataba de prueba y error? Amo aquellos primeros intentos. Les debo gran parte de todo lo que logré en el futuro. Mientras tanto, con una guitarra española que mi padre me compró en la disquería Oliveira, comenzaba a componer mis primeras piezas. La primera la titulé "Cien mil hombres". Decía algo así: "Cien mil hombres fueron a buscar el calor de la energía, enviados del señor de la vida. Todos sabían que hacían que hacer, menos los últimos que había, a saber...".

Curiosa terminación del verso, ¿no? Obligado por el fraseo musical. ¿De qué trataba aquel "a saber..."? Cuántos interrogantes abría ese insólito final, con ese *suspense*, los puntos suspensivos. "A saber..." en este caso indica duda o incertidumbre ante el modo en que sucederá una cosa. Ese muchacho, en aquella pregunta pueril, estaba nombrando a la esperanza, como una clara posibilidad que se abría ante sus ojos. "Capitán Cadenas", "Tu amor voló", "Puñal tras puñal" y "La vida es una moneda" fueron algunas de las primeras piezas que me regaló mi viejo y liberacciano August Förster de la calle Balcarce.

En cuanto a "La vida es una moneda", hay algo sobre lo que quiero echar luces. Recuerdo haberla terminado sobre mediados de 1981. La noche previa al concierto que brindarían Enrique Llopis y su grupo, del cual formaba parte como pianista, en el Auditorio Fundación Astengo. Enrique, cantautor de renombre entre las gentes de la izquierda progresista, compartía sus obras con la pluma de Rafael Ielpi, escritor, periodista e historiador de prestigio. Llegué esa mañana al teatro cerca de las diez, antes que todos. Quería ver si podía adueñarme un rato del viejo Steinway del teatro y aporrearlo un poco antes del ensayo. En ese teatro, completamente a oscuras y vacío, estrené "La vida es una moneda". *Vacío* pensé erróneamente. Porque allí entre las butacas estaban Enrique y Rafael. Vinieron a abrazarme y a deshacerse en elogios. Me dijeron que la canción era extraordinaria. Que sería un suceso y que querían estrenarla esa noche. Solo que con algunos cambios en el texto. Accedí. Iban a cantar una canción mía en el teatro donde había visto a Charly García hacía tan solo cinco años. Y a Astor Piazzolla, pocos meses antes. Era un buen signo. Yo tocaba en la misma ubicación en el escenario donde había hecho su aparición mágica el Mozart de Caballito. "Esta tarde hago los cambios y a la noche la cantás", le dijo Rafael a Enrique con particular entusiasmo. Era aquel un ambiente muy diferente al que yo hubiera preferido para estrenar la canción. Nadie había escuchado a los Rolling Stones, ni a Opa ni a Genesis. Y Charly y Spinetta eran posiblemente considerados traidores a la patria por hacer música extranjerizante. Así eran algunas ideas que recorrían el ideario político-cultural progresista de aquellos años. Era curioso, porque no se podía encontrar formas más conservadoras que aquellas de la cantautoría, y nada más disruptivo y nuevo que la música que a mí me gustaba. Paradojas de las revoluciones. En fin, siempre me consideré un librepensador y he batallado contra mis prejuicios desde que, a muy temprana edad, comencé a detectarlos.

Así que allí andaba yo esa noche, sentado al piano, cuando Enrique comenzó su concierto *like a* Georges Brassens vernáculo. Parecía un entierro, todo aquello. Íbamos todos de negro. Cuando se cerraron los telones, después del concierto, llegó Rafael con la letra escrita a mano. Se la entregó a Enrique. Era el último bis. Se levantó el telón. Enrique cantó "La vida es una moneda", ahora titulada "Hago una apuesta de vivir", con estas palabras en su estribillo: "Hago una apuesta de vivir, yo soy la gente. Tengo tu sueño a mi favor, tengo tu voz y la certeza de que no estoy solo y la cordura del amor". El teatro se vino abajo. Fue una de las más grandes y largas ovaciones que escuché en toda mi vida. Volví a mi casa con una honda depresión y una enseñanza. Nunca más dejaría que nadie interviniera una obra mía sin mi consentimiento. Fue algo parecido a un abuso de poder con consentimiento, si a los hechos nos remitimos. Por último, Daniel Milicich, mánager del reconocido cantautor, me pagó el concierto con un chocolate Shot.

Mi padre me compró el Yamaha CP20. Una mañana logré que me acompañara al pequeño local de Yamaha enfrente del cine Palace en la peatonal Córdoba. Debe haber sido tanta mi insistencia que después de algunos meses me hizo el regalo más preciado. Con ese piano lograría todo. Enchufarme a un equipo Decoud y dejar de aporrear los pianos verticales de todas las casas, incluyendo la mía. Mi padre anhelaba una carrera universitaria para mí. Eso significaba evitarme una vida de créditos, a la cual él estaba tan acostumbrado, y posibilitarme un ingreso de dinero seguro que me permitiera subsistir de manera honrada en un mundo salvaje. Aún sin demostrarlo explícitamente, mi padre nunca dejó de apoyar mi vínculo con la música. Aunque eso le trajera incertidumbre y cierto malestar de cara a mi futuro. Forjando ese puente indestructible, que él construyó hacia mí con tanto amor en tantas tardes de escucha de música, y que estaba llegando hasta la compra de este bendito piano. Ahí comencé a pensar en formar mi propia banda. Primero fue Graf, grupo que armamos con Fabián Gallardo, Carlos Murias y Mario "Pájaro" Gómez. Debutamos en la sala Pau Casals como teloneros de Arcana, banda oriunda de la ciudad de Casilda con claras influencias spinettianas. Meses más tarde, el 10 de agosto de 1980, ganamos un festival de grupos noveles con Staff. Realizado en el Club Estudiantil y organizado por Jorge Galfione, un pionero de la industria musical rosarina. Había un jurado de notables: Norberto Ramos, baterista de la histórica banda de rock Oasis, hoy con más de cuarenta y cinco años de carrera; Juan Carlos Baglietto, estrella indiscutible de aquel firmamento, y Rubén Goldín, el músico de culto de aquella ciudad llena de aseguradoras de vida, bancos y férrea moral conservadora. Allí estábamos Germán Risemberg en el bajo, Carlos Murias en guitarra eléctrica, el Pájaro Gómez en batería y yo con mi CP20.

Tocábamos temas de Carlos, de Germán y míos. Ensayábamos en la zapatería Murias, propiedad del padre de Carlos. Visto con la lupa de los años, hay que decir que no cualquier padre les daba a unos pibes que no pasaban los diecisiete un lugar para enchufarse a unos equipos. Los jóvenes debían estudiar.

La zapatería era un local muy popular. En calle San Martín entre Córdoba y Rioja. Teníamos que atravesar el gran salón de ventas y seguir hasta el patio interno que llegaba a una pequeña habitación, que fue mi primer gabinete de experimentación. Desde allí comencé a dirigir, a probar, a desestimar. Allí descubrí las primeras mieles de la realización de manera más contundente. Y a escuchar a los otros. Germán y Carlos tenían sus ideas. Algunas muy buenas. Inevitablemente, siempre terminaba dirigiendo yo. Llegamos a grabar un demo de alta calidad en la casa estudio de Abraham Maskivker, un músico productor de inusual jerarquía, en calle Catamarca casi esquina Mitre, al lado de la Asociación Cristiana de Jóvenes. Y a tocar en la sala Mercado Viejo (al lado del emblemático restaurant Rich), en la sala Lavardén junto a El Banquete y en el cine teatro La Comedia para un escaso público formado por amigos y familiares. En esa sala habíamos visto a Serú Girán presentando *Bicicleta* y a Spinetta Jade con su primer álbum, *Alma de diamante*. La noche de la presentación de *Bicicleta* recuerdo una corrida por calle Rioja que terminó en una golpiza brutal de parte de la policía, a puro machetazo, a un grupo de pibes que no teníamos más de diecisiete años. Yo logré escapar. Mis amigos no corrieron la misma suerte. Al llegar a Rioja y Corrientes decidí parar y hacerle señas a un colectivo de la línea 218. Venía colmado. No importaba, iba a dejarme en la esquina de mi casa. El colectivo se acercó hasta la parada y abrió sus puertas. Subí. Al pisar el primer escalón, el chofer cerró las puertas de forma abrupta. A toda velocidad dobló una cuadra más adelante, en calle Paraguay. Ese no era el recorrido habitual. Por supuesto que no. Se detuvo a media cuadra y antes de que pudiera reaccionar, los pasajeros desprevenidos de aquel viaje nos enterábamos de que habíamos sido capturados en una de las tantas razias policíacas que se llevaban a cabo en esas noches de dictadura.

El profesor de cuarto año de la Dante Alighieri estaba obsesionado conmigo. Decía que me pintaba los labios de rojo. De rojo carmesí. Que parecía una mujer. Que tenía el pelo largo como una mujer. Me lo hacía recoger y ponérmelo detrás del cuello de la camisa. "Así se parece a un hombre, señor Páez", decía este activo miembro, en esos años, de la Liga de Decencia de Rosario. Yo me cansaba de decirle que no. Que ese era el color de mis labios y que mi pelo era del largo que me gustaba. No había clase donde pasara desapercibido. Me mandaba a un rincón o me expulsaba de la clase y cada tanto salía a mirarme con ojos lascivos. "No me gusta su actitud socarrona, señor Páez". Hoy esa situación pasaría por un acoso a un menor. Yo veía a un hombre fascinado con un adolescente. Este profesor no podía reprimir su pulsión sexual hacia mí. Yo era su Tadzio en *Muerte en Venecia*. Me divertía su actuación de hombre hetero cuando claramente escondía una atracción homosexual hacia mí. Cualquier excusa era buena para acercarse a mí e intentar hacerme quedar en ridículo delante de toda la clase ante mi claro rechazo a sus insinuaciones. Él me quería de Lolito. Yo, ligarme a las más guapas del curso. Intereses encontrados.

En septiembre del 79 llegó Bill Evans a Rosario. El extraordinario pianista y compositor nacido en Nueva Jersey allá por 1929. Tocó en el teatro El Círculo junto a Marc Johnson en contrabajo y Joe LaBarbera en batería. Fue un concierto urgente. Alguien hizo saber ese mismo día que a las 16 horas sería el acontecimiento y yo fui uno de los doscientos asistentes a aquel show inolvidable. A pesar de mis dieciséis años ya estaba entrenado en las escuchas de jazz. Evans fue un músico romántico e innovador. Creo llevar varias de sus formas de interpretación adheridas en mí, más que de cualquier otro pianista. Esa tarde pude ver de cerca sus anchos dedos deformados por la heroína. En medio de una improvisación comenzó a sonar la alarma de su reloj digital. Con una nota y una métrica determinada. Detuvo el andar de aquel trío fabuloso, dejó los silencios correspondientes y se montó en la tonalidad correcta rítmicamente sobre el sonido de su reloj. Todos aplaudimos aquella destreza, como niños frente a un número de circo. Bill Evans falleció un año más tarde en Nueva York por una insuficiencia hepática y una hemorragia interna debidas a su adicción a las drogas duras.

9

Silvia Corea fue la mujer con quien perdí la virginidad. Teníamos diecisiete años los dos. Ella no era virgen. Fue en el departamento de su hermana Cristina. En aquel departamentito de un ambiente en un edificio de Presidente Roca y Mendoza. Cristina era la novia de Juan Baglietto. Todo quedaría en familia. Silvia era una mujer dulce y piel de durazno. Su acento chaqueño la diferenciaba de las demás y me excitaba sobremanera. Recuerdo haber preparado, esperando la oportunidad de un improbable debut, un casete de 120 minutos con "A Remark You Made" de Weather Report. Era una pieza romántica muy *cool* de larga duración. Creo que ella me dio el primer beso y nos revolcamos torpemente en el colchón de su hermana, en el piso. Todo lo imaginado no se parecía en nada a este fulgor de los cuerpos. Esto era real. Su boca, sus pechos pequeños, su lengua, sus piernas doradas, su deseo. Y el mío. Don Arthur Schopenhauer escribió mucho a este respecto. Yo creo que con evidentes desconocimientos, dejándose llevar por su grandilocuente mirada. Similar a la de un ingeniero que desmenuza a un dios e investigándose a sí mismo. En definitiva, él fue su propio dios. Y como todo dios, había perdido algunos importantísimos detalles en el camino. No estábamos allí solo para reproducir a la especie. Estábamos para descubrir y gozar nuevas sensaciones. De hecho, don Arthur, déjeme decirle que no tuvimos hijos y sí infinidad de momentos que llevaré grabados en mí hasta el fin de mis días. Viajé un montón de veces a Resistencia, donde Silvia vivía con su familia. El viaje duraba once horas. Mi *walkman* y mis deseos de verla harían el viaje muy entretenido. El colectivo de la línea La Internacional paraba solo en la estación de colectivos de Goya, en la provincia de Corrientes. En Resistencia conocí la ciudad de las esculturas y a gente hermosa como el gran dibujante Hermosilla Spaak y su familia, en cuya casa se desarrollaban tertulias interminables de música, baile, vino y cerveza. ¡Qué calor hacía en aquella ciudad! Una tarde, encerrados en la habitación de Silvia con una amiga de ella, no tuve el valor de ir a buscar agua a la heladera y logré someter la situación a un sorteo. Hicimos el juego del palito más largo. Por supuesto perdí. El tramo aquel, donde había que bajar una escalera, atravesar el living y llegar a la heladera, se podía haber llamado, sin exagerar, "Una temporada en el infierno", aunque la odisea no durara más de dos interminables minutos. En aquellas veladas chaqueñas descubrí al genio compositor de Isaco Abitbol, eminencia del chamamé. Alguien te acercaba alguna grabación inédita del gran Isaco o algún bandoneonista virtuoso interpretaba una de sus piezas en una peña. En todos los patios sonaban desde Tránsito Cocomarola hasta los discos de Raúl Barboza y los de Tarragó Ros padre. ¡Qué hermoso y qué diferente era el interior de Argentina! No existía la tensión de las grandes metrópolis. Obvio que en todos lados se cuecen habas, pero quien haya caminado localidades de las provincias entenderá de qué le hablo. Silvia fue uno de mis grandes amores. Su nariz respingada, su sonrisa de niña, su mirada firme, su curiosidad intelectual, su pelo a la cintura, su deseo permanente de estar a mi lado igual que yo al suyo. Sus ojos verdes aindiados. Fue la primera mujer que me dejó saborear las bondades de su cuerpo. Le escribí "Mi primer retrato", canción que grabó Lalo de los Santos. La ruptura fue triste. Distintas ciudades, distintos objetivos. Yo solo iba a querer moverme. Ella, formar una familia. Los dos, por fin, logramos ambos objetivos: movernos y tener una familia. Paradojas del destino.

Quería trabajar e independizarme. Guillermo Giandoménico, uno de los bateristas de la Dante Alighieri, era hijo del dueño de la pollería más importante de la ciudad de Rosario. La pollería Giandoménico. Llegué una fría mañana de invierno. Siete y media de la mañana. Don Giandoménico era un hombre práctico. Me puso el delantal, el barbijo y los guantes de goma. Parecía un médico, más que un vendedor de pollos. "Vos tenés que hacer esto", me dijo. Lo vi tomar un pollo entre sus manos. Meter la mano dentro del cuerpo del animal muerto y sacar una cantidad de tripas de tantos colores que hicieron que casi vomitara. Intentando disimular la repugnancia que me causaba todo aquello, logré prestar atención. Esa mañana metí mis manos enguantadas dentro de cuatro pollos. Terminé a las doce y media del mediodía. Volví caminando desde la Facultad de Medicina, por Santa Fe, hasta mi casa. Juré que nunca más volvería a trabajar. Soy un hombre de palabra. Aquí estoy.

Fue en esos años que conocí a mi hermana Liliana Herrero. Era profesora de Filosofía. Dictaba cursos en la Facultad de Derecho y en la de Humanidades. Una entrerriana morena y menuda, nacida en Villaguay. Su rostro angulado de rasgos firmes la hacía parecer una princesa india. Por momentos cantaba unas zambas que arrancaban lágrimas en los pequeños auditorios domésticos en los que nos juntábamos a tocar y cantar. Ahí comencé a sentir que Liliana tenía destino de grandeza. Que no podía seguir replegada en sus fueros íntimos. Fue en su departamento de Corrientes y Pellegrini donde conocí a gran parte de la pléyade argentina ligada al folklore de avanzada. Y a artistas de la talla de Cristina Prates, coreógrafa contemporánea excepcional, Norberto Campos, director y actor de teatro, y su pareja en aquel momento. A la gran actriz Gladys Temporelli. A Osvaldo Boglione, artista plástico que trabajaba su obra con desechos de basura, entre tantos materiales, y su encantadora mujer, Mónica Callegari. Y a Raúl Sepúlveda, pareja de Liliana en esos años. Él fue mi Pigmalión. Un hombre delgado, morocho, alto, de gustos refinados. Combinaba sus saberes burocráticos kafkianos adquiridos durante su labor en CASFEC con lentes Nina Ricci y la mejor ropa que su presupuesto le permitía pagar. Un auténtico dandi peronista. Fue él quien me introdujo en las grabaciones del sello ECM, dirigido por Manfred Eicher. El *Köln Concert* de Keith Jarrett o los álbumes de Charlie Haden, John Scofield y Dave Holland, entre tantos. Incluso *American Garage*, de Pat Metheny, que es uno de mis álbumes de cabecera. El personaje protagonista de mi novela corta *Los días de Kirchner*, "el Mono", es en parte legatario de su personalidad. Fue en esas interminables tertulias donde comencé a adquirir mis primeras impresiones sobre el peronismo. Ese misterio argentino. Yo era el delfín de ese grupo también. Por Liliana y Raúl tomé contacto con la música de Manolo Juárez, el Chango Farías Gómez, Dino Saluzzi y el Cuchi Leguizamón. A todos ellos tuve la suerte de ir conociéndolos, y con ellos a sus extraordinarias obras, que al día de hoy siguen siendo parte fundamental del gran tesoro musical argentino. Mi voracidad por aprender y descubrir nuevos mundos era infinita. Liliana me dormía en el sillón cama del living en esas madrugadas en las que el vino hacía su tarea sobre mi cuerpo de principiante. Me tapaba con amor de hermana mayor y me preparaba el café con leche a la mañana, antes de volver a Casa Páez, inventando alguna historia con la cual pudiera justificar esas largas ausencias sin avisos. Mi padre intentaba poner orden, pero todo aquello, él lo sabía, muy a su pesar se le estaba yendo de las manos. Ya estaba declarado el estado de bohemia perentorio. Esto no tendría vuelta atrás. Ya sabía de qué lado del mundo quería vivir. De todas maneras, durante algunos meses fingí estar haciendo el curso de ingreso a la Facultad de Agronomía. Aún me faltaba rendir contabilidad e inglés. Debo confesar que lo que me empujaba a buscar y forzar mi destino hacia mis más íntimos deseos fue superior al dolor que sabía que le causaría a mi padre en el momento en que tuviera que decirle que nada de todo eso que él quería para mí iba a suceder. Recuerdo ese mediodía cuando tuve que enfrentarlo y decírselo, después de faltar a una de aquellas clases del curso de ingreso universitario. Se lo tomó muy mal. Y nació una nueva tensión entre nosotros. Lo había defraudado. Primero, por mentirle. Segundo —y este tema seguramente lo habrá llenado de contradicciones—, por haberme decidido por la música.

El 27 de noviembre de 1980 debuto como pianista de Sueñosía, el grupo de Fabián Gallardo, en la sala Pau Casals. Hacíamos la apertura del concierto de Gño el Bizarro, banda de excelencia, equipada hasta los dientes con los mejores instrumentos. Eduardo Carbí había adquirido la batería Ludwig Octaplus de Pomo, el gran baterista argentino. Además, Luis Fuster, eximio guitarrista, hermano de Lilia, de quien ya les contaré; César Maliandi en el bajo Gibson Ripper y Abraham Maskivker en teclados. Tiempo más tarde me incorporaría a los ensayos de esa lujosa banda como segundo tecladista. En esa sala también acompañaría a Adrián Abonizio tocando "Mirta, de regreso" antes de que la grabara Juan Carlos Baglietto y la hiciera su caballito de batalla alrededor de todo el país. También sería el tecladista de Arcana. Rosario fue la primera ciudad del país donde comenzaron a forjarse conciertos de rock en plena dictadura. Era una ciudad con un fuerte flujo de estudiantes que no se iban a resignar así nomás a los dictámenes autoritarios de la Junta Militar. Aquellos conciertos tenían un carácter cuasi clandestino, aunque con alta convocatoria. Trescientas personas juntas era toda una actitud contestataria en aquel momento. Y no podías meter presas a trescientas personas. Así que hubo un silencio de radio de parte de las fuerzas del orden, que comenzaba a monitorear desde las sombras a aquella movida que empezaba a hacerse escuchar. Las que sí funcionaban eran las peñas folklóricas. Aunque muchos de aquellos artistas invitaran a mirar al gobierno de facto con malos ojos, caso Hamlet Lima Quintana o el propio Enrique Llopis, gran convocante de aquellos años. La peña era un lugar permitido y controlable. También anduve por aquellos arrabales. En una de esas noches me vio una estudiante de letras. Fui a acompañar a Llopis a una peña en Melincué, localidad a una hora de Rosario. Ella, en su auto, detrás. Era un fuego. Ella. Tenía unos espléndidos veinticinco y era conocida de los veteranos, que propiciaron aquel atraco. Melena rubia enrulada, ojos azules, una cintura minúscula, unas curvas endiabladas y un carácter arrebatador. Tenía todo planeado. "Te llevo yo", dijo con la seguridad de una *dominatrice*. De madrugada, una vez terminada la actuación, me subió a su auto, sonriéndoles a sus cómplices, que habían cumplido su tarea al pie de la letra. Paramos en la casa de fin de semana de su familia en el camino de vuelta a Rosario. Me recostó en el sillón del comedor y me tapó con una colcha. Ella se retiró a su habitación. A los pocos minutos volvió envuelta en un *déshabillé* transparente. Me comió la boca durante un largo rato. Bajó lentamente y se tomó su tiempo. Yo estaba desconcertado. Me había agarrado desprevenido por completo. No me sentí cómodo. No eyaculé. No quería. Volvimos en silencio en su auto hasta Rosario. "Ya te voy a agarrar", soltó aquella Sydne Rome rosarina al besarme, tomándome fuerte del cuello, antes de arrancar su auto sobre el frente de la casa de calle Balcarce. La crucé un montón de veces en el bar Saudades a la salida o la entrada de la Facultad de Letras y Humanidades. Siempre acompañada de hombres diferentes. Era una mujer arrasadora. Tenía con qué. Me gustaba cuando me miraba desde la otra punta del bar, desatendiendo a su interlocutor de turno y buscando una lasciva complicidad en mis ojos.

Adrián Abonizio es un artista de raza. Una de las personas que me estimularon a hacer canciones desde un primer momento. Mis recuerdos suyos, mis pensamientos sobre él son todos hermosos. Con su camiseta musculosa blanca, su temprana pelada, sus ojotas de verano y la sonrisa a flor de piel, escondida detrás de esos negros *moustaches* de comediante italiano. Allí andaba él, burlándose de todo. Con la gracia del perdedor como bandera. La que todas las personas de bien hacen flamear en su espíritu y llevan con honor, con la frente bien alta, por saberse en el lugar más cierto. El del absurdo por sobre todas las cosas. Adrián, en el living de calle Balcarce, cantando a todo volumen sus canciones y las mías. Encajábamos perfectamente. Yo no tocaba bien y podía ser un magnífico pianista para sus canciones, que no necesitaban de un virtuoso sino de alguien que pudiera dar los matices correctos para que sus palabras resonaran en la dimensión adecuada. Adrián, nuestro Nietzsche de bolsillo, forjando al superhombre rosarino en la última fila del 200, llegando a la casa de la calle Cerrito a cebarnos unos mates o a ensayar sus piezas de oro. El día que cantó "Mirta, de regreso" en la calle Balcarce sentí que estaba delante de un dios. Pero sin los defectos olímpicos. A él lo podías ver todos los días, preguntarle cosas. Con él podías tocar canciones y reírte durante horas. Y aprender que nada de lo que hacemos tiene sentido si no derramamos la risa y los pocos talentos con los que hemos sido dotados (por los otros dioses, de improbable existencia) sobre quienes nos rodean.

Entonces Rubén Goldín me llamó para incorporarme a su nuevo grupo, El Banquete. Con él comencé a tocar por primera vez músicas que estaban fuera de mi radio de interpretación. Bajadas de cuartas y quintas en octavas, en ritmo sincopado y a mucha velocidad. Enjambres de acordes guitarrísticos que se me hacían difíciles de memorizar por mi pueril formación pianística. Visto en perspectiva, estos años con Rubén fueron un preámbulo para poder abordar la montonera de acordes que Luis Alberto Spinetta me conminó a aprender en los teclados años más tarde. Al poco tiempo logramos hacer algunos conciertos y Rubén decidió dejar el grupo. Quedé al comando de aquella agrupación, ya separado de Staff. Ensayábamos en una antigua casona de zona sur de Rosario, ubicada en la calle Cerrito 145. En esa casa vivieron Abonizio y un ex miembro de Pablo el Enterrador, el violinista Coqui Antón. Coqui tenía una costumbre: todas las mañanas estudiaba violín en una habitación del primer piso que daba al jardín. Mientras servíamos unos mates, él traía un frasco de vidrio con tres arañas de tamaño considerable dentro. Las ponía sobre la mesa y comenzaban a trepar por las paredes imponiendo el terror en los desprevenidos, que no conocíamos la ceremonia. Con exagerada parsimonia, Coqui sacaba su violín de la funda mientras los arácnidos ascendían con acechante lentitud, intentando llegar hasta el techo. Cuando Coqui comenzaba a tocar algún ejercicio o pieza musical, las arañas detenían su marcha y quedaban inmóviles ante el sonido embriagante de la música. "Aman la música", decía. Cada vez que paraba de tocar, retomaban su marcha. Y volvían a detenerse ante cada comienzo. Nunca más maté a una araña después de aquella experiencia.

Una disquería importante era Utopía. Estaba en la Galería Sarmiento, en pleno centro. En un primer piso. Era un local muy pequeño con cuatro o cinco bateas. No habrá habido más de un centenar de álbumes en todo el local. La atendía Oscar "Chiquito" Gómez, un joven muy alto, guapo, morocho, parlanchín y melómano empedernido. Allí conocí a Opa, el grupazo de los hermanos Fattoruso. Hugo y Osvaldo compartían esta formación con Ringo Thielmann en bajo y el gigantesco Rubén Rada en voz y percusión. *Goldenwings* y *Magic Time* son un antes y un después en la música popular americana. Hugo estaba en plena experimentación con los teclados de última generación. Eran populares, refinadísimos, y se podría decir que estaban muy por encima de la media en la producción de ideas en el mundo entero. Sobre todo por fusionar elementos tan aparentemente disímiles con absoluto relajo y libertad. Candombe, jazz, pop, rock y lo que les viniera en gana. Recuerdo a Litto, Luis y Charly hablando maravillas de la obra de estos titanes uruguayos. Allí también, en esa disquería, descubrí a Weather Report, el soberano grupo conformado por Joe Zawinul, Wayne Shorter, Alex Acuña y Jaco Pastorius. Los álbumes de Gentle Giant, Frank Zappa, Joni Mitchell, The Small Faces y una tupida colección inconseguible por esos pagos de *bebop*. Claramente, Utopía era la disquería *avant garde* en Rosario, y Chiquito Gómez, un pionero en impulsar la música joven contemporánea rosarina. Como empresario y conductor de varios programas en Radio Nacional Rosario. Allí se difundía todo tipo de géneros. Desde jazz de todos los tiempos hasta la última banda surgida de las entrañas de la ciudad.

Por esos tiempos viajo a Buenos Aires y me instalo una tarde entera en la oficina de *El Expreso Imaginario*. Mientras espero que me atiendan, en la recepción veo un ejemplar del último número de la revista. Apoyado sobre una mesa, veo en un afiche que La Banda, el grupo de Rubén Rada, tocaba en un boliche llamado Music Up, en Corrientes y Callao. Después de un largo rato tengo una entrevista con algún colaborador estrecho de aquel maravilloso fanzine moderno, divulgador de la cultura rock. Jorge Pistocchi y Pipo Lernoud fueron sus padres con todas las de la ley. Junto a *Cerdos & Peces*, dirigida por Enrique Symns, eran las revistas que traficaban información desconocida para la tropa rockera argentina. Informes sobre literatura, música, ecología, drogas, etcétera. Fueron ediciones pioneras que adelantaron la aguja en aquellos años de represión. Sin dejar de lado a la clásica revista *Pelo* y sus pósteres, que inevitablemente terminaban pegados en El Carajo, y *Humor*, que mixturaba humor y cultura general, revista más politizada dentro de aquella coyuntura. Aunque todas ellas eran publicaciones de carácter político. La cultura rock era una no tan pequeña trinchera contra la conservaduría imperante en nuestro país y el mundo entero. Después de unos minutos de charla, tras una breve entrevista, me designaron corresponsal de la revista en Rosario.

Esa noche conocí a Rubén Rada en Music Up. Estaba muy cerca de las intersecciones de Corrientes y Callao. Me habían permitido subir, a pesar de mi edad. Era una larga escalera que conducía a una pequeña sala con una muy buena acústica. Expectante y nervioso por la novedad de andar suelto en la gran ciudad y ver al cantante de Opa a metros de distancia, me relajo y me pido un whiscola. "Coca sola, pibe", me contestó el mozo, que era el que cortaba los tickets y el dueño del lugar. Arrancó una primera parte demoledora con aquellos músicos de lujo. Ricardo Sanz en bajo, Luis Ceravolo en batería —trampas del destino, ya verán—, Jorge Navarro en teclados, Bernardo Baraj en saxo y Benny Izaguirre en trompeta. Quedé en shock. Estaban muy cerca. El poder de la música era mucho más fuerte en vivo que a través de los parlantes del equipo de tu casa. En el intermedio veo que Rubén me observa. Bajó del escenario y se sentó a mi lado. Me dio charla. De dónde venía, si me gustaba la música, si conocía a La Banda y a Opa. Los años nos volvieron hermanos. Recuerdo a un hombre enternecido por la presencia de un pibe tan joven en aquel antro nocturno porteño de la música. El padre que vive en él me hizo sentir cómodo y amparado. Vio todo lo que me pasaba en milésimas de segundos. Alta sensibilidad, mi hermano Rubén. Esa noche dormí en algún piringundín. Estaba solo. Era un pichón de diecisiete años. Volví a Rosario a la mañana siguiente. Cubrí por unos meses parte de la afiebrada actividad musical rosarina en columnas muy mal escritas, con el afán de dar a conocer lo que estaba aconteciendo por esos días en la ciudad de mis amores.

Éramos una pléyade ávida de estar y hacernos notar. Tocábamos siempre en los mismos sitios, pero la sala Lavardén se consideraba como el lugar de encuentro de gente de la movida rosarina. Un templo. P.700, con Walter Nebreda en Rhodes, Maxi Ades en la batería, Jorge Llonch en bajo y Mario Olivera en saxofón, hacía jazz fusión rockero. Las formaciones de músicas contemporáneas las comandaban Carlos Luchesse, baterista de vanguardia, y Jorge Migoya, compositor franco-argentino que desarrolló una carrera como músico en Francia después de emigrar hacia fines de los años setenta. El grupo de rock Oasis, de tradición rockera clásica. Tierra de Nadie, el grupo de los hermanos Pasqualis, también de zona sur, músicos que componían e interpretaban un rock con buenas dosis de erudición. El grupo Arcana, cuyo líder, Oscar Gutiérrez, era oriundo de la ciudad de Casilda. El Banquete éramos Woody Poloni en la guitarra, Tuti Branchesi en batería, Jorge Llonch en el bajo y el Zapo Aguilera en percusión. La cantante Ethel Koffman junto a Irene Cervera eran las mujeres de la escena. Cantantes delicadas, intérpretes que merecían más espacio del que tuvieron en aquellos años. Buenas compañeras de ruta y hermosas colegas de oficio. José Locascio, cantautor local junto a Caburo, percusionista ad honórem de toda la ciudad, tocaban mucho en un teatrito de la calle Corrientes, casi Zeballos, en el Caras y Caretas y en una infinidad de baretos hoy desaparecidos. En fin, un montón de artistas creando y transitando esos años difíciles, intentando la llegada al gran público. Todas esas expresiones, un poco verdes aún, estaban plenas de ímpetu y deseos de innovar. Con casi todos ellos toqué y compartí largas horas de ensayo. Se realizaban festivales en Rosario, Santa Fe, Tucumán y Buenos Aires con grupos como Redd de Tucumán, Irreal (antes de separarse), Trigémino de Buenos Aires, Fata Morgana de Santa Fe y El Banquete de Rosario. Fue una época de muchísima actividad de sala de ensayos. Era lo que más me gustaba. Cuando viajábamos lo hacíamos en colectivo, de ciudad en ciudad. También podríamos decir que aquello fue un intento de formar una nueva cofradía que viniera a resistir al monopolio que ejercían las escuálidas industria y prensa rockeras porteñas de finales de los setenta, comienzos de los ochenta.

10

Ese enero, verano del 81, pasé las últimas vacaciones junto a mis abuelas y mi padre en La Falda, provincia de Córdoba. En una casa con tres habitaciones. El jardín se veía muy abandonado, con los yuyos crecidos y las flores resecas. La casa, que aún se mantiene igual, se llamaba "La Casita Blanca". Era un chalet construido en los años cincuenta con techo de tejas rojas a dos aguas y ventanas pequeñas. Paredes de ladrillos desparejos de piedra y una puerta de enrejado de alambre muy difícil de abrir por las inclemencias del clima. Estaba emplazada sobre una calle de asfalto a tres cuadras de la avenida Edén, hacia el norte y en subida. Seguramente la casa recordará al pasado esplendoroso de alguna familia de clase media cordobesa que la construyó para sus fines de semana. Pero en ese momento parecía el set de filmación de una película de terror de George Romero. Reinaba un descuido general imponente. No importaba. Eso era lo que teníamos y éramos felices. La ropa tendida en el patio trasero, abierto al monte, daba una sensación de disimulado recato. Aun así, el abandono de aquel pequeño predio era notable. Nunca fui un esteta ni mucho menos, pero existen lugares que transmiten la forma en la cual han sido vividos, y este emitía una sorda pero profunda sensación de angustia. No terminaba de sentirme a gusto. Había algo acechante en aquella casa que aún hoy, recordándola, me perturba. Mi padre dormía en una habitación, Belia y Pepa en otra y yo en el living. Había una pequeña cocina con una heladera y un horno a gas. La casa estaba a apenas dos cuadras de El Cortijo, el hotel de los veranos de la infancia. Salía a caminar por las calles de aquel pueblito cordobés con mi *walkman* Aiwa. Una noche, sentados en el porche de la casa, al que se accedía por una pequeña escalera al aire libre, mi padre y yo escuchábamos la radio. Él con su porrón de cerveza Quilmes helada y yo con una Coca-Cola. Eran las nueve de la noche y estaba comenzando el Festival de Cosquín. Un emblemático evento folklórico con, hoy, más de sesenta años de existencia. Se realizaba en la plaza Próspero Molina de la ciudad de Cosquín, lindera a La Falda. El escenario era el Atahualpa Yupanqui. Lo habían nombrado así en el año 72. Don Ata era una celebridad mundial y regaba de prestigio a aquel escenario con su nombre artístico. Porque su verdadero nombre era Héctor Roberto Chavero Aramburu. Todas las noches era el mismo ritual. La voz del empresario artístico y locutor Julio Mahárbiz anunciaba con voz engolada las dos palabras que abrían los corazones de miles de personas en todo el país, a través de la radio y de la televisión. "¡Aquííííííííííííí, Cosquííííííííííííínnnnn, capital nacional del folklore!", remataba con énfasis, dando el puntapié inicial de cada noche a aquel festival de tintes conservadores pero de neto corte popular. Esto cambiaría con los años. Artistas de la talla de Horacio Guarany, Los Fronterizos, Alfredo Zitarrosa, Los de Salta, Los Hermanos Ávalos, Los Tucu Tucu, Roberto Rimoldi Fraga, Antonio Tarragó Ros, el Chango Nieto, Hernán Figueroa Reyes, Ramona Galarza, Carlos Torres Vila, Jorge Cafrune, Cuchi Leguizamón, Daniel Toro y más se daban cita en aquel festival de profundas raíces argentinas. El ballet del Chúcaro y Norma Viola engalanaba cada noche con sus danzas la peregrinación de músicos de todo el país por aquel escenario, mientras alrededor de la plaza se encendían peñas y parrillas que no se apagarían hasta bien entrada la mañana. Los parroquianos y algunos turistas entonaban zambas, bagualas, chamamés, milongas, gatos, chamarritas y chacareras de distintas provincias de la Argentina. Mercedes Sosa había sido consagrada en aquel escenario en sus años mozos. En los comienzos del 81 aún vivía en Europa. Exiliada debido a sus convicciones políticas. La gran cantora había recibido amenazas a su vida y la de su familia por parte del gobierno de facto.

Después de tender la mesa, Belia y Pepa se quedaron chusmeando en el patio trasero sentadas en dos sillitas de madera rústica, mientras mi papá y yo seguíamos en el frente de la casa. Sonaba fuerte la radio Ranser a pilas y el festival entraba en su primera luna. Eran nueve. Una por cada noche de fiesta. Después de escuchar unas canciones con mi padre, tomé mi *walkman* y puse a todo volumen el casete *Hotter than July* de Stevie Wonder. El sonido exterior se ausentó de mis oídos y la voz de Mr. Wonder retumbó fuerte en mis adentros. La imagen de mi padre bebiendo su vaso de cerveza helada sentado en aquel sillón de mimbre, bajo la débil luz que llegaba desde el living, al son del endiablado ritmo de aquella música explotada de metales, voces y percusiones, cerraba un círculo perfecto. Todas las músicas iban a convivir dentro de mi corazón. Algunas a más volumen que otras. Según las circunstancias. "¡A comer!", gritó la Pepa, sintiéndose jefa en la tierra que la vio nacer, y apagó el encanto de aquella escena inolvidable junto a mi padre.

De vuelta en Rosario, Juan Carlos Baglietto me convocó para integrar su banda, y eso era tocar parte del cielo con las manos. Irreal, definitivamente separados por una amenaza que recibieron del Segundo Cuerpo del Ejército, le dejaba a Juan el terreno libre para adentrarse en una nueva aventura musical. Ahora solista. Entonces comenzó su derrotero por el Café de la Flor, la sala Lavardén, el Café del Este y más, interpretando materiales de lo más diversos. En aquella formación estábamos Silvina Garré,

Rubén Goldín, el Zapo Aguilera, Raúl Giovanolli, Sergio Sainz y una variedad incierta y sui géneris de invitados según cada presentación. El repertorio iba desde Chico Novarro a músicas de Adrián Abonizio, Jorge Fandermole, Rubén Goldín, Silvio Rodríguez, Acalanto, grupo rosarino trovadoresco, y canciones mías.

Fue por esos días que Lois Blue se apareció por Rosario. Quique Pesoa, hombre de radio, gerente y dueño del Café de la Flor, nos pide a Baglietto y a mí que le demos una mano. La exótica y refinada jazzista tocó varias noches para un público variopinto su repertorio de blues y canciones en inglés sentada al piano Yamaha CP20 que mi padre me había regalado tiempo atrás. Era una mujer fuerte, de gran carácter. Aún conservaba cierto esplendor detrás de sus gafas negras y su peluca rubia platinada. Su voz ajada y sensual escondía viejos dolores que su canto hacía brillar con luz mortecina de cabaret y firmes agudos de mujer. Me encantaba recibir sus órdenes. Yo era su plomo, su asistente. Armaba y desarmaba mi piano para esa mujer que me era desconocida. Lois imponía un gran poder. Me declaré su súbdito apenas la conocí. "St. Louis Blues" y "Summertime" eran sus hits. Todavía los toco en el piano repitiendo sus variaciones. Un día ella no volvió, y nosotros no volvimos a saber de ella. Fue estando en Nueva York, en el año 99, que me enteré a través de un amigo de que esa extraordinaria señora nacida en 1912 en la ciudad de La Plata acababa de fallecer a pocas cuadras de donde me encontraba grabando en aquel momento, los estudios Right Track, en pleno Broadway. *The first Argentine lady of jazz* pidió que arrojaran sus cenizas en el barrio de Harlem.

Llegaba Spinetta Jade al teatro La Comedia y por medio de Jorge Llonch logramos hacer contacto con Diego Rapoport, pianista del grupo, para comprarle su Rhodes 88. La operación se realizó en las bambalinas del teatro después del concierto de la nueva banda liderada por Luis Alberto Spinetta, el mago de Bajo Belgrano. Estaba aterrorizado de cruzarme con él. Me recuerdo sumamente nervioso. Jorge me prestó un dinero y con muchas dificultades pude devolvérselo meses más tarde. Con un Rhodes en su casa nadie vuelve a ser el mismo.

Fue en la sala Lavardén, el 7 de mayo del 81, que Juan estrenó "Puñal tras puñal" y "La vida es una moneda" con la letra original. ¡Qué alivio para los sentidos! La pasión que despertaba Juan entre el público iba en ascenso. Sus conciertos eran acontecimientos en los que la gente liberaba energía. Algo se estaba cocinando en esos días en aquella ciudad. Ese fragor llegó a oídos de Julio Avegliano, ese mánager porteño que se da cuenta de que Baglietto poseía un carisma capaz de irrumpir con bombos y platillos en la nueva música popular argentina. Creo que nunca imaginó el fenómeno en el que se convertiría la Trova Rosarina al comando de Juan Carlos Baglietto, aquel hombre menudo con voz de gigante. Y gran cocinero. Eran memorables las bagna caudas que preparaba con infinita dedicación para toda su tribu. En casa de Moni Bergé, su asistenta, o en lo de su hermana Roxana, o en casa de Betina Canalis y Rubén Goldín. Junto a Néstor Raschia, gran técnico de sonido y guitarrista de excepción. Fueron pareja, él y Moni. Ellos me permitieron vivir en su departamento de la avenida Díaz Vélez y Medrano durante unas semanas en mis deambulares por la city porteña, años más tarde. Eran tertulias regadas con vino y cerveza. Juan se ponía al frente de aquel arsenal de elementos y su comida era la excusa mínima necesaria para generar encuentros de auténtica camaradería. Fotos de jóvenes a quienes el fuego de la cocina y la compañía de los otros ya los alentaba a seguir adelante en esa Rosario aplomada. Él era el jefe de aquella tropa. Ese intérprete excepcional que, a los pocos meses, firmaría de la mano de Julio Avegliano un contrato con EMI que lo consagraría como uno de los más grandes cantantes populares argentinos. Entonces Julio logró colocar a Juan en el concierto organizado por la revista *Humor*, dirigida por Andrés Cascioli, en el Estadio Obras Sanitarias. Mi vida estaría ligada a esta institución por diferentes razones. Una de ellas, totalmente extramusical. Ya verán más adelante...

Esa misma noche tocaba Frank Sinatra en el Luna Park. Y el nuestro era un contraconcierto, programado para la misma noche en que Palito Ortega iba a fundir parte de su fortuna pagando el cachet acordado después del único concierto que "La Voz" realizara en el Luna Park y seis en el hotel Sheraton. ¿En qué cabeza cabía hacer un concierto contra Frank Sinatra? Solo en la Argentina de aquellos años. ¿Era el imperio contra las tropas revolucionarias? ¿O al revés? Más allá de la obvia coyuntura política del momento, no logro salir del asombro que me produce aún aquella absurda situación. Llegamos en un tren a la estación de Retiro y de allí, con nuestros petates, a Obras. El cineasta Mario Piazza registró parte de aquella llegada y escenas del concierto histórico. Juan embrujó a la audiencia y esa misma noche se comenzó a tramar el desembarco definitivo de la trova en el imaginario musical argentino. Lejos de nuestros oídos, *of course*. Volvimos triunfadores a la ciudad que nos vio nacer.

Al poco tiempo comencé a viajar a Buenos Aires y me gané la vida en locales de café concert como Adán Buenosayres, acompañando al trovador porteño Juan Carlos Muñiz. También haciendo dúos y tríos junto a Rubén Goldín y el Zapo Aguilera en La Trastienda. Sala emblemática de los comienzos de los ochenta, donde nos presentaríamos con éxito con la Trova Rosarina a pleno. Shams, Prix D'Ami, La Esquina del Sol, La Casa del Conde de Palermo y el Stud Free Pub fueron algunas de las casas de música que nos abrieron sus puertas en diferentes formaciones.

Rubén y yo nos presentamos una noche en La Trastienda. Si no tocabas allí, no estabas en Buenos Aires. Comenzamos el show con no más de veinte personas en el público. En la tercera o cuarta canción empecé a sentir un mareo que fue *in crescendo*. Mi primer ataque de baja presión. En público. El mundo se esfumaba mientras la taquicardia aumentaba. Un contundente *panic attack*. No se conocía la definición en aquel momento. La vergüenza de ser descubierto en toda mi fragilidad. No iba a poder tomar el mundo de aquella manera. Nadie querría a un mequetrefe así en su auricular. Finalmente resistí unos veinte interminables minutos y lo saqué adelante mientras los colores volvían a mi rostro. Había que pelear. No había opciones. Debía intentar alimentarme, pero no había caso. Los jóvenes somos inmortales y nada ni nadie va a poder retrucar ese axioma jamás.

En otra oportunidad, en Shams, coqueto boliche del barrio de Belgrano, me caí del asiento del piano hacia atrás en un concierto de Baglietto, intentando tocar "El loco en la calesita". Mucho whisky, mucho faso, cero alimentos. Sentí un golpe en la cabeza y eso me despabiló. Caí de espaldas como una bolsa de huesos. Muy flaca, por cierto. Dos hilitos de sangre chorreaban lento sobre mi cabeza. Pude volver a mi tarea. Nadie notó mi ausencia porque estaba ubicado detrás de uno de los parlantes de aquella casona inglesa transformada en pub porteño. Retomé la canción por la mitad y el barco llegó a buen puerto. Siempre me encantó marearme. Y reír y hablar. El alcohol y la marihuana lograban ponerme pronto en aquel lugar de las delicias. El sexo lo mantenía como una materia independiente. Al día de hoy, lo mismo. No mezclar muchos placeres a la vez es una firma de la casa.

El tío Lito, solterón empedernido, me presta su departamento en Buenos Aires por pedido expreso de mi padre. Quedaba en la esquina definitiva de Corrientes y Montevideo. El escenario natural donde unos años más tarde sucedería "11 y 6". La esquina del bar La Paz. El tío Lito llegó una mañana en una visita relámpago e inesperada. Encontró su departamento de dos ambientes dado vuelta. No éramos ni yo ni mis amigos de aquel momento un ejemplo de prolijidad y corrección. Nos sacó de allí una vez que pudimos arreglar de forma decorosa el departamento. A mi padre no iba a gustarle nada. Yo iba y venía a Rosario cada dos meses a visitar a mi familia. Allí comía en abundancia y me escapaba por las noches a contarles mis aventuras porteñas a los amigos de la secundaria en borracheras interminables en Pont-d'Ain, boliche enclavado en la esquina de Santa Fe y Boulevard Oroño, a la vuelta de mi casa.

Mi padre me daba lo que podía. Yo me arreglaba. Casi no comía. No había tiempo. Tenía que tener una vida y estaba cansado de dar la vuelta al perro en mi ciudad. De las salas de ensayo a los bares por la tarde. Saudades y el Laurak Bat en Santa Fe y Entre Ríos. El bar El Cairo en Santa Fe y Sarmiento. El bar del Hotel Savoy, más derruido y algo alejado del circuito de la Facultad de Letras y Humanidades. Allí era donde más tiempo pasábamos intentando llamar la atención de alguna estudiante. Sin éxito, por supuesto.

En la segunda vuelta a Buenos Aires paré en casa de la abuela de Esteban Cerioni, en la localidad de San Martín. La casa estaba en estado de abandono. Igual que nosotros. Éramos felices tomando el tren a Retiro en busca de caminatas erráticas por aquella ciudad imperial. Esteban era el bajista del grupo tucumano Redd. Nuestros King Crimson del noroeste. Tenían un gran sonido y Esteban un enorme y generoso corazón. Las vueltas a Rosario se hacían cada vez más espaciadas. Estaba logrando sobrevivir. Después me quedé en el departamento de Julio Avegliano, en la esquina de República Árabe Siria y Seguí. En esa misma esquina, cruzando de vereda, años más tarde viviría unos meses con Cecilia Roth, en un departamento propiedad de sus padres, mientras arreglaban el nuestro a pocas cuadras, frente al Jardín Botánico. Era extraña la sensación de ver la ventanita de la habitación en la que solía dormir, allí en lo de los Avegliano, desde el balcón de un departamento de cuatro ambientes en un piso once, en plena explosión de *El amor después del amor*. ¿Era el mismo hombre ese que miraba desde las alturas a la habitación minúscula en la que había dormido tantas noches de su primera juventud?

Viajé en tren desde la estación Rosario Norte hacia la estación de Retiro en Buenos Aires. Viajé con un bolsito y mi Rhodes. Iba a parar en casa de Lalo de los Santos. Lalo era un hombre alto, de tez morena, ojos negros, la cara un poco poceada de alguna viruela mal tratada en su infancia y un gran corazón. Ex bajista de Pablo el Enterrador y compositor de fuste. La emblemática "Canción de Rosario", que se convertiría en una larga postal sobre la ciudad, quedó inmortalizada en un concierto histórico tiempo más tarde, el "Rosariazo". Ya llegaremos hasta allí. Recuerdo haber hablado por teléfono con él unos días antes de subir a ese tren de los sueños. Desde una ventanilla del tren en movimiento vi la garita aún rota del aeropuerto de Rosario que habíamos apedreado con mis amigos de la infancia hacía años. Los pueblos al costado de las vías se sucedían a gran velocidad mientras mi corazón latía ansioso por llegar a la metrópolis. El piano fue en el vagón de carga. No pude ocultar jamás mi nerviosismo por el estado en el que podía llegar mi compañero a destino. Viajé ilusionado con instalarme en ese departamento e iniciar una experiencia de vida más estable en Buenos Aires. Cuando por fin el tren comenzó a bajar la velocidad, casi me tiro. Bajé con un peón de carga mi Rhodes y me instalé a un costado de la plataforma. Lalo no llegaba y las horas iban pasando. Yo no tenía su teléfono conmigo. Esa fría y larga noche de junio dormí en la estación junto al Rhodes y mi bolsito con chucherías, al amparo de una de las columnas gigantes de hierro forjado y apenas abrigado por una campera raída y una gorra de linyera. La cosa se empezaba a parecer a la libertad. Yo entendí que llegaba a Retiro a las siete de la tarde y él me buscaba. Lalo llegó a las siete de la mañana siguiente. Vio el mamotreto y a una persona durmiendo en la plataforma, casi a la intemperie. Me tocó el hombro, me despertó con suavidad. Me dio un abrazo cariñoso y me ayudó a cargar el pesadísimo piano en su auto. Nos reímos del inoportuno desencuentro. Nos esperaba su mujer en un departamento muy chiquito con dulces y una chocolatada. En el diván de aquel living dormí alrededor de tres meses, rodeado de un montón de cariño y amor fraternal. Era el barrio de Floresta. Ya vivía en Buenos Aires.

Por esos años me convoca el Estado argentino para hacer el servicio militar obligatorio. Lo único que sabía era que no iba a pasarme un año escuchando los gritos de un sargento o un cabo dándome órdenes. Hice la primera revisación en el Batallón 121, una delegación militar enclavada en la zona sur de la ciudad de Rosario. Junto con cientos de jóvenes. Mi esperanza era no dar el piné. El piné era, para el caso, la relación entre el perímetro del tórax y la altura del cuerpo. Era tan flaco que aquel examen lo iba a atravesar con absoluta seguridad. A mi favor, por supuesto. Me iba a salvar. Después de una semana de espera me llegó un documento a la casa de calle Balcarce. Era apto. No podía ser posible. Pedí una segunda revisación y milagrosamente me la otorgaron. También di apto. La desesperación fue total. Iba a interrumpir mi vida con la música. Me pasé la noche en vela hasta que resolví informarme sobre las opciones reales para salvarme de la colimba. Todas las experiencias que había escuchado de mi primo Eduardo, de hermanos de amigos, de parientes mayores, eran terroríficas. Una vida de sacrificios y esclavitud. No había amenaza de guerra alguna. Estaba empezando a volar y me iban a cortar las alas. ¿Qué joven en busca de libertades quiere eso para su vida? En un prospecto militar leo la cláusula DAF, que significaba "deficiente aptitud física". Tenía que hacerme el sordo o fingir demencia, opciones que descarté de inmediato. Era y soy muy mal actor, y suponía que los mecanismos de prueba para esas dos incapacidades debían estar muy aceitados y descubrirían el engaño de los pocos pícaros arriesgados en el terreno de la improvisación y el descaro con unos tristes trucos de pacotilla. Una tercera opción podía ser dejar de alimentarme, bajar de peso y así quedar excluido de aquella tortura. Lo iban a notar rápidamente, sobre todo habiéndome sometido a dos exámenes anteriores y habiendo resultado apto. Encontré una cuarta opción, irresistible: "Pérdida de la superficie masticatoria". En ese tiempo iba y venía a Buenos Aires. Decidí sacarme la primera muela en el consultorio del doctor Brailovsky, que quedaba en la intersección de las esquinas de Alvear y Córdoba, en Rosario. Esa fue la única extracción de rigor médico. Las otras seis muelas me las quité en las dos guardias odontológicas que se ubicaban en la esquina porteña de Córdoba y Billinghurst, una enfrente de la otra. No hizo falta ningún protocolo odontológico para las extracciones. Solo el pago correspondiente. Las primeras tres muelas me las quitaron en una de las guardias. Al cabo de una semana y en la otra me hice extraer las tres restantes. Estaba listo para presentarme otra vez. Pero ¿dónde? Ya me había realizado los exámenes reglamentarios. Entonces le rogué a mi padre, como nunca le rogué nada a nadie, que me consiguiera, por algún contacto dentro de la Municipalidad, una tercera revisación. Su negativa fue rotunda. Finalmente y después de varios días, mi padre me comunicó que me esperaban tal día a tal hora en una delegación de Paraná para hacerme una última revisación. Nunca le pregunté a quién recurrió. Llegué esa mañana en colectivo a la estación de Paraná desde Buenos Aires. Me dirigí a la delegación militar. Estuve en la sala de espera de un consultorio por varias horas. Por fin abrió la puerta el médico que me atendió. El trámite duró pocos minutos. Algunas preguntas de rigor y no mucho más. Me hizo parar y acercarme a la ventana. Allí me hizo abrir la boca. Tenía buena luz para ver esa carnicería de tajos y encías destrozadas. El médico se sentó en su escritorio. Me hizo sentar frente a él. Tomó un sello mientras yo temblaba. Tenía muchos sellos desparramados sobre el mueble. Del que eligiera aquel desconocido iban a depender mis días. Finalmente tomó mi libreta de enrolamiento. La abrió, y después de apoyar el sello en la esponja de tinta, lo apretó con fuerza sobre una hoja. Pude leer con claridad al revés FAD, o sea, DAF. Mi corazón estalló de alegría, mas en mi rostro no se movió un solo músculo. "Tenés un par de pelotas, pibe, te lo merecés. ¡*Tomatelás*!". Me dio la mano con una sonrisa. Desdentado, pero con una sensación de libertad infinita, volví a Buenos Aires a continuar con mi vida.

La foto que me sacaron al nacer me seguía representando fielmente.

Me tocaba rendir en SADAIC. Era el examen para ingresar a la sociedad de autores y así poder cobrar los derechos correspondientes ante cada ejecución en vivo o grabación de mis músicas. Era una parte escrita en partitura y otra escrita poniéndole letra a una canción que te daban allí. Antes de entrar en la sala de examen un señor me para y me propone lo siguiente: "Te hago aprobar el examen si vamos cincuenta y cincuenta en todo". Me le reí en la cara y entré a la sala. Era uno de los maestros que tomaban aquellos exámenes. No lo sabía, claro. No recuerdo su nombre. Solo su cara de jabalí y su sonrisa socarrona ávida de carne fresca y dinero fácil. Cuando nos sentamos, solo nos pidieron escribir unas palabras. Sin música. Una letra. La parte musical la saltearon. Yo no estaba asustado ni mucho menos. No era ducho en la escritura, pero en aquel momento aún tenía frescas las enseñanzas y la práctica en escritura musical aprendidas a regañadientes en el Conservatorio Scarafía. Demoraría un poco más, pero sabía que podía hacer algo más que digno. Fui el primero en terminar el examen. Me retiré y fui al bar al lado de la institución, donde se juntaban habitualmente los autores. Gian Franco Pagliaro me vio solo comiendo un tostado con una Coca-Cola y me llamó a su mesa. ¡Qué hombre tan cálido y tan pícaro! "Es una norma de la casa", me dijo entre risas cuando le conté sobre la propuesta de corrupción flagrante.

"Bienvenido al club". Él fue quien me hizo parte de aquella banda de rufianes de la autoría. Su palabra alcanzaba para sentirte legitimado. "Vos sos un pibe muy talentoso, muchos de estos tipos hacen eso habitualmente, nada serio. Son canallas de poca monta, no le hacen daño a nadie. A nadie que no se deje timar... ¡Jajajajajajaja!", explotó en una carcajada que inundó todo el bar. Amaba a Gian Franco por su carisma y su excepcional actuación junto a Carlos Monzón en *Soñar, soñar*, el fabuloso film de Leonardo Favio. Ese hermoso napolitano me presentó en el bar de SADAIC a aquel hombre entrañable que era Facundo Cabral. Cantautores de los buenos, de los eternos. Con músicas sencillas lograban calar hondo en el corazón popular. Gentes de bien. A la semana recibí un llamado telefónico de parte de SADAIC: habían aprobado mi examen. Era un autor con capacidades para poder ejercer el oficio y cobrar mis derechos.

Llegó entonces la grabación del primer álbum de Juan, *Tiempos difíciles*. Sí que lo eran. Si bien la dictadura militar venía barranca abajo, el espesor de la niebla opresora no dejaba ver aún la tragedia que se avecinaba. La guerra de Malvinas. Nos instalamos en el hotel sindical de AATRA,[2] ubicado en Córdoba y Billinghurst, a metros de donde me había arrancado las seis muelas malditas. Me resultó simpáticamente familiar aquel barrio. ¡Qué días! El álbum lo grabó Charly López, un experimentado técnico que les dio un sonido soberbio a aquellas sesiones en los estudios EMI. Era una sala inmensa. Yo pisé ese campo de batalla con la seguridad de Napoleón en Austerlitz. Estaba allí Luis Ceravolo terminando de armar su batería, el gran baterista de La Banda en aquella noche en Music Up, donde conocí a Rubén Rada. La primera canción que grabamos fue "Mirta, de regreso", de Adrián Abonizio. Comencé a indicarle al maestro Ceravolo los cortes del *riff* del comienzo, que

2. Hoy, AATRAC: Asociación Argentina de Trabajadores de las Comunicaciones.

se repetirían varias veces sobre la canción. Era de una precisión desconocida para mí. Nunca había tocado con un baterista de esa talla. De pronto aquella canción compuesta por el gran Abonizio en una habitación de Rosario sonaba en *mood* Steely Dan. Recuerdo también la jornada con Manolo Juárez y el Chango Farías Gómez grabando "Los nuevos brotes", zamba ultramodernista de Rubén Goldín. ¡Aquellos músicos a nuestro lado! Sergio Sainz cumplió con creces su misión en el bajo. Rubén se lució en las guitarras. Y las voces de Silvina Garré, Juan y el mismo Rubén eran sonidos del cielo. Voces jóvenes y plenas, que afinaban y se complementaban muy bien. El Zapo Aguilera tocó la percusión y yo tuve mis sesiones de teclados. Juan estuvo mucho más que a la altura. Destilaba emoción y calidez. La noche previa al comienzo de las mezclas recibo una muy mala noticia. Se juntan los músicos y el técnico, y Jorge Portunato, A&R del álbum, toma la palabra en el control del estudio: "Mirá, no sé cómo decirte esto, pero por una disposición legal interna de la compañía los menores de edad no pueden asistir a las mezclas". Yo tenía dieciocho años y la mayoría de edad era a los veintiuno en aquel momento. Fue peor que las patadas y los cabezazos que el Rulo me pegó en aquel casi fatídico partido en las escaleras de la Facultad de Derecho en Rosario. Yo me consideraba, claramente, uno de los productores artísticos del álbum. Había estado en cada toma detrás de la consola tomando las decisiones que harían de aquel un gran disco. Estaba siendo despojado de mis honores. Nadie dijo una palabra. Yo estaba atontado, sin salir de mi asombro. Así que no tuve más remedio que tomar el toro por las astas. Antes de llegar a mi cucha del hotel de AATRA, compré dos fajos de papel blanco tamaño oficio igual al de los expedientes que corregía con mi padre, una carpeta grande y una birome. Me pasé toda la noche escribiendo tema por tema las indicaciones pertinentes. Ubiqué en un estéreo virtual cada instrumento. Dibujé con flechas las direcciones correctas por si quedaba alguna duda. Fue una tarea ciclópea. Recordar cada una de las tomas elegidas y disponer todo de la manera deseada. Terminé a la mañana siguiente, bajo la luz mortecina de la lamparita de cuarenta watts, minutos antes de tomar el taxi junto a mis compañeros rumbo al estudio. Entramos al edificio de la EMI. Caminé como Cristo en su calvario, dando tumbos del sueño que tenía, aferrado a mi maxicarpeta de expedientes clasificados. Se lo entregué a Rubén dándole algunas precisiones sobre "Mirta, de regreso", que sería la primera canción a mezclar. Me esperaban horas de suplicio en las semanas por venir, sentado en un sillón ubicado en el pasillo al que daba la puerta del templo que me era negado. Los músicos entraban y salían como Pancho por su casa, mientras yo no paraba de fumar un cigarrillo atrás de otro. Cuando llegó la hora del almuerzo, después de cuatro eternas horas de espera, salieron todos a abrazarme. Riendo como enajenados me dijeron que todo aquello se trataba de una broma. Debo reconocer que la escena fue montada con una excelente dirección actoral por parte de Jorge Portunato y una muy firme puesta en escena de los actores. Formé parte de la mezcla y fui feliz como nunca antes en mi corta vida musical.

Y llegó por fin el festival de La Falda. Allí conocí en persona a Litto Nebbia. Me presentó Juan. Con muchísima vergüenza le pregunté si no le enojaba que usara sus palabras "solo se trata de vivir" en una canción mía. Litto sonrió. Las palabras no son de nadie, parecía responder con esa sonrisa franca, marca registrada de su vida de hombre de bien. Había escuchado mucho sus álbumes solistas y era uno de mis héroes de la canción. Difícil explicarles lo relajado que duerme uno después de haberle contado a Litto Nebbia que le había robado una línea de texto tan importante como "solo se trata de vivir", y de que él sonriera con la candidez del hombre sabio. Él es la tercera pata de mi santísima trinidad. Nebbia/Spinetta/García. Esa edición del festival de La Falda fue histórica en nuestras vidas. Juan fue el gran suceso de una de esas noches de ese febrero del 82. El álbum aún no estaba en la calle. Fue una consagración legítima. Recuerdo a un jovencísimo Andrés Calamaro, miembro de los recién renacidos Abuelos de la Nada y tecladista de Charly, acercándose a comentarnos lo que le había gustado el concierto. Es que había sido apoteótico. La gente bramaba cuando terminaba cada canción. Yo no daba crédito a lo que había sucedido. La suerte seguía de mi lado.

El 2 de abril de 1982, Argentina le declara la guerra al Reino Unido por la posesión de las islas Malvinas. No era mi generación la que iba a ir a la guerra. Era la anterior. Sin embargo, muchos de mi generación fueron convocados. No fue mi caso. Cualquier persona sensata sabía que todo aquello era una locura. Un nuevo genocidio disfrazado de patriotismo. La última bala que le quedaba a la Junta Militar comandada por el general Leopoldo Fortunato Galtieri, el almirante Jorge Isaac Anaya y el brigadier general Basilio Arturo Ignacio Lami Dozo para sustentar su patética existencia en el poder. A esos héroes adolescentes, muchos nacidos en las provincias más carenciadas de Argentina, se les llamó "los chicos de la guerra". En los 74 días que duró la contienda murieron 649 argentinos, mientras que alrededor de 1650 resultaron heridos; a eso hay que sumar cerca de 1900 fallecidos luego del conflicto por diversas causas (con un número muy alto de suicidios). Cientos de jóvenes conducidos a una muerte segura por la arrogancia y la incompetencia de la comandancia militar. Fue una de las peores tragedias acontecidas en la historia argentina. El país volvió a mostrar su fáctica división. Una parte apoyó la frustrada epopeya y la otra se replegó en soportar la indecencia de la muerte, mientras los grandes medios de comunicación anunciaban titulares obscenos como "Seguimos ganando".

Argentina no volvió a ser la misma después de aquel desgraciado episodio. Quique Fogwill escribió en tres días con sus noches, durante el transcurso del enfrentamiento, la gran novela de aquella guerra. La que cuenta las peripecias de un grupo de soldados argentinos en la intemperie más desoladora. Pibes víctimas del frío, el hambre, el desconcierto, las balas y misiles ingleses zumbando las trincheras: *Los Pichiciegos*. El dolor de esa guerra estaba llamado a marcar la vida argentina. A acompañarnos por siempre. A cada uno de manera diferente. Las muertes de todos esos muchachos son heridas que no cerrarán jamás.

Tiempos difíciles se presentó el 14 de mayo en un Estadio Obras colmado. Recuerdo que después de la prueba de sonido volvimos a Ramos Mejía junto a Marco Pusineri en su Citroën rojo destartalado. Nos bañamos y emprendimos el regreso. Cuando llegamos a las inmediaciones de Obras no podíamos creer la cantidad de gente agolpada en la entrada. El agente de seguridad de la puerta no nos permitió entrar. Eso pudo haber frustrado el concierto. Nunca más llegaría tarde a ningún lugar. Faltaba media hora para comenzar, y de no ser por la mirada atenta de Moni, la asistenta todoterreno de Juan, que nos vio entre la multitud discutiendo con el guardia de seguridad y a punto de ser detenidos, ese show se hubiera hecho sin tecladista y sin baterista. Suerte y verdad. Vivimos una noche de gloria.

Recorrimos casi todo el país tocando en discotecas, estadios de básquet y teatros. En alguno de esos viajes Rubén Goldín me presenta al conde de Lautréamont. Isidore Ducasse, el uruguayo maldito. No más que alguno de nosotros. *Los cantos de Maldoror*. Y me dirige con habilidad hacia ese territorio sin retorno. Fue la primera lectura que me impactó en el medio de esa batahola desenfrenada. Me impregnó aquello de que las fuentes del mal habitan el corazón humano y que eso no es una materia de la cual uno pueda abstraerse así porque sí.

Juan y su trova fueron un suceso imparable. Ese hombre ocupó junto a sus canciones un lugar de redención. Ficcional, a la manera en que funcionan los mitos dentro de cualquier cultura. El rock fue una carta de trueque con parte de la sociedad argentina. Surge el rock nacional como género y la prohibición establecida hacía años atrás para la música joven contemporánea se levanta de las radios y los medios de comunicación. Este es un tema de amplísimo debate hasta el día de hoy. ¿Te mando los pibes a la guerra y te pongo su música en la radio? ¿Quién podría responder esta, como otras tantas preguntas ligadas a esa coyuntura histórica? ¿Y quién podría esgrimir una verdad absoluta?

Los estadios de todo el país reventaban, de bote a bote. San Salvador de Jujuy, Santiago del Estero, Santa Rosa, San Luis, Corrientes, Resistencia, el Gran Buenos Aires, San Miguel de Tucumán, Catamarca, Santa Fe, San Juan, Mendoza, Córdoba, Neuquén, San Carlos de Bariloche, Comodoro Rivadavia, Rosario y muchas más localidades argentinas. Hoteles iraquíes después de bombardeos gringos: ahí parábamos. La calidez de la gente de provincia. Las comidas en los restaurantes de la ruta. Las primeras borracheras fuertes. Los primeros cabarulos. Las lunas, las estrellas rebotando en los vidrios de los colectivos cada noche de viaje. Las flores de la primavera prealfonsinista se estaban abriendo y éramos multitud. El olor mojado del pasto después de la lluvia cuando bajábamos a orinar en el medio del camino porque el baño del colectivo se había saturado. El olor fuerte a marihuana. Los campos de girasoles estallados al sol. Las chicas corriéndonos en las salidas de los conciertos. El amor imparable de una juventud que solo quería cantar, vivir, gritar y salir de la melancolía y el terror implantados por la dictadura militar que estaba a punto de esfumarse para siempre. Bueno, para siempre no. Los amaneceres en las riberas de los ríos mesopotámicos y los lagos del sur. Las noches en vela detrás de una nueva canción. La primera vez que probé la cocaína. Las partidas de truco en las mesas de los colectivos. El busto de Sarmiento sentado, fumando un cigarrillo, que había plantado Totó en un asiento, al lado mío, y el susto que me pegué cuando me di cuenta de que no era un amigo el que pitaba tranquilo su cigarro. Que era Domingo Faustino Sarmiento. Aunque los años me hicieron descubrir que sí, que iba a ser un amigo, y uno de mis escritores favoritos. Son tantas anécdotas de ese primer gran viaje que debería escribir un volumen solo con ellas.

Voy a contarles una especialísima.

Debíamos viajar de Necochea a Bahía Blanca para continuar la gira. Le pedí a Carlitos Boy, el chofer del camión que transportaba los equipos y los instrumentos de la banda, que por favor me permitiera acompañarlo. Carlitos era un hombre de unos cuarenta años. De tipo centroeuropeo, calvo, ojos azules, mirada firme y en extremo gracioso. Me hizo de la partida inmediatamente. Subimos a la cabina del camión y nos adentramos en la aventura. El equipo de producción y Baglietto no ocultó la preocupación por el hecho de que un chico tan joven viajara en el medio de la noche por las profundidades de las rutas argentinas. Piratas del asfalto, policías arrebatados, el cruce desafortunado con animales salvajes, la posibilidad de un accidente, una pinchadura de goma, etcétera. Nadie evaluó lo que por fin iba a pasar. Todas las posibilidades anteriormente nombradas se relacionan con lo que puede suceder una noche cualquiera en cualquier lugar del mundo.

Yo iba sentado del lado del acompañante en la cabina. La noche cerrada se nos presentaba como escenario omnipresente. Carlitos me pedía que le cebara mate. Charlamos de fútbol, de mujeres, de historias de vida. Las suyas, más antiguas que las mías. Noche sin luna, ni estrellas ni nada. Por momentos la cabina se volvía un espacio silencioso: el sonido del motor era el único ruido ambiente. Carlitos reía con esa risa estentórea propia de los hombres rudos. Yo escuchaba fascinado sus historias de aquí y allá, entre empresarios canallas, artistas vanidosos y marginales, cosechadas a través de tanto tiempo andando caminos, ganándose el pan.

De pronto una luz cegadora se reflejó en los dos espejos retrovisores. El suyo y el mío. "¿Pero de dónde salió este palurdo?", rugió la voz de aquel vikingo nacido en los arrabales de la Ciudad de Buenos Aires. El camión era tan largo que se hacía imposible ver quién venía detrás nuestro con unas luces altas de tanta potencia. "Paremos", le digo. Su negativa fue rotunda. "Son chorros". Carlitos pisó el acelerador. Pusimos un Scania Baby a ciento ochenta por hora. La adrenalina subió en cuestión de segundos. Por momentos la luz se atenuaba, lo que indicaba que nos alejábamos de nuestros supuestos perseguidores. La ruta tiene códigos. Carlitos los conocía más que a sí mismo. "Abrí la gaveta, sacá el chumbo, abrí el tambor y fijate cuántas balas hay". Hice todo lo que me indicó mi sabio capitán mientras me bajaba por el cuello un sudor frío y apenas lograba controlar el miedo. "Doblaron". La luz se retiró de los espejos. Entonces paró el efecto de enceguecimiento. Carlitos sacó la cabeza por su ventanilla y no vio nada que lo iluminara. Yo hice lo propio de mi lado y vi un auto entrar hacia el campo que estaba a nuestra derecha. Carlitos detuvo un poco la marcha y logré ver cómo el auto se perdía en ese campo bonaerense. "No importa, puede venir otro atrás con las luces apagadas. Se nos para adelante y nos desfalcan en cinco minutos". Los nervios se calmaron con el transcurrir de los minutos. "¡Te asustaste, péndex! Tomá, guardá el revólver. Siempre hay que tener uno a mano, nunca se sabe". "Mi viejo dice lo mismo", respondí mientras guardaba el arma en la guantera frente a mí. Por fin, después de una hora sin cruzar un solo auto en la ruta, Carlitos me avisa que estamos a minutos de Bahía Blanca. Eran las cuatro de la madrugada de un invierno duro. Le cebé a mi colega de viaje lo último que quedaba de agua caliente en el termo. Entonces, una luz blanca con tintes verdes iluminó el capó del camión y los espejos retrovisores. Infinitamente más fuerte que la del auto que nos había acechado antes. Carlitos no hizo ningún comentario mientras pisaba el acelerador. Atiné a sacar la cabeza por la ventanilla. "No lo hagas. Eso no es un auto". ¿Y entonces qué era? ¿Cómo se iluminan el capó de un camión y los espejos retrovisores andando a ciento cincuenta por hora? Los dos permanecimos en silencio elucubrando teorías. Solo había una respuesta posible a semejante anomalía física, y helaba la sangre. Alguien o algo nos seguía desde arriba. Los helicópteros hacen muchísimo ruido. Un avión no podía volar tan bajo, y menos a esa velocidad. Un globo aerostático y de noche, menos todavía. Una sensación de terror se apoderó de nosotros. Podía ser una ilusión. Un efecto de sugestión. No éramos más que dos. La idea de frenar no estaba en los planes de Carlitos. La luz nos acompañó durante quince minutos. Mientras esperábamos ser abducidos, detenidos por alguna fuerza desconocida o simplemente desaparecer en el confín de la noche argentina. De pronto esa luz se apagó.

Bajé la ventanilla sin preguntar y asomé la cabeza mirando hacia arriba. No había nada ni nadie. Carlitos y yo no dijimos una sola palabra hasta llegar a la puerta del hotel. Cada uno a su habitación y no volvimos a hablar del tema en lo que duró la gira.

No estábamos solos en el universo. Fabi tenía razón.

Aquí, la letra de esta canción, mezcla de zamba y chacarera, escrita durante la experiencia junto a Juan Carlos Baglietto y su troupe en el año interminable de 1982 por las barriadas y metrópolis de la Argentina profunda.

VIAJES

Sigo rutas de viajes
Lucero provinciano, amores de quince minutos
siempre en camas distintas
siempre ese olor a gente de penas limpias
Un aliento a pasado
recorre el viejo estanque de agua de lluvia nocturna
Mientras tanto decido
si comeré mañana entre pueblo y pueblo
Vi cómo encienden las velas
los habitantes del hambre
Vi cómo cae la tarde

en Santiago, matando camino
Vi la noche tucumana
queriendo escaparle a algún niño
Un sereno de lunas
se inventa una mujer desnuda sobre la ventana
Dos kilómetros antes
te vi pariendo un hijo entre fuego y cardos
Alguien vela por todos
Toto, Rubén, el diablo, Cristo, el vampiro de turno
Ya se viene clareando
Llegando a Buenos Aires viene clareando
Viajes que se hicieron zamba
Viajes que se hicieron letra
De Rosario al seis por ocho
se me hicieron chacarera
Casi nunca escribo cartas
casi siempre te recuerdo
Hoy besé la ventanilla
donde dibujé tu cuerpo
Cinco provincias me dieron
sus techos ocasionales
Vida de gitano y micros
para seguir adelante.

Me encantaba la marihuana. Amplificaba el espacio dentro de los auriculares. Se escuchaban sonidos que sin ella eran imposibles de distinguir. La risa se te sale de la boca y llega un momento en el que no se puede respirar. Todo es alegría y disparate. Así lo entendí desde mis primeras fumatas con compañeros de gira hasta aquel desgraciado episodio que me alejó de ella. Sucedió algo parecido a tener que dejar a una novia que te gustaba muchísimo en el éxtasis de la relación. No aconsejo relaciones tan apasionadas. Terminan mal. Siempre.

La amaba con locura. Perderme en esa sensación vacua de baja presión con ojos chinos y la sonrisa dibujada en la boca. Donde todo lo que digan los demás carece de importancia. Y lo que digas vos, menos. Así es la marihuana. María, pot, yerbita de Dios, joint, fasito, faso, palenque, cannabis, hierba, Marie Jane, greed, tuja, mota, orégano, pasto, mostaza, hoja, yerba del diablo, yerba santa, flor, maripepa, cáñamo, pachola, yesca, herb, grass, ganjah, trompeta, cohete, antorcha, porro, fasolito, chopo, lirio, waca, churro, MacGyver, flauto, rulo, fumolis, caliqueño, troglodito, chili, paragua, spliff, trocoloco, etc. Seguíamos recorriendo Argentina con Baglietto a la cabeza. Siempre fumando, siempre riendo y siempre incómodo. Nunca lograba conseguir un buen lugar. Todos llegaban antes y se aprestaban a dormir en un par de asientos, en el caso de los colectivos. O en la fila de atrás, en caso de que fuera una combi, para estirar las piernas. Por esos días de invierno del 82 seguía viviendo en casa de Marco Pusineri. Una persona invaluable, gran baterista y maestro iniciador en las lides de la yerba mágica.

Llegamos desde Ramos Mejía en su Citroën. Estacionamos. El auto iba a quedar allí hasta la vuelta del periplo. Nadie iba a querer robarse ese mamotreto. Subimos hasta la oficina de Baglietto. Saludamos a Moni Bergé, que nos indicó que faltaba media hora para que llegara la combi que nos llevaría por las rutas argentinas hasta la ciudad de Salta. Iba a asegurarme la fila de atrás para poder fumar mi mota, estirar las piernas y dormirme en el trayecto como un niño en los brazos de su madre. "¡Yo les pego el grito cuando llegue!", alerta Moni mientras subimos las escaleras hacia la terraza. Moni y Marco iban a ser cómplices para lograr mi tan preciado objetivo. Ya a la intemperie, desde el techo de esa casona de dos pisos, rodeada de edificios, pudimos ver Buenos Aires desde adentro. Era una ciudad impactante. Las luces de los departamentos encendidas parecían el comando de una gigantesca nave espacial. Ni lerdo ni perezoso, Marco sacó de su campera una trompeta Yamaha de la mejor calidad del oeste sembrada en su propio jardín. Era grande. Casi un trombón. O una tuba. No exagero. Tenía un tamaño sobrenatural y un aroma delicioso a menta que solo volví a oler en los jardines del hotel La Mamounia en Marrakech, un poco más de una decena de años más tarde. Comenzamos a fumar aquella delicia extraída de los jardines del Bosco del Oeste y nuestros pulmones se abrieron como los fuelles de Troilo y Piazzolla. El frío desapareció en cuestión de segundos. Sin hablar, nos fuimos pasando aquel prodigio de Dios hasta casi terminarlo. "¡Llegando la combi!", gritó Moni desde el primer piso. Tomé mi bolso de mano y, arrebatado, bajé la escalera. Todo desapareció para mí. Marco, la escalera, Moni. Iba a cumplir mi objetivo. Escucharía a Monk, a los Beatles, a Charly, a Spinetta y todos los casetes que tuviera en mi bolso. Tranquilo, recostado muy cómodamente en los asientos de atrás, que funcionarían como una cama. Con tan poco se arregla uno. Bajé desde la terraza el primer tramo de la escalera a toda velocidad, sin saludar a Moni. Seguí mi derrotero y en cuestión de segundos ya estaba en la vereda. La combi parecía un carruaje árabe de *Las mil y una noches*. Las luces de los postes de la esquina de Anchorena brillaban como planetas encendidos, refulgiendo en la noche helada de la Tierra. Y todo vibraba en cámara lenta. Vi que la combi atravesaba la esquina, pasando delante de mí. Crucé la calle. Nadie iba a ocupar mi lugar. Mi plan estaba funcionando. La combi comenzó a estacionar y por fin se detuvo, y yo empiezo a pasar por delante del conductor, que no me ve. Finalmente frena y veo que se abre la puerta neumática. El conductor gira su cabeza y me ve a derecha de cuadro. Lo último que vi fueron sus manos moviéndose de un lado a otro mientras escuchaba sus gritos. Todo en una fracción de segundo. "¡No, no, no, no, no!".

Lo próximo que recuerdo es despertar dentro un pozo de tres metros de profundidad. Enredado entre cables, sostenido por caños de metal cruzados a distintas alturas, rodeado de barro por los cuatro costados. Empiezo, lentamente, a salir del desmayo. Escucho voces desconocidas en baja velocidad. Veo rostros allí lejos, arriba. Era el túnel de la muerte. El final. Había durado muy poco todo. No era justo. Las imágenes eran difusas. Cuando intentaba moverme todo giraba a mi alrededor. Las fuerzas de las tinieblas me estaban arrastrando a sus profundidades y no podía hacer otra cosa que entregarme. Estaba inmovilizado ante el poderío inapelable de la muerte. Fueron dos largas horas. El mambo iba creciendo como el musgo en la piedra de Violeta Parra. Era un viaje de ácido. De los malos. Vi insectos de tres cabezas y siete ojos salir de las paredes de barro que me rodeaban. Vi derramarse cascadas de agua negra que inundaban el pozo final. Vi las sogas que me conducirían al cadalso.

Finalmente, un diablo vestido de rojo me tomó entre sus brazos y recuperé la lucidez. Le dije: "Si me llevas con el supremo Belcebú, dile que seré de la partida, pero no quiero arder en los fuegos sagrados por el momento. Antes quiero conocer la lujuria y todos los pecados por los que merecería sufrimiento infinito. No te creas ningún cuento que te hayan contado por allí, pequeño diablillo. Aún no he hecho nada para merecer esta muerte". Necesitaba que ese demonio me creyera. No podía terminar todo tan injustamente. Entonces, con mucha dificultad, ese y otros demonios vestidos con pilotines rojos y cascos blancos lograron colocarme un arnés debajo de la cola. El arnés estaba atado a cuatro sogas por las puntas. Me subieron de un par de tirones y aterricé en la vereda. Uno de los bomberos me palmeó la cara y se fue. "Tiene un olor a marihuana que voltea", le dijo al enfermero que me asistió en la ambulancia. No me quebré ningún hueso. Había caído en un pozo de Obras Sanitarias que los empleados de la empresa no se habían dignado a cercar. Tuve suerte. Los dioses querían que entre al infierno por la puerta grande. De hecho, aún sigo aquí. Me dejaron ir cumpliendo los más pecaminosos deseos y probar la vida. De un trago largo y sustancioso. El pacto: "No más marihuana y tendrás un destino prometedor". Burlando el acuerdo con los olímpicos, me he fumado algún chocolate moro o alguna florcita entre fiestas. Siempre atado a una silla o con la cabeza pegada al respaldo de alguna cama y sin mover un músculo. Ni siquiera para ir al baño.

Fue una tarde en la que tuve que ir a buscar dinero a un departamento en el barrio de Belgrano. Estaba en la ruina total y había que meterse algo en el estómago. Tenía que ir al departamento del Chiche Fulgado. Este buen hombre me prestaría un dinero hasta que pudiera devolvérselo. Chiche pertenecía al clan del Nene Fulgado, familia tucumana dedicada al mundo del espectáculo. Era colega de Juan Carlos Baglietto y del Dery Scalise, su mánager por aquellos años. Me abrieron el portero, subí el ascensor, atravesé el pasillo hasta llegar al departamento, toqué el timbre y esperé. Me abrió la puerta una morocha totalmente desnuda. Era una Raquel Welch en miniatura. Voluptuosa, explotada de curvas, con el pelo castaño revuelto, los ojos pícaros y una sonrisa irresistible. Estaba poniendo nervioso a un jovencito provinciano con total premeditación. Sabía lo que hacía. "Hola, qué lindos rulos, ¿vas a pasar o te vas a quedar todo el día afuera?". Yo parecía Rogelio Roldán en los *sketches* que hacía Alberto Olmedo junto a Susana Romero. La actriz quería abordarlo de cualquier manera sabiendo que su marido, el Facha Martel, estaba cerca, a metros de distancia. Era una escena de engaños. "Acá está el sobre para vos", me dijo la bella muchacha mientras se soplaba la nariz para adentro y pasaba su mano por sus fosas nasales. "Mi novio se va en unos minutos. ¿Querés esperar y tomamos algo?". Salió el Chiche de la habitación contigua. No pareció sorprenderlo mucho la situación. Parecía aturdido. "Quedate", me susurró la muchacha al oído. "Cuando llego a San Miguel te llamo, ¿dale?", le dijo Chiche a su novia mientras corría por el pasillo rumbo al ascensor. Quedé en el medio de los dos. "¿Qué hacés, Fito, todo bien?", me dijo Chiche caminando hacia el ascensor. Mientras me daba la espalda, ella me agarraba del cuello y me besaba. Salí de allí disparado igual que Rogelio Roldán antes de ser descubierto por su patrón, antes de perder el trabajo por el despropósito de besar a su mujer delante de sus propios ojos.

Ese mismo año grabamos, sin dejar las actuaciones en vivo, *Actuar para vivir.* También lo produjimos con Rubén Goldín. En estudios ION, con el portugués Jorge da Silva en la consola y el mismo team de músicos del disco anterior. Al poco tiempo presentamos el álbum en una serie de conciertos en el Teatro Coliseo. En los pasillos de camarines noté cierto alboroto. Charly en persona, acompañado por Andrés Calamaro, venía a visitarnos. Sucedió más o menos así. Charly, sin saludar a nadie, se sentó a mi lado. "¿Por qué dicen que vos tenés mala onda conmigo?". Me quedé helado. Me abrazó y sonrió mientras encendía un *joint* que acababa de sacar del bolsillo de su saco. "¿Cómo voy a tener mala onda con vos, que sos todo en mi vida?", le respondí sin salir de mi asombro. Había perseguido a ese hombre por las calles de Rosario en busca de un autógrafo, que nunca conseguí, en varias oportunidades. Él había prendido el fuego de mi deseo de dedicarme a la música. Y sí, era verdad. Una verdad a medias. En varias publicaciones habían comentado que yo era un mal imitador suyo y que lo que él hacía no me interesaba. Tamañas mentiras debían ser aplastadas con un acto de verdad fulminante. Me arrodillé a sus pies y le dije: "Maestro, amo su música más que a nada en este mundo". Entre el rubor y la vergüenza intenté no orinarme en los pantalones. Él y Andrés parecían modelos de una revista de moda neoyorquina. Allí descubrí lo que era el glamour. Iban tan relajados, enfundados en sus ropas de colores. El pelo largo y un andar despreocupado. Parecían salidos de la Factory de Andy Warhol. Nosotros éramos un festival de pulóveres. Hubo risas, saludos y abrazos para todos. Salí a escena hinchado de orgullo. Charly iba a ver el concierto. O parte. No podía pedirle más a la vida. *Actuar para vivir* también fue un boom. Tan es así que ese diciembre Charly García presentó *Yendo de la cama al living* en el estadio de Ferrocarril Oeste y en un momento dijo: “Como dice el rosarino Juan Carlos Baglietto: ¡actuar para vivir!”. Yo estaba entre el público y no daba crédito a lo que acababa de escuchar. Charly ponía en su boca esa frase escrita en una de mis vueltas a Rosario, en el viejo August Förster.

II

Diego D'Angelo, un joven periodista de radio y televisión, nos invitó a vivir a un edificio, en el piso doce, en la intersección de Olavarría y Almirante Brown, barrio de La Boca. Gracias a su generosidad dejé de dormitar en las pensiones de Constitución. Íbamos con el Zapo Aguilera de aquí para allá. El Zapo se llamaba José. Era un hombre muy simpático con un elegantísimo sentido del humor. Su rostro ajaponesado y su andar estricto lo hacían parecer un samurái despojado de sus prendas tradicionales. Tocaba percusión y escribía. Llegué a musicalizar algunos de sus poemas. Hicimos muy buenas migas durante los años que anduvimos juntos. Solía darme consejos que, en general, yo desestimaba, debido a que ningún joven por derecho propio está obligado a escucharlos y menos a acatarlos. Aunque estos vinieran de un experimentado samurái.

En ese departamento conocí a dos mujeres inolvidables, Elvira y Sandra Randazzo. Madre e hija. Elvira era una mujer pequeña de gran carácter. Chispeante, locuaz y más buena que el pan. No hubo día o noche en la que no se ocupara de que me llevara un bocado de comida a la boca. Limpiaba mis calzones sucios. Era su protegido, desdentado, flaco como un junco, poeta loco y desamparado pianista rosarino. Y Sandra, su hija, la hermana ideal. Su único defecto fue ser siempre tan bella. Al igual que su madre, era una mujer protectora.

Con su rubia melena enrulada, sus ojos almendrados y sus jeans apretados que dejaban ver unas curvas perfectas, que hubieran vuelto loco al mismísimo demonio, supo ser la mejor compañía de aquellos años. Tomábamos mates, charlábamos, nos reíamos dentro de aquel departamento donde, casi sin darme cuenta, pasé a ser amo y señor. No en el sentido patriarcal. Era más bien un niño caprichoso a quien dos hadas madrinas le cumplían todos los deseos. Así, en plena madrugada salían a conseguirme alfajores de chocolate y Coca-Cola o me vestían para un gran concierto, porque estaba totalmente desprovisto de ropas. Ellas hurgaban en el armario del Carli, el primogénito Randazzo, ya exiliado por propia voluntad de la casa natal, y me ponían presentable. Carli fue un gran jugador de Boca Juniors. El padre de Carli, el más alto jefe del barrio boquense. La florería Randazzo no solo era el local donde se vendían las mejores flores del sur de la Ciudad de Buenos Aires. Era también el lugar donde se atendía el teléfono. Los Randazzo, familia de alto poder adquisitivo del barrio de La Boca, no tenían teléfono en el departamento del piso ocho del edificio de Olavarría y Brown. Yo estaba cuatro pisos más arriba. En el doce. Allí acudían a solucionar urgencias de todo tipo, a cualquier hora. Menos pregunta Dios y perdona. Mi amor por estas dos mujeres se fue haciendo cada vez más grande. Ellas se reían de mis petulancias de proyecto de hombre en busca de fama y dinero. Veíamos poco a Diego porque trabajaba de día. Llegaba tarde en la noche para cenar y se volvía a meter en la cama mientras el Zapo y yo bohemiábamos. Yo más que él. En ese departamento compuse "Del 63". Me había llevado un teclado Roland portátil que me permitía tocar de noche con auriculares. También escribí "Tratando de crecer", que grabaría Juan Carlos Baglietto en su tercer álbum, y dejé sentada la idea madre de "El loco en la calesita".

El loco en verdad fui yo, cuando una noche, subiendo en el ascensor del edificio desde la planta baja hasta el piso ocho, le cuento a ese hombre rudo que era don Randazzo que ese flaco enclenque y subalimentado que tenía delante era amigo de su mujer. Me miró igual que James Gandolfini a algún palurdo intentando pasarse de la raya en una escena de *The Sopranos*. Bajó del ascensor después de escanearme de arriba abajo, seguro pensando "qué poco sentido del peligro posee este mequetrefe". Bajó sin saludar, pegando un portazo. Cualquier hombre sensato me hubiera molido a palos ante semejante atrevimiento. "¡Amigo de mi mujer!".

Los hombres duros conocen la piedad. Los idiotas no deberíamos aprovecharnos de su no tan infinita paciencia.

Durante el transcurso de la escritura de este libro me comuniqué con Sandra por videollamada. Mantenía los mismos bríos juveniles. Su melena rubia y su gracia al hablar y contar sucesos. Escuché su voz grave de *femme fatale*. Si es que habíamos tenido nuestra noche incestuosa de hermanos putativos, por algún motivo la había borrado de mi memoria. Ella me recordó que sí. Con lujo de detalles. Había estado enamorado de Sandra y no pude con mi vergüenza otra vez. Recordé el sentimiento vívido de que ella era mucho para mí. Reímos. También me contó que durante toda mi estadía en el barrio de La Boca mis abuelas y mi padre llamaban habitualmente para preguntar por la salud y las andanzas del Fito. Elvira se pasaba largos ratos con ellos al teléfono de la florería Randazzo. Yo no estaba preocupado por esos años en los devenires de la calle Balcarce. Todos ellos estarían bien y vivirían para siempre.

Por entonces conocí a una mujer que me arrasó. Sandra Mendoza. Era fan de Baglietto y nos iba a ver a los conciertos, allí donde tocáramos. Era una escultura. Alta, con el pelo castaño largo que caía sobre sus espaldas, unos pechos que en mis más atrevidos sueños jamás hubiera soñado conocer y unos ojos con mirada firme que intimidaban al más compadrito. Estudiante de Filosofía y Letras. Una mente brillante. Y yo… qué decirles. Otra vez. No me sentía merecedor de su atención. Ella me prodigaba todo lo importante: amor, sonrisas, charla inteligente y sexo. Otra vez, no estuve a la altura. Terminó dejándome.

¡Cuántas mujeres conocí en aquellos años destartalados entre Rosario y Buenos Aires! Tres de ellas, amigas que me acompañan hasta el día de hoy. Jorgela Argañarás, Betina Canalis y Lilia Fuster. Jorgela se puso de novia con Juan de un día para otro en el medio del periplo bagliettiano. Nuestra Michelle Pfeiffer vernácula. Bailarina de cuerpo escultural y una risa que no puede despegarse de su boca. Pintora fantástica de colores y formas enredadas y ensoñadas. Siempre añorando a su Viedma natal. Betina Canalis, en aquellos años casada con Rubén Goldín. Una de las mujeres más inteligentes que conocí. Dueña de un sarcasmo y un sentido del humor superior. Sexy por donde la mires. Con esos ojos bizcos a lo Karen Black que la hacían irresistible. Empresaria de armas tomar, hoy budista profesa. Rosarina hasta la médula. Igual que Lilia Fuster. Una perla de ojos y pelo negro cortado al estilo carré que le daba un aire de colegiala incorregible. Ojos pícaros, dueña de un humor desatado. Reina de la simpatía. Nuestros encuentros, sean en la circunstancia que fueran, estaban signados por la risa y el absurdo. Nada nos interesaba más que eso. Aunque debo reconocer que a mí siempre me interesaron más cosas al respecto de ellas. Eran muy bellas e inteligentes. Jóvenes esplendorosas. Siempre las deseé. No podía con mis hormonas. De todas maneras, creo —y digo creo para poder ser rebatido con filosos argumentos en alguna de sus posibles futuras autobiografías— que intenté comportarme con ellas como un caballero. Aunque, con una mano en el corazón, no creo haberlo logrado en la medida de lo que correspondía. Habría de vivir con estas mujeres un montón de historias que lo único que hicieron fue hermanarnos en el transcurso de la vida, más allá de cualquier circunstancia o de largos períodos sin vernos. Y por supuesto, de algún que otro arrebato pasional, que nunca pasó a mayores.

"Un polvito no arruina la amistad".
(Ana) Moreno Hueyo (Coneja) China

Alquilaba un departamento en Pedro de Mendoza 1450, tercer piso. Frente al Riachuelo. Era un edificio de un grupo de cuatro. De color beige matizado por los verdes agua con que estaban pintados los bordes de los balcones, que daban a una plaza abierta. Un olor fuerte a podredumbre lo inundaba todo. Mi habitación daba al mismísimo Riachuelo. Y veía lo mismo que el genial Quinquela Martín, pintor de puertos, figura emblemática de ese barrio al que le dedicó su vida. Un agujero del tamaño de un aire acondicionado hacía que las noches de invierno fueran rudas en aquel cuarto en el que escribí las letras de algunas de mis primeras canciones porteñas. "Tres agujas", "El loco en la calesita" y "Alguna vez voy a ser libre" las compuse en aquel sucucho desangelado con el mismo Roland que traía del departamento de calle Olavarría. Ese teclado se ve en la tapa de *Del 63*. En el departamento de Pedro de Mendoza viviríamos, de manera interrumpida, en el curso de dos largos años, el Zapo Aguilera, el Tuerto Wirtz y yo. Más novias pasajeras y amantes imaginarias. Algunas no tanto. Todas, sin excepción, itinerantes. Fabi fue la última en llegar. Imaginaria, pasajera e itinerante. Fabiana Cantilo, la princesa del barrio de Olivos que alumbró ese departamento enclavado en edificios que correspondían a sindicatos bancarios y militares.

Una tarde recibo un llamado de Norman Briski. El gran actor, escritor y director de teatro. Me cita en un departamento de la calle Perón. En pleno centro porteño. Todos habíamos visto *La fiaca* en los fines de los sesenta, la icónica película protagonizada por Norman Briski y Norma Aleandro, dirigida por Fernando Ayala, basada en el libro homónimo de Ricardo Talesnik. Se trataba de un hombre que había decidido no trabajar más y seguir el curso de su vida en su casa. "Laburás, te cansás, ¿qué ganás?", era la muletilla favorita del protagonista que tan bien encarnaba nuestro genio actor, escritor y director argentino. Me recibe una mujer muy joven y bella. Me indica que siga hasta la habitación.

Allí encuentro una escena calcada del film. Norman tirado en la cama con una sonrisa despreocupada. "Pasá, sentate". Sin prólogo alguno comenzó a contarme la historia de un astronauta cordobés que iniciaba el lanzamiento de un cohete vernáculo a la Luna. Se podrán imaginar las vicisitudes del intrépido navegante de aquella nave espacial diseñada por él mismo, intentando llevar a cabo una tarea insólita e inapropiada por donde se la mire. Recuerdo que Norman debió interrumpir el relato debido a mis accesos de risa. El proyecto no llegó a realizarse. Yo dibujé garabatos para algunas escenas en alguna partitura, con bastante dificultad. La vida años más tarde me dio la oportunidad de realizar trabajos musicales junto a él.

El año 1983 fue bien agitado. Arrancó con un concierto que terminaría por convertirse en una noche histórica. Se llamó El Rosariazo. Convocado por Juan Carlos Baglietto y Litto Nebbia. Fuimos de la partida Jorge Fandermole, Silvina Garré, Rubén Goldín, Lalo de los Santos, Adrián Abonizio, los músicos de la banda y yo. La gráfica mostraba a don Inodoro Pereyra invitando a su perro Mendieta a ver el concierto. Con Roberto Fontanarrosa como padrino, aquello fue la auténtica expresión de una épica rosarina gritándole al país que algo era posible fuera de las fronteras de la Capital Federal. Nunca pensar en la creación de una industria musical federalista, o con tintes independentistas, pero sí una manera de decir "aquí estamos, vinimos para quedarnos". Y nosotros, sin saberlo exactamente, reconociendo que formábamos parte de una cadena de ADN de artistas rosarinos que íbamos de las artes plásticas al teatro, a la música, a las letras, etcétera, y que no iban a resignar ocupar su lugar en el mundo. Todos interactuamos con todos, y si bien fue un concierto extenso, todos los que estuvimos esa noche cantando "Yo no permito" junto a Litto Nebbia, uno de los inventores del rock en español, volvimos a casa felices sabiendo que aún faltaba mucho por hacer. "Yo no permito que me impidan seguir", rezaba una de las líneas de la canción del gran Nebbia, que resumió muy bien el espíritu de ese momento en el cual aún quedaban muchos libros por leer, muchos errores por cometer, muchas músicas por componer, muchas mujeres por conocer, muchos desamores por sufrir, muchas risas por gastar y muchas botellas por vaciar. La proteína de cualquier creación. Si no se vive, no va a suceder nada fuera del área de tu pensamiento.

Ese año produje tres álbumes. Jorge Portunato vio que era mejor entrenarme y dejarme suelto. Se guardaba un as bajo la manga.

La mañana siguiente fue el primer álbum de Silvina Garré, que grabamos en ION con un team de lujo. Lalo de los Santos en el bajo, el Tuerto Wirtz en la batería y el Flaco Tschopp en la guitarra eléctrica. Silvina se lució en la voz y comenzó a esbozar su proyecto de carrera. Ese álbum forjó a la gran solista que es hasta el día de hoy.

El otro disco fue *Pájaros de fin de invierno* de Jorge Fandermole. El autor de la popularísima "Era en abril", que Juan y Silvina inmortalizaron en *Tiempos difíciles*.

Un pequeño insert sobre esa canción. Jorge abordaba el drama de una pareja que acababa de perder un hijo. Creo que la canción es efectiva en su composición. Es un melodrama con todas las letras. Excelentemente narrado y con una música bucólica en tono mayor que hizo amable y querible a una canción con una temática esquiva a la música popular, de notables ribetes trágicos, en la cual se sugiere la posibilidad del suicidio de la pareja después del alumbramiento del bebé muerto. Otra parte del éxito fue la interpretación de Juan y Silvina como padres de la criatura. Encarnaban con honestidad esos papeles ante cada auditorio que tuvieron que enfrentar. Eso los hizo ser artistas amados y convirtió aquella canción de un jovencísimo Fandermole en un éxito ultrapopular. No puedo dejar de sentir que siempre hay algo oculto en las obras, que las transforma, a pesar de ellas y de sus autores, en materia viva e independiente, que nombra las zonas ocultas de nuestro inconsciente colectivo. Aún en obras que aparentemente puedan parecer desconectadas de la realidad más dura e inmediata. O sobre todo en esas. Los significados brotan como flores en las direcciones menos obvias con relación a sus significantes literales. Encuentro en esta canción una extrapolación de múltiples sentidos respecto de los muertos en la dictadura.

Allí estábamos, entonces, porque todo sucede en paralelo, con Iván Tarabelli, uno de los músicos a los que más quiero y admiro de la pléyade rosarina, Carlos Velloso Colombres en el bajo y Tuti Branchesi en la batería, intentando dejar registro de las nuevas canciones de este autor insólito y original que es Jorge Fandermole.

Después produje *Baglietto*, el tercer álbum de Juan. Lo grabamos y mezclamos en poco tiempo. Estábamos muy preparados, de tanto tocar y grabar. Jorge da Silva, con su imperturbable buen humor, su calidez de hombre noble y su maestría en las perillas, fue el técnico de estos tres álbumes. Y uno de mis maestros dentro de la disciplina de la producción. Su curiosidad infinita, como su sabiduría de espíritu para tratar con las personas más diversas y disipar tensiones, muchas veces inevitables, hacían de cada sesión una experiencia de aprendizaje. Su maestría técnica le permitía abordar desde el registro riguroso de una gran o pequeña orquesta hasta los más disparatados experimentos. Nada lo ponía nervioso. Compartimos el goce de las grabaciones. Cada toma era importante. Jorge comprendía, o intentaba hasta el fin de sus posibilidades traducir a idioma técnico lo que muchas veces le era dado de manera arbitraria. Utilizábamos términos como "que tenga cuerpo", que quería decir "más graves", o "necesito un brillo en la cuerda", que significaba "más agudos". O "meté la batería en una caverna", que significaba el agregado de una exagerada reverberación. En fin, un buda de una paciencia sin límites que cada día de su vida lo da todo en pos de la alegría musical. En aquel álbum estaba "El loco en la calesita", escrita en el frío de mi habitación de La Boca. Narraba la odisea de un pibe marginal que terminaba siendo canibalizado por un ángel lautremoniano en un baño de algún piringundín de provincia. Frente al Riachuelo, una larga noche de invierno, escribí aquel parrafón que enmarqué en una composición en tono menor, con tres modulaciones ascendentes en ritmo reggae con claras influencias tangueras en su melodía. En "Tres agujas" repetiría esta estructura con mayor eficacia y una letra plagada de imágenes más metafóricas. Las palabras "Marruecos" sobre el comienzo y "Decadrón" sobre el final debo decir que aparecieron de manera absolutamente arbitraria y siguen intrigándome. También estaba "Tratando de crecer", a la que dentro de la banda llamábamos "Multiplicar". En el estribillo de esta canción ya estaban más claras las influencias de Charly y sus cuartas suspendidas. La rueda no paraba y el álbum iba camino a otro éxito. Juan seguía en la cresta de la ola.

Es en la prueba de sonido de uno de los conciertos de presentación de ese tercer disco, en el teatro Astral, que le comunico a Juan que dejo el grupo.

Los grupos se separan.

SEGUNDA PARTE

JUVENTUD

12

Ese mediodía recibí un llamado de un allegado a Daniel Grinbank. Charly quería tenerme en su nueva banda. No había mucho que pensar. Era el sueño del pibe. Antes de terminar la serie de conciertos con Juan, me reuní en la oficina del notable empresario. Un asistente me hizo pasar. Grinbank estaba detrás de su escritorio. Me dio la mano con una amplia sonrisa. Me cayó bien de entrada. Se disculpó y me dijo: "Ya llegan todos". Salió de la amplia habitación. Quedé solo en aquel lugar que parecía una oficina neoyorquina de película. Miraba por la ventana que daba a la intersección de Rodríguez Peña y avenida Santa Fe. Los autos, la gente caminando, las bocinas, la velocidad de la metrópolis, y yo en el centro del escenario. ¿Qué estaba haciendo allí? No terminaba de entender qué parte era la que estaba haciendo bien. Era un pibe afortunado, sin lugar a duda. De pronto se abrió la puerta y escuché una voz celestial: "¿No vino nadie?". Me di la vuelta muy despacio y allí estaba Fabiana Cantilo. Era el monumento a la juventud. Solo pude mirarla de refilón en los siguientes minutos. Se produjo un hermoso silencio al encontrarnos. Nos dimos un beso de circunstancia. Era de una belleza sobrenatural. Me intimidaba. "Vos sos Fito, ¿no? El rosarino de Baglietto". "Sí", le contesté sin dar crédito a lo que veía. Su rostro anguloso entre galés y criollo. Sus ojos castaños que se encendían pícaros. Su boca de labios carnosos y ese lunar tan de ella sobre su mejilla derecha. El cabello rubio carré sobre los hombros. El cuello perfecto devenía en un torso con dos pechos suaves que se alzaban sobre una remera de The Police. Su minifalda dejaba ver su refinada silueta de mujer joven y poderosa. Fabi deambulaba nerviosa por la oficina. Me enamoré de ella en ese momento. La adrenalina creció hasta límites irreales. Todo era un sueño. De pronto entraron Charly, Willy Iturri, Alfredo Toth, Pablo Guyot, el gran Daniel Melingo y Gonzo Palacios formando un círculo alrededor del escritorio. Charly no se anduvo con rodeos. Después de las presentaciones y algunas bromas de rigor, fuimos en dos taxis a su departamento. Escuchamos, sin anestesia, *Clics modernos*.

Todo en mi vida fue un antes y un después de ese momento.

La escucha del álbum fue una experiencia religiosa. Una revelación. *Modern Clix* es una de las cumbres musicales del siglo veinte. Y yo estaba allí, en primera fila. Los privilegios que te brinda la suerte. Una mixtura elegantísima de polirritmias, teclados de última generación, Pedro Aznar, guitarras Rickenbacker, Larry Carlton, máquinas de ritmos, samplings de James Brown recién salidos de alguna cueva del Greenwich Village, un joven Joe Blaney, el dolor causado por los desaparecidos argentinos bajo el terrorismo de Estado, los deseos de dejar de esconderse, NYC, la Argentina fracturada y el talento sagrado de Charly García haciéndose preguntas como: "¿Por qué tenemos que ir tan lejos para estar acá?". Queriendo poner a bailar a un país que aún le pedía explicaciones a él, que ya estaba cansado de pensar. A él, a quien solo le interesaban los esqueletos en movimiento.

Siento que Charly García es un fusible de la Argentina.

La sociedad colapsó muchas veces a través de él, que ofrendó su integridad física e intelectual.

Él pagó, muchas veces, por todos nosotros.

Alguien tiene que hacerlo.

Por lo general son las personas más lúcidas y arriesgadas. Dar, buscar, desear, hacer y morir si es necesario. Para la urgencia política estos son hechos que pasan desapercibidos. Incluso para la gran mayoría de la pléyade de intelectuales. El intento de que las cosas cambien para bien. *Bien* significa ser fraternos en el viaje de la vida. Prodigar amor y honestidad. Y aunque de alguna u otra manera contamos con la certeza de que todo siempre terminará mal, la búsqueda de la fraternidad humana sigue siendo una utopía. Las tribus, con sus respectivos chamanes a la cabeza, deciden y condenan de infinitas formas a quienes serán los encargados de quemarse en los fuegos insondables de la historia, aún contra su propia voluntad. Llevar en tus espaldas la lucidez más implacable y reconocer la estupidez humana en cada segundo de tu vida solo admite un destino.

"Minimalismo, polirritmia, neoclasicismo, discreción y una pátina de ambigüedad", decía García sobre la fórmula musical de su nueva pócima poética.

Llegué a la sala de ensayos dos semanas después de que aquella hoguera hubiese comenzado a arder. Finales de octubre del 83. Estudios Alex, en el barrio de Núñez. Charly y los demás no me dirigieron la palabra hasta varias jornadas más tarde, salvo Fabiana Cantilo. Me preguntó si me interesaban los ovnis. Le dije que sí. ¿Qué otra cosa ibas a contestarle a la muchacha más hermosa del mundo? Me sentía un sapo de otro pozo. Era el más chico de toda la delegación. Veinte años, pelo por la cintura y una inseguridad del tamaño de mi vida. También la cara muy dura y la boca desdentada. Todo se trataba de ir descifrando qué se necesitaba de mí y cuál sería mi aporte a tamaña empresa. Mientras tanto no le quité un solo segundo los ojos de encima a Charly con sus directivas. Adquiría por ósmosis las decisiones que iban formando el cuerpo musical de esa bestia artística de dimensiones titánicas. Totó y Quebracho, sus asistentes directos, a quienes yo conocía de las giras con Baglietto, me pasaban instrucciones por debajo de la mesa. Totó era un hombre joven muy atorrante con un montón de calle encima. De pelo enrulado y ojos achinados por la marihuana. Dueño de un alto sentido del humor y de las jerarquías. Quebracho, un hombre ancho de espaldas, firme como el árbol con el que se lo apodaba, muy parlanchín y excelente sargento a la hora de imponer el orden ante sus subordinados. "Conseguite dos bafles, una consola y un amplificador para monitorearte tus teclados". "¿Qué teclados?", pregunté yo. "Traé un Rhodes y un Minimoog. Charly quiere un teclado polifónico".

En cuarenta y ocho horas tenía todo funcionando.

Un Korg polifónico al que Charly bautizó "la máquina de coser". Charly me proporcionó un Polymoog y el set quedó así planteado. Frente a mí el Rhodes, en cuyo lomo monté la máquina de coser Korg y sobre esta el Opus 3. A mi izquierda el Minimoog. Eso era todo lo que necesitaba alguien para volar al espacio. Mi ubicación era en el extremo izquierdo visto desde el público. Charly se acercó por primera vez a mi set. Casi sin mirarme ni dirigirme la palabra me levantó tres dedos del teclado y se volvió a su set en el otro extremo de la sala. Con cuatro notas alcanzaba para formar un sol cuarta séptima. Primera clase. "Bancate ese defecto". Fui ganando terreno día a día mientras me enamoraba de Fabi. En diez ensayos aquello se convirtió en lava volcánica. Y la cocaína, en pequeñas dosis, me permitía transformar esas sesiones en cumbres nada borrascosas. Los dedos volaban y la memoria era una pequeña palanca, leve como una pluma. Los sentimientos se agigantaban. Charly crecía y peleaba tras la perfección con su corte de los milagros.

Podría decir que entre esas jornadas interminables y la experiencia junto a Luis Alberto Spinetta se completó el taller iniciado intuitivamente en las salas de ensayo de Rosario. Sin partituras, con un oído atento y una voluntad inquebrantable de querer hacer y aprender.

Ya no sabía más cómo hacer para decirle a Fabi cuánto la amaba.

El 10 de diciembre de 1983 Raúl Ricardo Alfonsín es electo en votaciones libres como el primer presidente argentino después de casi ocho años de dictadura militar. Herminio Iglesias, dirigente peronista candidato a gobernador de la provincia de Buenos Aires, había quemado un ataúd con la sigla radical y una corona mortuoria. Por aquel gesto público, Ítalo Lúder, candidato peronista, no llegaría a la Casa Rosada.

El debut de *Modern Clix* fue en el Polideportivo de La Plata. Probamos sonido por la tarde. Jorge Llonch, amigo y músico rosarino que en aquel momento oficiaba de técnico electricista, casi pierde parte de su cara durante la explosión de unos tapones en mal estado. Vivi Tellas, artista surgida del teatro underground porteño, había diseñado una escenografía muy pintoresca que Charly terminó destrozando sobre el final de aquel extraño concierto. La lista era de catorce canciones. Todo *Modern Clix*, un momento de piano solo y cinco canciones de *Yendo de la cama al living*: "Superhéroes", "No bombardeen Buenos Aires", "Yo no quiero volverme tan loco", "Peluca telefónica" y la canción homónima. Cuando terminamos, la gente se enojó muchísimo porque Charly había hecho muy pocos guiños hacia el pasado. Entonces nos hizo volver y repetimos casi todo el concierto. Fabi y yo no dejábamos de mirarnos. Charly había decidido que yo iba a tocar toda la gira de espaldas. Eso facilitaba mi eje de mirada con Fabi. Porque ella estaba apenas un metro detrás de él, a su derecha. Y yo, al otro costado del escenario en una línea, también un metro detrás de Charly. Parecía planeado. Vestíamos parecido, también obra de Tellas. Ella, un tutú blanco y negro con un top negro, y yo, una camisa gitana a lunares, mismos tonos.

Comenzaron los conciertos por Argentina. El estadio de Rosario Central fue especialísimo. Se podrán imaginar. Estallaba esa ciudad bajo el calor agobiante de un diciembre imposible y el orgullo se salía de mi pecho. Comencé a beber whisky una hora antes del show. Ale Avalis me asistió de la mejor manera. Durante el concierto cambié a whiscola. Cuando Charly me presentó, se produjo una cerrada ovación. Había un rosarino en esa máquina del futuro. El chauvinismo rosarino es un sentimiento muy particular. Se hace notar de una forma muy impúdica. Y como todo comandante en jefe, conocedor de los protocolos emocionales de la vida pública, Charly me presentó último, para que yo sintiera ese aplauso como un signo consagratorio. Imagino una noche y una mañana agitada en Rosario. Estábamos de fiesta. Comenzando la tan deseada primavera alfonsinista. Estaba tocando en mi ciudad con García. No había nada más en el mundo. Salvo la remota e improbable chance de tocar junto a Luis Alberto Spinetta.

Llegamos a Córdoba. Charly jugó un picadito aquella tarde con nosotros, en el jardín del hotel, en la cercana localidad de Villa Carlos Paz. Fabi y Charly se frecuentaban en aquellos meses. No solo como amigos. Creo que él comenzó a sentir cierta distancia que ella le imponía. Esa noche un Charly rabioso casi logra tirar el Yamaha CP70 al público del Estadio Atenas. Lo levantó desde la parte de abajo del teclado y comenzó a arrastrarlo con la fuerza de un cíclope hasta el borde del escenario. Quebracho y Totó bajaron raudos y corrieron al salvataje de aquel piano. Los dos conocían muy bien a Charly. Ese piano acabaría en el piso, en una caída de casi tres metros de altura. Alguien podría salir dañado. Así fue como Totó y Quebracho soportaron incólumes la fuerza que Charly, con ventajas, ejercía desde arriba. Ellos, soldados de la más pura cepa, aguantaron desde abajo y ganaron la partida. Estoicos y en pleno dominio de sus saberes. La cuestión es que Charly, al no haber podido tirarle el piano al público, tomó una decisión drástica. Fue hacia adelante. Se bajó los pantalones y descubrió sus partes delante de todo el mundo. Mucho enojo en él, supongo. *Modern Clix* no había sido tratado por la prensa vernácula como la gran obra que era y es. Más bien fue ninguneado. Él sentía que la gente no lograba conectar con aquella estética de avanzada, y posiblemente haya escuchado algo que no le gustó de parte de alguien del público. Fabi no le correspondía como antes. Pensó, probablemente, que terminada la dictadura comenzaría una era de felicidad y libertad para todos. Todo aquello junto, seguramente, lo enojaba mucho. Había esperado mucho tiempo por esto. Y no estaba resultando como él quería. En una de las tantas funciones del Luna Park, unos días antes, un García desafiante tomó el micrófono y preguntó: "¿Y ustedes qué quieren?". Fabi no me sacaba los ojos de encima. Él lograba darse cuenta. Era mucho.

Volviendo al episodio de la noche en Córdoba, un padre que había asistido con su hijo, menor de edad, le hace una denuncia. Recuerdo los ojos encendidos de Charly cuando llegamos al camarín. Reía poseso como Chucky después de haber cometido un asesinato, pero divertido a la vez. A las tres de la tarde del otro día y ante la mirada de todos, que tomábamos sol en la piscina, dos policías se lo llevaron esposado a la comisaría de Villa Carlos Paz. Nadie quiere ver a Charly García esposado. Le dimos unos gritos de aliento. Daniel Grinbank lo acompañaría a la comisaría y se encargaría de poner todo en orden. En algún momento conoceremos la versión oficial de boca del propio Charly. Subiendo cada uno para su habitación, le pregunté a Fabi si no quería escuchar unas grabaciones en vivo de algunas canciones que había hecho con unos amigos en Rosario. Me dijo que encantada. Que ella no se había animado a pedírmelo por pudor. Dos pudorosos, hasta aquí. Ella escuchó con auriculares, en mi viejo *walkman* Aiwa, las versiones de "Un loco en la calesita", "Viejo mundo" y "La rumba del piano".

Algo al respecto de "La rumba del piano".

Desperté una mañana con toda la canción compuesta. Solo tuve que ir al viejo August Förster de mi casa en Rosario y grabarla en el *walkman*. No sería la última vez que los sueños me regalaran canciones.

"Me parece que me estoy enamorando de vos", le dije sin mirarla a los ojos, sintiendo aquel viejo terror al rechazo. "Yo también", contestó. Recostados en un sofá de aquel hotel en Villa Carlos Paz nos dimos el primer beso. Los dos piscianos. Amábamos la música. Yo estaba deslumbrado con su belleza y sus formas de niña. Nada ha cambiado en ella. Su humor permanente y su capacidad de poder hablar de muchos temas a la vez en una misma charla. Este es un complejo organismo gramático y morfológico. Una capacidad de observación deslumbrante y esa forma arbórea de comenzar hablando de "Vos venís de una época de capas y espadas, de príncipes y reyes" a "Tenés todos los dientes sucios de sarro" a "No me importa nada" a "Bueno, entonces Ganímedes es la estrella adonde deberíamos ir". Al comienzo fue difícil seguirla. Sin embargo, con los años pude adquirir este extraordinario saber que consiste en no estar atento a sus interruptus, sino en prestar atención a lo que Fabi iba a decir a continuación y así construir una moviola imaginaria donde muchas historias suceden en paralelo. Así aprendí a disfrutarla mucho más. Reímos mucho con Fabi.

Al llegar a Buenos Aires, Charly nos citó en su casa. "¿Estás saliendo con este y con el otro?", le preguntó Charly a Fabi sentado en el piso de su living en el departamento de Santa Fe y Coronel Díaz, ignorándome por completo. "Sí", le contestó una Fabi creo que algo aliviada. El otro era el novio oficial. Fuimos tres en un momento. Cuatro, contando a Charly.

Todas las compañeras con quienes tuve vínculos de novios o maritales terminaron dejándome. Les doy la derecha. Que Dios las bendiga. Madres de musas, dueñas de grandes caracteres, firmes convicciones y, sobre todo, infinita paciencia.

Hay una foto donde no tendré más de dos años. Estoy sentado en la terraza de la casa de calle Balcarce. Rodeado de juguetes. Decenas de ellos. De todos los tamaños. Aun así, estoy llorando, se me ve con la boca abierta lanzando un grito feroz. Animal. Con ese niño y su madre muerta tuvieron que convivir todas esas heroínas del amor.

Fabi fue la primera.

Mi amigo Coki Debernardi escribe en "Mis ruinas", una de mis canciones favoritas, esta línea inolvidable: "La primera vez que te asustó la cocaína". Así de literal es aquel momento en el que las cosas se salen de control. Viajábamos con la banda de *Modern Clix* hacia Montevideo en ferry y de allí en colectivo a Punta del Este. Íbamos a dar un concierto en un auditorio enclavado en las arenas uruguayas para la *beautiful people*. Cuando subimos a aquel barco alguien hizo correr el rumor de que entre los pasajeros viajaba un *dealer*. El olfato de animal innato de un compañero de grupo lo reconoció igual que podría haber encontrado una aguja en un pajar. Hay muchos tipos de *dealers*. Los psicópatas que demoran la entrega de la mercadería para ver tu padecimiento, situación que disfrutan. Los que tratan de hacerse amigos para sofocar su soledad e intentar justificar su actividad. Porque, a fin de cuentas, "Yo logro que tu dolor desaparezca un rato, algo bien estoy haciendo". Y el *dealer* profesional. El que no incursiona en vínculos. No hay preguntas ni respuestas más que las necesarias. Hora, lugar, modo de encuentro, cantidad y precio. El profesional no suele generar problemas. También se pueden definir por su clase social. A más impedimentos económicos del *dealer*, mayor cantidad de cortes tendrá la cocaína. Y aumento de riesgo, al nunca poder saber con qué sustancias fue cortada la materia original, para así aumentarla en cantidad y obtener mayores réditos económicos.

El tango tomó cocaína legal comprada en las farmacias. El rock tomó en la más absoluta clandestinidad.

Era un *dealer* culposo, este. Había que hacer cola y entrar de a uno. Por lapsos caprichosos. Podían pasar de cinco minutos a media hora entre cliente y cliente. Terminamos comprándole cocaína a un desconocido en un barco a las nueve de la mañana, atravesando el Río de la Plata. Era pura. Iba a vender a Punta del Este. El *dealer* era un *yuppie* salido de la *American Psycho* que Bret Easton Ellis aún no había escrito. De impecable traje gris brillante y corbata al tono, lentes Nina Ricci y zapatos italianos.

Cada uno de nosotros desfiló por su habitación en sus términos. Luego vino el paso al baño. Algunos solos, otros acompañados. Después comenzamos a charlar sentados en unos sillones sobre uno de los lados de la proa. De música, del clima, de música, del clima, de música, del clima, en fin. Antes de darnos cuenta, estábamos cada uno en su habitación del hotel esteño. Era una cocaína fuertísima. Funciona más o menos así: el tiempo desaparece y todo transcurre en un presente constante. Durante un día con su noche leí *El banquete* de Platón sumido en temerarias taquicardias. La sensación de muerte era muy clara. No podía respirar porque el corazón bombeaba sangre a mucha velocidad. Eso puede generar un paro cardíaco. No importa la edad que tengas. La disertación griega sobre el amor entre notables fue el antídoto más eficaz en aquellas veinticuatro horas en las que sentí que si dejaba de leer ocurriría lo indeseado. Prometí a todos los dioses en todos los idiomas que conocía que nunca más tomaría cocaína en esas cantidades. Mi cuerpo y mi psique no habían sido preparados para esos embates arrebatados. Yo era un hombre de alcoholes.

Antes de entrar al teatro le digo a Charly que me molestaba la actitud soberbia de un amigo suyo que caminaba delante nuestro a los gritos. "Dejalo, es buen pibe, ya se le va a pasar". Charly seguía guiándome. Había que tener una dosis de piedad. La vida se hace imposible si no. Yo solo tenía que estar atento. Debía seguir aprendiendo a eliminar prejuicios o a convivir con ellos de una manera más relajada.

El concierto fue soso. Los conciertos son las personas.

Un recuerdo ineludible de aquel verano del 84. Habíamos terminado el concierto de Villa Gesell. Bajamos del escenario rumbo al hotel. Nos seguían tres motoqueros insultando a la banda, especialmente a Charly. "Puto, bajate, te vamos a matar". "Y vos, mariquita, ¿qué mirás?", le gritaban a Melingo, que iba con los ojos maquillados mirándolos con su clásica sonrisa socarrona. Charly los ignoró por completo. Finalmente llegamos al hotel después de perderlos por las calles de la villa veraniega. Nos pegamos una ducha y salimos otra vez rumbo al restaurante. Cenamos unos suculentos tallarines caseros regados con vino Carcassonne, fumamos unos cigarrillos, alguien comió algún postre. El mánager pidió la cuenta. "Vamos", me dijo Charly. Lo seguí hacia el colectivo. El chofer dormía en su asiento. Antes de que Charly pudiera tocar la puerta del autobús para despertar al bello durmiente, los tres motoqueros escondidos detrás de un auto lo tomaron por detrás y comenzaron a pegarle. Era una jauría humana. Yo quedé paralizado sin poder mover un músculo en el medio de la batahola. Charly repartió patadas y piñas a granel. Yo no podía reaccionar. Entré en shock fulminante. Debo haber parecido una estatua. Los hechos sucedían a centímetros de mí. Charly pegándole duro en la cara a uno de ellos. Patadas voladoras a otro. Me invisibilicé. Los tipos salieron corriendo. Subimos al colectivo. Por fin el chofer se había dignado a abrir la puerta. "Viva Pappo", fue lo último que gritó uno de ellos, sumamente dolorido, arrastrándose por el piso. "¡Dale, subí, vení! ¿Viste cómo los cagué a piñas?". De a poco los músculos fueron recobrando vida. Charly me subió al colectivo con cierta dificultad, quitándoles intensidad a los hechos.

No iba a quedar así. Me prometí que iba a prepararme para vencer ese miedo desconocido. Si no me defendía, iba a durar poco en la viña del Señor. Había que tener fuerza y saber pegar también. Así como había casi matado a golpes al Rulo a mis tempranos nueve años, de pronto, con casi veintiuno, había quedado paralizado, poniendo en riesgo mi integridad y sin poder defender a mi amigo. Aunque no sucedió muchas veces, nunca más me quedé quieto ante la violencia irracional de los idiotas.

Jorge Portunato, director artístico de EMI Odeón, me ofrece la posibilidad de firmar un contrato como solista. Pensé que bromeaba. Eran muy bromistas en la industria discográfica. Finalmente me citó en sus oficinas. Puso una serie de papeles sobre el escritorio. Los firmé sin leer una sola línea. ¿Qué más quería yo a mis veintiún años recién cumplidos que firmar un contrato con la multinacional británica que había firmado a los Beatles? Claro, era un contrato leonino en el cual también firmaba para la editorial MAI la posesión "de por vida" del cincuenta por ciento de los derechos de autor de todas las canciones que grabara hasta el año 1988. Lo único que negocié de palabra y cumplieron al pie de la letra fue que nadie intervendría en ninguna decisión artística. Eso era todo lo que necesitaba. Nunca me interesó el dinero. Solo ansiaba la libertad. El poder de decisión. El *final cut*. Nadie más que yo sabría a dónde llevar las cosas.

El procedimiento sigue siendo el mismo. Comenzás a dar vueltas sobre una idea y en algún momento esa idea te lleva a otra y así hasta que decidís que ya estuvo bien. Si es improvisando, mejor. Esto que parece tan simple es una materia que pertenece al orden del delirio y el rigor. El caos y las matemáticas. Jugar, armar planes y "que lo imprevisto se torne necesario", en palabras de mi último gran maestro, Gerardo Gandini. "Yo haría tal cosa" es una frase que me había cansado de escuchar ya a muy temprana edad. No conozco a nadie que se atreva, hoy, a formulármela. Me he hecho de una muy buena fama. En ese orden de cosas me hice respetar desde muy joven. Siempre preferí que me temieran a ser querido dentro de la industria. Es un juego duro en el cual quien se deja torcer el brazo pierde la partida. Con que una vez te dobleguen bastará para que seas comida de buitres. Y si bien la suerte hizo que estuviera un montón de veces a la hora correcta en el lugar indicado, la voluntad y el deseo lo son todo en esta vida.

Allí andaba yo, recopilando canciones intrincadas. Llenas de partes diferentes. Influenciado por el jazz, Gershwin, las cadencias jobinescas, el tango, Burt Bacharach, el folklore argentino y el rock progresivo. Todo lo que había mamado desde la infancia. "Los pinceles y los ritmos", "Cálida noche americana", "Lo que ves" eran algunos de los títulos nuevos. Hasta que se me atraviesan en el camino el socialismo, el peronismo, las causas nobles y una colorada inolvidable que me afilió al PS rosarino mientras yo intentaba robarle un beso. Hubiera hecho cualquier cosa que me pidiera. Para alguien criado en la catequesis, la culpa de no hacer lo correcto, políticamente hablando, iba a tener su efecto. Y *lo correcto* era mantener la cercanía con las izquierdas. Porque en los Evangelios y en las izquierdas se enseña a compartir. A desandar las jerarquías y a establecer una férrea moral. La solidaridad y "el desapego del mundo material". Fui criado para la fe. Y yo, sencillamente, pasaba de todo. Era parte de la cultura rock. Ese fue, es y será mi único espacio de pertenencia cultural. Es un espacio amplio pero no tanto. No se aceptan idiotas, por ejemplo. Es el reino de la risa, el hedonismo, las malas costumbres, el abrazo, el polvo, la alegría y el amor. Un reino donde las contradicciones están a la orden del día y la hipocresía sirve solo para divertirnos. No se cancela nunca a nadie porque la cancelación es la consagración del dispositivo policíaco. ¿Si somos los payasos de cortes imaginarias alejadas de la realidad? Posiblemente sí. Estamos hastiados de realidad. Alguien tiene que hacerlo. Yo puedo con tu desprecio. Tengo con qué. Somos ese tipo de gentes. Eso es ser parte de la cultura rock. Para las militancias de todo tipo existen dogmas y axiomas. Las cosas, una vez aprendidas o inyectadas, por lo general se dan por sobreentendidas y después se tratará de evangelizar a los demás. Con las vanguardias artísticas sucede lo mismo. Aunque presumiblemente en las antípodas, las militancias políticas rígidas, el ejercicio radical de cualquier fe y las cuestiones del *avant garde* en el arte, la moda, la publicidad y la crítica solo le rezan a un dios que cambia su cara cuando las circunstancias así lo exigen: el sentido común. El que cada una de estas religiones cree que posee e intenta hacerles creer a los demás, convirtiéndolos a su verdad relativa. Nunca exenta, en sus peores versiones, de una enfermiza y obvia contemporaneidad alejada de los posibles y necesarios aprendizajes de la historia. Nunca exenta tampoco de neurosis severas con buenas dosis de atrofias egotrípicas. Todos los líderes llevan algo de esto en la sangre. Ha muerto mucha gente detrás de las ideas de personas desequilibradas. Así como he conocido a ignorantes vueltos expertos en *blends*, en actualidad política venezolana y afgana, viviendo de la especulación financiera como único motor de vida. También a críticos feroces a la hora de sentarse frente a la máquina de escribir, a hombres y mujeres de una moral férrea, implacable, maoístas del rigor, asustarse ante la mirada torva de un ovejero alemán.

En fin, iba a grabar mi primer álbum solista. Eso sí que me tenía revirado.

La grabación de *Del 63* se realizó en los estudios Panda. El técnico de grabación fue Mario Breuer. Hizo esa tarea con amor y dedicación profesional. Pudimos probar infinidad de formas de grabación y mezcla. Eso hizo que el álbum fuera de carácter experimental. En mi afán desmesurado de innovar con toda esa nueva tecnología a mano dejé escapar la posibilidad de crear canciones más claras. Daniel Wirtz fue de la partida en la batería. Hicimos ese trabajo de manera meticulosa. Recuerdo un pase sobre cuatro cuerpos de toms de forma descendente, de agudo a grave, en "Canción sobre canción": lo hice tocar totalmente corrido del tempo del tema. Era impresionante ver cómo en los conciertos en vivo Daniel podía disociar sus miembros y que aquella batahola de golpes desligados de la métrica general no interrumpiera sus cálculos para llegar al final de la secuencia. César Franov, que venía de tocar con el grupo cordobés Los Músicos del Centro —agrupación de excelencia liderada por los hermanos Juan Carlos y Mingui Ingaramo—, se hizo cargo del bajo *fretless* y algunos teclados. Fabián Gallardo se ocupó de las guitarras y los coros con su clásica vehemencia y solidez musical. Como invitados de lujo se lucieron Oscar Feldman en el solo final de saxo de “Sable chino”, Rubén Goldín con su voz soprano llegando a unos agudos irreales en “Viejo mundo”, Carlos García López —guitarrista hendrixiano— en el final de “Del 63” y Daniel Melingo con unas intervenciones atonales de saxo tenor en “Cuervos en casa”. Charly venía a visitar. En aquel momento estaba preparando la música para un espectáculo de Antonio Gasalla, actor y comediante de raza. Llegaba un rato antes de su sesión. La mía, generalmente, era la diurna. Se sentaba en el amplio sillón del estudio y escuchaba. Me dejaba hacer. Yo quería lucirme para sorprenderlo. Creo haberlo logrado en la construcción de la batería de “Cuervos en casa”, o en la guitarra *staccata* del tema de Fabián, “Rojo como un corazón”. Su alumno estaba aplicando las reglas aprendidas. Fuerte y al centro. Mas con mi distinción. Eso siempre es lo que un artista valora de otro. Condición *sine qua non*. Se puede *parecer a*, pero debe poseer una firma original. Si bien ya llevaba cinco álbumes producidos, esta fue una grabación iniciática. Porque había virado el timón. García me había inyectado modernidad en altas dosis. No iba a perderme la posibilidad de probar esa droga dura. Había aquí un movimiento de rebelión contra cierto conservadurismo provinciano del cual era legatario. No solo musical, sino también de orden moral. La toxicología y la audacia electrónica no eran bien vistas en los ámbitos de la progresía. Charly García se parecía más a un blasfemo que a un adorador de las buenas costumbres. Yo fui formado en el bienpensantismo. Espacio en el que nunca logré sentirme pleno. Tanto recato de formas y pensamientos. Era travieso por naturaleza. Y había que probarlo todo. Esto se trataba del fin de los miedos de la infancia y el comienzo de una juventud robustecida en su bravuconería de hormonas en ebullición, en una Buenos Aires desatada después de tantos años de cuarentena involuntaria. Íbamos a besarnos en las calles. Empezaríamos la noche con una persona y terminaríamos con otra. O con las dos o con otros desconocidos. La cocaína iba a afectar nuestras vidas. Y todos los excesos posibles, en los que nuestros cuerpos serían el laboratorio definitivo de sensaciones por conocer. No todas placenteras.

Las combinaciones serían infinitas. De eso también se trataba la libertad. *Del 63* fue una carta de presentación a la manera de "aquí estoy". Se grabó, se mezcló y fue un álbum muy bien recibido por la crítica. Ahora había que tocarlo en vivo.

"Tres agujas" —me da pena decirlo por las demás canciones, que espero no se sientan afectadas por tamaña declaración— fue y será mi favorita de ese álbum.

Tan exótica y auténtica. Finalmente, mi padre había traído a Jobim a mi vida, y algunas modulaciones de la canción dan prueba de eso. De un modo u otro, creo que esta es la primera canción en la que empiezo a reconocerme. Paradójicamente, no podía hacerlo en aquel momento, y fundó algo en mí que años más tarde Fernando Noy rubricaría con exactas palabras. "Cuando más me gusto es cuando no me reconozco en lo que hago". ¡Bravísimo, Fernando, amado poeta!

Llegamos al departamento que alquilaba en el barrio de La Boca. Amanecía nublado. Ella venía algo ansiosa en el taxi. Era hora de parar. Cuando abrió la puerta del tercer piso se sentó en el silloncito del living y sacó el papel plateado del paquete de Marlboro. Le pedí que no lo hiciera. Traté de quitárselo. Ella, rápida de reflejos, corrió hacia el baño atravesando el pasillo. Intentó encerrarse. Mi pie derecho se lo impidió. Forcejeamos con la fuerza de dos animales. Logré entrar. Quería tirar en el inodoro algo que ella quería meterse en la nariz. Finalmente se salió con la suya.

Me recosté en mi habitación. A mis espaldas la amplia ventana de vidrio abierta de par en par dejaba ver un cielo gris plomo sobre Buenos Aires. Enfrente, un armario blanco. Ella se sentó de rodillas al pie de la cama. Tenía la mirada perdida y estaba ojerosa. Yo me incorporé. Mis ojos se clavaron en un punto fijo y atravesaron todo lo que había adelante. Vi aparecer lentamente una cápsula transparente color naranja alrededor del cuerpo de aquella mujer a la que amaba. Ella vio que los músculos de mi rostro se transformaron hasta achinarse mis ojos y que ese que la miraba no era yo. Entonces comencé a hablar con una voz grave, que no era mía, que le decía: "Eso que rodea tu cuerpo de color naranja es tu aura. Cuídala, es muy hermosa".

Mi punto de vista.

Vi una campana naranja aparecer de a poco, rodeando el cuerpo de Fabi. Después dije algo que no recuerdo. A continuación ella me contó que mis ojos se cerraron. Cuando volví a abrirlos vi que de mi plexo solar salía un cable enrulado de teléfono que ascendía hacia el cielo por la ventana y se perdía entre las nubes. Recuerdo que lloré. Fue un sentimiento que nunca pude definir. Un temblor de humildad y esperanza ante la inmensidad. Una extraña mezcla entre plenitud, seguridad y satisfacción por estar conectado a algo sagrado, misterioso, de absoluta paz y belleza.

Ella tiró el papel plateado en el baño y nos quedamos dormidos, abrazados en aquella camita del barrio de La Boca.

Armé una banda de lujo en Rosario. Iván Tarabelli en teclados, Maxi Ades en batería, Fabián Gallardo en guitarra y Carlos Velloso Colombres en bajo. Nos dedicamos a ensayar las versiones del álbum. Era una extraña mezcla de cantautorismo rosarino medio revolcado con ritmos africanos y el conservatorio europeo amplificado por la lisergia marca García. No estaba mal. Algo se estaba moviendo a mucha velocidad. Solo tenía que dejarme afectar por las cosas y opinar lo menos posible. Recuerdo que después de llegar a la sala de Charly confirmé mi inconformidad con lo que estaba preparando para grabar mi primer álbum. No quería quedarme atrapado en la cantautoría. Me interesaban muchas más cosas. Entonces tocamos en el amplio patio de verano de Café del Este, frente al Parque Urquiza. Después tocamos en la sala Udecoop. Sin Iván. Claudio Cardone, otro monstruo musical parido por las tripas rosarinas, lo asistió en reemplazo. Iván había quedado entrampado en un paro de colectivos en la provincia de Córdoba. Le sirvió para prolongar un nuevo romance cordobés. Era extraña la sensación de dominio del asunto. La sala estaba repleta. Todo resultaba nuevo y a la vez no. Todo lo aprendido iba tomando forma. Cada vez me sentía más seguro sobre el escenario. La vergüenza iba cediendo ante una fuerte pulsión de exposición. Los demás se iban a dormir temprano. Yo no. La curiosidad explotaba entre las hormonas. Estaba haciéndome hombre.

13

Ese verano me convocaron para tocar como solista en el Festival de La Falda. Esperamos al colectivo que iba por ruta 9 de Buenos Aires a La Falda en las afueras de Rosario, cerca de la casa de verano de la familia Gallardo, donde habíamos estado ensayando. Cuando subimos, todos dormían. Les pedimos a Cachorro López y a Gustavo Bazterrica, miembros de la nueva formación de Los Abuelos de la Nada, que nos cedieran dos asientos. Iban recostados sobre dos lugares cada uno. Se negaron. Siguieron en sus sueños. Viajamos parados más de seis horas hasta Villa Carlos Paz.

Juan Alberto Badía empezó a rotar la canción "Del 63" en la radio y el tema comenzó a sonar fuerte. Le debo mucho a Juan Alberto Badía. Hombre de radio que se aventuró en promocionar la nueva música argentina de esos años en sus muy populares programas de radio y TV. El álbum corrió como agua por el río entre los músicos y empecé a ganarme el respeto de algunos colegas porteños.

Una tarde cualquiera, caminando por la avenida Santa Fe, otro rayo se cruzó en mi camino. Uno de los más fuertes. Uno que me atravesaría e iluminaría mi vida para siempre. Veo entre la gente a ese ser inenarrable, que había despertado en mí la curiosidad por mundos nada convencionales. Cruzamos miradas y señalándome con su dedo índice me dice: "¿Vos sos vos?". Y yo le respondo al toque: "¿Y vos sos vos?". Me abrazó con el calor de un hermano al que conociera de otras vidas, después de siglos sin vernos, y me dijo: "'Tres agujas' es la mejor música que se está haciendo en Buenos Aires". Era Luis Alberto Spinetta. Con sus ojos encendidos y esa sonrisa abierta, que fue una de las marcas imborrables de su don de vivir, me dio un abrazo que me dura hasta el día de hoy. La vida me regaló su amor y su compañía incondicional. Intenté siempre estar a la altura de su entrega. Ojalá lo haya logrado. De nuestra relación brotaron flores preciosas que atesoro en lo más profundo de mi corazón.

Comenzamos a ensayar con Paul Dourge en el bajo, el tuerto Daniel Wirtz en batería, Fabián Gallardo en guitarras y Tweety González en teclados. En una sala del primer piso de un edificio en la avenida Santa Fe le dimos forma a *Del 63*. En aquellos ensayos apareció "Giros". Esa canción se abrió delante nuestro como una flor. Y nos dio de probar algo de la pócima que nos llevaría al futuro más inmediato. Tweety González descubrió que el Oberheim podía ser un bandoneón. Creó un solo que se transformó en una pieza de estudio. Yo armé las frases de guitarra y bajo en unísono, otra de las características que le dieron el toque de originalidad a esa canción con ribetes tangueros. Tanto Pat Metheny como Charly y Luis Alberto estaban utilizando ese tipo de frases para darle un brillo al bajo en la octava de arriba. Don León Milrud, sonidista pionero de la Argentina moderna, trabajaba en aquel momento con Charly García. Había sido el sonidista de Perón y el que acondicionara los cines cuando arribó el sonoro a nuestras tierras. Le debo haber generado ternura por mi juventud y entusiasmo. Decidió prestarme el equipo de sonido con el que ensayé e hice la presentación de *Del 63*. Había que ver el respeto que imponía ese hombre ante sus trabajadores y la seguridad con la que transmitía sus conocimientos. Con diez hombres como él en un gabinete no habría forma de fallar.

Ya instaladísimo en el departamento de la calle Pedro de Mendoza, en La Boca, una tarde de invierno arranco en el colectivo de la línea 152 para el ensayo. Llegué a la sala. No había nadie. Deambulé unos momentos por aquella habitación poblada por instrumentos y equipos. Bajé al bar de la esquina. Me habría equivocado de día de ensayo, porque los músicos nunca llegaron. Quería recuperar ánimos. Estaba subalimentado. Todos esos años, desde mi arribo a Buenos Aires, mi alimento básico fueron unas pastillas llamadas Mentholyptus, mate, Gancia, algún que otro Paty cocinado con desgano e impericia y restos de huevos fritos mal hechos. Solo lograron alimentarme y cuidarme bien las mujeres del clan Randazzo.

Es extraordinaria la sensación de inmortalidad que te da la juventud. Quien no haya sentido esto nunca ha sido joven. Me senté en el bar y pedí un café doble bien cargado. Lo bebí en dos o tres tragos. Pagué y sentí un fuerte mareo. Logré salir a la calle. Con muchísima dificultad avancé unas dos cuadras sosteniéndome de las paredes. Las cosas giraban a mi alrededor. Entonces el mundo se volvió estroboscópico. Me caí al piso. No volvería a levantarme por un largo rato, mientras intentaba avanzar entre las vidrieras iluminadas, ante la indiferencia total de la gente que pasaba a mi lado. Recuerdo algunos instantes de *blackout*. La respiración se hacía difícil. El frío era envolvente y cuchillero. Arrastraba mis manos por aquellas veredas sucias intentando, cada vez con menos fuerzas, avanzar unos metros. Estaba peor que Winslow Leach en el final de *El fantasma del paraíso*. No sabía hacia dónde me dirigía. Solo había que avanzar. Que no se apagara la luz de la acción. Claramente estaba agonizando. Era el final del camino. En un rapto de lucidez pude ver que estaba llegando a la avenida Callao y una esperanza abrigó mi corazón. Estaba a una cuadra de la oficina de Daniel Grinbank. Había que cruzar Callao. Era ancha y los semáforos no funcionaban con la precisión necesaria para emprender esa empresa de naturaleza casi suicida. Paré a algunos peatones.

Les tiraba del pantalón, les tocaba los tobillos, intentaba silbar o llamar la atención de alguna manera para que me ayudaran. No me salían las palabras. Era un indigente más que iba a morir en aquella ciudad, a punto de transformarme en un número, sin familia ni amigos. Como Steve McQueen en *Papillón*, el film que tantas veces había visto en el cine Radar, logré establecer un cálculo incierto sobre cuánto tiempo llevaría y de qué manera realizaría el cruce de Callao. Entonces el semáforo se puso en rojo. Los autos frenaron y bajé arrastrando mi cuerpo hasta la calle. Comencé a reptar. Por momentos se apagaba todo a negro. Algunos conductores de la primera fila me miraban con pena. "Salí de ahí", me aulló alguno. Faltando pocos metros, la turba de autos arrancó. Lograron esquivarme aquellas máquinas del demonio, al son de variados insultos. Por fin conseguí abrazarme a la alcantarilla de hierro helada, que ofició de boya salvadora. Quedaba el último tramo, quizás la parte más compleja de la operación. Estaba totalmente ubicado, pero sin fuerza alguna. Tenía que avanzar por la misma vereda los cien metros para llegar a la próxima calle, Rodríguez Peña. Logré pararme y avanzar más rápido de lo previsto. Las luces y los objetos no cesaban de dar vueltas. Los autos, las personas que pasaban a mi lado, los maniquíes en las vitrinas, el sonido que desaparecía por momentos y en otros se amplificaba. Vomité un fluido inmundo. Nunca había sentido algo así en mi vida. Solo los monstruos eliminan efluvios de esa naturaleza. Acaso las gárgolas expulsadas de sus propios territorios pantanosos por repugnar entre los repugnantes. Con el mismo método de cálculo, pero algo más lúcido, logré cruzar Santa Fe. De pie, a grandes zancadas. Una fuerza me empujó unos pocos metros a la izquierda y caí sentado en la puerta de entrada del edificio donde tenía su oficina Daniel Grinbank. Eran las siete de la tarde de una jornada helada en Buenos Aires. Posiblemente no hubiera nadie. Toqué varios timbres porque no lograba recordar el piso ni la letra o número del departamento. Por fin alguien, en un tono amable, me preguntó: "¿Necesita algo?". Solo pedí que me fueran a buscar y le di el teléfono de la casa de La Boca. "Debería llamar a la policía", me respondió. "Soy Fito, el tecladista de Charly". Después de unos minutos esa voz dulce de mujer me comunicó que el Tuerto Wirtz venía a mi encuentro. Hasta que mi amigo llegó habrá pasado una hora. Despertaba por momentos sin noción de tiempo y espacio. Me agitaba con tal solo meter algo de aire en mis pulmones. El frío calaba los huesos. Estaba desabrigado. Tenía apenas una remera, un jean y unas zapatillas sin medias. Llegó el Tuerto y me cargó entre sus brazos. Me subió a un taxi. Me quedé abrazado a él, que fue toda mi fortaleza. Bajamos en el Hospital Argerich, doblando por Alem, tomando avenida Almirante Brown. Esperamos en la guardia más de dos horas. Un médico se apiadó de mí y dos enfermeros me llevaron a un consultorio. Me hicieron algunas preguntas de rigor. El Tuerto les dijo que había tomado una taza de café doble. Y que no comía hacía meses. Me inspeccionaron los ojos. Me palparon el hígado. Hipoglucemia. Me inyectaron glucosa intramuscular y reviví como Lázaro ante el Nazareno. Los dioses seguían de mi lado.

En el baño del edificio de la EMI, en el barrio de Florida, provincia de Buenos Aires, hicimos la foto de *Del 63*. La extraordinaria fotógrafa Andy Cherniavsky comandó la operación. Todos contentos.

En junio del 84, con Charly y su troupe, sin Fabi, viajamos a dar un concierto en la sala Studio 54 de Barcelona. Ciertamente, *Modern Clix* era un ovni. Estaba muy por delante de su época. La poca gente que fue no entendió de qué iba la cosa. El Mariskal Romero, exponente de la cultura rock española de aquellos años, hombre fuerte de la radio, fue una de ellas. Una vez acabado el show entró al camarín y, sin más, intentó indicarle a Charly cómo debía ser su camino en España. Esa tendencia de algunas personas a indicarnos cómo deberían ser nuestras vidas.

Al otro día partimos rumbo a Ibiza. Íbamos a dar un concierto en Ku, discoteca de moda de la movida europea ochentosa. Charly produciría el primer álbum de GIT en un estudio ibicenco. Llegamos con toda la delegación. Marina Olmi, amiga argentina, nos recibió desnuda en el hall del aeropuerto. *The times were changing*. Marina era —es— una mujer espléndida. Con unos pechos imponentes, una piel dorada por el sol y unos ojos azules de mar bajo su melena rubia arrebatada. Su alegría por vernos no fue más potente que mi mandíbula cayéndose al piso. Charly, Marina y yo nos trepamos a un jeep rumbo al hotel. Ibiza era una fiesta. La primera noche en el Ku fue mágica. Entramos a la discoteca recién caído el sol, cerca de las diez de la noche. Nos dispersamos. No estaba tan explotado aún. Parado como un pajuerano en uno de los infinitos pasillos al aire libre de aquel templo de excesos, veo la primera alucinación. Robert Plant, con su melena rubia, todo vestido de blanco en la misma situación que yo, aunque, claro, con las infinitas diferencias del caso. Nadie reparaba en él. Me pegué la vuelta escondiéndome de mí mismo y me fui por un escaparate. No podía ser real. Cuando volví, al rato, él ya no estaba allí. "I know who you are", me dijo míster Plant, un verano, bastantes años más tarde, en el aeropuerto de Córdoba. Llevaba puesta una remera con un boceto de la tapa de *Lo mejor de Pescado Rabioso*, un dibujo de un pescado en blanco y negro rompiendo una pecera en mil pedazos, realizado por el genial Juan Gatti. Nos cruzamos en el VIP. Yo estaba con mi familia terminando unas vacaciones y él venía de tocar en un festival en las sierras cordobesas. "I read the letter you published. You have a couple of balls and I adore your music". Me contó que vivía en Texas y que me esperaba por su finca cuando pasara por allí. Un hombre adorable.

Volviendo a aquella noche.

La música sonaba fuerte y esa discoteca era un hormiguero. Mirando hacia una terraza, Roman Polanski hablaba muy animado con la bella Nastassja Kinski, el amor de mi vida. Deberé estar más atento al cine de este caballero, pensé. De pronto una mano me tomó del cuello y me arrastró al medio de la multitud. Era

Charly. "Vamos al baño". Yo estaba fuera del juego. Solo consumía agua, pero me divertía ver jugar a los demás. Charly se adelantó unos pasos y lo perdí por unos instantes. Finalmente lo divisé en la marea de gente entrando al baño. Desde afuera, algo replegado entre la confusión, lo escucho exclamar: "¡Negro!". Y una voz inconfundible que le contesta: "¡Charly!". Era Alberto Olmedo. Mi Capitán Piluso. Dos de mis grandes amores se encerraron un rato largo en uno de los baños a tratar cuestiones importantes. Cuando salieron de allí, pasaron de largo. Para ellos yo no estaba allí. Cosas de generales. Salieron con una sonrisa enorme cada uno.

La vita è bella.

Una tarde Charly me sacó de paseo por el centro de Ibiza. Me llevó al puerto a caminar por sus blancas calles angostas. En un momento se detuvo en un local. Modesto pero chic. Allí me hizo probar una casaca y un pantalón blanco que me quedaron increíbles. Ese regalo fue "así se viste una estrella de rock". Con Charly no hablábamos mucho. Siempre nos acompañamos y nos sentimos cerca, como buenos gatos que somos. Hay códigos de silencio que manifiestan mucha más intimidad que largos parrafones de cháchara discursiva. Ya de vuelta en Buenos Aires, una noche en una fiesta en casa de Gaby Aisenson, Charly me pidió escuchar "Tres agujas". Yo tenía el casete de *Del 63* conmigo. Hizo callar a todo el mundo. Cuando terminó la canción, se arrodilló ante mis pies. Devolviéndome la reverencia que yo le había brindado en el camarín del Coliseo años atrás. En ese momento nació mi sentido de la responsabilidad.

Había llegado el dato de que en Asunción vendían un piano eléctrico Yamaha CP70. Era el piano que tenían todos los pianistas de rock a los que admiraba, para tocar en sus conciertos en vivo. Evitaba la transportación de pianos de cola o verticales y cualquier contrariedad acústica. Tenía un diseño aerodinámico futurista y sonaba muy parecido a un piano. Sobre todo, lograba escucharse por entre los amplificadores de bajo y guitarra. Era un auténtico sueño tener uno. Jorge Portunato me adelanta un dinero desde la EMI. "Paga la reina", era el dicho popular en la sucursal argentina de aquella multinacional inglesa. Entonces no importaba nada. Solo que no haríamos una exportación legal. El dinero no alcanzaba para tanto y los dichos populares nunca fallan: "El que no arriesga no gana". Había que ir hasta Asunción. Contactar a nuestro hombre paraguayo. Subir los dos anviles que portaban las partes del piano a una combi. De allí, subirlos a un bote. Remar y cruzar la frontera clandestinamente hasta algún rincón en la otra orilla del río Pilcomayo. Localidad de Clorinda, provincia de Formosa. Allí nos esperaría otra combi. Cargaríamos ese piano que iba a ser mi compañero ineludible en adelante, y lo es al día de hoy. El calor de la selva subtropical y los mosquitos de tamaños inconmensurables no detenían la excitación en mi alma, más bien la incrementaban. Estaba feliz como un niño con juguete nuevo. Pero en verdad acababa de cumplir veintiún años y era mayor de edad para la ley. Volví a Buenos Aires abrazado a mi CP70. Recostado sobre uno de los anviles, soñé con los diablillos de mi destino. Se me presentaron graciosos. Tenían dos y hasta tres cabezas y muchos ojos de varios colores. Algunos peludos, otros sin brazos, mas con cuatro orejas y una pierna. Sus cuerpos como ranas bailaban a mi alrededor y fumaban un papel larguísimo mientras reían y bebían una pócima humeante color esmeralda. "Prueba, hijo, prueba este alucinante don Pedro Juan Caballero".

El 7 de septiembre de 1984 debuté en el Teatro del Círculo de la ciudad de Rosario. Con el traje blanco que me había regalado Charly en Ibiza, sobre una remera blanca sin mangas con un sol rojo e inscripciones japonesas en el pecho. El teatro estaba colmado. Muchas de las chicas que no me habían tenido en cuenta en la escuela primaria y secundaria estaban allí. Sentadas en las primeras filas. No voy a negar que disfruté de aquella *sweet re-*

venge. Mientras tanto, Charito y Carrizo lucían a su sobrino con sus vecinos de Villa Constitución. Fue un gran debut.

Luego repetimos con éxito tres noches en el Astros de la calle Corrientes. Un antiguo teatro de revistas ahora abierto al rock. Vinieron Miguel Zavaleta, artista salteño, fundador del grupo Bubu y de Suéter, cantante y compositor de raza. Rubén Goldín cantó la parte escrita para él en "Viejo mundo", y estuvo Fabi, mi genia novia musa. Contamos con una escenografía deslumbrante de Marcelo López que reproducía el baño de la tapa del disco en proporciones gigantescas. Una gillette, una flor y una aguja en el piso, en el marco de un baño plagado de azulejos blancos. La banda iba afiatándose y el mundo parecía un lugar agradable.

Fabi, ocasionalmente, pasaba unos días en el departamento de Pedro de Mendoza mientras yo seguía tocando con Charly y con mi banda.

14

Nos habíamos mudado con Fabi a una casona inglesa sobre los límites de Belgrano R y Villa Urquiza. En la esquina de Estomba y La Pampa. Un recibidor daba entrada a un living, que sería sala de música, y a un pequeño comedor hacia la izquierda. Los tres espacios con ventanales a la calle. Por el recibidor se llegaba también a una muy pequeña cocina y a una escalera señorial que conducía al primer piso, con tres habitaciones y un baño. Era un palacio para mí. Las dos primeras habitaciones amplias y luminosas daban sobre La Pampa. La nuestra constaba de una cama de plaza y media de bronce dorado, un armario de madera donde guardábamos la ropa y dos mesas de luz. El cuarto contiguo era el cuarto de invitados, donde compuse "Cable a tierra". Dedicada a Fabi y a todos los astronautas que no podían volver a pisar el planeta Tierra en aquellos ajetreados años porteños. Yo seguía sobrio. Era una habitación vacía donde después vivirían Daniel Wirtz con Jorgelina, mi prima segunda. Al fondo del pasillo estaba la habitación del sillón Churba color rosa, que daba a un patiecito. Allí pasaría horas, solo y en compañía, viendo cine alemán de todos los tiempos y modernidades varias. *Eraserhead* de David Lynch, entre tantas, pero la más impactante era *Aguirre, la ira de Dios* de Werner Herzog. Film adictivo sobre la locura, con un Klaus Kinski soberbio en medio de la selva amazónica intentando conquistar nuevos territorios en una aventura sin precedentes en el cine contemporáneo. Paul Dourge, el eximio bajista de origen francoargentino, fue de la partida durante varios meses en la querida casa de Estomba y La Pampa. Fabi y yo no nos veíamos muy a menudo con el resto de los habitantes de la vieja casona inglesa. Parecía un edificio de alquiler en el que nadie tenía mucha noción de la existencia de los otros.

Llegó el verano del 85. Rumbeamos para Villa Gesell. Alquilamos una casa de tres ambientes donde paramos Fabi y yo en una habitación y Liliana Herrero en otra. El living fue ocupado por Fernando Noy durante una semana de risas, charlas, yerbas y alcoholes. Allí, en una noche interminable, Liliana me narró momentos de la vida del país a través del complejo cristal del peronismo. Esa noche compuse "D.L.G.", que es una sigla encriptada. Día de los grones. La música se despliega en forma de baguala en ascenso tonal, y un texto escrito a modo de salmo o plegaria examina con ojos de tembloroso oráculo las posibles visiones dantescas que provocaría un alzamiento en masa de los postergados del sistema. Pudimos disfrutar, en su máximo esplendor, del río de perlas que brotaba de la boca de Fernando Noy, inventando poemas que mixturaba con clásicos españoles que resultaban en una catarata de agua fresca en la que nadie quería dejar de bañarse. Fernando, poeta arrebatador de sangre irlandesa. Alto y fornido, de ojos terrosos claros, con la bandolera siempre colgada de su cuello. De allí extraía perfumes, anotadores, chales de todos los colores, papeles escritos, cajas de fósforos, gorras, plumas de pájaros y divanes elefantes. De rostro anguloso, con la sonrisa, la ironía y la picardía siempre a flor de piel. Su ser es un cuerpo abierto, descuerado, en carne viva, que no hace más que drenar saberes brujeriles envueltos en palabras con poderes encantatorios. Él podía estar con personas indigentes viviendo en la más extrema marginalidad, con señoras de la aristocracia argentina o ser amigo de las amigas de mi tía Charito en Villa Constitución, en interminables tertulias de comadronas a través de los bares de la pequeña ciudad. Solo necesitaba lo que todos: amor y dinero. Y marihuana, por supuesto. Como en el anagrama de Roberto Arlt, donde el nombre del protagonista de *Los siete locos*, Remo Erdosain, es transformado en "amor es dinero" por alquimia gramática, Fernando lograba inyectarnos esos niveles de sentido en el mundo real. Jugar con las palabras y así descubrir misterios divertidos e insondables.

Recuerdo la primera vez que nos vimos. Él era el mánager de Marián y el Chango Farías Gómez. Ellos me habían invitado a tocar en un concierto en Necochea. Una ciudad playera en provincia de Buenos Aires. Yo llegué a la estación de colectivos a las siete de la mañana. Él me esperaba en la más absoluta soledad en aquel edificio desangelado. No paró de hablar en todo el recorrido desde la estación hasta el hotel. En un momento lo vi acostado en la cama de al lado de mi habitación en aquel hotelito de provincia.

Volvimos a Buenos Aires tostados por el sol, prestos al comienzo de un nuevo año. Tweety González me trae el primer DX7 que se había importado en Argentina. Sobre aquel teclado, una tarde de abril, compuse "Yo vengo a ofrecer mi corazón". De un largo tirón. En el comedor de la casona inglesa.

Estaba comenzando mi derrotero por el conurbano bonaerense. Banfield, Quilmes, Munro, San Justo, Avellaneda. Presentando *Del 63*. En boliches bailables a las tres o cuatro de la madrugada. Boliches explotados de jóvenes en busca de un futuro. Amplios espacios en el medio de aquella boca de lobo que siempre fue la provincia de Buenos Aires. Lleno de mano de obra desocupada, una vez terminada la dictadura, y runfla canalla que movía los negocios más truculentos. Igual que en las altas esferas, solo que con modales más rudos. De todas maneras, para los más jóvenes las cosas estaban sucediendo. En aquellos conciertos de trasnoche presentábamos "Giros". La canción. Aquel año de 1985 participé en la grabación de *Piano bar*. Junto a Willy Iturri, Pablo Guyot y Alfredo Toth. Fue un registro inolvidable. Charly vivía días en extremo intensos. Se grabó en tres jornadas en los estudios ION. Templo de la música argentina. Se filmaba y se grababa a la vez. La filmación corría por cuenta de Dani García, su hermano. Un hombre cálido. Sobre el final de aquellas jornadas ascéticas para mí, Charly, yéndose del estudio, me dice: "Grabá los teclados, grabá lo que quieras". Los teclados ya estaban grabados. Los había grabado él. Así que me quedé varias horas jugando sobre "Tuve tu amor", "Cerca de la revolución" y "Raros peinados nuevos". Todos esos canales fueron aprobados meses más tarde por el buró neoyorquino durante el proceso de mezcla que llevó a cabo Joe Blaney junto a Charly en los estudios Electric Lady. Pleno Greenwich Village. La calle 8, casi Sexta Avenida. Iba a merodear mucho por ese barrio en los años venideros. Recuerdo una charla con Charly en ION. Él en la penumbra del estudio y yo sentado en el *talk back* de la consola. García estaba empecinado en quitar "Total interferencia" del álbum. Una de las canciones que había compuesto con Luis Alberto Spinetta para un frustrado proyecto en común. Era una joya. La construcción armónica y melódica me resultaba un milagro que se iban a perder millares de personas por un capricho. Así que discutimos en un tono amable. Un largo rato. Mis argumentos fueron más sólidos.

"Total interferencia" cierra uno de los álbumes más bellos de Charly García. Yo comenzaba a ser tenido en cuenta. Les aseguro que, en ese contexto, algo así era mucho más que mucho.

La primera mitad de ese año, comenzaron los ensayos para presentar *Piano bar* en el Luna Park. Ensayábamos en una discoteca llamada Bwana, en pleno Barrio Norte, de lunes a jueves. Ya con casi todas las canciones compuestas estaba a punto para iniciar la grabación de *Giros*, el álbum. Juan Carlos Baglietto me convocó a una serie de conciertos en Obras Sanitarias que resultaron muy exitosos. Mi banda abría, la de él cerraba. También realizamos una serie de presentaciones a dúo por la provincia de

Santa Fe, de donde me traje compuesta "11 y 6" tras una noche de caos juvenil. Hay un pequeño resumen al respecto escrito en las páginas del álbum *Euforia*.

La grabación de *Giros* tuvo lugar en Moebio, estudio propiedad de Carlos Piris, un ingeniero porteño siempre a la búsqueda de nuevas tecnologías. Lo grabó quien yo considero uno de los grandes artistas, de gran influencia en la formación del sonido de las décadas del ochenta y el noventa: Mariano López. Él inventa el sonido de una época bajo sus reglas. Metió mano en las músicas de aquellos años con destreza, inventiva y un genio inusual. "11 y 6" fue totalmente intervenida por Pedro Aznar, que realizó parte de los arreglos de teclados. Grabó también parte de la voz *lead* y los coros beatlianos de la coda final, más una guitarra midi reproduciendo sonidos de corno francés y clarinete. Sin su delicado aporte, la canción no hubiera sido la misma. La participación del Mono Fontana también fue decisiva en los arreglos de teclados de "Cable a tierra". Fabián Gallardo tocó guitarras y Tweety González trajo su laboratorio de sonidos, que le dio al álbum un toque de declarada modernidad jazzera. Daniel Wirtz fue el baterista que este álbum necesitaba. Con un sonido poderoso y refinado logró enmarcar rítmicamente cada pieza en el lugar correcto. Fabi aportó su voz de terciopelo en "Yo vengo a ofrecer mi corazón". Yo toqué alguna guitarra eléctrica en "Taquicardia" y "Narciso y Quasimodo". Hiperconcentrado, participé en la realización de aquel álbum que venía a jugar fuerte en el escenario del rock local. Ritmos ternarios se mezclaban con furioso rock en cuatro y baladas que iban a quedar en el corazón de muchas personas con el correr de los años. En "Decisiones apresuradas", ritmo *midtempo* a lo Stevie Wonder, mi amigo maestro y actor de teatro rosarino Norberto Campos iba a hacer una improvisación, sobre el final de la canción, imitando paródicamente la voz del general Leopoldo Fortunato Galtieri, impulsor irresponsable de la guerra de Malvinas.

Después del golpe hipoglucémico abandoné los hábitos del burbujeo tóxico de esos años de furor ochentosos. Pero no me sentía afuera. Por el contrario, una fuerza conquistadora e inventiva animaba mi espíritu, pleno de deseos de aprenderlo todo. Pasaba mis días y mis noches sentado delante de los teclados en la casa de Estomba, probando sonidos, armonías, ritmos. También había arribado la DMX, máquina de ritmo Oberheim. Aprender a programarla me quitaba muchas horas de sueño. Escuchaba y sacaba canciones de aquí y allá. Fortalecía los músculos musicales para mostrarle al mundo que tenía algo para contar. Fabi llegaba de largas rondas con amigos a la casona y me encontraba siempre sentado frente al CP70 con los papeles desprolijos sobre el piano. Si la cosa seguía entre sus amigos, yo me encerraba en alguna habitación a continuar la tarea. Si no, unos besos, un baño y juntos a la cama.

Una mañana cerca de las nueve, me apresto a tomar el taxi rumbo al barrio de Constitución, donde quedaba el estudio. Fabi se molestó por algún motivo y comenzó una discusión. Llamé a Ale y le pedí que me pasara a buscar con un taxi para salir de aquel atolladero. Al cabo de una media hora tocó el timbre. Abrí y me subí al taxi con él, mientras Fabi no paraba de vociferar. Salió descalza, esa helada mañana de julio, a corrernos. Nuestro taxi arrancó y la dejamos atrás. Fue una escena triste. Avanzamos unas cuadras por La Pampa. Vi a lo lejos a Fabi subirse a otro taxi. Desde allí prosiguió con su catarata de insultos. No había sucedido nada importante para llegar a ese nivel de colapso emocional. Arrancó el semáforo. Un taxi persiguió al otro. Una vez en Barrancas de Belgrano, en otro semáforo, Ale se bajó de nuestro taxi y se tomó otro. Una escena superlativa. Un gran paso de comedia envuelto en un drama que seguramente resonaba desde tiempos muy tempranos en el corazón de mi amada Fabi. En otro semáforo ella copó la parada. Se bajó del suyo y subió al mío. Los gritos eran atronadores y no había manera de calmar a esa muchacha frágil y poderosa. En otro semáforo logré bajarme de aquel taxi y tomé otro. Ale, Fabi y yo llegamos cuarenta minutos más tarde en tres taxis diferentes a Moebio. La cinta de Moebio es un objeto no orientable. Una superficie con una sola cara y un solo borde. Como nuestras vidas de aquel entonces.

Sobre "Las cosas tienen movimiento" también tengo algo para decir.

Fue una canción que quedó afuera de *Giros*. Me había inspirado un amigo a quien le habían diagnosticado un cáncer terminal que, por suerte, finalmente no tuvo. Al día de hoy ha criado un montón de hijos junto a quien fuera la mujer con quien probé las primeras mieles del amor. La adorable chaqueña Silvia Corea. Yo seguía sentado delante del Rhodes de Spinetta Jade que había comprado años atrás. Me pasé un montón de horas buscando las palabras que cuajaran con aquellos acordes. A punto de terminar esa dura faena, después de tantas horas, escucho la voz de Fabi que pasa por detrás y me dice: "Lerner". Alejandro Lerner era y es un gran compositor de canciones populares. Fabi quería decirme que aquello que estaba haciendo no correspondía con mi naturaleza. Lerner y yo éramos diferentes. "Eso se parece a él. Ahí no estás vos", me dijo Fabiana con implacable precisión, con solo nombrar su apellido. Entonces hoy digo: "Cuando alguien te pregunte de qué se trata una musa, se trata de esto". La palabra, el gesto exacto, a la hora adecuada. Esa canción no tenía que ver conmigo en ese momento. Era una canción épica, idea de la cual estaba intentando escapar a toda velocidad, y estaba escrita para un amigo. Era una canción para que escuchara él solo, en realidad. Entonces, enorme Fabi. La canción no fue a *Giros*. Juan Carlos Baglietto la incluyó en su nuevo álbum y logró un gran suceso. No sé por qué, nunca empaticé con esa canción hasta que Luis Alberto Spinetta la descubrió y la volvió suya. Desde que la sacó y la trastocó con una intro y un final de antología, nunca dejó de tocarla en vivo. En algún momento, en el medio de aquel huracán de los años, volví a sentir la tremenda fuerza de Fabi. Porque sus intervenciones traían enseñanzas. Las cosas son como son y "vos no sos nada más que un instrumento para que todo esto suceda". Por ende, las cosas tienen el movimiento que personas como Fabiana Cantilo deciden que tengan. ¿Si no fuera por ella no sería nada? *Oh my Lord!* Un poco sí.

Durante la prueba de sonido de *Piano bar*, Luis Alberto, que era el invitado excluyente, me ve con el *walkman* puesto y me pregunta qué estoy escuchando. Le digo que una de las mezclas del nuevo álbum. Me intima a que se la muestre y con el máximo pudor que puede sentir un ser humano le paso los auriculares. Era la mezcla de "Alguna vez voy a ser libre". Con claras influencias suyas. El bajo y la guitarra eléctrica doblaban las mismas notas a la manera de "Díganle", la canción de su autoría que cierra *Madre en años luz*. Mi corazón se salía de lugar. Cuando terminó de escuchar me entregó el *walkman* y los auriculares. Me dio un abrazo interminable y me dijo: "Tenemos que hacer algo juntos". ¿Algo juntos?, pensé. ¿Una pizza? Iba a ser mucho más que eso. Volví temblando a la casa de Estomba después de una prueba intensa. Entré. Fabi aún no había llegado. En un ataque de ira cerré con una fuerza inusual la puerta de la habitación contigua a la nuestra y me aplasté el dedo gordo de la mano izquierda. Pegué un grito que aún hoy los nuevos habitantes de la casa deben estar escuchando. En cuestión de minutos eso era una ciruela de color morado. Se hinchó hasta la máxima deformación que puede soportar un dedo. Fui a la guardia del Hospital Pirovano. Me vendaron, me dijeron reposo absoluto y me inyectaron un fuerte calmante. Antes de irme de la guardia el médico me dijo: "El dedo siempre arriba. Cuando lo tuerzas o lo bajes, la sangre va a presionar. No querés que eso suceda". Al otro día y al otro (el segundo con dos funciones) hice los tres conciertos de *Piano bar* pasando la digitación de la mano izquierda de cinco a cuatro dedos. Cada vez que torcía la mano para llegar a las notas con el anular izquierdo en reemplazo del dedo gordo, veía estrellas de todos los colores.

Estaba empezando a subir mi umbral de dolor por una causa mayor.

Unos días más tarde de terminados los conciertos de *Piano bar*, José Luis Perotta, fotógrafo de arte y moda, me hace las fotos que ilustrarían la tapa y la contratapa de *Giros*. Si observan la contratapa detenidamente, verán mi dedo gordo de la mano izquierda vendado aún. La bellísima y dulce Silvina Paolucci hizo el maquillaje y lidió con mi cabellera. Perotta me mostró a los pocos días la intervención de aquel retrato con una cinta modernista de nubes tapándome los ojos. Nadie dudó sobre la fuerza de esa idea. Un joven cegado de esperanzas. Era una excelente metáfora sobre aquel álbum.

Debajo de la escalera victoriana de la casa de Estomba había una mesita de pie donde apoyábamos el teléfono. Y al lado, un sillón de dos plazas para sentarse a hablar. Un mediodía sonó el teléfono. Atiendo y escucho estas palabras: "Buenos días, quiero hablar con Fito Páez, soy Mercedes Sosa". Se me aflojaron las piernas. Empecé a balbucear. Me desconcertó totalmente. Era una de las voces de mi infancia. Las diosas del Olimpo no llaman por teléfono a los mortales. "Quiero contarle que he titulado a mi disco nuevo *Yo vengo a ofrecer mi corazón* y que hice una versión muy diferente a la suya". Había algo del orden marcial en esas palabras. Era un dictamen inapelable, dicho con la gravedad con la que se tratan las cuestiones de un imperio, más una inmensa ternura detrás de ese tono, casi paródico, de comunicar una buena noticia. Mi corazón explotó de felicidad. En ese momento, con aquella mujer de cristal comenzamos un vínculo que continuaríamos aún después de su muerte, y que tuvo y tiene infinidad de matices y coloraturas. Madre, hermana, amiga, confesora, abuela. Pachamama universal. Preocupada por mis cuestiones de salud y amorosas. Y con un carácter que siempre debía estar de tu lado. No querías a esa mujer en contra tuyo. Llamé a mi padre a Rosario para contarle de este nuevo logro. No lo escuché bien.

Había compuesto "Yo vengo a ofrecer mi corazón" en un par de horas en el comedor, con un DX7, papel y birome. Fue una de las pocas canciones que compuse en las que surgieron letra y música en paralelo. Hoy, ya entrado en años, siento que fue un dictado. Esas palabras no correspondían con la experiencia. Formaban parte de algo que estaba fuera de mi control. Supongo que las tribus tienen que volver a decir las mismas cosas a través del tiempo y en este caso me había tocado a mí. Hay cosas que se escapan del cartesianismo y los análisis. Sé que hay quien entenderá, pero también quien verá rasgos mesiánicos en estas palabras. Nada más lejos. Esto es sencillo porque literalmente no tiene explicación. La razón es un arma de muchos filos cuyo uso en extremo termina deteniéndote. La búsqueda de sentidos es una tarea que he abandonado hace años.

Llegamos a Catamarca en medio del tour en el noroeste argentino de *Piano bar*. Nos instalamos en el hotel. Fuimos a la prueba de sonido. Era un estadio de básquet, típico del interior del país. Muy bien acondicionado para la práctica deportiva pero no para la ejecución de música. De todos modos, esos eran los sitios en los que se tocaba para el gran público en aquella Argentina. Ya había pasado por aquellos parajes. La primera vez, en la infancia, durante un viaje iniciático junto a mi familia. La segunda, con Baglietto en la gira de *Tiempos difíciles*. El público catamarqueño nos había recibido con un cariño inmenso. Ahora volvía con el músico de rock en español más grande, tocando su último álbum, ya con la banda reducida a quinteto. García, Iturri, Toth, Guyot y yo. Eventualmente se nos unía en saxo Daniel Melingo, mas esa vez no fue de la partida.

Cuando salimos de la prueba de sonido había una cola de varias cuadras. Parecían muy excitados. Gritaban y golpeaban el colectivo que nos llevaba de vuelta al hotel. "¡Qué arengados!", comentó un sorprendido Willy Iturri. "Es un público muy caliente. Estuvimos con Juan hace un año y medio y fue un concierto alucinante", agregué como dato de color. Llamé por teléfono a Fabi a la casa de Estomba. No contestó. Me bañé y estuve listo a la hora indicada para salir rumbo al concierto. Llegamos al estadio media hora antes de lo previsto. "¡Está toda la gente adentro!", comentó Totó. Nos preparamos para el show catamarqueño. La banda estaba ajustadísima. Era un placer cada noche. Por fin se apagaron las luces. El púbico rugió. Entramos al escenario sin Charly. Comenzamos con "Yendo de la cama al living". Sol menor y el re subiendo al mi bemol transformando el sol menor en un do menor con el bajo en sol. Entre las luces que se prendían y apagaban sobre el *riff* del comienzo se escuchaban extraños golpes en el escenario. La luz se iba por fracciones de segundo. Volvía, sí, pero cuando lo hacía unos objetos atravesaban las zonas iluminadas y desaparecían en el aire. A los pocos segundos se escucharon nuevamente los golpes. ¿Funcionaría algo mal con el sonido? Podía ser. Siempre suceden cosas. De pronto, ¡sí!, un seguidor enfoca a Charly, todo vestido de blanco, impecable con su Rickenbacker roja. Caminaba hacia el centro del escenario desafiante. La mirada de lince. Entonces se prendieron todas las luces y el bombardeo fue total. Mientras la música no paraba de sonar, una lluvia de zanahorias, tomates, botellas de agua y cerveza, llenas y vacías, zapallos y otros objetos no identificados no dejaban de caer sobre el escenario. Por ende, sobre nosotros, los músicos. Charly, con movimientos mínimos, esquivó cada uno de los objetos que le fueron arrojados. Yo recibí un montón de impactos, al igual que mis colegas. Todos los instrumentos y nuestras indumentarias habían sido alcanzados por la furia desatada de esa Luftwaffe criolla con agresividad furibunda y efectiva. Charly no había sido tocado aún. Era el único que llevaba un micrófono inalámbrico. Eso le permitía moverse *a piacere*. Incluso cantar desde el micrófono ubicado en el centro del escenario y agacharse o correrse de izquierda a derecha. Estábamos todos sumidos en el más absoluto desconcierto. Salvo Charly. Que no dejaba de prestar atención a cualquier objeto que surcara los aires. Estaba disfrutándolo. ¿Será este un tipo de amor? El punk funcionaba con los escupitajos. Años más tarde sería recibido en Monterrey con una bolsa de tierra en el tórax que me tiraría al piso. El armoniquista del El Tri, la banda de rock que tocaría después de nosotros en el festival, me dijo: "¡Eso es amor, compadre!". Pero faltaba mucho para llegar hasta allí. Ahora, en Catamarca, nos estaban dando duro. En ningún lugar de Argentina había vivido una situación similar. Antes de comenzar la segunda canción, Charly se acercó al micrófono. "¡Oleeeee!", les dijo. "¡No me pegaron!". La multitud de siete mil personas estalló en un grito de indignación y rabia. Charly sonreía. Había ganado él. ¿Qué significaba eso? De pronto el estadio, haciendo uso de la única arma que le quedaba, comenzó a vitorear a quien podía poner nervioso a Charly. Figura en ascenso y tecladista de su banda. "Olé, olé, olé, olé... Fitooo... ¡Fitooo!", vibraba el estadio con la seguridad de que la estocada heriría de muerte a ese toro. El público disfrutó de ese tiempo, mientras Charly pensaba en cómo devolver la trompada. Era un empate desbalanceado. Pero ese momento duró apenas segundos. Así es la velocidad a la que se mueve el intrépido García. Todo el estadio, y me incluyo, lo vio atravesar el escenario de una punta a la otra. Llegó hasta mí. Me tomó la quijada y me dio un chupón de lengua. Lento y profundo. Delante de la multitud, que comenzó a gritar "¡Fito puto! ¡Fito puto!" con la intensidad demencial de un brote psicótico colectivo. García había logrado bajar dos pájaros de un tiro. Borrar moralmente a su competidor generacional inmediato y poner de rodillas a un "enemigo" poderoso en cancha propia. Su música calmó las fieras y el concierto fue una fiesta. Como dos antiguos amantes que se reencuentran después de mucho tiempo y se formulan reclamos innecesarios, así Catamarca recibió a Charly luego de que, en una entrevista publicada en un periódico catamarqueño, Charly supuestamente dijera que él no tocaba en pueblos chicos. La veracidad de estos dichos, en el contexto de la suspensión de un concierto de Serú Girán años atrás, es por lo menos dudosa. Sin embargo, esas supuestas declaraciones levantaron alta polvareda en la población catamarqueña, que se vio afectada en su dignidad de capital de una de las veinticuatro provincias argentinas. Aunque debo decir que no encuentro nada de malo en las palabras *pueblo* y *chico*. Y menos aún en su combinación como sustantivo y adjetivo. Incluso en ese orden. Son un ansiado destino para terminar mis días en el mundo. El lugar deseado. Un pueblo chico donde poder mojar las patas en algún arroyito de montaña o cerca del mar, comiendo pescado fresco con una chela helada en la mano, debajo del techo de paja de algún chiringuito.

Por aquellos días se le hizo un homenaje a don Atahualpa Yupanqui en el Consulado de Francia. Recibí una invitación, no sin previsible consternación. ¿Quién querría invitar a un desalineado como yo a un evento de tan magnas características? Allí estaba, subiendo aquel ascensor, solo, yendo a conocer a una auténtica leyenda de las artes americanas. Estaba nervioso. Me recibió una señora muy amable que me invitó a pasar a un living blanco con vista a la plaza San Martín. Era un ambiente muy amplio, con mesas y sillones. Recuerdo haber visto a Félix Luna, a don Ariel Ramírez, no recuerdo si estaba Mercedes, pero es muy probable. En todo caso ella habría sido la única persona a quien yo conocía, además de León Gieco. De pronto hizo su entrada Atahualpa, o el señor Chavero, acompañado de su mujer. Después de que saludara a casi todo el mundo, me tocó el turno. Recibí el gesto cordial, el apretón de manos fuerte y la mirada a los ojos de aquel indio sagrado nacido en la localidad de Pergamino. Creo que el cónsul o alguien de la embajada dijo unas palabras sobre nuestro artista mayúsculo y el vino tinto comenzó a correr por el salón. En un momento, don Ata me tomó de la mano y me pidió que lo acompañara al baño ante mi indisimulable asombro. Por algún motivo le generé confianza y de alguna manera yo le servía para huir de aquella situación protocolar e incómoda. Lo esperé afuera, en la puerta. Cuando salió descubrimos otra pequeña habitación donde no cabíamos más que dos personas. Cada uno con una copa de vino en la mano. Entramos. Él cerró la puerta con seguridad y me introdujo en el mundo mágico de parte de la historia argentina. Entre risas y miradas hacia el techo en busca del recuerdo de algunas escenas, me contó que había sido guitarrista de Agustín Magaldi, guardaespaldas de Carlos Gardel, que había boxeado, que había andado a caballo parte de la Argentina por rutas, valles y quebradas, que había sido recibido por los grandes artistas europeos hacia la mitad del siglo veinte, que conocía el Club Sportivo América, a dos cuadras de mi casa natal en Rosario, e infinidad de anécdotas que mi memoria debe tener atesoradas en algún rincón para devolvérmelas con más precisión en otro momento. Lo precioso fue que ese viejo sabio y gracioso me hizo reír durante la hora íntegra que estuvimos allí. Yo, como un espectador privilegiado, y él, como un artista magistral del relato corto. En un momento Nenette, su pareja, irrumpió algo nerviosa diciéndole a su marido que estaba en una recepción en su honor. Que no podía dejar aquella sala por antojo. Antes de abrir la puerta y salir hacia el pasillo que daba al salón principal, me tomó del hombro. "¿Usted escribió esto?", dijo, y me cantó al oído: "Quién dijo que todo está perdido / yo vengo a ofrecer mi corazón... Muy bien, *mijo*, muy bien", me dijo mientras me palmeaba la espalda.[3]

Una mañana de ese invierno, dormíamos con Fabi. En un momento me desperté sediento y salí a buscar agua. Cuando comencé a bajar la escalera, al pegar la curva en ele, me detuve en la pequeña parada antes de bajar el otro tramo. Allí delante, en el living-sala

3. Extracto intervenido de *Diario de viaje*, Buenos Aires, Planeta, 2016.

de ensayos, vi una esfera blanca brillante sobre la cabeza del pianista. El pianista no estaba. Con movimientos de gacela volví a la habitación a avisarle a Fabi. Ella se despertó algo confundida. "Hay una bola brillante en el estudio", le dije. "¡Quiero verla!". Fabi brincó de la cama a toda velocidad y bajamos cautelosos. Estaba allí. Era un círculo perfecto. "¡No la veo!". "¡Está ahí, Fabi!, ¿no la ves?", repliqué en voz baja para no asustar a la bola. Por nada del mundo quería que aquella esfera se fuera de allí. Entonces ella bajó y se sentó en el lugar del pianista. Me preguntó: "¿Está acá?". Me miró, desde el piano hacia la escalera. Le respondí que sí, que su cabeza estaba adentro de la bola de luz blanca. De pronto la esfera mágica desapareció suavemente en un *fade out* lumínico y la cabeza de Fabi se volvió nítida. Esa luz volvió a encenderse en la letra de "Tumbas de la gloria", años más tarde.

Presentamos *Giros* en un Luna Park totalmente explotado el 6 de diciembre del 85. Once mil almas acudieron esa noche al gigante de Bouchard. Fue mi primera gran noche consagratoria como solista. Ya no en un teatro, sino en el espacio que la ciudad de Buenos Aires elige para decirte que ya no volverás a ser el mismo después de esa noche. Las voces de la gente no nos dejaban escuchar lo que tocábamos. Fue una orgía, más que un concierto. Había unas ganas de gritar y hacerse oír que no son propias de los conciertos de música, donde los silencios son el espacio en el que se desenvuelve la verdadera tarea musical. Nada anhelaba más que eso. Ser parte de un grito que no era mío solamente.

15

A los pocos días, la mañana del 23 de diciembre, recibí un llamado de mi tío Carrizo que me comunicaba que mi padre se encontraba en mal estado de salud. Me pedía que viajara urgente a Rosario. No hice caso. Pasaron algunas horas y recibí otro llamado de mi tío, ahora un poco más firme. Que la muerte de mi padre era cuestión de horas. Mi padre no podía morirse. Mis mecanismos de negación fueron desarticulados por otro llamado del mánager de aquel momento. Había paro de colectivos. La confusión de aquellas horas fue una sensación muy extraña. Estaba a punto de quedar huérfano. Mi amigo Fernando Della Maggiora se ofreció a llevarme en su auto. En ese viaje desesperado me clavé dos Lexotanil y dormí todo el camino hasta Rosario. Al llegar al sanatorio me recibió mi tío Carrizo en la puerta. Me dijo: "Tu padre tiene muerte cerebral". Creí desmayarme en aquel pasillo desangelado. Tomé fuerzas y entré. Allí estaba mi padre, enchufado a un respirador y a un cable con suero. Sus pupilas orbitaban de un lado a otro dentro de las cuencas de los ojos como planetas erráticos. Esos ojos del amor que con firmeza marcaron a fuego mi existencia estaban salidos de curso para siempre. Me acerqué a él con extremo cuidado de no desenchufar ningún cable y lo abracé. No recuerdo cuánto duró ese abrazo. En un momento sentí mis mejillas mojadas por sus lágrimas que se mezclaron con las mías.

Su cuerpo sintió el mío y reaccionó.

No es el cerebro el único centro vital de la vida.

El contacto de nuestras pieles accionó el misterioso dispositivo de las emociones. Hay vida más allá de los dictámenes de la ciencia. Su reacción no fue una manifestación consciente al estar despidiéndose de su hijo. Fue el contacto de los cuerpos lo que activó la reacción con la cual el amor se hizo presente. Mi tío entró y me separó suavemente, haciendo que la despedida fuera definitiva. A los pocos minutos mi padre falleció de un paro cardiorrespiratorio. Necesitaba despedirse. ¡Qué golpe tan duro fue aquel! Siempre quise envolver la escena en un halo de inteligencia emocional, poco probable, pero efectivo para mi psique. Mi padre dejó el mundo una vez que mi vida estuvo encaminada. Ese era uno de sus grandes anhelos. Belia y Pepa quedarían solas en la casa de calle Balcarce con los recuerdos como abrigos para seguir el viaje. Charito y Carrizo serían sus ángeles guardianes y yo iría visitarlas en varias oportunidades en el año 86.

Ese verano del 86, Ivone de Virgilis, nuestra mánager brasilera, nos invitó a Fabi y a mí a pasar unos días en Río de Janeiro. La excusa era grabar una versión de "La rumba del piano" en portugués. El aire de mar y conocer la *cidade maravilhosa*: un golpe de energía que me sacudió para bien. La voluptuosidad de su vegetación, sus playas, su gente, su música. La calidez de Ivone y Kledir. Esa pareja, en aquella casa paradisíaca ubicada en la parte alta del barrio de Joatinga. Las peleas con Fabi no cesaban y esto era algo a lo que ya estábamos acostumbrados. Una tarde Ivone alquiló un estudio de grabación y con una troupe de músicos virtuosos grabamos aquella canción nacida de los sueños. Faltaba la frutilla. Llamar a Caetano Veloso y que aceptara el convite. La tarde siguiente estábamos con Fabi en la gran sala de grabación del estudio carioca. Yo improvisaba en el piano y Fabi bailaba envuelta en un vestido blanco. Vi movimiento en el control y me di cuenta de que había llegado. Me di vuelta y paré de tocar. Caetano entró al estudio en silencio e hizo señas de que siguiéramos. Que no parásemos. Le gustó verla a Fabi bailar. Por fin paré de tocar y nos saludamos con cariño y cordialidad. Él me había visto en el programa que Juan Alberto Badía conducía en Canal 13 los sábados por la tarde. Yo presentaba *Del 63* en directo para todo el país. Caetano llamó a Zoca, una bellísima bailarina brasilera, en ese momento pareja de Charly, y le pidió que me contactara para invitarme a la presentación de *Velô* en el teatro Ópera esa misma noche. Asistí solo a ese concierto inolvidable, enmarcado sobre un gran telón de fondo de colores. Su tecladista lo besaba en la boca, en un gesto coreografiado, pero no por ello afectado. No era usual ver a dos hombres besarse en la boca en un escenario en aquellos años. Recuerdo la estremecedora versión de "Terra", el solo con su guitarra frente a un público que cantaba con él la letra de memoria. Terminado el concierto, Zoca me llevó al camarín. Caetano repartía besos y abrazos, rodeado de celebridades como Graciela Borges y Susana Giménez. En un instante se abrió la marea. Me acerqué tímidamente y me presenté. Me abrazó y me dijo que me había visto en la tele. Que le había gustado mucho la performance. Allí le di en mano el casete de *Del 63* y, mientras él era abordado por otros invitados, me esfumé. Entonces allí estábamos, dos años más tarde, en aquel estudio en Río de Janeiro. Caetano cantaba, parado frente al micrófono, la primera toma en perfecto español. Contó una historia muy graciosa de una fiesta de *O Globo* a la que había asistido unas noches antes. Había una zanahoria de gran tamaño y una premiación que no pudo llegar a realizarse en el medio de una fiesta pantagruélica. Un actor escondido en el baño y toda la seguridad buscándolo para que la ceremonia pudiera seguir el curso programado. Aquello no fue posible. Nos reímos a calzón quitado entre cocacolas heladas y un clima de gran relajación y camaradería. Era otro sueño cumplido. *Cores, Nomes*; *Velô* y el álbum en vivo con Chico Buarque habían formado parte de mis primeras decisiones (por fuera de mi padre) sobre qué era lo que me apasionaría de la MPB.

A los pocos días llegamos con Fabi a Salvador, Bahía. A la playa de Itapuã. Nos dimos baños de agua caliente bajo el sol del nordeste brasilero. Bebí un montón de cervezas heladas mientras Fabi afilaba los lápices y dibujaba. Era hermoso estar con ella. Más allá de las *brigas* habituales. Recuerdo sus ojos brillantes, su cuerpo de mujer esplendorosa. Su niña intacta. Su piel dorada y ese dolor temprano que escondía su corazón. Fabi encantaba a todas las personas que conocíamos. Derramaba una luz y una energía hermosas. Caminamos el Pelourinho y tocamos tambores con músicos en la calle. Hicimos el amor un montón de veces en aquella piecita bahiana, mientras Quique Fogwill no se cansaba de promover la idea de que "el amor no se podía hacer porque ya estaba hecho". Así conocimos la Venecia americana. Compuse la canción "Corazón clandestino" bajo el refugio del aire acondicionado del hotelito donde parábamos.

Llegados a Buenos Aires después de la temporada brasilera, Tweety González me recibió con una sorpresa. El sampler Mirage. Era un instrumento que funcionaba con disquetes y se enchufaba midi a cualquier teclado que tuviera ese sistema de conexión. Nos metimos en Moebio con la banda y grabamos "Corazón clandestino". Una canción muy sencilla que me serviría para experimentar con aquellos sonidos de última generación que traía el Mirage. Invité a Viudas e Hijas en coros y en un par de semanas, otra vez con Mariano López frente a la consola, teníamos listo un maxi álbum que incluiría una versión remix de "Corazón clandestino" y "Nunca podrán sacarme mi amor". Una gema inspirada en los guitarrazos de "And She Was", el temazo de Talking Heads, y las polirritmias de "Nos siguen pegando abajo (Pecado mortal)" de Charly.

El primer viaje al exterior como solista fue a Lima dentro del festival UCLA. Había toque de queda en Perú. Tocamos dos noches, en una plaza de toros y en un teatro, con relativo éxito. Era todo un logro haber sido convocados. Fabián Llonch, hermano menor de Jorge, debutó en el bajo con nosotros después de pocos ensayos. Acababa de desertar Paul Dourge de la banda. Fabián lo hizo muy bien por ser su primer concierto. Después del primer show alguien avisa que Pablo Milanés estaba cantando boleros en el garaje del hotel. Hacia allí nos dirigimos. Era una pequeña multitud de gente alrededor de aquel hombre. Circulaban botellas de ron y cervezas. No me animé a acercarme a esa esfinge fantástica. Ya no estaba cantando. Me volví a mi habitación con la sensación de haberme perdido algo.

De allí viajamos con Ale Avalis hacia Santiago de Chile mientras la banda volvía a Buenos Aires. Paramos en un hotel vacío, de estilo montañés, atendido por una abuelita muy amable. Esta señora encantadora nos traía el desayuno caliente con medialunas, manteca y mermelada cuando despertábamos con furibundas resacas. Eso y sus sonrisas mañaneras fueron el mejor remedio para reponer fuerzas y arrancar el nuevo día. Hice varias jornadas de prensa presentando *Giros* y filmé mi primer video clip bajo la dirección de Eduardo Domínguez. En algún canal de televisión conocí a Rafa, un virtuoso violinista que tenía una banda de rock. Esa noche nos invitó a su casa. Allí conocimos a su novia de aquel momento, la hermosa Cata Guerra. Futura actriz de fuste. Desde aquella visita quedaríamos amigos y viviríamos un montón de aventuras en los años por venir. Desde terremotos hasta noches eternas cruzándonos besos en bares ignotos con desconocidos y desconocidas. La noche de Santiago, aún en plena represión pinochetiana, tenía sus encantos. Me apena mucho no haberme cruzado con Pedro Lemebel en aquellas noches de ronda a escondidas por esa ciudad prohibida. Nuestra amiga en común, la actriz Vanessa Miller, me contó que Pedro era muy fan. Y yo de él. Presiento que nos perdimos una hermosa amistad. Qué sublime y valiente escritor e intelectual fue el gran Pedro Lemebel.

Una mañana, después de muchos días sin volver y sin comunicarse, Fabi entró en nuestra habitación de la casa de Estomba y La Pampa. Le costaba hablar y moverse. La ayudé a desvestirse. Vi unos alarmantes moretones violetas en su piel. No eran golpes. Eran coágulos internos. La acosté y la dormí. Llamé a su madre y le comenté la situación. Su madre vino a las pocas horas con dos enfermeros y una ambulancia. No me permitieron verla durante quince días. Fueron días de tristeza e incertidumbre. Cuando por fin pude visitarla, me dejaron solo en una habitación, donde esperé unos minutos. Allí apareció mi Fabi, caminando como una zombi, la mirada perdida, acompañada por dos enfermeras con cara de pocas amigas. "Tienen quince minutos", resonaron implacables aquellas malditas palabras. Nunca querrán dejar en manos de gente tan irresponsable a un ser querido. Fabi, con su inmensa fortaleza moral, logró recuperarse de aquel padecimiento y salir adelante. Después de ese encuentro llegué a nuestra casa y compuse "Dejaste ver tu corazón".

Mientras tanto, la amistad con Luis Alberto se iba solidificando. Los encuentros eran cada vez más frecuentes. En su casa, en la mía. Él leía extractos de *Vigilar y castigar* de Foucault y yo aportaba pelis de Herzog que nos apasionaban. *Aguirre, la ira de Dios*, *Woyzeck*, *Fitzcarraldo*, *El enigma de Kaspar Hauser* son las que logro traer hoy a estas páginas con la memoria. También nos entusiasmábamos con *Eraserhead* de David Lynch y *One From the Heart* de Francis Ford Coppola. Luego se charlaba. A todas esas veladas asistía Eduardo Martí. Entrañable amigo en común. Eduardo, apodado Dylan por extrañas paradojas del destino, es dueño de un sentido del humor muy singular, pleno de metáforas callejeras que nos hacían descostillar de risa. Él se ocupaba de bajar a la tierra las grandes ideas, y nosotros, de ser su público fiel e incondicional.

Dante, Valentino y Cata Spinetta eran unos niños hermosos a quienes Patricia Salazar y Luis Alberto criaban con amor y dedicación. Entre pizzas y manjares varios preparados por el propio Luis, una noche la vida me regala otro momento inolvidable. En la cocina de su casa, mientras Patricia intentaba dormir a los niños, Luis me cantó la "Cantata de los puentes amarillos". Su delicadeza para tocar la guitarra, su voz y su memoria prodigiosa. Esa canción. Yo tenía veintitrés años. Luis seguía en un período ostrácico, pero sin embargo logré sacarlo de gira. Ensayamos con mi banda seis temas de *Privé* y *Madre en años luz*: "Una sola cosa", "Camafeo", "Ropa violeta", "Rezo por vos", "Pobre amor, llámenlo" y "Díganle". Entonces nos subimos a un micro e hicimos una gira por la provincia de Santa Fe. Yo presentaba *Giros* y *Del 63* con mi banda. Los bises eran para Luis Alberto y su repertorio. El público presente en aquellos conciertos no podía dar crédito de ver a Spinetta con la Steinberger negra colgada cantando esas canciones de un mundo que nunca llegará. Yo tampoco. Lo mismo repetimos en Santiago de Chile, en el Teatro California. Esa fue la primera vez que Luis tocó fuera del territorio argentino.

Decidimos viajar juntos a Rosario a visitar a mis abuelas. Ya fantaseábamos con la posibilidad de darle forma a un álbum juntos. La visita a Rosario fue clave. Mis abuelas lo trataron como a un hijo. Durmió las dos noches que pasamos en la casa de calle Balcarce en el living, en el sillón cama de Pepa. Ella dormía en la habitación de mi padre, ya vacía. Almorzamos junto a mis viejas e hicimos largas sobremesas hablando de cosas de abuelas que Luis comprendía muy bien. Si el nene se portaba bien, si era aplicado con la música, si comía bien. Le conté a Luis que en ese tocadiscos del living comedor, cuando niño, había escuchado tardes enteras a Invisible y había sacado cada pase de Pomo en aquella batería improvisada de bártulos. Cantamos algunas de sus canciones para las adorables abuelas. Visitamos a Liliana Herrero y allí también comenzó un vínculo entre ellos que habría de perdurar. La casa de Balcarce empezaba a oler a encierro. Nos fuimos la tarde del domingo felices y tristes a la vez. Hubo algo en esa estadía que los dos sabíamos y no podíamos nombrar. Aquello estaba secándose. Luis quiso conocer de qué materia estaba hecho su nuevo amigo para decidirse a abordar ese magnífico proyecto que se transformaría en *La la la*. Nunca se había involucrado en una aventura de ese tipo con otro artista. Y menos con un pibe de veintitrés años.

En pocas semanas logramos juntar el material y decidir quiénes serían los tripulantes de la nave fantástica. Daniel Wirtz y Lucio Mazaira en batería, Fabián Gallardo y Fabi Cantilo en coros, Fabián Llonch, Machi Rufino y Gustavo Giles en el bajo, Pino Marrone en guitarra eléctrica, Ricardo Mollo en ukelele y las cuerdas de Carlos Franzetti. Un team de lujo grabado por el portugués Jorge da Silva en los estudios ION. Fueron cinco semanas de grabación y otras tantas de mezcla. En menos de tres meses teníamos el álbum terminado. ¡Sí que fue una gema exótica! Una *rara avis* de la música popular argentina. Luis me empujaba más y más. Me exigía con los acordes. Que me dejara fluir en el piano. Que intentara arreglos de teclados. Me forzaba a seguirlo y a sorprenderlo. Se le ocurrió la idea, que terminó derivando en el concepto de tapa, de formar una sola voz entre los dos. Que nos copiáramos una a una las inflexiones del otro y lográramos darle vida a un Frankenstein que nacería de dos tripas. Fue una tarea titánica. Tiene mala prensa el unísono en doblaje. Se lo asocia a la vagancia para no armonizar o a reforzar la potencia de la voz grabada. Dos suenan más que una. Infinidad de artistas, entre los que me incluyo, hemos hecho esto con buenos resultados. La novedad aquí era conceptual. Porque siempre uno regraba su propia voz. Luis quería una nueva única voz hecha de dos corazones. La presencia de Eduardo Martí fue central en el desarrollo del proyecto. Él no solo acompañó con su silbido en "Parte del aire", sino que también aportó sus comentarios hilarantes e ideas creativas durante todo el proceso de la hechura del álbum. Realizó la fotografía que ilustra la tapa. Sin Photoshop, solo con iluminación, precisión, técnica y revelados.

Logró ese rostro nuevo, perverso e impactante, que tanto dio que hablar por aquellos días en la industria discográfica. La sesión se hizo en la casa de Estomba y La Pampa. Fueron dos largas jornadas muy divertidas donde la risa y la amistad siempre reinaron, aún ante los inconvenientes técnicos y los efectos de las deshoras a las que nos sometíamos, generando cansancio y agotamiento facial. Más por la risa que por el tiempo transcurrido sin dormir.

En algún momento del 86 alquilé una casa. Esa fue la sala de ensayos donde desarrollaría *Ciudad de pobres corazones*, *Ey!*, *Novela*, los primeros dos álbumes solistas de Liliana Herrero (*Liliana Herrero* y *Esa fulanita*), el primer álbum de Punto G (*Todo lo que acaba se vuelve insoportable*) y *Tercer Mundo*. Quedaba en pleno Caballito. En la cortada La Mar, entre las calles Doblas y Senillosa. A una cuadra de avenida La Plata y a media de la arbolada José María Moreno. Raúl González, el papá de Tweety, hombre cariñoso y parcero de su hijo en sus aventuras musicales, la acondicionó con madera y lana de vidrio para acustizarla y no generar problemas con los vecinos. Compramos una máquina Teac de cinta de un cuarto.

Por entonces volvía a Rosario con cierta frecuencia y andaba por la noche. Había dos bares favoritos, Barcelona y La Luna. El primero era propiedad del Pitu, un arquitecto de renombre, muy buen compañero de la noche y gran servidor de tragos. Nunca pagué una copa en aquel bar de la esquina de Urquiza y San Martín, en el que se reunía la peña de Arquitectura y Filosofía y Letras. Las chicas más guapas entraban y salían de aquel bar amable y *cool* donde siempre se hacía de día. La Luna quedaba a media cuadra por la bajada de Urquiza. Tenías que subir una larguísima escalera. Una noche caí con *Parade* de Prince y lo pusieron a muchísimo volumen a pedido de este parroquiano. Fue asombroso ver cómo todo el mundo se puso a bailar a los pocos minutos de comenzado el exótico álbum. Charly me había invitado a hacer un reemplazo de Andrés Calamaro junto a su nuevo grupo, Las Ligas. Fue en el teatro Vespa de la ciudad de Porto Alegre. De allí me traje ese extraordinario álbum que bastante tuvo que ver con la hechura de "Folly Verghet", la canción que abre *La la la*. Nunca sabré por qué elegí esas palabras para titular la canción. No tenía idea de la existencia del mítico cabaret parisino. Incluso la escribí con otras letras que las originales del francés. Qué misteriosa es la sangre. ¿Habrá sido un recuerdo de otra vida en aquellos lares? Se trataba de una pieza en cuatro por cuatro con un arranque sinfónico en re mayor y una bajada por tonos y semitonos sobre un ostinato en quintas sobre re. Similar al arranque de "Christopher Tracy's Parade" del álbum de Prince. Más unas modulaciones bien insólitas sobre el comienzo de la canción que surtieron un efecto de sorpresa cuando Charly la escuchó en ION, en una sesión preparada para él. Un rato más tarde, cuando escuchó las cuerdas de Franzetti sobre "Parte del aire", dijo: "Waldo de los Ríos". Y tenía razón. Waldo fue uno de los primeros músicos argentinos salido del conservatorio que comenzaron a experimentar con orquesta sinfónica sobre la música popular.

Por esos días Fabi tocaba en La Capilla, una sala teatral ubicada en pleno centro de Buenos Aires, muy en boga en los años ochenta. Hacía un repertorio variopinto, estructurado sobre su primer álbum solista, producido por Charly, llamado *Detectives*. Estábamos sentados en la mitad de la platea con Ale Avalis. La sala estaba semivacía. Promediando el concierto, siento una voz que me habla por detrás, muy cerca al oído, y me dice: "No te des vuelta. Soy Rodolfo". Se me heló la sangre. Mi padre había fallecido el 23 de diciembre del 85. "Rodolfo Galimberti. Decile a Fabi que la quiero mucho, que la vine a ver. Que siempre pienso en ella. No te des vuelta hasta después de contar hasta treinta. Gracias por cuidarla". Era una voz que sonaba con la seguridad y el dramatismo de un auténtico histrión. Con graves profundos y pausas marcadas que acentuaban la tensión de la microobra de terror actuada en mi oído, con la sorpresa de un ataque de terrorismo emocional. Por el costado de la sala, antes de contar hasta diez, vi salir a un hombre alto con dos escoltas. Era él. Quien fuera el último novio de Julieta Bullrich Luro Pueyrredón, prima hermana de Fabi, fallecida en un supuesto accidente automovilístico en las afueras de París el 24 de agosto del 83.

Estoy escribiendo estas líneas el 15 de junio del 2020: treinta y tres años más tarde de la salida de *Ciudad de pobres corazones*.

Todo sucedió más o menos así.

La noche del 7 de noviembre de 1986 debutaba en Río de Janeiro en el Circo Voador, sala emblemática de la contracultura carioca. Gran parte de la gente "*badalada*" de Río estaba allí. Todo gracias a Ivone de Virgilis, esa mulata encantadora que se había tomado el desembarco del rock argentino en su país como algo personal. Charly estaba con Zoca, su pareja. Fue un concierto precioso y el primero de una larga relación con Brasil que dura hasta el día de hoy. La noche devino en una borrachera con todos desnudos en la playa de Ipanema. Justo frente al hotel donde parábamos, el Arpoador Inn. Allí donde la avenida Atlântica pega la curva para adentrarse en la ciudad. Estábamos todos los miembros de la *crew*. Fabi siempre a mi lado. Charly y Zoca se fueron por la noche carioca. Nos dormimos con las primeras luces de la mañana del día 8. Daniel Wirtz, baterista de la banda, fue el encargado de despertarme, junto a Fabián Gallardo, ya entrada la tarde. "Fito, levantate", me dijo suave al oído. Fabi se reponía a mi lado. "Tenés una llamada desde Buenos Aires". Mientras el alcohol seguía dando vueltas en la sangre, sonó el teléfono. No entendía qué hacían esos dos avisándome que me iban a llamar... ¿Antes del llamado? Tomé el tubo del teléfono. "Es Jorge Portunato, atendelo, es importante". Las figuras goyeanas en la oscuridad de la habitación de Daniel y Fabián me desconcertaban por completo.

"Hola", digo aún en la penumbra de cortinas bajas que impedían entrar los rayos de sol. "Fito, mataron a tus abuelas en Rosario". "¿Eh?". Era una broma, claramente. "Las encontraron muertas en la casa de calle Balcarce", repetía con voz temblorosa Jorge Portunato desde Buenos Aires. "¿Cómo que las mataron? ¿Estás seguro de que son ellas?".

"¿Pero qué clase de hijo de puta es capaz de llamar a esta hora del día y decirte que asesinaron a tu familia? ¿Quién va a querer matar a dos viejitas indefensas?". Fabi me abrazó mientras Portunato me contaba los detalles escabrosos de la matanza. Nadie te prepara para transmitir hechos de esta naturaleza y seguramente los nervios lo condujeron a tomar todas las decisiones incorrectas posibles. Empezó a darme detalles. El agujero interior en el que iba cayendo era enorme y profundo. Corté. Comenzaba a apretar el pecho una enorme pata de elefante. Llamé a mi tío Carrizo a la casa de Villa Constitución. No contestaba. No existían los celulares. Llamé a la Jefatura de Rosario y exigí datos que no podían darme porque tampoco estaban seguros de que yo fuera quien decía ser. Los eché a todos a los gritos y destruí a golpes la habitación en cuestión de segundos. Desde aquel momento hasta la llegada a la casa de Ivone solo recuerdo la imagen de la habitación destrozada y haber vaciado la mitad de la botella de whisky que quedaba de la noche anterior de un trago. *Blackout*. Allí comenzó una larga borrachera que duraría años. Al despertar del desmayo alcohólico, vi a Charly y a Zoca sentados al pie de mi cama. Todo podía haber sido una alucinación.

16

Pasado el mediodía del 7 de noviembre de 1986, Ernesto Gauna, joven de treinta y cuatro años, recolector de residuos, se dirigió a la casa de Balcarce 681 a buscar a su novia, Fermina Godoy. Fermina trabajaba allí como empleada doméstica. Estaba embarazada de siete meses. Al no volver a su casa al horario habitual, Ernesto decidió ir a buscarla. Al llegar tocó timbre. Golpeó la puerta. Gritó a través de las ventanas. Como nadie contestaba, inmediatamente dio parte a la policía. A los pocos minutos se hicieron presentes efectivos de la comisaría tercera. Encontraron el cadáver de Pepa, doña Josefa Páez, soltera de ochenta años, mi tía abuela, en el pasillo de entrada con profundas heridas de arma blanca. En la cama de su dormitorio, a Belia, doña Belia Zulema Ramírez de Páez, de setenta y seis años, mi abuela, que yacía muerta con un tiro en la cabeza. El arma con el que se le dio muerte fue accionada con la interposición de una almohada que estaba sobre su rostro. En el piso, el cadáver de Fermina Godoy, de treinta y tres años, con una puñalada en el pecho.

Durante los últimos años de la secundaria solía tocar el piano los sábados y domingos por la tarde en el living comedor. El piano estaba a escasos dos metros de la ventana que daba a la calle. En verano las persianas de madera gris se mantenían cerradas para evitar el sofocante calor. Esas persianas tenían unos postigos móviles que se doblaban y podías ver hacia afuera. A veces algunos curiosos se quedaban escuchando. Una tarde alguien golpea la persiana de manera insistente. Abro uno de los postigos. "¿Qué hacés?", pregunto intrigado. "Me gusta la música", me dice. "Disculpá, pero tengo que seguir", le digo con voz firme. "Vos sos Fito, ¿no?". "¿Cómo sabés mi nombre?", le respondo en un tono nada amable. ¿Quién era esta persona que sabía mi sobrenombre y se apostaba frente a mi casa a escucharme tocar, con la imprudencia de un *voyeur amateur* y el descaro de un espía de pacotilla? "Vos seguí, que yo me quedo acá escuchando". Cerré el postigo y continué mi tarea, pero ya sin la concentración de antes. Veía su cuerpo a trasluz por entre los espacios de los postigos. Estuvo unos instantes más y se fue. Eso me alivió. No me había gustado saberme observado.

Todos los fines de semana se repetía la escena. A veces, cuando él no hablaba o no se anunciaba, yo lo veía de todas maneras y volvía a sentir aquella incomodidad. Casi como un cazador que le hace saber a su presa que está allí. Entonces su figura representaba solo un acoso doméstico. Él no sabía si yo tenía testigos. No los tenía. Una tarde volvió y abrí las persianas de par en par. "No me gusta que te quedes ahí escuchando. No sé quién sos", le dije sin saludar. Era un pibe de contextura grande. Cabeza redonda, con el pelo mal cortado. Se lo notaba inseguro en su posición corpórea. Siempre encorvado, dentro de su gabán de corderoy, que llevaba puesto como una segunda piel, incluso en pleno verano. "Me gusta la música", me dijo con extrema timidez. Sus ojos, levemente achinados, escondían una especie de ternura. Eso me generó una inmediata empatía. "Bueno, quedate, ¿cómo te llamás?". "Walter", respondió, bajando la mirada. Volví al viejo August Förster conmovido por la fragilidad de aquel pibe. Tiempo más tarde me enteré de que iba a la Dante Alighieri. De allí me conocía. Volvía con cierta frecuencia. De vez en cuando me asomaba y charlaba unos minutos con él. Le gustaba el heavy metal, género del que nunca fui adepto. Sin embargo había disfrutado de algunos discos de Black Sabbath, y eso fue motivo para alguna esporádica conversación. Él quería estar a mi lado. Cuando tocaba en los actos de la Dante Alighieri, se las arreglaba para hacerme sentir su inquietante presencia. Un día me enteré de que estaba de novio con una compañera de mi curso.

Una mañana de los primeros días de septiembre del 86 volví a la casa de calle Balcarce. Cuando llegué me recibió abuela Belia. Rápidamente pude darme cuenta de que algo no estaba bien. Me dijo que había venido un plomero. Que quería cobrarle un precio absurdamente caro por cambiar un repuesto de la ducha del baño. Le pedí que se tranquilizara. Estaba alterada. Habían discutido. Atravesé el comedor y la habitación de Belia. Llegué al cuarto de mi padre, me paré en la puerta del baño y me presenté con voz firme: "Hola, soy el nieto de Belia. ¿Algún inconveniente, caballero?". El plomero estaba subido a una silla intentando cambiar una gomita que conectaba la ducha con el caño de agua que salía de la pared. Estaba de espaldas a mí. Cuando se dio vuelta vi un rostro muy intervenido. Colágeno barato en labios y pómulos. Retoques en el rostro hechos de manera marginal. Parecía el personaje de Joe Pesci en *JFK* de Oliver Stone. El pelo injertado color naranja. Las cejas gruesas y pintadas de marrón oscuro. La mirada errática. A las claras, era una persona perturbada por el uso de psicofármacos. Le pregunto por la actividad que estaba realizando y me contesta que tenía que cambiar una "gomita". "Su abuela no me quiere pagar". Quería cobrar una cifra exorbitante. Le digo que eso no va a ser posible. Que deje el trabajo. Él dijo que iba a llamar a su padre. Mi tío Carrizo ingresa a la escena. "Llamalo, nomás, que venga y arreglamos este entuerto", le dijo, invitándolo a salir del baño. El plomero fue hasta el comedor de la Casa Páez y llamó a su padre. Luego lo dejamos esperando en el zaguán. Nosotros aguardamos dentro del living comedor. En la escena se notaba el abuso explícito sobre las ancianas. Tanto Carrizo como yo llegamos de manera imprevista y pusimos freno a aquella situación. El padre llegó a los pocos minutos. Discutió con Carrizo sobre la tarea y la remuneración. El muchacho y yo metíamos bocadillos. Cada uno a favor de su punto de vista. Yo notaba algo extrañamente conocido en su rostro, mas no pude identificar quién era de buenas a primeras. La discusión fue subiendo de tono hasta que finalmente se armó un griterío. "Bueno, De Giusti, tema terminado. *Llevesé* su repuesto que eso lo arreglo yo en quince minutos", dijo con firmeza mi tío Carrizo. Al sentir el apellido caí inmediatamente en la cuenta de quién era ese muchacho altamente perturbado que había logrado entrar a la Casa Páez. Ese momento era todo un trofeo para él. Lo había deseado durante muchos años. Entrar en mi casa. Era Walter. El mismo que pasaba horas escuchándome tocar el piano en aquellas tardes rosarinas, detrás de las persianas, en la vereda de Balcarce 681.

La mañana del 7 de noviembre de 1986, Walter, acompañado de su hermano Carlos de Giusti, tocó el timbre de mi casa. Carlos era menor de edad. Abuela Belia les abrió la puerta. Ingresaron por el zaguán al living comedor. Llegaron con la excusa de disculparse por el episodio del baño, que había tenido lugar dos meses atrás. Walter sacó un revólver de corto calibre y obligó a Belia a que le entregara todas las joyas que tuviera. Mi abuela entró en shock. Se desmayó sobre la mesa del comedor. Fermina, la mucama, limpiaba la cocina en el fondo del patio de la casa. Pepa había salido a hacer las compras. Carlos reanimó a mi abuela con unos golpes en la cara. Entonces Walter la condujo a punta de pistola hacia la caja fuerte, escondida detrás de la puerta de su habitación amarilla. Fermina escuchó voces y se acercó cautelosa. Vio a Belia sacando de la caja fuerte una cadenita símil oro de escaso valor. Apenas Walter vio a Fermina, escondió el arma. Fermina entendió que aquello era un robo e intentó defender a Belia. Entonces Carlos sacó un cuchillo Tramontina de caza de su bolsillo y se lo atravesó en el corazón. Fermina llevaba un bebé en la panza. Belia trató de esquivar a Walter, pero este volvió a sacar el arma y tiró a mi abuela sobre la cama. Tomó una de las almohadas de la cama, le tapó la cara y le disparó un balazo en la cabeza. Se quedaron esperando a Pepa. Cuando llegó a la casa de hacer las compras del día, Walter y Carlos la acuchillaron salvajemente en el zaguán. Más de noventa puñaladas. Se llevaron un equipo de música portátil que había comprado para mis abuelas y la cadenita símil oro que Belia guardaba en la caja fuerte. Así escaparon de la escena del crimen. Esa misma noche, los cadáveres de Belia, Pepa, Fermina y el bebé que llevaba en su vientre fueron trasladados a la morgue de la ciudad de Rosario. A partir de entonces y por un montón de tiempo todo iba a ser una interminable pesadilla. Nunca más pude volver a dormir sin somníferos. Casi un mes después, el 4 de diciembre de 1986, Walter, el mayor de los De Giusti, ingresó como agente de policía de la subcomisaría de Pueblo Esther, quince kilómetros al sur de la ciudad de Rosario.

La noche del 8 de noviembre de 1986 la pasé en casa de Ivone de Virgilis junto a Fabi. Todos se fueron a dormir cerca de la medianoche de un día interminable. Charly se ofreció a pasar esa noche en vela conmigo. Antes de dejarnos solos, Ivone nos sugirió ver una película. Charly revisó entre los videocasetes y encontró *Purple Rain*. Apagó las luces del living. Nos recostamos en un amplio sillón blanco y puso *play*. El film sucedía ante mí como una pintura abstracta en movimiento. Estaba automedicado y bajo los efectos de una fuerte borrachera de whisky. Sin registro de tiempo y espacio. Charly y yo nos mantuvimos en silencio. Sin mirarnos. Hasta que llegó la frenética versión de "Let's go crazy", sobre el final del film. Allí Prince corre con la guitarra colgada por todo el escenario. Se para sobre el piano. Canta, baila. Grita agudos imposibles. Logró sacarme de mi letargo. Charly lo seguía con atención. Quedamos sentados uno al lado del otro mirando la pantalla. En silencio. Cuando terminó la canción, Charly, sin torcer la cabeza para mirarme, me dijo sin afectación alguna y a muy bajo volumen: "¿Y este, cuando se caiga del caballo?". Comencé a reír. Ese comentario dicho de aquella forma en aquel momento, con ese tono suyo tan particular, transformó el insondable luto en un delirio. Charly se contagió y ya no pudimos parar. Se desató una orgía de carcajadas absurdas y una extraña complicidad se abrió como una flor con ese hombre que estuvo presente en todos los momentos importantes de mi vida. Llegó Ivone muy desconcertada preguntándose qué hacían en su living dos hombres riéndose en aquel trance tan amargo. Amo a Charly García por un montón de motivos. Haberme hecho reír aquella noche es uno de ellos.

En algunos medios de prensa argentinos fui acusado de ser cómplice del múltiple asesinato. La tarde del 7 de noviembre mi tío Carrizo había acudido en representación de la familia Páez al lugar de los hechos. Con el profesionalismo que le daba su oficio de médico forense pudo observar la matanza con frialdad quirúrgica. Ver a sus parientes en ese revolcón de sangre y no perder de vista un solo detalle. Nunca pude olvidarme de algunos de sus relatos de la sórdida escena y de su visión de los cuerpos esparcidos por la casa. Belia y Pepa eran parte de su vida. Aun así, no perdió nunca la concentración. Tan es así que detectó el momento en que uno de los policías trataba de guardar en uno de los cajones de los armarios rojos del living unas bolsitas con marihuana. Eso generó un revuelo importante. Carrizo acusó *in situ* al policía de intentar plantar una prueba falsa, destinada a distraer la atención de los verdaderos móviles del crimen. Ese movimiento estaba claramente dirigido hacia la posibilidad de imputarme como posible involucrado en los crímenes y anular o dar por terminada la investigación. Este hecho hace que, al otro día, una vez finalizadas la requisa y el estudio de la escena del crimen de parte de los peritos, Carrizo me llame a Río de Janeiro para detener mi viaje de retorno, que era inminente: "No vuelvas hoy. Te están queriendo involucrar. Pusieron marihuana en el cajón del mueble al lado del piano y van a intentar detenerte". Esta situación me demoró cuarenta y ocho horas más en Río al borde de la desesperación. Desde Ezeiza alguien me llevó hasta Rosario. Llegué a la comisaría tercera, Dorrego 161, acompañado de mi familia paterna. Charito, mi tío Carrizo y mis dos primos hermanos, Eduardo y Guillermo. Joe Stefanolo, mi abogado, y el mánager de turno. Llevaba conmigo un tecladito Casio portátil. Podía samplear una palabra o una frase corta de no más de cinco segundos. Recuerdo un mar de cámaras y personas con micrófonos en las manos, con caras de lobos, acechándome. Luego vino un interrogatorio policial al que respondí a través del Casio. Grababa las respuestas en el teclado. Apretaba *play* y las reproducía. *No. Sí. No sé. No los conozco. No sé de qué me habla.* Un asco profundo lo inundaba todo. Y el absurdo. Infinito. Real.

No tuve fuerzas para enterrar a mis abuelas. Me quedé dentro de algún auto esperando que terminara aquel mal sueño. Aquello no podía estar sucediendo.

Desde ese momento todos los hechos de la sobrevida que tuve hasta el día de hoy fueron puestos en perspectiva y examinados desde el horror más inimaginable, llevados hacia la idea irrebatible de una existencia carente de sentido por esta tragedia nacida de las profundidades del mal y la locura humana.

17

Todo lo demás que viví y voy a contarles fue el proceso hacia un nuevo nacimiento. Una nueva vida. Vida. Esa palabra que, en ese momento, no significaba nada para mí.

Días, tardes, noches. Era lo mismo. El tiempo no existía. Lo primero que recuerdo de aquel limbo es haber estado metido en la cama de la casa de Estomba. Borracho y automedicado. Fabi me insistía para que me levantara. Que tenía que ir a ensayar. Que no podía seguir así. "¡Vamos, levantate! ¡Te están esperando todos! ¡En dos semanas tocás en Obras!". No sé cómo, pero Fabiana logró vestirme y arriarme de aquel camastro. Me bajó por la escalera, me puso unos lentes blancos de sol y me subió al auto. Me llevó hasta el barrio de Caballito, a la cortada La Mar, donde ensayaba, desde hacía días, la banda de diecisiete músicos que nos acompañaría a Luis y a mí en la presentación de *La la la*. Recuerdo el silencio que se produjo cuando entré en el lugar. Luis me abrazó sin sentimentalismos. Se marcó cuatro y empecé a tocar lo que podía sobre las músicas de ese álbum que habíamos hecho meses atrás con tanto amor y dedicación. Ahí comenzó el largo viaje de regreso al mundo real. Fabi fue la responsable. Nunca terminaré de agradecerle aquel gesto.

Una tarde de aquellas semanas vino a saludarme Juan Carlos Baglietto. "¿Cómo estás?", me preguntó. "Así", le dije, sentado en el piso, cruzado de piernas como un buda de suburbios. Apreté el *play* de la máquina Teac y le mostré el demo de "Ciudad de pobres corazones". La compuse en una de esas jornadas en la sala de La Mar. Los ensayos continuaron. Yo mejoraba mi performance día a día gracias al amor de todos aquellos compañeros de ruta que no me dejaban respirar ni a sol ni a sombra. En diciembre de ese año realizamos tres conciertos en el Estadio Obras. Tocamos alrededor de treinta canciones. Era un concierto estático, de gran refinamiento musical, en el que participaron todos los músicos que habían estado en la grabación, más Osvaldo Fattoruso y el Mono Fontana, uno de los grandes genios musicales argentinos, que adaptó para teclados los arreglos que Carlos Franzetti había escrito para cuerdas. Lucio Mazaira en batería, Machi Rufino en el bajo, Andrés Calamaro pasó alguna noche por allí, Celsa Mel Gowland, Isabel de Sebastián y Fabi fueron de la partida en los coros. Y un montón de colegas más. Yo solo veía fantasmas. Fueron conciertos extraños. Tenía la sensación de estar repitiendo letra. Y de estar flotando a la vez. Fue repetir una serie de acciones mecánicas hechas bajo los efectos de una fuerte medicación farmacológica. Hasta que sucedió aquello. Recuerdo el momento exacto cuando comenzó a sonar "Ciudad de pobres corazones". En los tres conciertos pasó lo mismo. La luz roja, con la que nuestro iluminador Fernando Piedrabuena inundaba todo el estadio, nos daba a los músicos una imagen dantesca, de gente que se ponía de pie por primera vez después de dos largas horas, que quería revolcarse con nosotros en aquel pandemónium de confusión, rabia y dolor, a través de esa música y esas palabras escritas al calor de los sangrientos hechos.

Otra tarde, al salir de SADAIC, después de cobrar la exacta suma en pesos argentinos que daba cuatro mil dólares, pasamos con mi amigo Alejandro Avalis frente a una agencia de viajes. Vimos unos carteles publicitarios de unas playas paradisíacas bañadas de un imposible mar turquesa. "¡Vamos!", le dije a Ale. "¡Vamos!", contestó aquel Sancho Panza con el que recorrí gran parte de mi vida. Hombre robusto, de mirada tierna. Gran jugador de básquet nacido en la localidad de Venado Tuerto. Sabrán mucho más de él a través del tiempo, más adelante en este relato. Compramos los pasajes con el dinero recién cobrado y a la semana estábamos aterrizando en Papeete. Fue un largo viaje en turista con noche en Santiago de Chile y parada en Isla de Pascua al otro día. Había gigantescas estatuas antropomorfas llamadas moáis. En la parada nos llevaron de visita. Eran imponentes, los dioses habían tenido algo que ver en todo aquello. Les pregunté sobre el destino de todos los muertos del mundo. No respondieron. Solo siguieron mirando impávidas hacia el mar. Llevábamos dos caseteras, un Yamaha DX100, una máquina de ritmo Korg y el Casio portátil con *sampling*. Un micrófono 57 y una cámara multiefectos Yamaha. Pasaríamos unos días en el Club Mediterraneé de Moorea. Viajaba todo perfectamente embalado en dos anviles pequeños que iban en la cabina refrigerada del avión. Una vez aterrizados después de la odisea, esperamos unas tres horas en el aeropuerto. Fuimos los últimos en salir. Cuando nos tocó el turno para ser revisados por la aduana, yo estaba muy enfadado. Era extremadamente lento el trámite. Los policías nos miraban con cara de pocos amigos. A mí me tenía sin cuidado. "¡Dale, che! Revisen todo así nos vamos", les gritaba en la cara con la impunidad que tienen los inocentes de culpa y cargo. Ale me miraba de reojo. Abrieron las valijas. Sacaron todas las vestimentas. Revisaron los calzados. Su interior y sus suelas. "¡Voy a llamar al embajador argentino, carajo! ¿Qué se piensan? ¿Que somos traficantes?". En un momento trajeron a los perros para oler los anviles. "¡Lo único que falta! ¿Por qué no abren los anviles así nos vamos de una buena puta vez?", gritaba enajenado por aquella innecesaria espera. Ale me palmeaba la espalda intentando tranquilizarme. Los perros olieron con sus hocicos entrenados. Los policías les ordenaron repetir la operación. Por fin autorizaron la salida después de firmarnos los pasaportes de muy mala gana. Ale recogió las valijas mientras yo mostraba mi desagrado con ese injustificado maltrato. Subimos a un taxi y le dimos al taxista la dirección del hotel. Le expliqué la situación que acabábamos de vivir y nos contó que Paul McCartney había sido detenido hacía unos meses por cuarenta y ocho horas en la comisaría de Papeete al haberle sido descubierta una cantidad considerable de marihuana en una valija, lo que estaba duramente penado en aquellas islas. Algo parecido había sucedido con Mick Jagger.

De pronto se produjo el avisaje de la playa Taboo a nuestra derecha. Era donde queríamos estar. Ale comenzó a reír. Le pregunté qué le causaba tanta gracia. Me contó que en la REV 7 Yamaha tenía un ladrillo de marihuana. Creo que lo golpeé con fuerza en el brazo unas cuantas veces mientras él seguía riéndose. Nos salvó el frío de la cámara del avión donde venían los anviles. Los perros no pudieron atravesar con su olfato esa barrera de temperatura helada. Los moáis estaban de nuestro lado. No habían respondido a mi pregunta, pero habían actuado en nuestro favor. Siempre es bueno elaborar algún tipo de vínculo con los dioses. Esta era una prueba rotunda.

Esa noche salimos a cenar en Papeete. En un bolichón cerca del puerto. Comimos unos mariscos fritos y bebimos un montón de cervezas. Antes de volver al hotel le sugerí a Ale caminar unas cuadras. Nos metimos por unas calles oscuras. Nubes voladoras escondían por momentos la luz de la luna. No había nada que perder. Nos adentramos en silencio por una rúa negra. La oscuridad era total. Se parecía mucho a mi vida todo aquello. De pronto los dos nos frenamos a la vez. Nos quedamos inmóviles. Volteamos juntos hacia atrás. A unos cien metros se veían dos o tres lamparitas de unos palos de luz que parecían colgadas en el aire. Unas respiraciones agitadas se hacían cada vez más nítidas.

Ese sonido crecía a nuestro alrededor. Unos destellos de luz iban dejándose ver en la penumbra nocturna de esa calle inhóspita. Entre el terror y el cálculo tomamos la decisión conjunta de comenzar a caminar hacia atrás muy lentamente. Un enjambre de ojos de luciérnagas llenos de rabia brillando en la inmensidad de la noche tahitiana. Íbamos a morir. Sabíamos que eso iba a suceder en algún momento, pero no imaginé que allí y menos de aquella manera: devorados por una jauría de perros. La luna desapareció. Nuestras respiraciones también. Cualquier gesto de vida de nuestra parte, aunque mínimo, podía ser el gatillo que dispararía una masacre. Seguimos dando pasos hacia atrás con la máxima cautela posible. Los perros ladraban más fuerte y el destello de sus ojos dejaba ver hilos de baba cayendo de sus bocas. Teníamos un metro de ventaja. Fuimos dando pasos cada vez más rápidos y ellos con nosotros, muy cerca. Pegamos media vuelta y comenzamos a correr como nunca lo habíamos hecho. Los perros detrás y a nuestros costados. Ese metro de ventaja nos salvó la vida. Llegamos, al borde del colapso cardiorrespiratorio, hasta los palos de donde colgaban las luces. Doblamos la esquina y entramos en el boliche en el que habíamos cenado, con las bocas asesinas de los perros mordiéndonos los talones. El dueño del bar salió a la calle con un palo y los dispersó. En un *slang* que no entendimos, llamó a un hombre que estaba en la vereda de enfrente dentro de su auto. Era un taxista amigo. Volvimos al hotel. Ale se acostó en su cama y se durmió como un oso. Yo no pegué un ojo en toda la noche. A la mañana siguiente tomamos una *guagua* que nos llevó hasta Taboo, la playa más hermosa de Papeete. Una música de melodías sencillas, instrumentadas con ukelele y percusión, salía por los parlantes de aquel colectivito de colores. Esto marcaba el pulso de la alegría con que vive la gente en aquellos parajes. Con el agua hasta el cuello durante cuarenta minutos compuse "Fuga en Tabú". Las palabras y las melodías se presentaron con la misma claridad del agua turquesa en la que estaba sumergido. Había que drenar todo ese dolor. Esas luces, ese sol, esa exuberancia y la suerte de haber elegido un oficio posiblemente místico me iban a ayudar a comenzar un largo exorcismo. Estábamos en el paraíso y habíamos estado a punto de ser devorados por unos perros del infierno. Al otro día viajaríamos a Moorea. En un avión a hélice cruzamos kilómetros de un mar plagado de islas de arena blanca. Nos recibieron con amabilidad dos tahitianas hermosas que nos pusieron los típicos collares de bienvenida. Firmamos en la recepción nuestro ingreso y nos condujeron en un carrito de golf hasta la última choza del club pegada a la playa. Era un espacio mínimo donde entraban dos camas, una mesa de luz entre las dos y un baño. Allí compuse gran parte de *Ciudad de pobres corazones*. La primera noche Ale armó el estudio portátil. Usábamos una silla y las camas para apoyar todo el armamento. Cada mañana íbamos a desayunar al *club house* con el resto de los turistas. También almorzábamos y cenábamos allí. Era un enorme espacio abierto por los costados con un techo de paja de gran altura. En amplias mesas se apoyaban las bandejas con las más variadas comidas y bebidas. Las mesas estaban repartidas en el gran salón y cada familia ocupaba la suya. Se pagaba con bolitas anaranjadas de plástico. Una forma encubierta del canje. Encubierta porque no podías gastar más de las que te habían sido asignadas. Fue todo un problema cuando al sexto día se nos terminaron. Lo resolvimos con un par de llamados a Buenos Aires.

Una noche decidimos ir a la discoteca. Ya había pasado dos o tres jornadas encerrado componiendo y grabando "Fuga en Tabú" y "Pompa bye bye". Era un material algo lóbrego. "Vamos a bailar y conocer gente", dijo Ale. Después de caminar por la playa un largo tramo, nos instalamos en un rincón de aquella discoteca semivacía. No pasaba nada mejor que aquello que pudiera estar pasando en nuestra choza. Hasta que, de pronto, una pareja irrumpió en la pista. Ella era nuestra vecina de cabaña. Una mujer rubia de mediana estatura y melena corta, de unos cuarenta años. Llevaba unos tacos que levantaban su culo y les daban a sus piernas gran imponencia. Un vestido corto, negro y apretado la hacía parecer una mujer de Manara. Él, un hombre alto de piel negra como el carbón. La remera roja le marcaba su torso de atleta, enfundado en unos pantalones de tela apretados. De ojos brillantes, cabellera corta y una falta de *swing* muy poco usual, que intentaré describir. Parecía que acababan de conocerse, por lo esquivo de sus miradas. Estaban midiéndose. El ritmo en cuatro de un tema soul setentoso facilitaba cualquier movimiento rítmico de sus cuerpos. Sin embargo, este buen hombre poseía una obstinación asombrosa. Sus brazos se movían a un destiempo inimaginable. En descoordinación absoluta con sus piernas, sostenidas en unas botas de cuero negro refulgentes. La danza duró varias canciones, mientras el hombre y la mujer se seducían en un baile ausente de cualquier sensualidad. Tomamos con Ale una última cerveza y compramos una botella de vodka. Volvimos caminando por la playa entre los cocoteros agitados por el viento, que dejaban caer sus frutos como bombas en la arena. En menos de cuarenta y ocho horas salvamos milagrosamente nuestras vidas por segunda vez. Un golpe en la cabeza de aquellos cocos y hubiera sido el fin de este libro. Al llegar a la choza, al lado de las aguas más limpias del mundo, compuse y grabamos "Gente sin swing". Es una canción desprovista de intencionalidad política. Se trataba de una simple observación física de dos cuerpos en acción. Y esa descomposición arrítmica no escondía secretos técnicos de danza contemporánea. Reíamos con Ale esa noche, estimulados por el vodka, de aquellos movimientos absurdos de esos cuerpos danzarines. Reíamos con fuerza, dándole sentido al absurdo. Esas risas fueron cápsulas de alegría desintoxicantes. Grageas de futuro. En la risa anida gran parte del remedio de las almas dolientes. Y en el amor. Ale me lo prodigaba con naturalidad fraterna y desinterés.

Los días y las noches pasaban rápido. La música brotaba como agua de manantial. Aparecieron "De 1920", esa chacarera princesque, y el *riff* de "Dando vueltas en el aire", que completaría en la casa de Villa Constitución de mi tía Charito, meses más tarde. Entonces llegaron "A las piedras de Belén", "Nada más preciado" y "Track track". Ya tenía nueve canciones. Me faltarían dos canciones para terminar aquel álbum maldito que hubiera preferido no escribir jamás.

Una tarde de siesta sentimos una voz que decía "Fito, *¿etajaí?*". Nos miramos con Ale. ¿Quién podía hablar en perfecto rosarino, sin las eses en el medio y las jotas reemplazando las haches, sino gentes oriundas de nuestros pagos? Habíamos intentado llegar hasta allí para alejarnos de la chusma. Sin preguntar, corrieron la cortina que oficiaba de puerta. Una familia entera de coterráneos se nos metió en la choza a pedir autógrafos y a saludarnos. "Nosotros vivimos a la vuelta de tu casa en Rosario. Te mataron a tus abuelas ahí, ¿no?". Sin olvidar los modales de amabilidad que mi padre tan bien me había inculcado en la infancia, me levanté del camastro isleño y con muy mala cara me saqué fotos con aquella familia que se adjudicaba un derecho de admisión en un espacio ajeno por el solo hecho de ser rosarina. La forma de nombrar el asesinato de mis abuelas, de aquella manera tan frívola y estúpida, como un acontecimiento menor, me hizo sentir una repulsión por el género humano que no había tenido hasta ese momento. La estupidez humana podría no tener límites.

La tarde siguiente buceamos en profundidad con Ale y un instructor. Había un mundo allí abajo que desconocía. El silencio, los corales, los peces de colores, las algas, los pulpos, el sonido de la respiración propia amplificado por la escafandra presurizada, las rayas gigantes, los tiburones nadando sobre nosotros. Otros peligros y otras maravillas. Había que seguir afuera de la civilización.

La última noche decidimos quedarnos a grabar detalles finales antes de la vuelta. Teníamos vodka, cervezas, cigarrillos y pakalolo, la marihuana regional. Ale había fumado su arsenal de marihuana en cuestión de días y tuvo que salir a procurar lo suyo. Se hizo colega de un bañero salvavidas y una tarde lo invitaron a jugar al fútbol a un descampado. Fue solo. Yo me quedé en la choza. Volvió de allí con varios *joints* locales ya armados. Nunca faltó lo que hacía falta, con Ale al lado. En un momento de aquella noche nos quedamos sin fuego para prender los cigarros. ¡Maldita suerte! Ni él ni yo sabíamos beber sin fumar. "Vamos hasta la recepción", le dije. Él se negó con los válidos argumentos de la distancia de casi medio kilómetro, los cocoteros asesinos y la borrachera. De todas maneras, sabía que aquello no podía continuar a menos que consiguiéramos prender todos los cigarros que faltaran. "La vecina va a bailar todas las noches. Debe tener fósforos o algún encendedor escondido. ¡Voy!", dijo Ale con la certeza de un James Bond de Venado Tuerto. Caminó los veinte pasos que nos separaban de la choza de la rubia cuarentona. Después de la noche en la discoteca con su hombre negro, la habíamos visto en absoluta soledad. Eso nos daba un poco de pena y simpatía. Aquella choza tenía que estar vacía. Entonces Ale entró sigiloso. Revisó el placar, la mesa ratona y una cartera que colgaba de una silla en la más absoluta oscuridad. De pronto la rubia despertó en su cama y pegó un grito enloquecido. Ale intentó tranquilizarla. Dijo en un inglés rumiado: "*Fire, fire!*". La mujer salió disparada de su habitación, semidesnuda, al grito de "*Fire, fire!!!*", así, con signos de admiración y a un altísimo volumen que hizo que comenzaran a encenderse luces en las cabañas vecinas. Nada se estaba incendiando. Solo queríamos un poco de *light*. Un encendedor. Las aguas se calmaron cuando llegó un asistente del club en carrito de playa y aclaró el equívoco. La rubia era una francesa encantadora. Se rio con nosotros de aquel disparate y volvió a sus sueños de Cinderella. Nuestro amigo regresó a los pocos minutos con dos cajas llenas de fósforos que nos permitieron llegar a la mañana siguiente con cigarros prendidos y mezclas terminadas.

Regresé al viejo caserón inglés de Estomba y La Pampa. La habían manchado con dos pintadas. Una sobre la entrada que decía: "Fuerísima burra, fuerísima PERRA". La otra sobre la pared que daba a calle Pampa decía: "Bastardo". Estaba esperándome Daniel Melingo en la puerta. Al enterarse de mi regreso, quiso venir a acompañarme en aquel momento. Inolvidable. Fabi estaba con él. "Mirá lo que pintaron, debe haber sido alguna fan de mierda", dijo con tristeza. Al otro día, ese espíritu inclaudicable llamado Fabiana Cantilo tachó con pintura blanca la leyenda de la puerta. Pintó un árbol encima. El derrumbe de esa casa era un hecho consumado.

Viajé a Rosario. Paré en el departamento de calle Corrientes esquina Tucumán de Liliana Herrero. Una noche, en la cocina de su casa, le dije: "Basta de cantar en la cocina. Vamos a grabar un álbum". Esa no fue una charla cualquiera. Quedó asentado el compromiso de iniciar juntos una aventura que continuaría hasta el día de hoy. Allí, colmado del amor de mi amiga y su hija Delfina, compuse "Ámbar violeta" con un sonido de *preset* de flauta del Yamaha DX100. Una de tantas noches más tarde en la casa de mis tíos Charito y Carrizo, en Villa Constitución, compuse entera "Bailando hasta que se vaya la noche".

En un departamento del edificio donde vivía Liliana vivía también una piba inolvidable de mi vida. La Bochi. Salvaje, inteligente, aventurera. Ella supo abrigarme en aquellos vendavales de excesos y acompañarme con el máximo amor y total ausencia de miedos. Con Fabi todo iba barranca abajo.

Por aquellos días también revoloteé por la casa de mis tíos en Villa Constitución hasta que finalmente volví a Buenos Aires.

La familia González, los papás de Tweety, Raúl y Lidia, fueron también mis padres putativos y me arroparon en su casa del barrio de Versalles. Con amor, comidas y cuidados que me hacían pensar que el sentido de normalidad familiar aún anidaba en algún lugar. Fabi se mudó a un dos ambientes en calle Paraguay. Dejamos atrás la casa mágica de Estomba y La Pampa. Yo dormía donde me agarrara la noche. Viví en el Hotel Milán de calle Montevideo, en un cuartucho de mala muerte. En el Hotel Premier, encima de La Giralda, en plena calle Corrientes. Dormía en cualquier ciudad, en cualquier casa, en lo de cualquiera. En donde me agarrara la noche o la mañana. No importaba.

18

Bajo el comando en la consola de Mariano López y en los estudios Panda, comenzamos la grabación de *Ciudad de pobres corazones*. Tweety convocó a Fernando Muscolo, un tecladista de vanguardia, a quien le alquilamos un Kurzweil de última generación. Eso le daría al álbum un toque modernísimo en cuanto a timbres. Las cuerdas eran impactantes. Las utilizamos en el *riff* de "Ciudad de pobres corazones", que fue doblado por la guitarra eléctrica de Fabián Gallardo y el bajo de Fabián Llonch a la manera beethoveniana, creando un bloque sonoro que imponía respeto por la magnificencia de la orquestación en unísono. Daniel Wirtz se lució en cada pieza con su precisión y su destreza técnica habituales. El gran Osvaldo Fattoruso repicó timbales en varias canciones y marcó pulsos con panderetas y cencerros. Gabriel Carámbula descolló con su guitarra eléctrica en "Dando vueltas en el aire". Allí sentamos las bases de una relación que duraría algunos años y una forma de grabar juntos. Yo me quedaba a su lado y él conectaba con mis deseos de escuchar lo que yo quería. Una suerte de telepatía musical manifestada a través de gestos. Andrés Calamaro aportó su voz en el coro final de "Nada más preciado", donde Fabi se lució compartiendo la voz solista conmigo. Ahí nos decíamos cosas que no nos animábamos en la vida real. Bien por los dos. Eran jornadas agotadoras y placenteras. Se tocaba y se experimentaba a toda velocidad. Es mi manera favorita de trabajar. "Ámbar violeta" se presentó sin estridencias bajo la luz de un tambor redoblado con las manos de Wirtz, las flautas digitales y los coros de Fabián Gallardo, que creó una línea de voz digna de estudio. Fabián también se lució en "Fuga en Tabú". Yo había grabado una voz en Moorea haciendo el solo de guitarra previo al final. Él lo calcó y lo mejoró llenando de matices esa interpretación, previo al clímax milesdavisiano. Pablo Rodríguez aportó su saxo sobre el final de aquella pieza.

La última noche escuchamos el álbum entero. Mas hubo una inesperada sorpresa. Charly acababa de terminar su álbum *Parte de la religión*. Llegó al estudio mientras ultimábamos la mezcla de "Track track" y editábamos el álbum completo. Estábamos con Mariano López en esa tarea, meticulosa, y Charly entró con un montón de afiches de su nuevo disco y los pegó en todo el estudio mientras nos avisaba que estaba invitando a algunos amigos a escucharlo. Cayeron al menos una treintena de personas, de las cuales yo no conocía a la mitad. García es patafísico. Ve y siente todo al revés. Qué extraordinaria virtud de algunos pocos y exóticos artistas. Invadir todo de anormalidad. Incomodar las lógicas. Entonces, el día que yo estaba terminando *Ciudad de pobres corazones*, él antepondría la escucha de *Parte de la religión*. Estaba en su derecho. Fue su forma de acompañarme. Igual que la primera noche de locura en Río de Janeiro después de los asesinatos de calle Balcarce. Hay conexiones que solo se logran con muy pocas personas. Eso era estar juntos para él. Para mí también. Así fue que, una vez terminada la escucha de su álbum, escuchamos el mío. Y fue una fiesta. Y un desafío. También esa dimensión estaba en el aire en aquel momento. Él generó un encuentro y un desafío. A ver qué disco era mejor. A ver si se repelían, a ver si se complementaban. A ver si yo estaba a la altura de lo que él había imaginado para mí. Después de la escucha de *Parte de la religión*, que levantó aplausos, hubo un parate de media hora. Volvimos todos a la sala. Ordené apagar las luces y apreté el botón de play. Cuando terminó "Pompa bye bye" se creó una atmósfera macabra, totalmente inesperada después del colorido final que impregnó el aire al terminar "La ruta del tentempié", el último tema de *Parte de la religión*. Todo transcurrió entre miradas cómplices y toques de manos en signo de aprobación. Mi espíritu y mi cuerpo ya no eran los del niño de Rosario. Ese fue el momento exacto de la transformación de la crisálida. No en una mariposa, exactamente. Finalmente recuerdo a Charly invitando a todo el mundo a pararse en "Bailando hasta que se vaya la noche". Y sí… ¡Aquello fue una fiesta! Buenos Aires era una fiesta.

Llegué a La Habana por primera vez en junio de 1987. Pablo Milanés fue el mentor de ese viaje que cambiaría muchas vidas en el marco del Festival de Varadero. Uno de los más importantes festivales de música del mundo. Cuando llegué a la isla sentí que aquel lugar era mío. Mi amor y eterna gratitud hacia Pablo Milanés y hacia el pueblo cubano protagonizarán las siguientes páginas.

Unos meses antes Pablo volvía a Buenos Aires en el marco de un festival latinoamericano en la cancha de Boca Juniors. Me convocó a participar como invitado. Sabía, porque era *vox populi*, de mi situación *borderline* en aquel momento. Luego fuimos a su camarín y cantamos "Yo vengo a ofrecer mi corazón". Decía que esa canción haría historia. Aquella mirada cálida y esa sonrisa. Un general en dominio absoluto de sus poderes. Lo próximo que recuerdo es andar a los saltos por el escenario mientras Chico Buarque intentaba ensayar una canción con León Gieco. No eran buenos días para mí. Extrema marginalidad alcohólica y dolor. Dolor duro.

El dolor

El transcurso de una dimensión a otra dura milésimas de segundo; por ende, eternidades. Desaparece el paso del tiempo como lo conocemos. La angustia penetra en los huesos y no permite la posibilidad de ningún futuro. El llanto brota en una fuente de decepción. También de libertad. Yo estaba fuera del "¿por qué a mí?". Fui un pibe bastante piola. Lo que sí expresé con rapidez y claridad fue un desafío que por momentos aún hoy vuelve a helarme la sangre. "¿Qué es lo que quieres de mí, qué es lo que quieres saber? No me verás arrodillado". "¡Maldito sea tu amor, tu inmenso reino y tu ansiado dolor!". Cada vez que reinterpreto "Ciudad de pobres corazones" siento el peso de aquellas sentencias. Entonces esa valentía juvenil deja paso a las incertidumbres que lo embargan a uno cuando desafía a los dioses teniendo una edad más avanzada. Una de ellas es que se estén tomando un tiempo considerable para responder a la provocación de la manera más indeseada. En fin, poseo una fe ambulatoria y desprolija. La busco cuando la necesito. La matriz religiosa es un dispositivo de alta efectividad que en el transcurso de la vida ayuda a transitar a millones de seres humanos esos inquietantes períodos de incertidumbre existencial. Me merece mucho respeto ese don que logra afirmar cuestiones de difícil o imposible resolución desde un plano absolutamente irracional y hacer girar la rueda de los días como si aquí no hubiera pasado nada. Solo en la fe de Dios encontrarás sosiego. Nada me atrae más que mis antípodas.

Llegando a Comodoro Rivadavia a presentar *Ciudad de pobres corazones* pasé tres días sin dormir. La gimnasia de cerrar los ojos no me estaba permitida, a riesgo de ser abducido por los tenebrosos terrenos de los sueños. De todas las pesadillas de aquellas horas recuerdo una... Estaba a punto de dormirme bajo los efectos de una cantidad alta de Lexotanil 6 miligramos en la habitación de un hotel de mala muerte, en los dominios de los vientos helados y permanentes del sur argentino. Fundido a negro. La imagen abría de golpe sobre la parte trasera de un camión. La cámara, fija, emplazada en el interior, en la pared lindera a la cabina del conductor, mirando hacia afuera. Veía un amplio espacio. Lente anamórfico. O sea que todo lo que estuviera cerca de la cámara tendría proporciones irreales, extendidas fuera del lente 50, el lente de la realidad. Este sería un lente 16, con exageradas deformaciones. Entonces un ojo de vaca miraba fijo, casi rozando la cámara, mientras el animal mugía salvajemente, y gotas y chorros de sangre salpicaban el lente de la máquina registradora. La cabeza del animal se sacudía y la sangre lo salpicaba todo. En ningún momento el ojo dejaba de mirar suplicante a la cámara. Esta sensación era desesperante. Detrás, otras vacas mugían y se movían con nerviosismo mientras unos hombres caminaban de un lado al otro del cuadro portando hachas. Descuartizándolas. En el fondo, fuera del camión, se veía nítida una franja de cielo rojo anaranjado que cruzaba un atardecer gris plomo. La masacre de calle Balcarce. Aquel fue un despertar envuelto en una angustia que no sé si volví a vivir alguna vez.

La pata de aquel elefante blanco había llegado para quedarse. Pesa toneladas. Los ojos de ese animal sagrado me miran detrás de sus enormes colmillos. No pienso moverme de aquí, sugiere torvo con su mirada. Las visiones son permanentes durante todas las horas que uno se mantiene lúcido. El arma saliendo del pantalón, el primer plano del brazo de mi abuela apretado contra la piel del asesino. Su respiración agitada y la extraña sensación que, imagino, ella sintió. De que aquello no estaba sucediendo y que en todo caso terminaría bien. Entonces la caída en el colchón, y la almohada en la que había apoyado su cabeza antes de dormir tantos años, ahora sobre su cara. El balazo inesperado a través de la almohada. *Blackout*. Ese último suspiro de terror y el ahogo. El deseo de que todo aquello haya sido repentino. Que esa mujer que había dado todo por mí no hubiera sufrido. Lo injusto que había sido irse así del mundo. Todas las argumentaciones existen. Ninguna sirve. No en aquella hora fatal de la locura criminal ni en los momentos posteriores intentando sostener lo insostenible. "¿Sabés que una galaxia se come a otra en milésimas de segundos?", me dijo Luis Alberto en una noche interminable, sentado frente a un libro de Carl Sagan, buscando alivianar mi pena y darle así sentido al caos de la existencia mientras detallaba lo absurdo y caprichoso de todo lo que vive y es. El reflejo de la luz plateada del cuchillo entrando y saliendo de la piel de la Pepa. Mi santa Pepa. Tantas noches de dedicación y amor. Toda esa sangre expulsada a borbotones de su cuello y su abdomen. El piso del zaguán teñido de rojo. Tanta bondad derramada. Asesinada a sangre fría. Sin más. Fermina viendo la mano criminal llegar hasta su corazón y sus ojos helados mirando al infinito un segundo después de la cuchillada fatal. La criatura muriendo dentro de ella. Incesante, el pensamiento puede hacerte tomar las decisiones más delirantes. El "todo vale" es real. No existe un sistema científico capaz de eludir o arrojar luz sobre lo poco que sabemos de nosotros como individuos y como raza. La luz del sol de las resacas de alcohol malo. Lo macabro. No se puede teorizar sobre el dolor y la angustia en el momento en que están en acción. En pleno ejercicio de su poder. La muerte borra todo proyecto de futuro. La herencia no es nada más que una mosca en el lomo del elefante, que ahora tiene las cuatro patas sobre mí. La estupidez de cada palabra que me metí en la boca se me revelaba como una ametralladora de balas y me dejaba sin respiración. Yo *no* vengo a ofrecer mi corazón era un sentimiento lícito. Hoy se me revela con más claridad. Incluso habiendo aceptado argumentos para seguir adelante, se hace más un concepto que una realidad. Después todo siguió de alguna manera. Y viví en una casa con elefantes, leones asesinos, criminales, jueces hipócritas, dos gatos, un perro, un montón de novias, una empleada doméstica que es una nueva mamá, gobernadores ineptos, gente necia, una maqueta de vida de la obra de un artista llamada "Día a día", pastillas para dormir, una heladera llena de cervezas, un piano y un montón de guitarras, amigos a los que no escucho y sin embargo amo, el escozor de la envidia sobre mi piel, un tercer ojo que no deseo poseer que todo lo ve y un corazón que está obligado a negar casi todo lo que percibe para sobrevivir. Un cardiólogo, una dietóloga, un montón de libros que vuelvo a leer y una Mac como una prótesis inseparable de mi cuerpo y de mi alma. Se van sumando animales gigantescos al zoológico que llevo en mi pecho. La alegría dura instantes pequeños y la risa tiene un precio invaluable. El sexo bien, sin Viagra. Mis hijos Martín y Margarita, mi novia María Eugenia, la música y los fantasmas de mis muertos me hacen todo más fácil. Y los hermanos Marx, por supuesto.

Aún quedaba mucho polvo por morder en el camino.

Retomemos.

"Yo vengo a ofrecer mi corazón" fue recibida con una ovación cerrada. En el camarín, después del concierto, Pablo me clava sus ojos africanos y me dice: "Tú vendrás al próximo Festival de Varadero". Luego de atravesar ese período de meses entre aquel momento y subirme al avión, fue que aterrizamos en La Habana.

Llegamos en una guagua a Varadero tomando un montón de cervezas Hatuey. Heladas. Eran muy fuertes. De doce y dieciocho grados. Nosotros, acostumbrados a los cuatro o cinco grados. Eran agrias y estaban casi congeladas. Había demonios en esas botellas. Y risas y abrazos y besos. Nos recibieron como si fuéramos de la familia. Yo, al menos, ya me sentía parte. En pocas horas fui el centro de atención. Antes de mi llegada, una pequeña elite de músicos y artistas cubanos había recibido de manos de los músicos de Pablo y de él mismo algunos casetes. Eso había levantado polvareda. Era rock en castellano. Nada parecido había aterrizado por aquellos lares. Miembros de las comunidades gays me entrevistaron una tarde. Hice migas inmediatamente. Estaban proscriptos. Debían disimular y buscaban cualquier atisbo de libertad y comunicación con el exterior. Mi look andrógino cayó bien en aquellas tribus eruditas y orgiásticas del caribe salvaje. Aquella primera tarde conocí a Yenia. Fue mi más grande amor cubano. Nos enamoramos mirándonos a distancia alrededor de la piscina del hotel Oasis, mientras yo era requerido por todos y cada uno de los miembros de las comitivas del festival. Era todo amor y necesidad. Todos estábamos buscando algo parecido a eso. Sobre todo los más jóvenes. Yenia era una muchacha sofisticada. De piel dorada, curvas suaves y ojos que destilaban deseo y pureza. Su pelo, parecido al de mi madre, suavemente enrulado, caía sobre sus hombros. El mundo se derretía por ella. ¡Qué sonrisa la suya! Dulce aroma que hoy me vuelve a visitar. Qué sensación tan bella la de la juventud en libertad. Creo que fue la segunda noche, después del primer concierto en Varadero, que nos dimos un beso. El primero. No sería el último. El show fue trasmitido en directo para toda la isla. Yo era un perfecto desconocido. A medida que íbamos tocando "Tres agujas", "Giros", "Yo vengo a ofrecer mi corazón", "Bailando hasta que se vaya la noche", "11 y 6" y "Ciudad de pobres corazones", fue produciéndose entre todos un trance vudú. Nunca olvidaré esa noche. Esa fue la noche en la que Cuba decidió que iba a quedarme allí para siempre. Tocamos bajo una lluvia torrencial. En el escenario había al menos cinco centímetros de agua. Con absoluta inconsciencia, barrenaba entre las olas y sobre cables de electricidad enchufados a 220. Surfeaba sobre la muerte. Mis músicos y técnicos, conmigo. ¡Sí que tuvimos suerte! Los jóvenes deliraban, los veteranos detenían el trago de ron para prestar atención, y los viejos, encantados con su nuevo nieto. Sin excepción, todos bailaban. Salté, brinqué, hice bromas, me quité la ropa y toqué muy bien el piano. Todo aquello era una hoguera de sensualidad y locura. Lo que no supimos hasta después de finalizada la segunda jornada era que en toda la isla había sido igual. Pablo Milanés había producido una revolución adentro de otra. Los jóvenes cubanos iban a poder disfrutar del rock en su idioma y drenar todo aquel malestar que portaban sus rebeldes corazones. Fue una jugada maestra. Pablo logró infiltrar a un músico raro, andrógino por naturaleza y de andar despreocupado, entre las filas del buró cubano más conservador. Pero ¿qué era un revolucionario sino esa persona que hace temblar los cimientos de todo lo construido para arrojarse a una aventura sin certeza alguna, salvo la que le brindaba la propia incorrección y su temple artístico? Los sentimientos de tanta gente, en aquella coyuntura política y social, eran percibidos y satisfechos solo por los genios. Pablo Milanés es uno de ellos. Su inmensa capacidad para dirigir el festival y lograr darse cuenta de que, a nueve mil kilómetros de su tierra, existía una música que iba a conectar con ese pueblo. Así, entonces, mi hermano Pablo generó un nuevo puente entre la mítica isla y el resto de América, mientras salvaba mi vida. Fue tan relevante aquel hecho que la noche antes de regresar a Buenos Aires se nos comunicó que nadie iba a tomar ese vuelo. Que nos esperaban cinco noches a sala repleta en el teatro Karl Marx. En la avenida 1, entre 8 y 10, en el barrio de Miramar. Yenia y yo, felices de que el romance continuara una semana más en La Habana. La presión de los jóvenes por el boca a boca y la contestación de Pablo a una carta editorial, que hablaba en mi contra en el diario *Granma*, obligaron al buró a ceder. Comprendieron que era mejor activar esa válvula de escape que seguir en una posición beligerante con un movimiento que había echado a rodar en cuestión de días. La juventud podía traer problemas. Pablo había ganado la partida. Sin concesiones. Por eso la estatura de estadista de Pablo Milanés. No solo es un embajador de la cultura cubana en el mundo, sino que guerreó contra el más rabioso conservadurismo, ese que toda revolución también lleva en sus entrañas. Él iba a escribir su versión del asunto. Participaría, pero sería uno de esos espíritus críticos que le daría dimensión verdadera a todo ese revolcón de cambios sociales, de sangre, de vidas echadas al mar e intrigas palaciegas bajo el ominoso bloqueo económico del Congreso de los Estados Unidos sostenido hasta el día de hoy. Pablo Milanés sería una de las válvulas del corazón noble de la revolución.

El mediodía que llegamos a lo de Pablo con toda la delegación Páez almorzamos dos manjares cubanos. Guiso de arroz con yuca y papa y ropa vieja, que era una carne desmechada con salsa de tomates. Pablo me pidió que lo acompañara. Subimos una escalera. Abrió una puerta antes de llegar a la terraza en un pequeño entrepiso y entramos a su sala de música. Una modesta habitación con vinilos, una bandeja y regalos, algunos valiosísimos para él. Antes de comenzar la ceremonia señaló con el dedo índice a la parte superior de una pared y me dijo: "Esa es la guitarra de Silvio". Sentía que me estaban abriendo las puertas de otro antiguo olimpo. Él se sirvió un Johnny negro y me destapó una cerveza. Pasamos cuarenta minutos escuchando el álbum que Nana Caymmi grabara acompañada solo con el piano de César Camargo Mariano, extraordinario músico brasilero que fuera el último marido de Elis Regina. Solo con Pablo y Adolfo Aristarain, a quien conocería años más tarde, repetí el rito de la escucha de música en absoluto silencio. Estaba en familia.

Una tarde antes del primer concierto en La Habana me llaman desde la recepción del hotel Riviera. "Es el señor Silvio Rodríguez, quiere verlo". No podía ser cierto. Aquel artista amado y admirado estaba preguntando por mí. ¿Qué querría saber de un joven rosarino ese hombre tan sabio, tan lejano? ¿Darme la bienvenida y un abrazo? ¿No son esos los máximos honores? Tuve que bajar a la recepción a encontrarme con ese titán de las artes nacido en San Antonio de los Baños. No estaba permitido dejar subir a personas de nacionalidad cubana a las habitaciones del hotel. Bajé más rápido que un rayo. Nadie deja esperando a un dios. Me recibió con un gran abrazo y una sonrisa que no olvidaré jamás. Silvio finalmente era de carne y hueso.

Fueron cinco noches delirantes. La banda: Tweety González en teclados, Daniel Wirtz en batería, Fabián Llonch en bajo y Fabián Gallardo en guitarra eléctrica. Subió Gonzalo Rubalcaba, en ese momento jovencísimo prodigio cubano, a tocar el piano en "La rumba del piano". En un momento, salvo él, todos los músicos nos perdimos en ese mar de síncopas y fantasías que salieron de sus manos. La última noche, sobre los bises, me escapé por la salida lateral del teatro y volví a entrar por la puerta principal de aquella caldera humana. Desnudo, en zapatillas y con una bombacha blanca, más mi Fender Stratocaster, tocando el *riff* de "Popotitos".

Es difícil explicar lo que es el rock and roll. Se siente adrenalina y sensación de vacío. Desaparece la muerte. Ganas de coger y que te cojan, de golpear y ser golpeado, de cantar y gritar, acariciar y destruir. Todo al mismo tiempo. Aparece un coraje desconocido. Volumen y rabia. Sin parodias. El rock and roll no es una fuerza necesariamente amable. En su mejor estado, debería incomodar y desatar demonios. Así fueron muchos momentos de mi vida. Este, un poco más. Estábamos poniendo de pie a toda la tropa joven disconforme con un régimen socialista del cual no estaban muy seguros de sentirse parte. Nadie mejor que una persona a quien le habían asesinado a su familia para ponerle música a ese poema. Yo tampoco lograba sentirme parte de nada. Hasta que llegó ese momento de paroxismo y desenfreno en el que me sentí pleno como nunca. El caos era mi casa y la de todos aquellos dispuestos a reconocer que, en un punto, todo, absolutamente todo, carece de sentido.

Las resacas eran duras. El ron Paticruzado o el Havana Club, mezclado con las Hatuey, producían fuertes temblores al otro día. Por suerte tenía conmigo a Charles Bukowski. El escritor Marcelo Figueras me había regalado *Cartero* antes de subirme al vuelo hacia la isla, y no sabía que ese viejo chiflado se convertiría en un gran compañero. Me hacía reír fuerte. La escena del perro corriéndolo por los suburbios de Los Ángeles voy a filmarla antes de morir. Yenia me abrazaba. Recuerdo sus labios carnosos, sus ojos tiernos y su charla inteligente. Pensaba muy bien antes de responder. No sucedía lo mismo cuando besaba. Ella me llevó por primera vez a beber mojito y a comer ropa vieja a La Bodeguita del Medio y me sacó del Floridita a la rastra. Pasado de daiquiris, después de hablar durante un largo rato con el busto de Ernest Hemingway. Volví a verla en 2002, en un viaje relámpago a Nueva York. Había terminado su periplo cubano. Ahora vivía sola, con tres hijos, en la dura realidad del barrio de Queens. Su dulzura estaba intacta. No habían podido robarle eso.

De La Habana volamos a Nueva York. Llegué con treinta y nueve grados de fiebre. Muy desalineado. Desde el mostrador de migraciones me mandaron derecho a una pequeña oficina donde me revisaron entero. A ver si era una mula intentando entrar algo al país de la libertad. Fue una experiencia humillante.

La vista de aquella imponente ciudad del otro lado del río Hudson fue toda una experiencia. Esa ciudad alucinada. Nueva York. Ese palacio decadente y delirante donde vivían todas las cosas que para mí eran ajenas e imposibles. Llegamos con Tweety y Ale al hotel Washington Square, en el corazón del Greenwich Village, frente a la emblemática plaza neoyorquina. Eran habitaciones mínimas. No importaba. Casi no íbamos a estar allí en los próximos días. Acababa de salir *Sign 'o' the Times*, el álbum doble de Prince, el genio de Mineápolis. Escucharlo me produjo la magnífica sensación de estar viviendo en el futuro. Caminé, como nunca antes en mi vida, deslumbrado por las proporciones de los rascacielos, por la variedad de gentes de diferentes etnias, por la velocidad a la que circulaba cada ínfimo elemento en ese mar de asfalto y luces, por las vidrieras de las grandes marcas, por la música que escuchamos en cada boliche donde nos metíamos de noche, por las dimensiones del Central Park, por la libertad que aún se respiraba antes de que llegara el alcalde Giuliani y limpiara la Big Apple de cualquier marginalidad que atentara contra la "normalidad neoyorquina". Era una ciudad peligrosa. ¿Qué más querría alguien como yo? Los yonquis en la plaza persiguiéndonos. "Dope, dope", musitaban por las noches del Village cual pequeño ejército de zombies vendiendo cualquier sustancia que les pidieras, seguramente mala, para así poder obtener ese dinerito que les permitiría conseguir la próxima dosis. Compré mi primera Rickenbacker en lo de Rudy Pensa, notable luthier argentino que tenía su boliche en la 47 y Broadway. Era azul petróleo y negra. El modelo que usaba Lennon en los primeros Beatles. Pasábamos tardes enteras en Tower Records, la disquería más grande del mundo. Vi cómo un afroamericano de dos metros de altura sentaba al diminuto Michel Petrucciani frente al piano del Blue Note mientras nos enterábamos de que ya no se podía fumar en el máximo club de jazz de Nueva York. Siempre imaginé esta idea imposible: un mozo de cualquier antro neoyorquino pidiéndole a Frank Sinatra que por favor apagara su cigarrillo. Tweety compró algunos equipamientos en Sam Ash y volvimos al barrio una semana más tarde, después de haber probado casi la totalidad de las cervezas existentes en esa ciudad que recién me mostraba sus primeros dientes.

OK.

Un break. No puedo más.

Fabi estaba ensayando con Los Perros Calientes, el grupo liderado por Gabriel Carámbula. Decidimos grabar un álbum en el estudio Del Cielito, en el oeste del conurbano bonaerense. Fue una experiencia notable para todos. Los perros calientes entraban por primera vez a estudios. Fabi grababa su primer álbum salvaje con algunos temas de su autoría y yo me metía en terreno nuevo. Era una auténtica banda de rock. Gaby es un virtuoso del género, capaz de desarrollar potentes *riffs* hasta crear canciones grooveadas sobre tres acordes con gran eficacia. Marcelo Capazzo, elegante, en el bajo; Guillermo Altamiranda en batería y Cay Gutiérrez en teclados completaban un team que destilaba calidad y desenfado. Una noche comenzamos a discutir con Fabi. Yo salí del estudio hacia el parque con paso firme. Ella me siguió. Fui abandonando el predio del estudio, yendo hacia el camino de tierra que llevaba a la ruta, cada vez a más velocidad. Ella detrás. Entonces comencé a correr en la oscuridad de aquella fría tarde de invierno. Ella seguía argumentando, subiendo el tono de la disputa: cosas que yo no comprendía por la distancia a la que me encontraba. Llegué hasta la ruta. Fabi seguía detrás de mí. Los dos jadeando. Ninguno sabía cómo habíamos llegado hasta allí. Si me detenía, Fabi me iba a alcanzar. Comencé a correr por la ruta mientras los autos pasaban a toda velocidad y a pocos centímetros. Fabi y yo sí que sabíamos llevar las cosas hasta el paroxismo. Siempre amé esa escena de una persona escapando de otra, aun amándola con ferviente pasión. Escena que se repetiría en mi vida con los caracteres invertidos. Yo corriendo a alguien y ese alguien escapando de mí. La pasión no es una materia controlable. La sangre siempre habla sola, monologa.

19

Una noche en el departamento de Liliana Herrero, profesora de filosofía y futura artista ineludible de la música argentina, estábamos esperando a que se termine de cocinar un pastel de papas, mi comida favorita. Éramos de la partida su hija Delfina, pequeña aún, Norberto Campos, Gladys Temporelli y Raúl Sepúlveda, pareja de Liliana en aquel momento. Sonó el timbre. Liliana atendió por el portero eléctrico y me dijo: "Andá a abrile la puerta a Alejandra. ¡Ojo vos!". Caminé por el pasillo desde la cocina hasta el living y la esperé con la puerta abierta. La vi entre las hendijas del ascensor. Era una muchacha muy bella. De pelo corto, castaño claro, una minifalda celeste de corderoy y campera a tono. Traía unas botas de cuero debajo de las rodillas. "Hola, soy Alejandra", me dijo. Intentando disimular el impacto que me había causado verla, la saludé con un beso en la mejilla y la invité a entrar: "Hola, soy Fito, están todos atrás". Cerré la puerta y la acompañé por el largo pasillo que conectaba el living con la cocina. Era Alejandra Rodenas. Ayudante de cátedra de Liliana en Introducción a la Filosofía y miembro activo de la JUP, Juventud Universitaria Peronista. Liliana dictaba estos cursos en la Facultad de Derecho, donde Alejandra estudiaba para recibirse de abogada. Aquel lugar en el que años atrás estuve a punto de matar al Rulo a golpes. Rápidamente Liliana vio que Alejandra estaba para más y la convocó para que sea su asistenta en aquella ayudantía que terminó por hacerlas amigas. Nos sentamos alrededor de la pequeña mesa de la cocina, algunos quedamos parados, y empezamos a comer el pastel. Alguien abrió el primer vino, luego el segundo y así sucesivamente. Todos comenzamos a soltar la lengua. Alejandra no se quedó atrás. Me deslumbró desde el primer momento por su locuacidad. Era una joven con inquietudes filosóficas, políticas y de todo tipo, muy desenvuelta. Creo que me enamoré de ella al verla tan segura y bella. Esa noche todos se fueron a dormir y quedamos solos en aquel amplio living. Yo toqué el piano y en aquellos momentos fundamos una intimidad indestructible. "Qué piba hermosa que sos", le dije después de observarla unos instantes en silencio, rozándole la mano sin tocarla. Los años pasaron. Yo volvía a Rosario e inevitablemente buscaba su compañía. Me gratificaba su charla inteligente, su risa y lo bonita que era. Una madrugada pasé por la casa de sus padres en el edificio de calle Córdoba y España. Me hizo subir. Se arregló y salimos de ronda por la ciudad. Fuimos a un bar, nos encontramos con algunos de sus amigos. Estuvimos una hora. Yo no podía entrar en ninguna charla. Vivía afuera de la vida social. Era un marginal. Estaba embobado con ella, me imantaba, mas no podía librarme de mis fantasmas. Le pedí que me acompañara a la plaza San Martín. "Siempre quise hacer esto", le dije. La plaza estaba totalmente desierta. "Quiero mear en el monumento a San Martín. La cerveza es buena, pero te hace mear", le dije en un tono falsamente académico. Ella me devolvió su sonrisa franca y abierta. Me alentó a la acción. Podía sentir sus carcajadas ante mi temor a ser descubierto. Era la plaza de mi infancia. El miedo al cuidador de la plaza que nos corría subido a un caballo con un palo en la mano. A los policías escondidos en la garita de la esquina de Moreno y Santa Fe, que podían estar mirándome y detenerme como en tantas noches de la pubertad en las que nos paraban a mí y a mis amigos y nos sometían a interrogatorios no aptos para menores de edad. Es difícil librarse de esos miedos atávicos. De esas paranoias implantadas en el tálamo emocional. Las ganas de mear y el efecto del alcohol me envalentonaron. De allí nos dirigimos a la casa de calle Balcarce. Habían derribado toda la esquina donde estaba el Gran Prix y las casas viejas de frente amarillo con sus balcones roídos por el paso del tiempo. Sentados en el borde de ladrillos de un garaje abierto, frente a la casa, comencé a contarle exactamente lo que les conté a ustedes, pacientes lectores, en el comienzo de este libro. Cómo era esa casa y qué hacía cada uno de los miembros de mi familia durante mi infancia y primera juventud. Debe haber sido un relato largo y tedioso. La contención que ella me brindó en aquellos momentos voy a atesorarla siempre en mi corazón. La acompañé hasta su casa. La vida nos juntó de una manera especialísima. Mis hormonas no estaban en su mejor momento y un pudor inmanejable hizo que nunca me animara a confesarle lo que era obvio. Ella lo sabía. Yo también. Tiempo más tarde, Ale se casó con uno de mis mejores amigos, Jorge Llonch. Amigo de trincheras imaginarias, compañero de giras infinitas. Cómplice ineludible. Fue bajista de El Banquete, sonidista de monitores y de PA,[4] productor, mánager, etcétera. Cumplió a mi lado, por más de veinte años, con todos los roles en el complejo negocio de la música. Y siempre estuvo cerca con su amor fraterno cuando las circunstancias así lo requirieron. Alejandra y Jorge tuvieron dos hijos, Isidro y Angie, que hoy son mis sobrinos. No hubo un solo segundo en el cual dudáramos con Alejandra sobre las contingencias del vivir. La vida se trataba de accionar. Ella fue una de las juezas más nobles que pasaron por los tribunales rosarinos y hoy es la vicegobernadora de la provincia de Santa Fe. Él, actual ministro de Cultura.

4. El PA (*public address*) es el sistema de amplificación desde el cual escucha el público en un concierto, ya sea en un bar, un teatro, un estadio de fútbol, etc. El sistema de amplificación desde el cual se escuchan los músicos en el escenario, en cambio, se llama "monitoreo".

Partimos rumbo a Dresden, Alemania Oriental. Toda la delegación Páez. Íbamos a un festival de música de grupos tercermundistas. Dresden fue siempre considerada una ciudad de las artes. Víctima de una de las mayores tragedias ocurridas en la Segunda Guerra Mundial. Dos semanas antes de la capitulación de Alemania, los aliados la bombardearon. Dejaron un reguero de muertos que superó los treinta mil y el centro histórico totalmente destruido. Aún se debate el sentido histórico de aquella masacre. Si fue un objetivo de interés estratégico para los aliados o una represalia desproporcionada e indiscriminada, tomando en cuenta el momento en que se desató el bombardeo. Fue, según algunos historiadores, algo más parecido a un crimen de guerra. Allí estábamos. La ciudad emanaba gravedad. Arquitectura soviética ultraminimal combinada con el barroquismo de aquellos magníficos edificios aún en ruinas. Las cosas se retrasan una semana. *Ein bier* y *pommes gebraten* eran mis palabras favoritas. Una cerveza y papas fritas. Las colas en el establecimiento donde se vendía cerveza eran de dos cuadras. Entonces lo primero que hacías al salir del hotel era ponerte en la cola. Las pintas de birra eran enormes. De un litro. La tomaban caliente. Era rica en proteínas calóricas y te daba un sacudón inmediato. Un buen día nos hicieron levantar a las siete de la mañana para probar sonido. Los alemanes eran en extremo meticulosos. Había que pararse a tal distancia del proscenio, caminar una cantidad de pasos exactos para que la cámara tuviese el cuadro deseado por el director. No podíamos pasarnos de tanta cantidad de minutos, etcétera. Me encantó esa forma de trabajo, tan rigurosa, en busca de la excelencia.

Paseamos, si se puede llamar pasear, por aquellas ruinas del horror. Éramos invitados a tertulias en las que se servía una copa de vino blanco como trago y un buen cuarteto de cuerdas como música de fondo tocando piezas de Haydn y Mozart. No era justamente lo que esperábamos de un festival de música estando tan lejos de casa. Era la Europa comunista, no una economía de excesos, pero merecíamos algo más que una copa. Dos al menos. En fin, terminábamos todas las noches en el bar del hotel. Eso sí que no cambia en ningún lugar del mundo. ¡Cómo nos gustan los bares de hotel! Éramos mexicanos, uruguayos, chinos, argentinos, vietnamitas, senegaleses, brasileros, alemanes. Tercermundistas. Todos alrededor de las mesas y la barra de aquel único lugar que nos aguantaba hasta bien entrada la madrugada. El otro lugar posible quedaba a diez cuadras. Era el bar de la estación de trenes. Tenía una ventaja: estaba abierto veinticuatro horas y vendía sándwiches de pan duro de mortadela.

Una noche dos punks se batían a cuchillazos entre la nieve helada de las calles mortecinas, bajo los rayos de la luna de Dresden. La sangre se dejaba ver con claridad en el nítido blanco del piso. Gritaban y se corrían. Descamisados, desesperados, se lanzaban cuchillazos al abdomen y se repelían uno al otro. Se revolcaban en el frío helado. Sus dientes afilados chorreaban rabia. Odio. No la zoncera de Twitter. Odio puro. Iban a dar sus vidas en pos de sus puntos de vista. Sus ojos brillaban y sus pechos se ungían de honores de la sangre heredada. Sus crestas punks se mantenían intactas y eso les daba un selecto glamour aristocrático. Era una pelea de caballeros fuera de la ley. Finalmente se los llevó la policía. ¿Qué se habrá debatido en aquella reyerta? Solo ellos lo sabían. Quiera Dios que hoy esos dos jóvenes salvajes estén gordos, que tengan hijos y nietos y que todo haya terminado en el calabozo por unas horas.

Todas las noches acabábamos en el maldito bar. Habíamos recibido una invitación. Con Tweety González iríamos a Caracas para producir al grupo Sentimiento Muerto. Nada podía entusiasmarme más que ir del frío comunismo alemán-soviético al caótico caribe venezolano. Íbamos a festejar al bar, entonces. Nos sentamos. Invitamos al resto del grupo y pedimos una ronda para todos. Después otra y otra. Entonces Ale me tocó por debajo de la mesa. Me señaló con los ojos a un trío de vietnamitas vestidos de Che

Guevara, con trajes camuflados de guerra, que encaraban al baño. Iban tropezándose con todo lo que se encontraban, muy borrachos. No veía nada malo ni extraño en eso. "¡Esperá!", me dijo mi colega, con astucia criolla. Me quedé mirándolos unos instantes hasta que entraron en el baño. Volví a charlar con el grupo. Nuestros amigos vietnamitas no salían. Eran una banda de rock de Hanói. "¡Mirá!", me dijo Alejandro al borde del reproche. Entonces me di la vuelta y vimos salir a los tres músicos lookeados de soldados, totalmente recuperados. Haciéndose bromas, caminando recto, sin tambalear. Eso tenía un solo nombre allí y en cualquier lado. Era lo único que necesitábamos para salir del estupor alcohólico en el que vivíamos. Para poder tener unos minutos de conversación de corrido y acordarnos de la segunda frase. De qué estábamos hablando segundos antes. Esperamos la oportunidad para cuando volvieran al baño: asestarles unos golpes y robarles todo lo que tenían o comprarles algo o que nos convidaran. Todas las opciones por separado o todas a la vez. Daba lo mismo. En un momento se levantaron los tres. Allí detrás fuimos con Ale. Cuando entramos al baño, estaba cada uno de ellos en un cubículo. No se escuchaba a nadie esnifar ni hacer ningún ruido que levantara sospecha sobre alguna liturgia tóxica. Cuando salieron abrochándose las braguetas, nos vieron y se produjo un silencio en el que todo lo imaginado podría haberse producido. Un atraco, un negociado o una pelea. Nada de esto sucedió. "*Cocaine, iu jav*?", preguntó Ale, yendo al grano en un inglés de dudosa procedencia. "*Guat*?", preguntó uno de ellos. No estaba funcionando. Con Ale nos tocábamos la nariz como los monos de Kubrick en *2001*. "Aaaaah...", cacofoneó uno. Algo se dijeron, como los samuráis de Kurosawa, con marcado énfasis. Pensé que todo se iba al diablo. Sonaban enojados. De pronto estallaron los tres en una carcajada. Nos palmeaban las espaldas con una confianza que no entendíamos. Uno de ellos nos comenzó a hablar en un idioma desconocido. Al ver que la comprensión sería imposible a través del lenguaje oral, cambió de estrategia. Fue muy explícito con sus gestos. Sacó su miembro del pantalón y esperó unos segundos. Comenzó a orinar y puso sus manos para recoger el fluido. Cuando hubo llenado el cuenco que formaban sus dos manos, se pasó el orín sobre su rostro. Pegó un grito de satisfacción: "Wow!". Se levantó la bragueta y luego los tres siguieron su camino. Entendimos rápidamente lo que había que hacer. Lo hicimos, cada uno en un meadero. Ale y yo. Uno al lado del otro, para asegurarnos de ser testigos fieles de aquella extraña ceremonia. Dejamos fluir el pis sobre nuestras manos y nos las refregamos sobre el rostro. Notamos una recuperación instantánea. Era la consagración del Tercer Mundo. Salimos como dos príncipes de aquel lugar. Cuando llegamos a nuestra mesa, todos se fueron retirando de a poco. Igual que el efecto del amoníaco. Era un engañapichanga. El trance duraba menos de dos minutos en el cerebro, mas no se iba de la piel del rostro. A caballo regalado sí se le miran los dientes.

Tocamos en el festival y ganamos un premio. El del público. El más ansiado en cualquier entrega de galardones. ¡Éramos buenos! Solo había que lograr llegar a Berlín. Algunos cruzaron el muro, no sin pocas dificultades burocráticas, a ver a Bob Dylan. Con Ale visitamos la zona de *squatters*. Eran grandes casas o galpones tomados por artistas jóvenes y algunos viejos postergados que intentaban seguir en carrera. Ex revolucionarios de la Alemania stanilista que estaba a punto de caer. ¡Sí que era algo todo aquello! Grandes cuadros y murales pintados en todas las paredes. Músicos tocando con sus maquinitas electrónicas y olor a plástico heroico quemado y hash hecho con resina casera. Chocolate amargo.

La última tarde dimos vueltas alrededor del ángel de Berlín. En la Ciudad de México hay uno exactamente igual en la avenida Paseo de la Reforma. Es el ángel de la independencia, que conmemora el inicio de la guerra definitiva contra el yugo español. El berlinés era la columna de la victoria. Conmemora la victoria de Prusia, aliada al Imperio austríaco, sobre Dinamarca. Minutos más tarde llegamos al Reichstag. El ex parlamento alemán. Nos tiramos en el césped. Estaba mal cortado. Parecía una plaza argentina. Sentí una inmediata empatía. Era Europa, pero desprolija, más parecida a nosotros. En un momento, sobre la caída del sol, vimos una treintena de cuervos, negros como la muerte, salir de los techos de aquel edificio en el que Adolf Hitler le había declarado la guerra a Estados Unidos el 11 de diciembre de 1941. Esos pájaros volaron por el cielo berlinés. Pasaron por nuestras cabezas. Volverían a su hogar horas más tarde. Esa capilla del mal. Una atmósfera macabra impregnó el aire y la luz de aquella ciudad aún en vías de reconstrucción. Salimos disparados rumbo al hotel. ¡Qué sensación amarga en el corazón! Esta se disiparía cuando llegáramos a Milán, al otro día. "Mangia, che ti fa bene", nos dijo una señora en un parador de comidas en plena ruta, apenas arribados a la ciudad, a Ale, a Tweety y a mí. Nos vio cara de hambrientos y de no tener un centavo. Italia no duda, ampara al desahuciado. Era la primera escala obligada, de una tarde y una noche, antes de partir hacia Roma y de allí a Caracas en busca de nuevas aventuras.

Tweety González, Ale Avalis y yo llegamos a la capital venezolana una tarde rabiosa de sol. Lo primero que vimos, y nos acompañó un largo tramo, fue la barriada de La Guaira, por el flanco izquierdo. Barrio popular empotrado en una sierra abarrancada que daba a la autopista que conducía a Caracas. Del lado derecho, el mar Caribe. Fuimos directo al Caracas Hilton. ¡Qué hotel! Cuántas historias fantásticas guardaba aquella majestuosa edificación modernista plantada en el medio de la ciudad que vio nacer a uno de los libertadores de América, don Simón Bolívar, un poco más de doscientos años atrás. Tweety y Ale irían a una habitación. Yo a otra, puerta de por medio. Tweety haría de técnico coproductor, Ale de asistente general y yo de productor de un grupo en boga dentro del *underground* caraqueño: Sentimiento Muerto. El calor era abrasador. Caracas era un destino insólito para unos jóvenes argentinos sin destino. *Joven* y *destino* son palabras opuestas. Y *argentino*, un glosario de sentimientos e ideas intraducibles. Así las cosas, estábamos en el mejor escenario. En el caos absoluto. Caracas explotaba de gente por las calles, vendedores ambulantes, puestos de arepas y cervezas, grandes autopistas, bocinazos, guaguas por todos lados y edificios como monstruos dominando la *city* financiera. Todo convivía en el valle donde estaba emplazada Caracas, con vistas a enormes cadenas montañosas. Antes de llegar al estudio ya habíamos probado las dos cervezas más populares. La Polar y la Cardenal. Esta última fue mi favorita. Tenía más graduación alcohólica y un diseño de lata más elegante. No se bebían botellas de cerveza por aquel entonces. Solo latas. La grabación fue todo lo intricada que puede ser una grabación cuando llegás a ocupar el lugar de otro productor, que se había retirado del proyecto, y tenés que asumir la responsabilidad de que aquel álbum arribe a buen puerto. Los músicos eran gente encantadora. Carlos "Cayayo" Tronconi, el guitarrista *lead* y compositor de la mayoría de las canciones, era un joven muy especial. Alto, flaco, con su pelo a lo Robert Smith rubio, botas y campera de cuero negras con chupines ajustados. No había calor que le quitara aquella indumentaria de encima. Era importante diferenciarse, o simplemente él estaba más a gusto así, a su aire, más allá del clima. Hablaba pausado. Era generoso, amable y siempre bien dispuesto a las aventuras. Un artista refinado que intentaba que el rock explotara en las venas de esa ciudad copada por los negocios, la salsa, el petróleo, el merengue y una desigualdad social obscena. Pablo Dagnino, el cantante, era un pibe con ansias de futuro. Se casó con su novia de aquel momento, en el medio de la grabación. Asistimos a aquella fiesta *high society* de la cual no recuerdo absolutamente nada. José "Pingüino" Echezuría era el segundo guitarrista. Un pibe lookeado a lo Smith también. Les iba bien lo inglés. Muy simpático y de gran corazón. El bajista, Erwin "Wincho" Schäfer, y el baterista, Alberto Cabello. La grabación fue extraña porque aquellas composiciones aún no estaban para ver la luz. Sentimiento Muerto parecía haber nacido con el peso de su nombre clavado como una estaca en el corazón. Fue una experiencia saludable, de todas maneras. Aunque marginal, yo era un joven anclado en el rigor. Nunca me dio lo mismo tal o cual cosa. A menos que la música pidiera tal o cual cosa. Así que íbamos a las cuatro de la tarde y las sesiones se estiraban hasta bien entrada la madrugada. Era difícil conseguir estudios, porque estaban en época de grabación las orquestas de salsa y merengue de todo Caracas. Nos arreglamos en un estudio modesto y al cabo de dos semanas el álbum estaba terminado. Queríamos volver a casa. ¿Qué casa?

Al volver de este viaje pasé por el departamento de Fabi. Toqué el timbre y me dijo que no podía subir. Que estaba acompañada. Hice de tripas corazón. Me sentí abandonado. No era justo. Ella no me había abandonado. "Nada se pierde, todo se transforma", la sentencia del químico francés Antoine Lavoisier es, más allá de una sentencia filosófica de carácter universal, una certeza de gran sabiduría. Pero como casi siempre sucede, esta llega cuando ya no sirve. ¡Fabi *no podía* "dejarme por otro"! Me encanta, hoy a la distancia, la candidez con que los jóvenes abordábamos el amor pasional. Con el total desconocimiento de que en ese territorio se están moviendo organismos del pasado, culturales, de la sangre, tan misteriosos que nos hacen actuar y reaccionar de manera absurda, insólita para el otro. Claro, venimos todos de mundos diferentes. Cada madre, un mundo. Cada padre, otro. Cada familia, cada gesto que nos afectó de tal o cual modo, va a rebotar en nuestros presentes de maneras distintas, con pocas probabilidades de que el otro comprenda. Y eso generará infinidad de subjetividades, imposibles de cuadrar bajo ningún orden establecido o por establecer. ¿A quién se le habrá ocurrido la idea de una civilización justa y equilibrada? Fabi era mía, y nadie —salvo la vida años más tarde— me iba a hacer cambiar de idea. "Difícil que lleguemos a ponernos de acuerdo". Qué sencillez franciscana y cuánta verdad: Charly García.

El film *Ciudad de pobres corazones* lo dirigió Fernando Spiner. Un cineasta poeta. Iconoclasta de pura cepa. Con guion de Marcelo Figueras. Periodista y escritor novel en aquellos años. Fue el primer film argentino sobre un álbum en el que estuvieran todas las canciones. Jorge Ferrari y Juan Mario Roust se encargaron del arte. Hicieron un trabajo lujoso y sofisticado, como es su costumbre. Gran parte de la pléyade de artistas de la movida porteña de los ochenta estuvo allí dando el presente e impulsando el espíritu de la época. Yo vivía en el apart hotel Suipacha, cerca de Paladium, el espacio donde se rodó gran parte de la película. La producción necesitaba tenerme más o menos controlado para abordar ese ambicioso proyecto. Qué inolvidable momento fue ver a Diana Szeinblum, extraordinaria bailarina, hoy coreógrafa de excepción, interpretando a Ámbar Violeta frente al espejo, con su cuerno implantado saliendo de su tórax. Su mirada melancólica de mujer diciéndolo todo sobre la extrañeza de sentirse única e incomprendida. Todo se trataba de una cajita en el camarín de un cantante, por la cual peleaban diversas tribus urbanas. Se mataban, se perseguían, se buscaban, se observaban, se despreciaban. Esa cajita roja despertaba pasiones inimaginables. La cajita no contenía nada. Una noche, Pablo Mari, el editor del film, se llevó los casetes Umatic a su casa después de una jornada de filmación. Al volver de cenar entró en su departamento y se dio cuenta de que se los habían robado. Eso causó una gran conmoción en todo el equipo. Alberto Olmedo detuvo el *sketch* de Álvarez y Borges, parte del programa *No toca botón*, que en esos años paralizaba al país cada viernes a las 22, para pedirles a los ladrones que devolvieran aquellos casetes, que representaban el esfuerzo del trabajo de muchas personas. Que le hicieran el favor. Que todos íbamos a saber comprender. Se abrió una investigación policial y en un confuso episodio el "dealer I" va a la casa de otro, el "dealer II". El "dealer I" detecta en unos estantes de un patio la presencia de los casetes. Entonces el "dealer I" le comenta esto a la "amiga I", que le comenta a su vez el hecho a la "amiga II". Entonces la "amiga II" se comunica con el director de la película y este con su productor, un experto en cheques voladores. Eso había demorado decenas de veces la producción, por las dificultades que trae firmar cheques sin fondos. El productor, entonces, se acerca a la casa del "dealer II" y después de una corta negociación le entrega uno de estos cheques a cambio de la recuperación de parte del material. El "dealer II" le da la mitad del material y quedan en que si el cheque se hace efectivo él entrega, contra otro cheque, la otra mitad de los casetes. Con la situación así planteada, el productor denuncia esta irregularidad por segunda vez en la comisaría de calle Las Heras, cerca de Plaza Italia. Por fin se detuvo a los ladrones y recuperamos el material. Si hubo o no alguna matufia entre los dealers I y II y la policía, nunca lo sabremos. Recordemos que la denuncia ya estaba activada en los primeros momentos del ilícito y la runfla policíaca conoce cada movimiento en cada barrio de cualquier ciudad del mundo. En todo caso, las circunstancias empujadas por el juez de turno obligaron a que la intervención policial fuese definitiva. Así se recuperaría la totalidad de los casetes. Todo gracias al "dealer I", que había visto por casualidad los casetes en la casa del "dealer II", y a un cheque volador. Y a una bruja, a la que fue a ver Fernando Spiner, quien le dijo que veía a los casetes mojándose en un patio. Esta prueba metafísica fue central en la decisión de direccionar la investigación en favor de la recuperación del material robado. Y gracias también a Alberto Olmedo, hado padrino de ladrones y artistas.

Una noche me acerqué hasta el teatro Alfil, en Corrientes y Callao, a agradecerle su gesto. Me recibió en su camarín. Estaba solo. Tenía pegada en el espejo una foto junto a Jorge Porcel, capocómico con quien compartió gran parte de su vida actoral. Una botella de vino apenas abierta. Vi a un hombre tranquilo y reposado. De hablar lento y sobrio. Prestando atención a la conversación. No habré estado allí con ese hombre elegantísimo más de quince minutos. Los saludos formales de rigor. Bajé a sentarme en la platea para ver la obra *El Negro no puede*. Se trataba de un hombre con imposibilidad de vincularse con las mujeres. Y de cómo ellas lo buscaban y querían estar con él a cualquier costo. Una comedia de enredos escrita con profesionalismo por Hugo Sofovich. De pronto se apagaron las luces, se abrió el telón y el mismo hombre recatado al que había visto hacía pocos minutos en el camarín bajó por una gran escalera sacando la lengua y sacudiendo la cabeza. Mientras se bajaba los pantalones y mostraba sus calzoncillos, cantaba a los gritos el estribillo de "Nada más preciado". Seguramente dictado segundos antes de entrar a escena por una de sus *partenaires*, la extraordinaria comediante Divina Gloria. Todo el teatro estalló en una explosión de risa. Las actrices, los actores son personas que tienen la capacidad de disociarse completamente. La vida real y el mundo del espectáculo. ¡Qué maravilla! Cómo reímos todos esa noche con las gracias de ese bufo irrepetible que fue el gran Alberto Olmedo. Su mirada canalla y la velocidad de rayo de su mente privilegiada hicieron las delicias de millones de argentinos que veían en él a un hombre íntegro, que dedicó su vida a divertirse y hacer reír.

20

En el Hotel Presidente de la ciudad de Rosario, el gobernador de la provincia de Santa Fe, José María Vernet, me pide una entrevista en privado. Eran las vísperas de la presentación de *Ciudad de pobres corazones* en el estadio cubierto de Newell's Old Boys. Allí me afirma con certeza que el asesinato de mis abuelas iba a esclarecerse. Que Deolindo Pérez, el comisario a cargo del caso, estaba encima del tema por expresa orden suya. Claro ejemplo de que cuando hay voluntad política, en algunas oportunidades, los misterios pueden llegar a resolverse. Tanto Pérez como la justicia local actuaron con rapidez y eficacia. Un policía encubierto se inmiscuyó en el mundo travesti rosarino. Durante un año, este Sérpico vernáculo, cuya identidad es protegida por razones obvias, se vincula con Dios y María Santísima en aquellos arrabales en busca de alguna pista que conduzca a los asesinos. Finalmente, Walter de Giusti es delatado por Paola, una travesti que lucía la cadenita de falso oro de mi abuela. Se la había regalado su novio: el propio Walter. Al día siguiente la policía allanó la casa de la familia De Giusti, que vivían en Güemes 2130, a unas cuadras de mi casa. Lo primero que encontraron fue el equipo de música.

Lo que nadie sabía era que la cadena de crímenes de los De Giusti comenzó el 31 de octubre de 1986, cuando ingresan a una vivienda de la calle Garay 1081 con la excusa de efectuar tareas de plomería. Allí asesinaron a golpes y puñaladas a dos mujeres: Ángela Cristofanetti de Barroso, de ochenta y seis años, y su hija adoptiva, Noemí, de treinta y uno. La justicia declaró culpable a Walter de Giusti como autor material. Yo hablaría de séxtuple asesinato, teniendo en cuenta que Fermina llevaba un embarazo avanzado. Ante el juez Benjamín Ávalos, Walter de Giusti confesó la autoría de todos los crímenes. El 24 de agosto del 87, el juez Ávalos lo condenó a reclusión perpetua en la cárcel de Coronda. Su hermano, Carlos Manuel de Giusti, que en ese momento tenía diecinueve años, estuvo detenido bajo libertad condicional por su participación en el hecho. Todo ese tiempo fue seguido de cerca por la policía de Rosario, que lo consideraba de carácter peligroso.

Muchos años más tarde, en un bar situado en Urquiza y Balcarce, en ronda de copas, de mesa a mesa alguien me grita: "¡Ey! Yo soy el hijo de Carlos. ¡Uno de los que mataron a tus abuelas!". Les juro por las vidas de mis hijos que ese grito estaba lleno de orgullo y locura. Salí de allí temblando, con Coki sosteniéndome. Colgado de su cuello llegué al Holiday Inn. La vida nunca deja de sorprenderte. Y no creas en los guapos detrás de las máquinas de escribir. Al hombre más duro en algún momento le flaquean las piernas.

El concierto rosarino de *Ciudad de pobres corazones* tuvo una peligrosa peculiaridad. La gente parecía una maqueta dibujada frente a mí. Yo no lograba ni deseaba conectar. Solo rabiar y gritar. Sobre el final alguien me acercó una camiseta de Rosario Central. El histórico archienemigo de Newell's. Entonces el diablo metió la cola. El fútbol en Rosario es una materia seria. Se han cometido asesinatos en favor de una camiseta u otra. Se han roto familias para siempre. Si sos de un equipo o de otro, podés ser aceptado o condenado de alguna forma o hasta eliminado de un grupo social. Lo único que está prohibido es eso que hice aquella noche en la cual se me perdonó la vida. En los bises cambié mi remera del show y me puse la camiseta de mi equipo, Rosario Central. Algunos miembros de la hinchada de Newell's vieron este sacrilegio y corrieron hacia el camarín una vez hube terminado el concierto. Lograron pasar la seguridad y destruyeron el camarín delante de mis ojos. Fue una auténtica demostración de fuerza. Podríamos molerte a palos en cuestión de minutos, parecían decir con aquella manifestación de violencia explícita. Pero no me tocaron. Los años me enseñaron que una palabra o un gesto como este podrían encender pasiones cuyos límites son siempre imposibles de determinar. Por las venas que recorren los cuerpos de los seres humanos circula un material con el cual no se debería bromear ni intentar pasarse de listo. Una vida menos.

Grabamos el primer álbum de Liliana Herrero con los músicos de su banda y Tweety González en la consola. Juancho Perone en percusión, el gran Iván Tarabelli en teclados, Claudio Bolzani en guitarra y Roy Elder en saxo. Fue un álbum experimental que dejó una marca fuerte en toda la obra posterior de Liliana como intérprete. Tanto Iván como Claudio trajeron ideas armónicas acerca de cómo abordar este material basado en piezas icónicas del folklore argentino. Juancho hacía bailar a la banda. Roy aportó sus sutilezas desde el saxo. Incorporé la DMX a algunas canciones, como el "Cachilo dormido" de don Atahualpa Yupanqui y "Canto al río Uruguay" del excelso Ramón Ayala. Había en esas piezas influencias milesdavisianas y princescas. También probé el uso de algunos ostinatos, que fueron el toque distintivo de aquella joya grabada en los confines de la marginalidad. Liliana Herrero se reveló como una auténtica deidad criolla. Años más tarde Mercedes Sosa le iba a entregar, simbólicamente, su cetro olímpico.

El concierto de *Ciudad de pobres corazones* en Obras fue una de las experiencias más *freaks* que viví en los escenarios. Un poco a la manera en que Charly fue recibido con su *Modern Clix*: percibí la misma extrañeza por parte del público. Con la posible diferencia de que yo no tenía expectativa alguna de ser comprendido ni querido por nadie y no cargaba sobre mis espaldas con el hecho de ser Charly García. Había bebido como un cosaco la noche anterior y llevaba conmigo una resaca inmanejable. Me sentí caer a cada segundo. Me daba vueltas el estadio. Sentía una amargura infinita y deseos de que todo aquello terminara de una buena vez. Estaba naufragando. La cena postshow fue en un restaurante de la costanera norte porteña con los músicos, el empresario Daniel Grinbank y mi mánager de turno. Algún comentario fuera de lugar habrá hecho esa noche mi mánager de turno, que Osvaldo Fattoruso se molestó muchísimo. Comenzó una discusión que fue subiendo de tono. Puedo imaginarme aquella disputa. Osvaldo terminó diciendo algo así como "Este pibe compuso 'Ámbar violeta'", y se retiró muy enojado del restaurante. Osvaldo, mi tío querido, a quien cada vez que vuelvo a Montevideo veo sentado detrás de una mesa de La Pasiva de la plaza Artigas, esperándome con una cerveza en la mano y su risa socarrona de hombre sabio. Un héroe de la música americana y justiciero por naturaleza.

Muy a pesar del encono que tenían Charly y Daniel Grinbank, siempre tuve respeto y cariño por este empresario. Fue, en su momento, un visionario y el responsable de que el rock argentino comenzara a ser tenido en cuenta fuera del país. También un hombre que pudo comprender otras realidades. Lo que hizo que en varias oportunidades colaborara con organismos de derechos humanos, como Madres y Abuelas de Plaza de Mayo, sin otro interés que el de aportar su grano de arena a la obvia tarea de reconstruir el tejido social de un país devastado por las pasiones políticas y sus inevitables desencuentros.

En febrero del 88 viajamos a San Bernardino, Paraguay, al festival Rock Sanber. Allí conocería a Herbert Vianna y a su grupo Os Paralamas do Sucesso. Eran una aplanadora humana. Un trío afiladísimo con infinitos recursos musicales. Podían abordar rock, reggae, ska, frevo, rhythm & blues, y más. Después de la prueba de sonido jugamos un picadito Brasil versus resto de América. Herbert se lució como gran deportista y yo creo que fue la última vez que jugué un partido de fútbol entero. A los veinticinco años. En largas tertulias de guitarras y cervezas, rondando por las habitaciones del hotel, descubro que Herbert es todo un erudito en la materia rock argentino. Sabía canciones de Charly, de Spinetta, de Luca Prodan, de Los Pericos, etcétera. Cantaba en perfecto castellano. Me vi reflejado en él. Íbamos a por todo. Él se convertiría en un eslabón más en la larga cadena de brasileros intentando estar más cerca del resto de América y yo sería otro eslabón en la cadena argentina intentando acercarme más a Brasil. Había que conocer su idioma. Eso sería fundamental. Qué hermosa aventura nos esperaba. ¡Ir conquistando gigantes! Fue un festival extraordinario donde todos nos lucimos y se fundó buena parte de la nueva generación de rock en español del Cono Sur. Los sub 30.

Luego viajamos a Uruguay en el marco del Montevideo Rock. Una vez terminado el concierto, Luis Alberto Spinetta, por esos momentos ya un miembro importante de mi familia, me acompañó hasta mi habitación en el entonces destartalado Hotel Carrasco. Yo llevaba una borrachera monumental. No podía salir de allí. Estaba atrapado en esa red de recuerdos tormentosos. El asesinato de calle Balcarce era un yunque muy difícil de cargar sobre mis espaldas. Lo recuerdo a Luis sentado sobre una de las camas retándome con la fuerza de un padre: "¡No podés andar más así por la vida!". Fue una larga parrafada. También el primer límite con autoridad que recuerdo haber sentido después de la figura mi padre. Eso era el amor. Alguien tenía que poder decirte algo. Yo estaba autodestruyéndome. Sin eufemismos ni metáforas. Estaba sumido en un lento suicidio alcohólico. Y Luis iba a hacer todo lo que estuviera a su alcance para que eso no sucediera. Aún guarda mi memoria esa imagen borrosa, en cámara lenta, de sus labios y sus brazos agitándose. Recuerdo el sonido de su voz y sus gestos reprobatorios. Luis estaba intentando protegerme de muchas cosas. Sobre todo de mi autocompasión. No quería verme vivir en esa abyección. A quien te diga que el amor no existe, echalo de tu vida. En ese momento Luis lo fue todo para mí. Cada vez que volvía a colocarme con algo, su figura aparecía implacable, rectora. Y frenaba. A la mañana. Aquí se terminaron los largos días sin dormir.

Novela, el álbum y la película que estaba escribiendo, estaban cobrando forma sin que yo lo supiera. Logré mudarme a un departamento amueblado, bastante paquete, en Santa Fe y Callao. A metros de la oficina de Daniel Grinbank donde casi pierdo la vida unos años antes. Volvía a adquirir una vida en un marco de cierta normalidad. Iría a la sala de ensayos de Caballito en colectivo. Y había que componer *Ey!* El lema fue simple. Con las primeras nueve canciones que hiciera, grabaría el próximo álbum. Tenía que sacudirme el halo macabro de *Ciudad de pobres corazones*. Tenía que avanzar y no quedar empantanado. Colgué un póster enorme enmarcado de Prince que había traído de Nueva York en una pared del pequeño living. Él fue quien me acompañó en esa temporada. Su perfil envuelto en un finísimo traje amarillo era una invitación al orden y la elegancia. Tenía el CP70 conmigo. No debía ni podía fallar.

Por esos días Pino Solanas me convocó para hacer un personaje en su notable film *Sur*. Allí conozco a Roberto Goyeneche. Fue amor a primera vista. Desde ese momento y hasta meses antes de su muerte no perdimos el contacto. Por algún motivo u otro la vida nos acercó: fue uno de esos vínculos que llegan para quedarse. Recuerdo cuando me enteré de su fallecimiento en una casa que alquilábamos en Virginia Waters, una localidad pequeña en las afueras de Londres, mientras mezclábamos *Circo Beat*. Fue un golpe duro. De alguna u otra manera lo había transformado en el abuelo que no tuve. Fue, aparte de un artista inigualable, una persona que solo desprendía amor y sonrisas. Calidez y energía positiva. Una de esas noches heladas, durante la filmación de *Sur*, sucede este episodio. Estábamos en el club Nueva Chicago esperando que Pino ordenara una puesta de escena en algún ángulo del gran salón en el que se rodaba. Alrededor de una larga mesa nos amontonamos Néstor Marconi —el gran bandoneonista argentino—, el mismísimo Polaco, su hijo Robertito, Susú Pecoraro —la protagonista, adorable mujer—, Ale Avalis, Philippe Léotard —el renombrado actor francés—, Alberto Moccia —estilista y maquillador de excelencia— y yo. Néstor comenzó a improvisar algunos acordes. El Polaco Goyeneche se le coló por entre las teclas del fuelle y comenzó a cantar. Todo devino en una sesión que habrá durado cerca de media hora. Roberto desplegaba toda su magia, que estaba en su máximo apogeo, mientras nosotros lagrimeábamos. Eran interpretaciones plenas de énfasis rítmicos y cargadas de unas dotes dramáticas dignas del mejor actor. Este fue su sello. Las puntuaciones sobre los textos sin dejar de lado jamás el rigor melódico. La fuerza que les imprimía a algunas líneas de texto y los delicados pianísimos con que matizaba eran rasgos de su arte supremo. Allí, embrujados con la música de estos dos monstruos, aconteció este hecho extraordinario. Con un mínimo gesto de lince, el Polaco le indica algo a su hijo. Robertito era una torre de cariño y devoción que vivía para su padre. Un hombre alto, grueso, de unos treinta y largos años. Así fue como Goyeneche hijo inició un periplo que seguí con muchísima atención. Se paró de su silla y se dirigió hasta la barra, ubicada a espaldas de su padre. La barra del salón del club. Allí hizo un pedido. Le sirven un vaso fino y alto de vino blanco con hielo hasta el tope. Entonces, con extremo cuidado, se acerca hasta el lugar en el que estaba su padre y apoya el vaso sobre la mesa, enfrente de él. Roberto cantaba como si estuviera en el Royal Albert Hall. Una persona bastaba para que el enorme artista que era derramara su genio con generosidad y entrega absoluta. Entonces, con la elegancia de un *lord*, Robertito desenfundó de una campera abollada una bufanda larga y flaca de color verde oliva. Yo estaba dividido en dos. Por un lado, atento a cada inflexión de Roberto y, por otro, siguiendo la actividad de Robertito, que resultaba por lo menos inquietante. Entonces el hijo ató un extremo de la bufanda al vaso. El *suspense* crecía y se hacía insoportable. Tomó el vaso con la bufanda atada y la cruzó sobre los hombros de su padre hacia el otro extremo. El Polaco quedó en dominio de esa punta de la prenda y con su otra mano, temblorosa por el Parkinson, se aferró al vaso. Antes de que alguien pudiera darse cuenta, con la precisión de un número ensayado cientos de veces y durante una parte instrumental a cargo de Marconi, Roberto aplicó el sistema de poleas que estaba activado entre sus dos manos y, mientras con su mano izquierda hizo fuerza hacia abajo, su mano derecha aferrada al vaso se elevaba con perfección mecánica. Entonces, derramó todo el contenido de aquel vaso lleno de vino blanco sobre su boca. Eso que en Argentina se denomina fondo blanco. Jamás olvidaré el movimiento de vuelta del vaso a la mesa de parte de Roberto y luego el modo en que Robertito retiró la bufanda verde de los hombros de su padre. Los impedimentos físicos obligan muchas veces a idear efectivos dispositivos de resolución. Eso era todo, y aquí tampoco ha pasado nada. Por favor, lectores, pónganse de pie y aplaudan.

Unos meses más tarde, en otra jornada de filmación, Pino Solanas me indica que mi personaje, líder de la banda Marcelo y sus Ravioles, tiene que besar al personaje de Gabriela Toscano. Gabriela es una actriz maravillosa. Una mujer dulce de ojos verdes, sensible y explotada de vida, igual que una flor bajo los rayos del sol. En aquellos besos, entre falsos y verdaderos, me enamoré de ella. Vivía con su madre en un departamento cerca de Cabildo y Juramento. Su madre también era un amor. Quien nunca daba la talla era yo. La llamaba a altas horas de la madrugada y exigía verla. Ella por lo general aceptaba y terminaba domando entre sus sábanas blancas a esa extraña bestia en la que me había transformado. Cuando años más tarde vi *Love Streams* de John Cassavetes me sentí plenamente identificado con su personaje. El hombre llegaba a la casa de una muchacha que vivía con su madre, manejando su auto en un estado de altísima ebriedad. Chocaba. Luego bajaba del auto. Intentaba subir una larguísima escalera y caía en cada intento. Lograba generar un incomodísimo desarreglo en un ámbito que no le era propio. Cuando a la mañana siguiente la madre de ella terminaba por despertarlo, tenían una escena de amor encantadora. Él le agradecía a la madre de esa mujer desconocida que lo hubiera cuidado, lavado sus ropas y metido en la cama. Finalmente, se iba de allí saludando con un beso y una sonrisa a aquellas dos mujeres, con esa sensación tan bien conocida por todos los que hayamos pasado por esas circunstancias. Aquel estado tan particular de la mañana siguiente donde recuperamos la dignidad y tomamos conciencia de que las cosas no estaban yendo bien pero que hay que seguir de todas maneras. Ellas sonreían y lo veían partir. Esta es la sensación de amor que recuerdo cuando vuelvo a aquel departamento que Gabriela compartía con su madre. Las dos tan delicadas y comprensivas.

Fabián Gallardo había decidido dejar la banda. Había sufrido un muy desagradable episodio en el concierto de presentación de *Ciudad de pobres corazones* en el Superdomo de la ciudad de Mar del Plata. En el arranque de "Giros", el tercer tema de la lista, se produjo un cortocircuito entre su guitarra y un *delay* que utilizaba de efecto. La corriente de 220 llegó directo hasta él. Cayó al piso sufriendo espasmos. Se sacudía con fuerza mientras saltaban chispas de su cuerpo. En aquel momento Lucho Garutti, jefe de escenario, y yo solo atinamos a pegarle golpes en todo el cuerpo y en la guitarra para intentar desconectarlo de una muerte segura. Fueron veinte interminables segundos en los que Alejandro

Avalis, a la velocidad de un rayo, se da cuenta de que había que desenchufar la llave Hubbell, que alimentaba de energía todo el escenario. El sonido era atronador. Se escuchaba la distorsión a un volumen intolerable para el oído humano. Ale se metió debajo del escenario y logró mantener la cabeza fría para desactivar aquel mecanismo lo antes posible. Por fin el lugar quedó a oscuras y en silencio. Fabián salvó su vida y Ale se transformó en el héroe de la jornada. En cualquier guerra es imprescindible tener a alguien como Alejandro Avalis cerca.

En aquel incesante ir y venir, Fena Della Maggiora me abrió las puertas de otro de sus departamentos. En los primeros ochentas, él tocaba en el Fontova Trío. Era la agrupación liderada por Horacio Fontova, artista renacentista nacido en el siglo veinte en la ciudad de Salta. Pintor, actor, músico, compositor. Horacio era un punk, hijo del peronismo, el expresionismo europeo, el folklore argentino y el rock and roll. Así es que una noche de 1982, en una Trastienda repleta, un patrullero se detiene en las puertas del establecimiento. Todos pensamos lo peor. Razia, balacera o quilombo. Resultaron ser tres policías colegas de Horacio, que los recibió con las mejores maneras ante la inquietud del auditorio, que bailaba arriba de las sillas. Así era el "general Fontova". Nunca hacía lo que esperaras que hiciera. Y sus rayos siempre y sin excepción se dirigían a la risa, el absurdo y el buen ánimo. Horacio Fontova, nuestro delirante presidente del amor. Ahí conocí a Fena Della Maggiora. Tocaba percusión y cantaba en la agrupación del excelso militar de la poética. Fena era —es— un atorrante de pura cepa. Pisciano irreversible, puede pasar de la más enfática euforia a la melancolía más paralizante. Esto es piscis. Hoy la psiquiatría intenta nomenclaturas como bipolarismo o algunos grados no tan peligrosos de la psicosis o la esquizofrenia. Llegué rápido a conectar con él porque soy igual. Aunque mi ascendente géminis ha logrado equilibrarme. Ya no entre dos estados sino entre cuatro. Dos peces, que nadan en direcciones opuestas y dos gemelos que piensan y sienten de manera totalmente opuesta. ¡Lindo equilibrio! Fena me había invitado a participar como pianista en su grupo La Nuca. Conocí en esos ensayos a un joven y entusiasta Richard Coleman, gran artista y guitarrista de la movida porteña de aquellos años. Con Fena siempre terminábamos en algún piringundín intentando no pagar las copas y muchas veces también siendo expulsados. Esa empatía canalla siempre termina forjando sólidas amistades, difíciles de romper con el paso del tiempo. ¡Y miren que me ha dado motivos este buen hombre para dejar de dirigirle la palabra!

La cuestión es que yo seguía en la calle, sin dinero y sin palenque donde rascarme. Aquello no daba para más. Fena me recibió en su departamento de Sinclair y Seguí. Compartíamos el buen humor, el amor por Lovecraft y Kafka, las bellas mujeres y la incorrección en general. Nos hicimos adictos a *Amici miei*, el extraordinario film de Mario Monicelli. Era la historia de un grupo de amigos que se dedicaban a molestarse entre ellos o a jugarles bromas pesadas a incautos desconocidos. Solíamos teorizar horas sobre por qué el conde Mascetti, interpretado por el genial Ugo Tognazzi, insistía en hacerle creer al hijo pequeño del periodista Perozzi que aquel infecto espacio donde vivía era de fina y elegante construcción japonesa. "Tutta architettura giapponese", le decía con descaro y vergüenza al pequeño Perozzi. Vale recordar que Perozzi, su amigo, le había canjeado la crianza de su hijo por una suma de dinero. Y Mascetti, al llevar una vida de mala muerte, aun portando el falso emblema de conde, necesitaba aferrarse a cualquier recurso para sobrevivir. Sobre este tipo de cuestiones se dirimió nuestra vida en común.

Una noche saliendo de Prix D'Ami, un club de música ubicado en el barrio de Belgrano, emprendo la vuelta al departamento de Fena, en plena madrugada de verano. Deambulando por avenida Cabildo, un camión de basureros me reconoce y me invitan a subir: "¿A dónde vas, Fito?". "Sinclair y Seguí", respondí. "¡Vamos, te llevamos!". ¡Qué privilegio! ¡Qué vista de la ciudad tan única! Colgado del lado de afuera de un camión de Manliba volando por la Ciudad de Buenos Aires. Finalmente era un príncipe en ejercicio de mis funciones. Tenía derechos adquiridos por el amor que me brindaban estos desconocidos en esta ciudad magnífica. Buenos Aires. Laboratorio incesante donde las vidas se retorcían en permanentes mutaciones, en todos los niveles sociales. Mis nuevos amigos cambiaron el recorrido establecido y me llevaron hasta la esquina de la casa de mi anfitrión. Al escuchar los estridentes ruidos de la despedida, Fena se asomó al balcón y me vio abrazarme a aquel grupo de inolvidables compañeros de ruta, también rescatistas de náufragos urbanos.

Fabi me recibe unos días en su departamento de la calle Paraguay.

Una noche asistí invitado a una reunión de escritores y periodistas noveles. Recuerdo que uno de ellos preguntó: "¿Qué nos ha pasado?". A dos zancadas de mi silla vi una botella de ron cubano. No estaba para discutir ni dirimir cuestiones generacionales, y menos con gente a la que le faltaba patear un montón de calle. Al vislumbrar el tono que iba a adquirir aquella conversación, me adueñé de esa botella, bebida favorita de demonios caribeños, para así escapar de aquel espacio: sabía con absoluta certeza que iba a aburrirme muchísimo. Después de haber vaciado la botella, había cogido una borrachera mucho más que importante. Decidí salir de la casa.

Llegué trastabillando hasta Bolivia, el bar de Sergio de Loof donde se juntaba todo lo que estaba bien en Buenos Aires. En la puerta, Batato Barea, con un vestido largo celeste brillante, entacado en unos zapatos de abuela y la boca pintada de rojo, le daba besos a un oficial de policía sometido a los encantos de nuestro muso-clown con voz de Graciela Borges. Cecilia Etchegaray, bella actriz de encanto irresistible, hablaba con su novio, mientras en otra mesa Horacio Fontova hacía destornillar de risa a sus compañeros de tertulia. Vivi Tellas, apoyada sobre una pared, intentaba contarles algún proyecto teatral a unos modernísimos. Roly Bon Bon, dulce mancebo tucumano, trataba de vender sus joyas. Piezas de fantasía del barrio del Once realizadas con alambres y pedazos de basura. Entré al boliche y me acerqué a la barra. El boliche era un cuadrado con una barra. Tendría diez mesas en total. Un gran vidrio transparente dejaba ver todo lo que sucedía desde la calle. Creo que Sergio me invitó un trago y hablé con alguien que no recuerdo de algo que tampoco recuerdo. Iba entre avergonzado, por parecerme más a Gregorio Samsa que a un hombre, y a la vez relajado, porque literalmente no me importaba nada. Fui al baño. Pasé tambaleante ante la gente auténticamente chic de Buenos Aires. Después de un rato salí arrebatado por calle México hasta Defensa.

Eso vio Cecilia Roth.

Aquí, su punto de vista. Me lo contó años más tarde. "Me diste mucha curiosidad y solo quería saber qué pasaba en esa cabecita. Estuve a un segundo de ir a darte charla. Tenías el pelo tan largo y una flacura imposible. Me pareciste muy sexy".

De gustos no hay nada escrito en la viña del Señor, y a las claras no era el momento de iniciar una charla de ninguna naturaleza para mí. De hecho, ni me había percatado de que esa beldad estaba en el boliche. Al llegar a la esquina de calle Defensa, me frené. No tenía plata ni para un colectivo. Solo quedaba avanzar. Sin saber hacia dónde. Lo único que recuerdo es esto: tenía tal borrachera que llegué a caminar algunas cuadras cruzando de vereda a vereda. Mejor dicho, de pared a pared, atravesando la calle. Rebotando como una pelota flaca que no llegaba a los cincuenta kilos. Me paró un patrullero de la policía. "¿Documentos, caballero?", me dijo uno de ellos. Me reconocieron. Se apiadaron de mí y me subieron al auto. No podía insertarme en la conversación de manera alguna. Me preguntaron a dónde iba, si me sentía bien, si no quería recostarme en el asiento de atrás, si quería vomitar. No sé cómo logré indicarles la dirección. Me bajaron en la puerta del departamento de Fabi de calle Paraguay. Fabi abrió el portero desde arriba y empujé la puerta. Si no me hubieran sostenido mis colegas, me habría caído al piso desmayado. Estos buenos hombres decidieron acompañarme hasta la puerta del departamento. Golpeé la puerta. Fabi escuchó voces y movimientos. Los dos policías a mi lado, sosteniéndome. Fabi preguntó: "¿Con quién estás?". "Con dos amigos", respondí. Fabi abrió la puerta, me tomó del brazo y me metió para adentro. Pegó un portazo, dejando a los policías con la puerta en sus caras. "¡Gracias, amigos!", respondí desde adentro. Al otro día tomé mis cosas y me marché.

Mis cosas eran un bolsito con un *walkman*, algunos casetes, un calzoncillo, un pulóver, algún libro, un pantalón y mi campera de cuero negro adquirida en un antro del Greenwich Village. Volví, por inercia, al primer lugar que había conocido en Buenos Aires. A Corrientes y Montevideo. Mi primer viaje siendo muy niño fue con mi padre, Belia y Pepa al departamento del tío Lito. En esa esquina. El olor a subte de la infancia seguía allí. El bar Ramos, el bar La Paz. El Palacio de la Papa Frita, Pippo, Chiquilín, el Teatro San Martín. El ruido de la metrópolis porteña que no paraba de rugir en madrugada. Buenos Aires bombeando vida. Y yo perdido en el medio de aquella urbe del demonio. El dolor crecía por todos los costados. Era una enredadera que asfixiaba. ¿Dónde estaba? ¿Qué era todo ese espectáculo de luces y colores que desfilaba frente a mí? ¿Dónde estaban mi papá, Belia y Pepa?

¿Esto pasaba cuando alguien era despojado de sus pertenencias más preciadas?

¿Dónde estaba el amor?

¿Existía el amor?

¿O este despojo babeante en el que me había transformado era el último vestigio, lo que quedaba de mí?

Me metí en el Hotel Milán. No tenía coraje, pero me hubiera ahorcado en aquel instante. Era muy deprimente la habitación. Las paredes de un color verde agua sin pintar hacía décadas. Un baño mínimo. Agua fría y una cama con un acolchado con olor a semen viejo que hacía el aire irrespirable. Dejé el bolsito y volví a la calle. A ese fresco alucinado que me atraía a otra escena posible. Morir aplastado por un colectivo 60 o defecando desnudo en plena calle, atropellado por un taxi que atravesara la esquina mítica a toda velocidad.

Al lado del Teatro San Martín había un cine bajando unas escaleras. *Pacto de amor*, se llamaba la película. Recordé que Charly la había visto y le había encantado. Si es que se puede decir algo de esa naturaleza sobre este film. *Dead Ringers*, su título original. Una obra maestra del terror psicológico, protagonizada excepcionalmente por Jeremy Irons y Geneviève Bujold. Salí en shock. El mundo no podía ser más triste. Volví envuelto en mi campera, mis chupines y mis botas neoyorquinas de diez dólares al Hotel Milán.

Al otro día desperté y aquella fuerza desconocida se hizo presente una vez más. Aún había algo que hacer. Salir de allí. Mi próxima parada fue una habitación del Hotel Premier, encima de La Giralda. Era un personaje de Roberto Arlt, aunque sin la potencia ni la fuerza de estos. Deambulaba por calle Corrientes. Era mi calesita en esos días. Una tarde volví a la sala de la calle La Mar y compuse "Esto podría haber sido una canción". Hay en esa pieza una atmósfera basada en los dos tonos mayores de los créditos del final de la película de Cronenberg. Se podía hacer terror con tonos mayores. Y entre estrofa y estrofa se escondía, velado, el fin del romance con Fabi. Es una canción triste con una fuerza dramática que aún me conmueve y me permite escucharla y disfrutarla fuera de la coyuntura original.

21

Alquilé un departamento en la avenida Alberdi y Centenera. A dos cuadras de Primera Junta, el centro geográfico de Buenos Aires. En una de las tantas mudanzas perdí el disco de vinilo que había grabado mi madre en la Radio Nacional de Rosario. Tenía obras de Schumann, Debussy, Schubert y Chopin. Al llegar a ese departamento fue que me di cuenta. Ese descuido era mi vida entera. Eran sus manos sobre el piano de aquella radio moviendo el aire del parlante. Allí estaría siempre viva. No me lo perdonaré jamás.

La relación con Fabi se mantenía en el orden del caos y el desorden. Yo bebía, tocaba el piano, ensayaba o grababa. Todos los días. Leía *La invención de Morel* de Adolfo Bioy Casares y me internaba en mis primeras lecturas borgeanas: *El Aleph*, "Hombre de la esquina rosada", "Funes el memorioso", *El libro de arena* e *Historia universal de la infamia*. Con qué pasión me sumergía en aquellas lecturas. También veía una y mil veces las tres o cuatro películas en video que habían sobrevivido al derrotero de tantos viajes y mudanzas. *Round Midnight*, el extraordinario film de Bertrand Tavernier, actuado magistralmente por Dexter Gordon, que interpretaba la vida parisina de Lester Young, papel por el que estuvo nominado al Oscar. *Purple Rain* de Prince, fábula pop del muchacho de barrio, músico de rock en ascenso, en busca de suceso popular. *Apocalypse Now* de Francis Ford

Coppola. Y *Colors* de Dennis Hopper, con Robert Duvall y Sean Penn, la clásica historia del policía adulto que intenta criar a un pichón de policía fuertemente hormonado. Recuerdo una entrevista que le hicieron a Hopper por aquellos años. Él decía que estaba preocupado porque veía que Duvall no estaba haciendo nada. Cuando Hopper vio la primera revisión del material revelado, se quedó helado ante la cantidad de pequeños recursos que el gran Duvall estaba aplicando, con meticuloso rigor, a su personaje. Cuestiones físicas, como la manera de caminar, la forma de mirar a sus interlocutores, tics mínimos, silencios entre frase y frase en largos planos secuencia. Un mundo de detalles riquísimo para el personaje y el film en general. A veces la distancia de la cámara, donde se encuentra el director, hasta las situaciones donde se desarrolla la acción pueden engañar al más listo. El cine te permite trabajar al mínimo. El señor Hopper se prometió jamás volver a indicarle nada al señor Duvall durante lo que quedara de rodaje.

Necesitaba ser arrullado por voces. Solo así lograba dormirme.

Llegó Coki con su grupo, Punto G, a la sala de La Mar. Coki es un Jim Jarmusch vernáculo. Un diletante interesado por todas las cosas del mundo. Hombre de rostro ovalado, ojos pícaros y andar despreocupado pero firme. Su troupe era una delicia. Jóvenes descarriados en plena salvajura. Tweety González en la consola y ellos tocando me hicieron muy fácil la producción de aquel álbum fundacional en la historia del rock moderno rosarino: *Todo lo que acaba se vuelve insoportable*. Coki Debernardi es el secreto mejor guardado del rock mundial. Artista vibrante, dueño de un talento sin igual. ¿El mundo se merece a Coki?, sería la pregunta. La respuesta: Coki merece una tajada más grande del mundo. Por decisión inamovible, Coki optó por quedarse en Rosario y no repetir la experiencia habitual de los artistas del interior de Argentina. Viajar para conquistar Buenos Aires. Roberto Fontanarrosa y él siempre se sintieron cercanos en esa cuestión. Eran hombres del terruño. Si bien Coki es oriundo de Cañada de Gómez, ha vivido su vida como un rosarino de ley. Entre su tozudez italiana y unas firmes convicciones federales, mi amigo Coki es uno de los orgullos de mi vida. Además de un tío ejemplar de mis hijos. Tiemblan los bares en los que entramos, y tienen muy buenas razones. Aquel álbum fue la piedra fundamental sobre la que se asentó toda la obra de este singular artista, que no dejó jamás de producir gemas que van desde canciones con atribuciones de fábulas wesandersonianas a la narración de pesadillas alcohólicas de inframundo. De crónicas de personas erráticas sobreviviendo en grandes urbes a retratos de trasnochados tatuadores de cruces esvásticas en espaldas de personas desprovistas de razón. Todo bajo el ala de un conocimiento estilístico profundo del rock como género.

Todos los domingos y algunos viernes iba caminando desde Caballito hasta el Parakultural, templo de artistas y marginales de los años ochenta, en el barrio de Monserrat. Eran casi dos horas de caminata atravesando toda la ciudad de oeste a este. De ida y vuelta. Las vueltas, sí, eran más divertidas. La gente que deambulaba a esas horas de la madrugada me resultaba más cercana. Algunas de esas noches todo se disparataba y terminábamos en el caserón donde vivía Luca Prodan, amaneciendo entre un montón de desconocidos o llevando a alguien a la guardia de un hospital o hasta su casa por haber sido víctima de una intoxicación severa. También riendo con el trío más disparatado: Alejandro Urdapilleta, Batato Barea y Humberto Tortonese. Las Gambas al Ajillo contaban con las geniales Verónicas Llinás y Alejandra Flechner. Y Las Lolas. Ambos grupos estaban conformados solo por actrices. Una de esas noches Fabi fue a buscarme hasta allí vestida de hombre. Llevaba puesto el traje gris inglés con el que Eduardo Martí me había retratado para las fotos de prensa de *Ey!* Lucían muy bien mis anteojos en su rostro de actriz francesa de *nouvelle vague*. Recuerdo esa noche un encuentro con Luca en la barra del Parakultural. Él me invitó una ginebra y hablamos como dos caballeros un largo rato, sentados en la barra. En un tono muy diferente al de nuestros personajes públicos. Lo recuerdo como un hombre muy delicado. Con buena escucha, muy inteligente. No era esa la persona que disparaba diatribas contra Luis Alberto y Charly en sus intervenciones mediáticas. Sentí mucho la pérdida de Luca cuando falleció, aquel 22 de diciembre del 87, en su pieza de la casona de San Telmo. Había sido fan de Sumo. Los había ido a ver una madrugada a Ramos Mejía, al boliche Pinar de Rocha. Recuerdo esa noche. Fuimos con Ale. Vimos todo el concierto desde un costado del escenario. Eran una auténtica máquina salvaje de música. Salimos de allí abriéndonos paso entre la gente para llegar a la puerta. El dueño de Pinar de Rocha paseaba entre el público con un tigre, al que llevaba del cuello con una larga correa, y dos señoritas muy desprovistas de ropa, tomadas cada una de un brazo. Muy Phil Spector. Nadie salió herido. Volviendo al Parakultural... Alejandro Urdapilleta actuaba una escena en la que arrancaba arrastrándose por las escaleras del lugar, entrando desde la calle. Luego sucederían, en aquel escenario pobre pero pleno en ideas, muchas secuencias delirantes junto a Batato Barea y Humberto Tortonese que pondrían a reír ineludiblemente a todo el mundo. También hacían entrevistas públicas en las que llevaban al desprevenido entrevistado al máximo paroxismo de absurdo posible. Ellos fueron la alegría de esas veladas en las que nadie quedaba indiferente: demasiado grande la demostración de talento y desparpajo como para no darse cuenta. Todo ese espectro punketo y revulsivo me representaba. A mí y a una gran tribu porteña. Se jugaba, se experimentaba y no había que caerle bien a nadie. Lo único que hacía falta en esos momentos era ser uno mismo. Nadie te juzgaba en el Parakultural. Por ningún motivo. Aquello no fue un movimiento. No tenía por qué serlo tampoco.

Éramos gentes que no encajábamos en ningún lado, felices de pertenecer a la marginalia de Buenos Aires.

Por aquel entonces, Guille Vadalá estaba llegando a mi vida. Los dos nacimos un 13 de marzo. Habíamos sido criados en la picardía de la vida callejera. Hijos de la clase media. Los Vadalá del barrio de Lugano. Telépatas hermanos. Igual que con Charly.

Ey! se armó como una torre. En la batería estaba Daniel Colombres, un profesional de gran calidad musical, y en los teclados Tweety González seguía siendo un gran parcero. Para cada canción convoqué a los músicos que creí necesarios. Ricardo Mollo, ex Sumo, en "Alacrán" y "Lejos en Berlín". Fabián Llonch en el bajo, nuestro amado benjamín rosarino para "Lejos en Berlín" y "Canción de amor mientras tanto". Diego Arnedo, ex Sumo también, en el bajo de "Alacrán". El gran Ulises Butrón para las guitarras de "Canción de amor mientras tanto" y "Dame un talismán". Marcelo Capazzo y Gabriel Carámbula se lucieron, en el bajo y la guitarra eléctrica respectivamente, en "Polaroid de locura ordinaria". Guille Vadalá descolló en todo el álbum. Recuerdo la grabación de "Por siete vidas". Guille sabía solo el cifrado del tema. Cuando Mariano López puso *play*, comencé a cantarle melodías al oído a mucha velocidad. Algunos eran solo sonidos cacofónicos. Por momentos solo le transmitía figuras rítmicas. Vadalá copiaba o mejoraba cada una de las ideas que yo, a su vez, improvisaba. Se parecía mucho a una droga placentera tener a ese virtuoso a tu lado riendo y regalando talento. La de *Ey!* fue una grabación intrincada, así como mi ánimo. Tenía que poder salir de aquel atolladero. Era mi último tiro.

Fue una de esas mañanas en aquel departamento de la avenida Alberdi cuando comienzo a darle forma a "Y dale alegría a mi corazón". Fabi y Fernando Noy, nuestro poeta amigo, no paraban de hablar. Era un living muy pequeño. Esa charla incesante impedía que me concentrara. De todas maneras, no me sentía molesto. Estaba a punto de nacer una pieza hermosa y sabía que faltaba poco para terminar de darle su forma definitiva. Así que asistí a aquella conversación algo ausente, sentado en el piano y trabajando casi en silencio, sin que ellos lo percataran. De pronto Fabi abandonó el living y se encerró en la habitación. Ya no volvió. Fernando siguió con un largo monólogo mientras la luz cambiaba de la noche al día. Finalmente, agotado por el sonido de su voz, me levanté del piano. Crucé hasta el sillón donde estaba sentado. El sillón rosa de la casa de Estomba y La Pampa. Me acerqué hasta él. Lo tomé suavemente de la quijada y le di un beso de lengua que duró un largo minuto. Una vez recuperados de la experiencia, volví al piano y terminé la canción. Fernando se retiró a su casa, y yo a dormir junto a Fabi.

Por esos días la familia Pérez Fernández me acogía en su casa. Sergio es un gran artista, diseñador gráfico. Un hombre cálido y generoso. Angélica, su pareja, una pintora de carácter y compañera inseparable. Necesitaba sentir el abrigo de esa familia, y allí estaba siempre que podía. Me daban seguridad. Entre almuerzos, cenas y aquellas interminables tardes en el barrio de La Boca, fui esbozando el guion de *Novela*, la película que aún no filmé, una muy importante cuenta pendiente. Con el correr de los años, Horacio González intervino el guion, y también Fernando Noy. Lo mismo que mi amigo Matías Gueilburt y su hermano Nicolás. Pablo Páez aportó unos preciosos dibujos que sirvieron para empezar a darle forma al imaginario del film. Recuerdo muchas veladas escuchando música y cenando en la cocina los manjares que preparaba Angélica con amorosa dedicación. Sergio fue el diseñador de las tapas de *Ciudad de pobres corazones*, *Ey!*, *Tercer Mundo* y *El amor después del amor*. Todas con la colaboración de Eduardo Martí en las fotografías. También realizó los videos de "Tercer Mundo" y "Por siete vidas". Allí conocí a un nuevo asistente. Un muchacho algo tímido de ojos negros exultantes de picardía, que se convertiría en uno de mis grandes compañeros de ruta en los años siguientes: Alejandro Ros. Tucumano de oro, artista soberbio del diseño gráfico y genio del humor.

Años más tarde, ya publicado *Tercer Mundo*, haciendo sobremesa tras un almuerzo tardío, escuchamos vibrar el piso de aquella hermosa casona de La Boca. La Doce, hinchada del club Boca Juniors, estaba cantando "Y dale alegría a mi corazón" como si el mundo se terminara. Nos acercamos con cautela al living y luego a la vereda. La melodía se hacía cada vez más nítida. ¡Qué emoción nos embargó a todos en aquel momento!

Otra mañana en el departamento de Alberdi, Roberto Jacoby leyó unos extractos del prematuro guion de *Novela* ante un auditorio de jóvenes extasiados de escuchar su voz en el silencio de una mañana gris. Nuestro maestro gurú de la modernidad porteña, siempre animoso frente a los más jóvenes. Esa mañana, cuando se fueron todos, me topé con un libro de poemas de Chico Buarque. Mis pequeños lentes negros redondos habían quedado apoyados sobre sus ojos, en la mesa de madera del living. Era un Buarque punk. En el lapso de unas horas compuse "Carabelas nada", esa oda a la melancolía, pasada por fraseos de Litto Nebbia y armonías jobinianas.

Eran días de inconsciencia y excesos alcohólicos. No consumía sustancias ni fumaba marihuana. Una noche me dormí encriptado en la habitación que daba al pulmón de manzana. Dormí muchas horas. Cuando me levanté y puse un pie en el suelo, noté que estaba mojado. Fui hasta la cocina. Busqué un trapo de piso. Lo puse por debajo de la puerta para que no siguiera saliendo agua al pasillo del séptimo piso y volví a dormir. Desperté a las pocas horas por golpazos en la puerta que pegaba Jesús, el encargado del edificio. Estaba filtrándose agua en el sexto piso y del pasillo bajaba por las escaleras. En el departamento habría unos tres centímetros de agua. Llamé a Celeste Carballo. Por esos días andaba intentando producir unas canciones para el álbum en común que estaban haciendo con Sandra Mihanovich, *Mujer contra mujer*. Si bien ya nos conocíamos de años atrás, en aquel momento logramos forjar un amor más fuerte que con el común de las personas. Celeste escuchó pacientemente lo que le relataba en el teléfono. Tomó su auto y en lo que canta un gallo llegó al departamento inundado. Se arremangó los pantalones y con gran amor limpió y ordenó todo aquel desastre en cuestión de horas. No debe haber sido una tarea sencilla. Mientras ella hacía todo, yo volví a la cama en un estado catatónico. Llegué a enamorarme de ella y se lo confesé en un viaje en un avión de guerra rumbo a La Paz. Sandra, su pareja en aquel momento, nos miraba con la ternura de una madre, unos asientos más atrás, imaginando lo que estaba sucediendo. Las dos fueron un poco madres-hermanas. Me cuidaron y me protegieron cada instante que recuerdo a su lado con esa ternura con la que las personas fuertes de espíritu cuidan a un desvalido.

Suena el teléfono en casa del pasaje La Mar. Era Moria Casán. Quería entrevistarme para un programa que tenía en la radio. ¡Qué mujer tan espléndida! Llegó con un bolso negro de cuero en el que llevaba sus cositas. Vestida con un jean apretado, una camisa que dejaba ver sus pechos refulgentes y unos tacos que, así y todo, sencillita con muy poco maquillaje, la hacían Moria Casán. Nos sentamos en un sillón de dos piezas en la cocina comedor de aquel lugar en semirruinas y tuvimos una charla deliciosa. Nos divertimos mucho, y la vida siempre, por un motivo u otro, nos acercó de la mejor manera. Me gustaría un mundo con más Morias. Sería infinitamente más divertido y no por ello menos gravitante.

El dueño de una cantina que quedaba por avenida La Plata me fiaba. Eran épocas de vacas flacas. Allí conocí a Vicente La Russa, eximio comediante, *partenaire* de Alberto Olmedo en *No toca botón*. En largas sobremesas nos hizo reír contando anécdotas que guardaré con el amor y el recato que corresponden. Un episodio extraño acontece por esos días. No dejaban de suceder cosas extrañas en esa casa...

El Bolsa, uno de nuestros plomos, que vivía en aquel entonces en La Mar, descubre que faltaban instrumentos y sospecha que quien los tiene es Marito. El Bolsa era un morochazo que una noche se arrojó frente a un tanque de guerra chileno, en el Palacio de la Moneda, Santiago de Chile, y le exigió que lo pisara. Que él no iba a acatar el toque de queda. No tendría más de veinte años por aquel entonces. Marito era un pibe atolondrado. De esos pícaros de poca monta a los que se les nota inmediatamente eso que están planeando que nunca resulta. Marito estaba bajo el ala de mando directa del Bolsa. Un mediodía el Bolsa lo invitó a la casa de La Mar. "Vamos a pasar un lindo rato. ¡Tengo todo, venite!". Cuando Marito llegó, el Bolsa estaba armando un porrazo de marihuana. Se lo pasó y lo fumaron en silencio en la pequeña habitación de la entrada. Miriam, la novia del Bolsa, se retiró de la casa y los dejó solos. Abrieron varias cervezas mientras pusieron algo de música y armaron otra trompeta verde, pero nevada ahora. Se habló y se charló de frivolidades. Se bebieron las seis cervezas que había en la heladera y se fumaron otro troncho. El Bolsa sacó el whisky que tenía escondido debajo de la cama. Le peinó dos rayas furibundas sobre la mesa de luz y le ordenó en tono imperativo: "¡Tomate las dos!". "No, Bolsa. Es mucho, ¡son muy grandes!". Implacable, el Bolsa respondió seco: "¡Tomate las dos!". Marito obedeció. Las tomó y se sentó en la cama. Se quedó duro sin poder emitir sonido. El Bolsa le sirvió una dosis más que generosa de whisky sin hielo y volvió a ordenarle: "Tomate el trago". "No puedo", respondió con mucha dificultad un Marito balbuceante. "¡Tomate todo de golpe así te saca la dureza!". Marito no terminaba de entender qué significaba ese tono de parte de su jefe. Se tomó el trago por la mitad. "Hasta el fondo", le dijo el Bolsa. "¿Qué pasa, bolu-...? ¿Me estás jo-, jo-, jo-... jodiendo?", le dijo ya con serias dificultades motrices un asustado Marito. "¡Hablá bien, pelotudo!". El Bolsa le puso a Marito el vaso en la mano y lo obligó a bebérselo hasta el fin. Se retiró de la habitación y regresó a los pocos minutos. Cuando volvió, encontró a Marito sentado en el piso con las piernas para adelante y la cabeza caída sobre uno de sus hombros, con la espalda apoyada sobre el costado de la cama. "Despertate", le dijo cacheteándole la cara. El Bolsa retiró cuidadosamente todos los objetos de su mesa de luz y acercó las manos de Marito hasta allí. Sin moverlo de su lugar. Entonces sacó un cuchillo del bolsillo de su bermuda de verano. Tomó la mano derecha de Marito mientras con su pierna izquierda detenía el brazo izquierdo de la víctima. Marito no lograba coordinar. Entonces el Bolsa le abrió bien los dedos. Los separó exageradamente. Tomó el cuchillo con su mano izquierda y comenzó a golpear entre los dedos de Marito sobre la mesa de luz repitiendo un mantra: "Me robaste, me robaste, me robaste". Si estuviéramos en re menor, la melodía sería: sol, fa, fa, re... sol, fa, fa, re... La velocidad de golpes del cuchillo sobre la mesa iba aumentando y las posibilidades de darle en un dedo y lastimarlo eran cada vez mayores. Por fin sucedió. Marito pegó un grito. Soltó su mano. Entonces la sangre se desparramó por el piso y las paredes. El Bolsa le pegó una soberana trompada en la cara. La sangre manchó la cama. Marito quedó grogui en el piso. En un rapto de lucidez y velocidad, Marito logró meterse debajo de la cama. Esto inflama al Bolsa: "Decime a quién le vendiste el DX100, las cajas directas, la guitarra Fender y los pies de micrófonos. Te los tomaste, ¿no?". El Bolsa intentaba sacarlo de ahí abajo y Marito se replegaba cada vez más. Por fin, el Bolsa logró arrastrarlo hacia afuera. La confesión no se hizo esperar: "Fui yo. No me pegues más, estoy reloco". "Claro que estás reloco. No tenés que robarle al Bolsa, eso es lo que está mal". Lo sentó en la cama. Lo acomodó y le dio otra trompada que le voló las dos paletas superiores. Eran las cuatro de la tarde. El Bolsa recuperó finalmente los objetos robados en las casas de empeño donde Marito los había vendido. Marito esperaba en el auto. Luego lo llevó hasta la comisaría y lo sentó frente al comisario. Le contó la historia. El comisario escuchó con atención mientras veía el estado calamitoso de Marito. "Mirá, pibe, *llevateló*. Si lo denunciás, vos quedás pegado. ¡Mirá cómo lo dejaste! *Tomenselá*". El Bolsa salió de allí con Marito borracho, drogado y golpeado. Lo dejó desnudo en una salida de la Panamericana a la altura de Escobar, mientras se hacía de noche en el norte bonaerense.

22

Salimos rumbo a La Habana. Festival Varadero 88. Otra vez la luz cubana entrando a mi vida. Y Santiago Feliú, Juan Pin Vilar y Carlos Varela. Llegamos a Varadero y fuimos directo al mar. Tocamos dos noches en el Karl Marx con el gran Osvaldo Fattoruso en la batería, el Lapo Gessaghi en la guitarra eléctrica, Tweety en los teclados y Guille Vadalá en el bajo. Yo era una auténtica estrella estrellada. Aún conseguía mantener el decoro en el escenario, pero debajo de esa piel no era más que una medusa a la que trasladaban de aquí hacia allá. El romance con Yenia continuó y eso fue lo que me tuvo a flote. Parecía que el tiempo no hubiera pasado. Nos seguíamos amando. El dolor seguía allí. El alcohol era lo único que lo atenuaba. De todas maneras, las cosas funcionaban. El primer concierto en el Karl Marx lo abrió Juan Carlos Baglietto. Salimos como los Rolling Stones ante el teatro colmado y alguien ordenó colocar una sustancia química en las estufas escondidas detrás de los equipos amplificadores para generar humo. Este buen hombre no calculó adecuadamente la cantidad, y en menos de cinco minutos no se veía a medio metro. Una niebla espesa lo inundó todo. En el medio de una fuerte carraspera general y una invisibilidad total, nos retiramos del escenario. Cinco mil personas se vieron obligadas a salir de la sala. Era una escena dantesca. Todos tosían. Nunca escucharon toser a tanta gente. Por fin, después de una hora y de abrir todas las puertas del magno teatro del barrio de Miramar, la gente volvió a entrar y retomamos el concierto. Invité a Santiago Feliú al escenario a cantar "Cable a tierra" y el teatro se vino abajo en una ovación atronadora. Allí se inició mi amistad con una de las personas que más amé en este mundo. Santiago era un trovador. Un compositor de excepción, dueño de un sentido del humor extraordinario. Era tartamudo. Mas no al cantar. Solo fuera del escenario. Pasamos a ser uno propiedad del otro. Por él conocí a mi hermano Juan Pin Vilar y a Carlos Varela, otro compositor de excelencia, hijo pródigo de la trova. Mientras crecía mi amor por Yenia, también lo hacía mi amistad con estos hombres. Siempre estábamos a cargo de algún hombre del buró. En este caso, un coronel. Era un hombre rústico y campechano. No había que olvidar que era un control del Estado. A ver qué hacíamos de bien o de mal. Por suerte este buen amigo logró colarse en nuestras juergas y ayudarnos cuando la cosa se ponía brava. Como la noche en la que nos quedamos sin cerveza en mi habitación del Hotel Riviera y salimos en su carromato ruso en busca de más. Se suponía que a esa hora de la madrugada todo estaba cerrado en La Habana. Salimos raudos, Ale, el coronel y yo. Paramos en algún lugar de la ciudad y estacionamos en una calle oscura. Al cabo de algunos minutos el coronel bajó con dos cajones llenos de cervezas heladas. Hatueys. De las fuertes, de dieciocho grados. Eso era una gran noticia, porque con la mitad de esa cantidad perderíamos la conciencia en las siguientes dos horas. Todo se consigue en cualquier lugar a cualquier hora con un poco de astucia y buena suerte. Pasamos varias noches en la casa del sonidista de Santi tocando la guitarra y bebiendo ron caliente del pico. Se hablaba de todo. De rock, de política, de poesía. Se besaba mucho. Muchas veces en la noche y a diferentes personas. Ya comenzábamos encendidas discusiones sobre la revolución cubana y su papel en la historia de América Latina. Yo tocaba de oído y siempre prefería escuchar. Aunque no podía disimular mi inquebrantable simpatía por aquella historia de héroes en busca de un mundo más justo. Sentía que en esa ciudad se respiraba mejor que en cualquier otra. Había ese despojo por las cosas materiales y una búsqueda permanente de la gozadera que, en esos años de juventud, pesaba más que las injusticias cometidas por el régimen de Castro. De las cuales mis jóvenes amigos tampoco tenían mucha idea. El embargo de Estados Unidos lo justificaba todo. Y el hombre aquel, de semblante quijotesco y un envidiable talento para la declamación, portaba un carisma y un sentido de la guerra aplicado a la diplomacia como los más ilustres de la historia. Entonces había que discutir a boca de jarro y seguir bebiendo. Y gozando. Porque de eso sí se sabe en esa isla caliente del amor. Seguramente me encontré con Silvio en su casa y con Pablo en la suya, pero este fue un viaje donde curtí con los de mi generación y conocí La Habana profunda.

Luego repetimos dos noches en el Festival de Varadero. Se rumbeaba hasta el amanecer. Se dormía muy poco. Los *after shows* en la piscina del Hotel Oasis eran fiestas infinitas. Podías ver a Harry Belafonte tomándose un trago con amigos. Mujeres bellas bailando salsa solas, haciendo temblar la tierra, o levantarte y descubrir que esos dos adentro de la piscina ese mediodía eran Buarque y Rodríguez tramando algún desembarco o simplemente gozosos al sol, cada uno con su trago en la mano. Jaime Roos paseándose con el Lobo Núñez por algún pasillo, cruzándose con Feliú y una troupe de bailarinas del grupo de la gran Alicia Alonso. O a Juan Pin Vilar, escritor, intelectual y *filmmaker*, arrastrando a algún desprevenido, que en muchos casos terminaba siendo yo, hacia la inevitable perdición en busca de un Havana Club escondido en la habitación de alguna amiga. O al Tosco, nuestro Prince caribeño, haciendo bailar a todos los muertos del Caribe. A muchachas y muchachos besándose entre las palmeras o en algún recoveco oscuro de esa ciudad inolvidable y lujuriosa.

Lo último que hicimos de regreso a La Habana fue grabar con el arreglador Oriente López los metales de "Por siete vidas" en los estudios Egrem. Fue una sesión maravillosa con una sección de nueve metales con los mejores sopladores de vientos de la ciudad. Cómo olvidar a Yiyo, el virtuoso trompetista, a quien se le estaba haciendo imposible llegar a una frase en sobreagudo que terminaba en sol. Tarea complejísima. Cansado de probar un par de tomas, Yiyo cogió una botella de ron Paticruzado que tenía a su alcance. Se tomó un trago largo y en la primera toma posterior clavó todas las líneas perfectas, en afinación y métrica.

Me fui al otro día de La Habana con la nostalgia de no saber cuándo volvería a ver a Yenia y la felicidad de haber grabado una joya musical con sabor cubano que engalanaría el álbum. "Latin music", le dicen ahora, en inglés. En el año 88 ya estábamos, en América del Sur, generando nuevas fusiones con artistas de otras latitudes, bailando al son del caribe, mientras José Lezama Lima y José Martí sonreían porque las diferencias en la vida no se reconocen en la muerte.

De allí partimos hacia México contratados por Tania Libertad. Que, aparte de cantante, era una empresaria notable. Nos recibió en su casa mexicana y allí me reencontré con Eugenia León, a quien había conocido en el festival tercermundista de Dresden. Eugenia es una cantante maravillosa. Plena de emoción, dueña de una voz poderosa y sofisticada. Bella morena de pelo enrulado y ojos de tigresa. Su marido nos encontró besándonos apasionadamente en la puerta de la casa de Tania mientras nos despedíamos. Por suerte era un hombre comprensivo y conocedor de los efectos del tequila.

Horas más tarde tenía una entrevista en el programa más popular de la televisión mexicana. Fui de largo. Me contaron que, para la borrachera que llevaba, logué sacar con estilo la entrevista con aquel hombre a las siete de la mañana.

Fueron tres conciertos mexicanos. El primero en el salón Margo con Maldita Vecindad, grupo de rock en ascenso en aquel momento. La gente nos recibió de mil maravillas. Después repetimos en Toluca y luego en Querétaro. Habíamos arribado a una tierra desconocida. Traíamos esos aires insoportables del argentino engreído e ignorante. No sabíamos nada del gigante con el que nos encontraríamos. Tierra pródiga. Sangre, lujuria, amor, dinero, agave, terremotos, montañas, valles, sol, muerte, poesía, pasión y locura. Hoy, uno de los barrios más vibrantes de mi vida.

En ese viaje conocí a uno de mis mejores amigos mexicanos: Mondragón. Todo lo que México podía ofrecerte de bueno, Mondra lo tenía bajo el ala de su sombrero. Hombre robusto de ojos negros. Mirada pícara y gran corazón. Generoso como pocos. Lo más importante, su amistad incondicional a través de todos estos años.

Cuando llegamos a Nueva York, paramos en dos lugares. El primero fue el clásico y querido hotel Washington Square, que quedaba a dos *blocks* de Electric Lady. En la segunda etapa alquilaríamos un departamento sin cortinas en el Central Park West. Éramos cuatro personas en dos ambientes mínimos. Mariano López, Ale, Tweety y yo. La ventaja era que había un bar bukowskiano abierto veinticuatro horas exactamente al lado del edificio. Cervezas no faltarían. Las mezclas de *Ey!* fueron en la sala B de aquel estudio construido por Jimi Hendrix en 1970 en los sótanos del Greenwich Village. Mariano comenzaba sus sesiones muy temprano por la mañana. Tweety era de la partida y Ale se quedaba conmigo. Yo era una bola sin manija. Sin horarios para comer. Padeciendo fuertes insomnios y a la vez algo ausente casi todo el tiempo. Mi estado de aparente autismo alarmaba a mis compañeros. Muchas veces solo estaba imaginando cómo lograr un sonido determinado para algún tramo del álbum. Como cuando decidí que la parte instrumental de "La ciudad de los pibes sin calma" debía mezclarse seca, sin ninguna cámara de reverberación. Aquel pasaje nocturno de tango schubertiano, armado con clarinete, oboe y mellotrón digitales, debía generar escalofríos en el escucha y sorprender en la mitad del tema. Unos gritos de mujer extraídos de una película porno no hicieron más que reforzar esa idea.

Solía llegar al 24 horas de la esquina del estudio y comprar mis packs de cervezas. Cada jornada se avanzaba un poco más y las mezclas iban refinándose. No intervendría mucho en aquellas sesiones. No había mucho que hacer tampoco. Estaba todo muy bien puesto en su lugar. Acababa de salir *Lovesexy* de Prince. No tenía ID. Recién salía el *compact disc*, ese nuevo chiche con el que la industria discográfica estaba firmando el acta de defunción provisoria del vinilo. *Lovesexy* era todo un solo tema. No podías volver para atrás una vez arrancada la escucha. Todo un gesto desafiante a la industria. El álbum es sobrenatural. Un prodigio de virtuosismo e inspiración. Yo me encontraba en el lugar totalmente opuesto. Con serias dificultades para expresar lo que sentía. Me faltaban armas y fuerzas. Me sentía exhausto por tener que soportar el yunque de la escena del crimen de mis abuelas veinticuatro horas en mi cabeza. Nadie podía comprender eso. Empezando por mí. Por eso y por muchísimo menos, cualquiera se vuelve alcohólico o drogadicto. De todas maneras, iba al estudio. Metía mi cola de diablo y las cosas cambiaban su curso.

Una noche, a punto de terminar la sesión, se habían acabado las Heineken. Salí raudo rumbo al 24 horas. Ale detrás de mí. Mi estado, ya sabemos, no era el mejor. Enfundado en una camisa con las iniciales de la Unión Soviética, CCCP,[5] no hacía más que levantar cataratas de insultos de parte de los neoyorquinos. No era mi problema. Se suponía que estábamos en la tierra de la libertad. Entramos al 24 horas. Yo voy por unas góndolas. Ale por otras. Nos perdemos unos instantes. Dos policías dejan estacionado el patrullero en la puerta e ingresan en busca de provisiones. Las ganas de orinar se tornaron intolerables. Simplemente desen-

5. Союз Советских Социалистических Республик.

fundé y oriné encima de la góndola de las papas fritas de bolsa. Imaginarán el ruido. Cuando Ale llegó totalmente desquiciado a cubrirme, aquello estaba todo derramado, y ni la policía ni nadie, por la santa gracia del Señor, se había enterado. De terminar en algún calabozo neoyorquino, mi vida hubiera sido otra. Ale me sacó del brazo mientras yo les hacía un *fuck you* a los policías, que se alejaban por la Waverly ajenos a la situación.

La segunda semana nos mudamos al departamento de Central Park West, sobre la avenida Columbus. Llegó Fabi desde Buenos Aires a acompañarnos. Se compró una campera de cuero roja y se tiñó el pelo de blanco platinado. ¡Estaba tan hermosa! Caminamos mucho por aquella ciudad enloquecida y nos sacamos unas fotos preciosas. "Me tenés que dedicar el disco", me dijo una y mil veces. Ya sospechaba que yo andaría entreverado con alguna otra piba. Tenía razón y quería marcar el terreno. En la contratapa, sobre una foto de Eduardo Martí, se lee con total claridad: "Con amor para Fabi". Nunca discuto con Fabi sobre cosas importantes.

La mezcla se desarrolló como casi todas. Bajo el lema peronista "de la casa al trabajo y del trabajo a la casa". En este caso, ese polémico principio de la productividad social resultó muy útil.

Una noche, volviendo en taxi hacia el departamento de la avenida Columbus, sucedió esto… Ale iba sentado junto al chofer. Fabi y yo, en el asiento de atrás. Nueve de la noche. Los autos avanzaban a mucha velocidad rumbo a la parte alta de Manhattan. Llegando a una esquina, vemos a un hombre barbudo muy desalineado sobre una silla de ruedas que bajaba también a toda velocidad por el medio de la avenida. "¡Al fin un colega!", grité dentro del taxi. Los autos lo esquivaban y nosotros no fuimos la excepción. Aquel hombre pasó en su silla de ruedas a centímetros de nuestro taxi, que tuvo que maniobrar hacia un lado y otro durante un corto trayecto, en el cual también nosotros estuvimos a punto de chocar con otros automóviles. El taxista, lejos de asombrarse, dijo: "Jack". Jack era un veterano de guerra, ex combatiente de Vietnam, que sistemáticamente repetía el ritual. Tomaba la avenida Waverly en contramano, que a esa altura era en subida pronunciada, y dando gritos de furia bajaba haciendo rodar con toda la fuerza de sus brazos las ruedas de su silla, enfrentando a los automóviles con temeraria rudeza. La idea era chocar y producir un colapso. Posiblemente buscando su muerte y la de cualquiera que se interpusiera en su camino. Llegaba un momento, entre tantos intentos, que terminaba golpeando contra algún automóvil. Entonces caía o volaba de su silla y se producía las más diversas lesiones o quebraduras. Buscaba una muerte rotunda. O jugaba. O era adicto a la anestesia. O le mostraba a esa ciudad que él todavía estaba allí para seguir dando pelea. O que era una víctima de la hipocresía de aquella guerra infame. O lo que sea. De allí se lo trasladaba a un hospital, en el cual se recuperaba. Una vez recuperado, repetiría la misma escena. Jack no había logrado aún que nadie se accidentara con él.

La última noche antes del regreso a Buenos Aires escuchamos las mezclas con el portero peruano del edificio de Columbus. Era un hombre pequeño, de ojos aindiados, muy cortés, que siempre vestía una musculosa blanca y jeans holgados. Bebimos un montón de latas de Budweiser hasta bien entrada la mañana. El portero volvió dado vuelta a su cucha de la planta baja, donde vivía, mientras nosotros preparábamos las valijas con serias dificultades motrices. *Ey!* estaba listo. Era el primer paso del plan tramado en la más ferviente soledad para intentar salirme de la pesadilla del asesinato de calle Balcarce. ¡Qué ingenuo me veo hoy! Haciendo planes como si la muerte fuera una materia a sortear con estrategias domésticas. Sin embargo, allí estábamos. La tropa aún golpeada, con su comandante herido, rumbo al JFK, prestos para seguir la batalla.

23

Ya estaba la banda, solo faltaba un guitarrista. Después de unas semanas de pruebas, Guille Vadalá me presentó a Ricardo Verdirame. Que no solo resultó un extraordinario guitarrista, sino un hombre querible. Ensayamos en la sala de La Mar durante algunas semanas. Entonces comenzaron los conciertos y las giras de prensa por Argentina.

Bajo las órdenes de Fernando Spiner, junto a Jorge Ferrari y Juan Mario Roust como directores de arte, Ale Avalis como cazador y yo en el papel de lobo feroz, hicimos el video de "Solo los chicos". Filmado en el edificio que fuera el Concejo Deliberante de la Ciudad de Buenos Aires, correteamos durante horas con un montón de niños por las escaleras y escondites de aquel palacio de las intrigas de la política argentina.

Viajé con un joven de la EMI a la ciudad de Salta. Un buen pibe. Tenía que intentar que yo llegara a las entrevistas en los horarios pautados. Ciclópea tarea en aquellos momentos. Realicé toda la actividad de prensa en diarios y radios durante la primera jornada de presentación de *Ey!* Tomé unos vinos en la cena que compartimos, y ya sabía que mi noche no iba a terminar allí. Mandé al cachorro a dormir. Tomé otra botella de vino en mi habitación y salí a la calle a buscar un taxi. "Llevame a un cabaret", le dije al taxista. "Son lindas las pibas, ¡pero queda un poco lejos, chango!", me contestó. "¡Vamos!". Salió de la ciudad y en unos minutos tomó una ruta oscura. A lo lejos se veían un rancho y unas luces de colores. "Es ahí", me dijo el taxista. "¿Tienen asunto?", pregunté. "¿Verde o blanco?", me contestó rápido de reflejos. "De cualquier color a esta hora", dije pagándole y bajando del taxi. Apenas tomó el dinero, el taxista cerró la puerta trasera del auto del lado de adentro y se escapó sin darme el vuelto. En el arranque de la noche ya me habían timado. Se escuchaba una música cuartetera. Entré y se me arrimaron dos morochazas muy hermosas envueltas en cortísimas minifaldas que dejaban ver piernas fornidas. "¿Qué quiere este bebé con el pelo tan largo? ¿Dos mamis?". Una de ellas rozó con su mano entre mis piernas. La otra me besaba el cuello, y podía ver sus grandes pechos erectos enfundados en un top apretado. "Nada, chicas, gracias", me escapé de mis *vamps* salteñas y me acerqué a la barra. Había hombres duros, con rostros ajados por el sol. Mujeres acompañando a aquellos hombres, intentando obtener su dinero con una copa o un polvo furtivo en algún auto o en el baño. La pista se animó. Pedí cerveza. Tomé varias mientras otras pibas venían por mi dinero. De pronto sonó la "Zamba de Balderrama" del Cuchi Leguizamón y Manuel J. Castilla. La zamba que tocábamos con mis amigos de la primaria, Claudio Barberio y Jorge Ramírez. Mi vida se estaba yendo por un tubo. Pedí un fernet solo. Después un whiscola. Malas decisiones. Luego un Gancia con hielo y ya no me quedaban más que cien pesos para comprar alguna sustancia. "Traeme el polvito, mamá", le dije a una de las muchachas que me había recibido al llegar. Habían transcurrido un par de horas. "¿Cuánto tenés?", me dijo. Le di cien pesos. "Ahora vengo". Aún recuerdo aquel pelo negro cayendo sobre su espalda y su culo meneándose sobre los tacos, levantando más polvo del piso de tierra. Me quedaba para dos tragos. Siempre hay una caja chica en algún bolsillo para casos de urgencia. Pedí otro fernet primero y un whisky puro, sin hielo, después. Sufrí un fulminante *blackout* luego del segundo trago de whisky. La música se fue en *fade out*, mientras todos esos hombres me miraban con ojos de lobos. Tenía el pelo por la cintura, una musculosa roja, un pantalón negro de jean apretado. Una zapatilla blanca y otra negra. Recuerdo el brillo de las encías sin dientes de esos hombres sonriendo como Bobby Peru en *Wild at Heart*. Vi el piso de tierra acercarse de a poco a mi cara en cámara lenta. Lo siguiente que recuerdo es despertar en aquel lugar totalmente vacío. Por las hendijas de las ventanas entraban unos finísimos rayos de luz. Intenté recuperarme con mucha dificultad. La cantidad de alcohol en sangre me quemaba el estómago y no me permitía distinguir realidad de sueño o *delirium tremens*. Vi un puma avanzar con movimientos delicados. Se paró delante de mí y me mostró sus colmillos brillantes. Prosiguió su marcha y se esfumó por el pasillo que daba al baño. Me paré como pude y pegué patadas en las puertas y ventanas del lugar. Ninguna cedía. Hasta que de un golpe de puño logré abrir una ventana. Me sangró la mano. Un brillo de luz lo inundó todo. Quedé unos instantes suspendido en aquella situación paranormal. Me di vuelta. Vi el espacio vacío. Una serpiente deambulando entre botellas, vasos de plástico, ceniceros y sillas de madera tiradas en el piso. Los rayos del sol entrando por las rendijas del techo. Sentí el improbable acecho del puma desde el confín de la oscuridad del pasillo por donde se había ido con estricta lentitud marcial. Lo que anoche parecía un cabaret de provincia con todas las de la ley era a la luz del día, y bajo una resaca lisérgica, un corral con cuatro chapas en el techo y otras oficiando de paredes. "The shining of the sun". Me trepé como pude por esa ventana. Caí al piso del otro lado dando tumbos. Me paré y llegué hasta la ruta. Caminé varios kilómetros bajo el sol salteño, hasta que un buen hombre se apiadó de mí. Detuvo su camioneta Chevrolet y me llevó hasta la puerta del hotel. "Ese es un antro de malandras. No tienen ni licencia municipal. Andá a dormir, pibe". En mi habitación me esperaba el pibe de la EMI. "Me cagaron a pedos en la compañía porque te perdí anoche", dijo mirando para abajo, sentado en un sillón raído, mientras fumaba un cigarrillo. "Siempre me voy a escapar", contesté con seguridad y cierta pedantería. "Me van a echar", me dijo el pibe algo asustado. "Nos van a echar a los dos, no te preocupes". Así fue. Al volver a Buenos Aires, Roly Hernández, el entonces director artístico de la EMI, me citó en la misma oficina que fuera de Jorge Portunato, donde había firmado mi contrato con la compañía británica, para decirme que no me lo renovarían. El *kid* y yo, de patitas en la calle.

La presentación de *Ey!* en Rosario fue en el anfiteatro Humberto de Nito. Coki, siempre a mi lado. Él fue una pieza clave en el andar de mi vida. Hombre de altos humores y un gran sentido aristocrático, de estar aquí y allá con la misma gracia y encanto. No importaba que estuviéramos en un reducto olvidado de las sierras de Córdoba tomando la última cerveza de la mañana o en la suite del Palace, en pleno centro madrileño, años más tarde, intentando hacerle entender al mozo del *room service* que el bocata podía ser de jamón y queso y no solo como figuraba en la carta: bocata de jamón o bocata de queso. Se toma un solo pan y se mezclan las fetas de jamón y de queso. Coki con paciencia y la mejor predisposición intentaba explicarle las posibilidades de combinación, ante el desconcierto de su interlocutor. "¡Es que es o bocata de jamón o bocata de queso! ¡No se pueden mezclar!", rugía el tierno madrileño con seguridad.

El concierto de Rosario ya había pasado. Yo no había estado realmente allí.

La noche en que se festejaban los cinco años de democracia, Daniel Grinbank organizó el festival que celebraría tan alto acontecimiento en las intersecciones de las avenidas Libertador y 9 de Julio. Esa noche tocaron un montón de grupos y artistas.

Soda Stereo, de gran popularidad en aquellos años, liderado por el inmenso Gustavo Cerati. Ratones Paranoicos, la banda stone argentina, comandada por ese inigualable artista que es Juan Sebastián Gutiérrez, popularmente conocido como Juanse. El grupo La Torre, Juan Carlos Baglietto, Man Ray, KGB. Os Paralamas do Succeso. Esa noche se convirtieron en la primera banda brasilera adoptada como propia por los argentinos. Luis Alberto Spinetta y yo. Faltaba uno. El más rutilante. *Monsieur* Charly García. Por algún motivo u otro, no había sido convocado.

Charly había sido una pieza clave de resistencia e inventiva creativa durante la dictadura. Y en la transición democrática, una figura fundamental por todo lo que ya sabemos. Eso sin descartar su innegable estatura simbólica para gran parte de los argentinos. Mi horario era a las 20. A las 18 toqué el timbre de su departamento de Coronel Díaz y Santa Fe. Después de insistir con unos timbrazos, alguien me atiende y me hace subir. Me retiene en la puerta del séptimo piso otro largo rato. Me abren y paso a la habitación de Charly sin pedir permiso. Me acerco y después de darle unas suaves palmadas en su espalda logro que abra los ojos. "Charly, levantate. Vamos a tocar a la 9 de Julio". "¿Quién toca?", me contesta entre sueños. "Viene Herbert, vamos a tocar unos temas juntos, ¡hoy se cumplen cinco años de democracia!". A lo que responde: "¿Qué democracia?". "Dale, tenemos que estar en una hora, ¡apurate!", le digo mientras se incorpora sobre la cama. A Charly siempre le entusiasma la idea de hacer música. A cualquier hora, en cualquier estado, en cualquier lugar. "No tengo ropa", me dice. Se levanta y se dirige al baño. "Esperame afuera". Cerró la puerta de su habitación. Lo esperé cuarenta minutos exactos de reloj. Bajamos por el ascensor, subimos al auto y nos dirigimos hacia el acceso al escenario. Charly llegó y, como siempre, generó el asombro de todos. Iba con toda la cara pintarrajeada de muchos colores. Los ojos delineados con precisión. Bastante rubor en los pómulos y los labios rojos fuertemente marcados. Unos botines negros con cordones desatados sobre unas medias altas que dejaban ver sus piernas flacas y un piloto negro que tapaba su cuerpo casi desnudo. Debajo solo llevaba unos calzoncillos blancos. Y un detalle muy simpático en su cuello, un collar de perlas ajustado. Esperó respetuoso, como es él, hasta que le tocó su parte. Tocamos "Popotitos" y "Revolution" de los Beatles. La gente enloqueció al verlo. Subió con mi Rickenbacker azul petróleo y blanca. En el medio de "Revolution", la revoleó hacia atrás y no había nadie para recibirla. Se partió el mango en dos. Una de cal y una de arena. La de arena fue la alegría de todos al verlo allí despatarrado, corriendo de un micrófono al otro, haciendo voces, saltando, jugando a la libertad en el festejo de los cinco años de democracia sobre el último año de mandato del presidente Alfonsín. Ese lugar era suyo, ganado en buena ley.

Por aquellos días yo seguía teniendo recaídas. Una noche en el departamento de avenida Alberdi, Fabi, que había ido a visitarme, se fue a dormir. Me quedé bebiendo. Botellas con restos de cerveza, vino blanco, whisky barato de petaca de kiosco y colonia 555. Había que borrar la realidad y los fantasmas. No lograba quitar aquello de mis pensamientos. La escena en la Jefatura de Rosario, al abogado de la familia contando como si fueran minucias cómo había sido el desplazamiento de los asesinos en el transcurso de la masacre, las vacas asesinadas en aquel sueño dentro del camión en Comodoro Rivadavia, la foto de los cuerpos retirados en camilla de la casa de mi infancia, los cuchillos lacerando el cuerpo de Pepa, el rostro de Walter totalmente intervenido e irreconocible bajo su peluca anaranjada, el cortejo yendo al cementerio, la mirada triste de Belia y Pepa en la última despedida, viéndolas por el vidrio trasero del taxi que me llevaría a la estación de colectivos Mariano Moreno.

Recuerdo estar sentado en el balcón de la cocina. Una pierna adentro y la otra afuera. El fierro donde estaba sentado medía diez centímetros de ancho por un metro y medio de largo. Ondulaba inconsciente entre el vacío y el piso del pequeño balcón donde se ubicaba el lavadero. La voz de Fabi, suave ángel de la guarda, diciéndome a un volumen casi imperceptible "Fito, Fito...". No sé cuánto tiempo habré estado colgado en aquella situación. De la misma manera delicada en la que Fabi decía mi nombre, retiré la pierna del precipicio y la puse sobre el suelo. La torpeza alcohólica podría haberme hecho tropezar, pero la suerte o alguna presencia interestelar no quisieron que aquella mañana cayera siete pisos. Igual que a un niño, Fabi me llevó hasta la cama y me arropó entre sus brazos hasta dormirme. La tarde siguiente, al despertar, me invadió la amarga sensación que puede sentir un suicida involuntario, desde la más pura inconsciencia, en la recuperación de la sobriedad de los sentidos.

Fabi vivía en el departamento que le alquilaba su madre, Silvina Luro, en calle Paraguay. Yo era un ente disfrazado de persona que deambulaba de aquí para allá. Dormía en La Mar, en casa de Ale Avalis en calle Donato Álvarez, junto a su mujer Isabel Birkner y su hermano Billy. En esa casa vivía también la madre de Isabel y Billy. Eran hijos de un dueño de circo. Sus mascotas habían sido leones, monos, tigres y pumas. Éramos todas criaturas del Señor a la deriva. Alguna cita ocasional aquí. Una asistenta de dirección allá. Unas escritoras progresistas en busca de un *affaire* con un rockero salvaje. En casa de chicas ricas en el barrio de Olivos. En casa de la familia González en el barrio de Versalles. Pasaba largas semanas en casa de Liliana Herrero en Rosario y, eventualmente, en el departamento de Fabi.

24

En la madrugada del 1 de enero, en el club Prix D'Ami, en el barrio de Belgrano, tocamos *Ey!* entero.

El año arrancaba con todo.

Esa noche terminamos en el departamento de Sonia Lifchitz, auténtica *jewish princess*, porteña que vivía justo al lado del boliche. Desperté en un sillón de su living con una de sus amigas al lado. Había sido una hermosa noche y traía buenos augurios para ese año.

En febrero volví a Venezuela, en el marco de un tour junto a Gilberto Gil, Ray Barreto y Soledad Bravo. Asumía Carlos Andrés Pérez y se suponía que eso sería algo bueno para el país caribeño. Terminó destituido por la Justicia, por el delito de malversación de fondos y fraude a la nación. La cuestión fue que logramos tocar en Caracas y Maracaibo. Puerto Ordaz se suspendió en medio de una lluvia ominosa. Tuve la suerte de entablar un vínculo con Gilberto Gil, un artista al que admiraba y cuyo profundo conocimiento de la música popular argentina me sorprendió. La vida me regalaría más encuentros con el maestro bahiano. En el Caracas Hilton, antes de emprender la vuelta a Buenos Aires, me crucé con Saúl Ubaldini, el líder de la CGT. Un hombre que combatió férreamente las políticas liberales de aquellos años, que atentaban contra los intereses de los trabajadores, a quienes él representaba. Se mostró como un hombre amable de excelente humor. Charlamos unos minutos. Nos abrazamos y cada uno siguió su camino.

El concierto de *Ey!* que yo más esperaba iba a tener lugar en Buenos Aires, en el Teatro Coliseo. Con una puesta excepcional de Sergio Pérez Fernández. A punto de comenzar, Fabi aún no había llegado. Los nervios crecían. Por la inminencia del concierto y por la demora de Fabi. El telón se abrió, y sobre los primeros acordes de "Lejos en Berlín" se descubrió una pantalla panorámica que proyectaba una ciudad en blanco y negro. Era una puesta imponente, y la banda sonaba ajustadísima. Era todo un logro estar atravesando aquella etapa, de esta manera tan preciosista, bajo la tutela de Sergio Pérez Fernández. Avanzó la lista y ya me había resignado a que Fabi no llegara. Decidí concentrarme en lo importante. Pero sobre el comienzo de "Yo vengo a ofrecer mi corazón", entre contraluces azules, irrumpió aquella mujer fantástica, salida de un cuento de Lewis Carroll. Con dos cintas en sus manos, haciéndolas revolear por el aire a la manera de una danza china. Fabi entró bailando al escenario, llenando de poesía todo el espacio. No era lo mismo ese concierto con o sin ella. Su presencia trajo tranquilidad y emoción. En el concierto tuvimos excelentes versiones de "Tatuaje falso", "Canción de amor mientras tanto" y una espectacular de "Alacrán", con Ricardo Verdirame y yo subidos cada uno a una columna del PA. Para los bises preparamos una versión de "Los viejos vinagres" de Sumo que levantó polvareda. Todos disfrazados de gordos raperos. Finalizado el show, llegaron al camarín Fernando Noy y B.ode Lescano, su poeta favorito. Al preguntarle al joven qué le había parecido el concierto, me contestó que "muy profesional". Me decepcionó su respuesta. Nada hubo en ese concierto de profesional. Solo pura poesía viva. De todas maneras, tomé su figura mora y espigada para nombrar al gato de "B.ode y Evelyn". Viajamos a Santiago de Chile, Valparaíso, Córdoba y Mendoza. Este último fue de los mejores conciertos de aquella banda que daba mucho que hablar en la peña musical de la época.[6]

Una noche llegó a Buenos Aires la Mona Jiménez con su troupe. Fue su desembarco en la Capital Federal. Carlos Jiménez es un artista popular inmenso, oriundo de la provincia de Córdoba. Otra víctima del federalismo argentino. Con la gran diferencia de que Córdoba logró desarrollar una industria independiente de Buenos Aires para subsistir. El público cordobés compraba casetes, *compacts* y cortaba muchos tickets en los conciertos. Los shows de la Mona eran verdaderas fiestas paganas. Su producción independiente se encargaba de todo. La seguridad, el alquiler de luces y equipos de sonido, las grabaciones, el pago a los músicos y servicios en general. Incluso de la barra. Allí se servía cervezas, whisky, vino, alguna que otra bebida espirituosa y el gran trago popular: la "mezcladita". Que era todo el alcohol que había sobrado de la noche anterior mezclado en formato de menjunje criollo de altísimo voltaje. No se conoce ningún incidente de gravedad en tantos años de conciertos. La cuestión es que este artista del cuarteto se presentaba en sociedad en Buenos Aires. Ya nos conocíamos de habernos cruzado en algunos de sus conciertos cordobeses. En esta oportunidad fui uno de sus invitados de honor. En las dos noches en Cemento. Espacio porteño dirigido por Omar Chabán, artífice central de una parte importante de la escena *underground* porteña de los años ochenta y noventa. Su pareja por aquellos años fue la anfitriona en camarines: la bellísima Katja Alemann, actriz y *performer*. Disfrazada de reina porno *soft*, con una corona de fantasía, sus largas piernas, sus ojos azules y aquella sonrisa centroeuropea que intimidaba. Allí nos cruzamos con Horacio Fontova y gran parte de la tribu porteña que ansiaba ver el debut de Carlos Jiménez y su grupo en

6. www.youtube.com/watch?v=z0M2_JEyKWA

la gran metrópoli. Cuando la Mona subió al escenario se encontró con el local totalmente explotado de gente. Las canciones que yo debía interpretar eran: "¿Quién se ha tomado todo el vino?", de su autoría, y "Dando vueltas en el aire", de *Ciudad de pobres corazones*. Cuando subí a cantar, una hora después de comenzada la celebración, una horda de personas se trepó al escenario. Fue tal el sentimiento orgiástico que despertó aquel cantante y bailarín cordobés que todo se desbarató. Alguien me tiró al público. Me subieron a unas manos que me pasaban a otras y me desnudaron en el trayecto. Me devolvieron al escenario. Solo sé que olí sudores de todo tipo y escuché alaridos salvajes. Vi sonrisas desatadas y el caos reinó por fin, auténticamente, en Buenos Aires, la Reina del Plata.

Liliana Herrero comenzaba a hacerse oír y su ímpetu derivó en la grabación del segundo álbum, *Esa fulanita*. El mismo team musical del primer álbum. En La Mar. Contenía varios anónimos recopilados por Leda Valladares y tres versiones monumentales. "Subo" de Rolando Valladares, "La añeja" de Atahualpa Yupanqui y "Vidala para mi sombra" de Julio Espinosa, magistralmente instrumentada por Iván Tarabelli en teclados. Liliana seguía creciendo como artista. Eso era algo bueno. El canto cuestiona sin cesar el sentido de la palabra. Entonces las pasiones crecen y se discuten formas de vida. Razones, lógicas, técnicas, estructuras, mentes y estrategias, cuerpos, devenires, imprevistos, improvisaciones, mística y guturalismos. Nuestro amor era infinito. Y ninguno de los dos cerraba puertas.

Allí, en esas habitaciones del palacio de nuestras vidas, me introdujo a Horacio González, su nueva pareja.

Qué aire fresco resultó ese viento insondable.

Llegué a Brasilia, capital de Brasil, la ciudad alucinada creada por el genial arquitecto Oscar Niemeyer, para tocar en un festival latinoamericano. Teatro, danza, música y artes plásticas eran el material que serviría para encontrarnos gentes de todos los lados de América Latina y así intentar asentar en aquella ciudad de ciencia ficción un territorio común para algunos de los artistas delirantes de la época. Allí me reencontré con Charly, Gilberto Gil y Herbert Vianna.

Brasil me tenía aún dentro del eje de su radar. Mi vida era en parte brasilera. Aquel tumbado de "Tres agujas" y "Giros" llegó desde África a la guitarra de João Gilberto y de allí a la casa de calle Balcarce. Y las armonías jazzísticas eran las de Tom Jobim. La parte C de "Tres agujas" es legataria de "Garota de Ipanema". "Sobre la cuerda floja", la canción trágica que Juan Carlos Baglietto interpretó como nunca nadie en su primer álbum "Tiempos difíciles", era una relectura adolescente de la inmensa "Construcción" de Chico Buarque de Hollanda y *Refazenda*, uno de mis discos favoritos de mi adolescencia. Más todo lo que aún sigo descubriendo. Desde Cartola a Los Hermanos. Desde el frevo a Tim Maia. De Hermeto Pascoal a Elis Regina. De Caetano Veloso a Os Paralamas do Sucesso. De Milton Nascimento a Kleiton & Kledir. De Arnaldo Antunes a Elza Soares. De Egberto Gismonti a Djavan. De Nana Caymmi a Gal Costa. De Luís Maravilha a Villa-Lobos. De Sepultura a Vanessa da Mata. De Tom Zé a Ed Motta. De Titãs a Legião Urbana. De Ney Matogrosso a Yamandu Costa. De Paula Toller a Maria Bethânia. De Cazuza a Cássia Eller. Y así hasta el infinito. Nunca me sentí un turista en tierra brasilera. A pesar de mis dificultades con el portugués, que se han ido reduciendo con el correr de los años, Brasil es central en mi vida. Esa gira siguió en San Pablo y terminó en Río de Janeiro. A partir de ese año me sacaría una foto cada año que volviera a pasar por la esquina del hotel Arpoador Inn, en el corazón del barrio de Ipanema. Allí había recibido la peor noticia de mi vida.

Al llegar a Buenos Aires realicé unos conciertos que fallidamente un diario argentino tituló "de despedida" junto a Guillermo Vadalá en el Teatro Presidente Alvear. Me hicieron una entrevista en el diario

Página/12 y yo comenté, entre tantas cosas, que por mi situación económica ligada a la falta de trabajo o, visto a la distancia, un desinteligente manejo empresarial de parte de mi mánager, me iba a ir de Argentina. No había nada épico en la declaración. Aun así, aquellas palabras resonaron de manera inusitada dentro de la tribu que me seguía. Así, aquellos dos conciertos programados en un principio se transformaron en nueve. Y en mi entorno, yo en primera fila, no podíamos salir del asombro. El dúo fue bautizado con el nombre de Chapa y Pintura. Hacíamos un repertorio bien variopinto que incluía el estreno de varias canciones de *Tercer Mundo* en formato dúo con algún acompañamiento electrónico. Las funciones fueron un éxito absoluto. Fuimos a Rosario, Córdoba, Mendoza, La Falda y otras tantas ciudades argentinas.

Clorinda, entre ellas, ubicada en la provincia de Formosa, a quince kilómetros de la desembocadura del río Pilcomayo. Ya estuvimos allí, si recuerdan bien. Ciudad limítrofe con la república hermana del Paraguay. Tocamos en el contexto de un festival. Ale armó nuestros instrumentos a las corridas en medio de una situación técnica mucho menos que alentadora. Promediando el concierto se largó una lluvia de proporciones bíblicas. Esto hizo que desarmáramos inmediatamente y saliéramos disparados rumbo al hotel.

La delegación éramos Pilo Ruiz Díaz, Murray, asistente de escenario, Ale, Guille y yo.

Al otro día subimos al micro que nos traería de vuelta a Buenos Aires. A los pocos kilómetros nos detuvo la Gendarmería. Nos hicieron bajar a todos. Solo nos revisaron a nosotros. Cuando subimos de vuelta al micro, un gendarme encontró debajo del plástico del apoyacabeza del asiento donde se había sentado Guille Vadalá, por total casualidad, una poca de marihuana. Guille se sentó en aquel asiento, vaya Dios a saber por qué. No era el suyo. La marihuana era de Pilo, que sí estaba sentado en su asiento. Los detuvieron a los dos después de unos instantes. Guille no quiso decir que esa droga era de su compañero Pilo. Solo dijo que él se había sentado allí por pura casualidad. Lo que era la más pura verdad. Pilo no asumió la responsabilidad de que la marihuana era suya y que la había puesto al azar en el asiento en el que terminaría sentado Guille. Así se inició un largo derrotero que duró casi una semana.

Primero los detuvieron en dos salas separadas en la Gendarmería de Clorinda. Ale los visita y le pregunta a uno de los gendarmes si les puede llevar alimentos y si conoce a algún abogado de la zona que pueda ayudarlos a salir de aquella situación. Este lo manda con el doctor Cacace Fretes. Saca de su charretera una tarjeta con la dirección y el teléfono. Extraña situación, por cierto. Esperamos al otro día y a primera hora de la mañana llamamos al abogado por teléfono. Le expliqué el caso y nos indicó que iba a averiguar en Gendarmería y se pondría en contacto con nosotros. Después de dos jornadas incomunicados, Pilo y Guille son trasladados a la cárcel de Formosa. Duermen allí entre presos comunes, aterrorizados por un posible destino nunca deseado. El doctor Cacace Fretes, por fin, se comunica con nosotros y nos dice que la cosa se va a resolver en menos de veinticuatro horas.

Esa tarde llegamos al penal con una guitarra y una pelota de fútbol. Jugamos a la pelota con los presos. Toqué canciones mías y de Sui Generis. La cárcel era un espacio deplorable. Un largo rectángulo enrejado lleno de camas de todo tipo que daba a un patio al aire libre. Cuchetas de dos y tres lugares, camas de una plaza, sábanas y ropas tendidas sobre hilos para su secado y mesas de luz hechas con cajones de manzanas. Los hilos eran peligrosos. Algún detenido podía ahorcar a alguien o intentar un acto suicida. Los cajones de manzana también conllevaban peligro porque las astillas de madera pueden transformarse en armas letales. Sin embargo, reinaba un ambiente de franca camaradería en aquel reclusorio olvidado de Dios. Un olor insoportable a cloaca podrida y un calor bordeando los cincuenta grados hacían de todo aquello una verdadera postal del infierno. Saludamos a nuestros amigos.

Guille se lo quería comer a Pilo. Estaba en todo su derecho. Si Pilo hubiera reconocido que esa marihuana era suya y que la había plantado en otro asiento para no tener que hacerse cargo en el caso de que la descubrieran, Guille no estaría allí.

Al día siguiente, Cacace Fretes nos citó en su estudio. Una casa de familia con un recibidor que oficiaba de escritorio, cerrado por una puerta que lo aislaba de la casa. Le abonamos la suma acordada sin recibir ni un solo papel a cambio. Estábamos en un antro de corrupción. Tanto Ale como yo entendimos esto desde el primer minuto, cuando el gendarme le pasa la tarjeta del abogado paraguayo en un acto de sospechosa complicidad entre ellos. Había que sacar a nuestros amigos de allí a cualquier precio. Y solo teníamos la palabra de este hombre al que acabábamos de conocer. Se ofreció a llevarnos en su auto al hotel. Aceptamos. Yo subí en el asiento delantero junto a él y Ale en el asiento de atrás. Antes de arrancar sacó sorpresivamente un *walkman* de su bolsillo. Me lo puso frente a la boca y me dijo: "Voy a necesitar un último favor antes de sacar a sus amigos de la cárcel". "Lo que usted diga, doctor", respondí firme, sin saber qué me iba a proponer. Aunque intuyéndolo. "Diga: '¡El doctor Cacace Fretes es la mejor opción en las próximas elecciones presidenciales del Paraguay! ¡Vote a Cacace Fretes!'. Por favor, diga, antes de comenzar y al final, que usted es Fito Páez, ¿comprende?". Sin dudar un segundo le hice tres versiones del eslogan: "Señora, señor, les habla Fito Páez, los quiero invitar a votar a uno de los políticos más honestos y probos que ha dado la época, el doctor Cacace Fretes. Sin duda, él manejará los destinos del Paraguay como ningún otro presidente lo haya hecho hasta el día de hoy".

"¡Soy Fito Páez, vote al doctor Cacace Fretes!".

"¡El mejor presidente para Paraguay, lo dice Fito Páez, el doctor Cacace Fretes!".

Él quería su presidencia, nosotros a nuestros amigos. Nosotros tuvimos éxito. El supuesto doctor no corrió con la misma suerte.

Por esos días recibo un llamado del diario *Clarín*. Me preguntan si me gustaría hacer una fotografía en la esquina de Corrientes y Callao con el gran maestro Osvaldo Pugliese. Uno de los grandes pianistas, compositores y directores del tango de todos los tiempos. Pensé que era una broma. Muchas editoriales de este jornal se han dedicado al humor negro durante muchos años, sobre todo en infinidad de editoriales políticos. Acepto inmediatamente. Cuántas veces había escuchado "La Yumba" en tardes con mi padre, revisando sus expedientes. Encuentro muchas similitudes entre los arrastres pugliesanos y el rock. Una clara tendencia a los *riffs* en ambos. El encuentro fue muy hermoso. Le conté a don Osvaldo que conocía muy bien su música. Él sonreía. Parecía divertirle mi manera de expresarme. Alguien puso una silla y me acercó un bandoneón. Yo lo tomé entre mis manos con extrema delicadeza. A él le arrimaron una guitarra eléctrica de color negro. El maestro iba a tomarla entre sus manos. Su mujer no se lo permitió. Alguien podía ofenderse ante aquel acto blasfemo. La guitarra quedó apoyada sobre el asfalto de la calle Corrientes, recostada en la silla. Sonreímos los dos para esa foto inolvidable que hoy exhibo en mi biblioteca. ¡Qué linda vibra sentí con él! Luego nos hicieron una entrevista a cada uno por separado. Allí afirmó admirar "la letra y la música de Fito Páez".

Cuántos regalos hermosos me ha dado la vida.

Fuimos a Montevideo a presentar Chapa y Pintura en La Esquina. ¡Qué bar!

Con Charly, en los viajes al interior de Argentina, habíamos montado un *sketch* de payadores. Era un duelo que trataba de los más diversos temas, pero el principal era la siempre tensa relación entre unitarios y federales. Él exaltaba las virtudes unitarias y yo las federales. Utilizábamos un glosario infinito de defectos del contrincante, lo que le daba el picante necesario para que aquellas sesiones se prolongaran por horas. Riendo sin parar. Aún continuamos la tradición junto a Andy Chango. Insigne heredero de la mejor y más noble estirpe porteña.

Volvamos a esa madrugada uruguaya.

Conocí a toda la tropa candombera en tantos viajes a mi amada ciudad. A Rubén Rada y su sofisticado toque, a Mariano, ese moreno virtuoso que enjoyaba la música con su presencia. Mas mi canalla favorito y amigo a través de los años, el Lobo Núñez. Luthier de tambores, gran tamborillero y bailarín de murga de excepción. Éramos los peores del barrio. Lo somos aún. Mandábamos a la cama al más guapo. La mañana después de los dos conciertazos de La Esquina junto a Guille Vadalá, terminamos sentados en dos sillas, mas no en el piso sino sobre una mesa. El Lobo y yo. Payando de un clásico: argentinos y uruguayos. Como dos reyes. La pica lo es todo en la payada. Aunque debo reconocer que, más allá de las dificultades que me produjo el nivel etílico en sangre, se me hizo difícil generar controversia con el Lobo, porque yo sentía que rosarinos y montevideanos éramos muy parecidos.

Montevideo y Rosario eran primas hermanas. Campechanas, relajadas. Eran no significa que lo sigan siendo. Buenos Aires nunca quiso pensarse a sí misma. Nunca le hizo falta. Su condición de Reina del Plata no ameritaba ningún autoexamen sobre su estirpe monárquica; por ende, superior. Menos ser interpelada por ciudades a las que siempre consideró plebeyas.

Aquí quiero invitarlos a leer o releer *La cabeza de Goliat*, el extraordinario libro en el que Ezequiel Martínez Estrada, ensayista santafecino de las altas cumbres del pensamiento, diseca y examina a esta ciudad central.

Buenos Aires, otra vez. Eterno laboratorio. Rosario y Montevideo crecieron bajo su sombra, que todo lo devora. Quiero pensar que no querrán correr la suerte del capitán Ahab con Moby Dick.

25

La primera vez que vi a Cecilia Roth fue en el film *Laberinto de pasiones* de Pedro Almodóvar. Fue en el cine que quedaba en calle Corrientes al lado del bar La Paz. Fui con Guille Vadalá. Corría el año 1988. Era un ciclo que presentaba toda la filmografía del director manchego. Recuerdo que cuando salimos de la proyección le dije a mi nuevo amigo estas textuales palabras: "Hay algunas cosas que nunca van a suceder. Una de ellas es que una mujer como Cecilia se enamore de mí". Todo indicaba que aquellas palabras podrían haber sido dictadas por un implacable oráculo griego. Por suerte la vida es más insólita y no respeta destinos marcados.

Conocí a la dulce Victoria Vieyra por intermedio de unos amigos en común. Una muñeca de ojos almendrados y piernas flacas y ágiles. Hoy, eximia bailarina y maestra de tango radicada en París. Cuánta paciencia tuvo esa muchacha con el niño caprichoso que aún era y que no encontraba paz alguna en ninguna circunstancia. Mi vida seguía yéndose por la borda y ella quería un hombre.

Por aquellas noches aparecieron "Fue amor", "B.ode y Evelyn", "El chico de la tapa", "Yo te amé en Nicaragua" y "Pétalo de sal", que competía fuertemente con "La balada de Donna Helena" y "Carabelas nada" por un espacio en *Tercer Mundo*. Eran horas sentado al CP70 que estaba de costado a la ventana que daba al pulmón de manzana y que dejaba ver infinidad de departamentos a la manera de *La ventana indiscreta* de Alfred Hitchcock. Frente a mí, el sillón Churba de color rosa que había comprado Fabi para decorar el livingcito del cuarto de la tele de Estomba y un cuadro enorme de Pancho Luna, amigo pintor platense, que Fabi me había regalado para un cumpleaños. Era la sombra de un pibe rodeado por dos figuras espectrales. En tonos violetas y rosas.

Aún Fabi me pregunta "¿De quién es el portaligas?", bromeando y recordando tanta vida juntos. En aquel film que realicé en el año 2006 con Romina Richi, futuro amor de los fuertes, Julieta Cardinali y Leonora Balcarce rescaté no solo el título de una pregunta cantiliana por excelencia, sino la escena completa que paso a narrar a continuación con el amor y respeto infinitos que me merecen sus protagonistas. Habíamos grabado el álbum de Fena Della Maggiora en los estudios ION. Una amiga de Fabi y yo teníamos una atracción fuera de lo común. ¡Qué mujer tan bella! Y divertida. Una Nastassja Kinski vernácula. Esa noche no logramos contenernos y tuvimos una velada erótica de alto voltaje. Si bien estábamos separados, Fabi aún ejercía sobre mí una posesión parecida a una patria potestad *ad eternum*. Queríamos tomar un taxi en avenida Rivadavia y dirigirnos a mi departamento de Alberdi. Ella se me adelantó unos pasos y, en lugar de parar un taxi, le hizo señas a un patrullero sin darse cuenta. Yo me agarré la cabeza con las dos manos mientras el auto frenaba ante los gestos algo exagerados de la amiga de Fabi. Los policías nos invitan a subir y nos preguntan hacia dónde vamos. Ella termina de enterarse de la situación dentro del patrullero; yo les indico la dirección. El silencio en el que viajamos hasta el departamento no lo sentí ni en un entierro. Bajamos los dos con las caras blancas de cadáveres y la presión por el piso. Vivimos una noche a todo trapo. Por fin aquella beldad logró dormirse. Yo prendí un cigarrillo a su lado como si estuviera recién levantado, mientras el sol mostraba sus primeras luces. A las ocho de la mañana comenzó a sonar el timbre. "¡Salgan, sé que están ahí!", resonaban los gritos de Fabi mientras su amiga se vestía a toda velocidad para que no se notaran vestigios de esa noche lujuriosa. Misión imposible. Al cabo de unos minutos abrí la puerta y Fabi entró al departamento con la fuerza de un ñu, arrasando con todo lo que estaba a su paso. Salpicando sangre por los cuatro costados. Se había herido las manos y los pies en confusa situación, en casa de unos malandras. Fabi era una mujer de armas tomar. Terminó echando a su amiga de mi departamento, apropiándose del campo de batalla. Entró a la habitación y encontró un portaligas negro tirado en el piso. La pregunta certera tenía una respuesta igualmente certera. "¡¿De quién es el portaligas?!", bramó el edificio de la avenida Alberdi.

Un 23 de octubre Alejandro Kuropatwa, fotógrafo de excepción y niño rico caprichoso de gran corazón, festejó su cumpleaños en su departamento de avenida Rivadavia, en el barrio de Congreso. Cumplía años el mismo día que Charly. Escorpianos de raza. Hizo una gran fiesta a la que no estaba invitado. Fui con Fernando Noy. Esa noche conocí en persona a Cecilia Roth. Iba a casarse en poco tiempo con Gonzalo Gil. Hoy, amigo entrañable. Yo estaba bastante presentable y, me contó Ceci tiempo más tarde, que muy encantador. Quedé deslumbrado por la belleza de aquella mujer esplendorosa. Tenía la voz firme. Un rostro de película (nunca mejor dicho). Una boca pulposa, ojos verdes radiantes y una sonrisa inolvidable. Volvimos al departamento de Alberdi con Fernando charlando de dimes y diretes. Él recitaba poemas y yo hablaba solo de Cecilia. Esa noche se inició el réquiem de aquel departamento en el que habían pasado tantas cosas. Algunas morirán conmigo.

Tercer Mundo iba a ser un álbum bisagra. El paso de una dimensión a otra. Ese paso tuvo que ver también con una enfermedad que padecí en el nuevo departamento de Crámer y Jorge Newbery de Fernando Della Maggiora. Mi amigo me alojaba una vez más. El departamento fue un préstamo momentáneo que le habían hecho a Fena a cambio de que no moviera nada en la casa, que había sido de la madre del prestamista. Por lo tanto, allí olía a muerte y a viejo. Esas cortinas verdes y roídas y todo aquel espacio fueron motivos de lóbregas pesadillas durante el período. En esas sillas marrones de madera enclenque con respaldos gastados escribimos la letra de "Los buenos tiempos" junto a Fena y Andrés Calamaro —quienes injustamente no fueron incluidos en los créditos de esa composición— durante una larga noche.

¡Les debo una, amigos!

Hay que decir, también, que la memoria era la de un pez en aquel momento. Apenas podía recordar dónde estábamos y mi nombre, con dificultad. Padecimiento feroz. Fue un largo mes en el que tosí y tuve fiebre con picos largos de cuarenta grados. Vomitaba, me recuperaba y volvía a caer. Lo llamamos "el período del escorbuto". El escorbuto es una enfermedad nutricional ocasionada por el déficit de vitamina C. Alrededor de seis semanas después de instalada una dieta carente de ácido ascórbico o vitamina C, el paciente comienza con síntomas de debilidad, que se prolongan aproximadamente por un mes. Luego se presentan escoriaciones y manchas en la piel, que se ubican de la cintura hacia abajo. La piel se seca y amarrona como si fuera una frazada vieja. Aparece hinchazón en las encías. El cambio de flora bucal provoca una importante halitosis, comúnmente denominada "aliento de muerto". El doctor Polidori fue nuestro ídolo excluyente de ese período. Personaje macabro y venerado de *Gothic*, el film lisérgico de Ken Russell, que veíamos a diario. El actor se llamaba Timothy Spall y representaba a un hombre lleno de resentimiento, claramente afectado por varias enfermedades siquiátricas en simultáneo. La imagen de aquel personaje me representaba fielmente. Fena y yo no hacíamos más que reír y fantasear sobre las diferentes formas de morir que podrían tocarme en lo inmediato si no lograba salir de ese calvario de toses y fluidos de todos los colores que escupía por la boca. Un mes más tarde, un médico amigo nos visitó una noche y nos dijo "ya pasó". Abrimos unas botellas de vino y festejamos hasta bien entrada la mañana.

Fue un período de tres meses, más o menos, el que viví atrapado en una nebulosa. Alguna de esas noches dormí en el Jardín Botánico, enfrente del departamento que compartiría con Ceci Roth años más tarde. Tapado con papeles de diario o alguna manta que llevaba conmigo de aquí para allá, en mi despreocupado peregrinar por la Ciudad de Buenos Aires.

De alguna u otra forma, una suma discreta de dinero siempre aparecía por arte de magia a través de los derechos de autor. Aquel examen de SADAIC había resultado efectivo. Entonces alquilé un departamento muy pequeño de dos ambientes en un edificio de la avenida Libertador. Libertador y Salguero. No invité a nadie a ese lugar. Lo único que recuerdo es estar todo el día durmiendo, despertándome de noche en el medio de un cementerio de latas de cervezas, cigarrillos y ceniceros. Enrollado igual que un ovillo, durmiendo en el piso al borde de una narcolepsia. Incomunicado totalmente del mundo exterior. Una tarde tocaron el timbre: Charito y Carrizo. Seguramente tenían sospechas y rumores de malas noticias sobre su sobrino. Vinieron desde Villa Constitución a Buenos Aires. Los atendí por el portero. "¿Qué hacen acá?". Debo reconocer que me incomodó aquella visita inoportuna que finalmente terminó gratificándome. A los humanos nos encanta regodearnos en el dolor. Yo no iba a ser la excepción. En pocas horas lograron restablecer el orden de aquel aguantadero y cenamos en un restaurante en las cercanías del edificio. Era la primera vez que comía en meses. Habré andado por debajo de los cincuenta kilos. Nadie comprende lo que te pasa en aquellos momentos. No tenés ganas de explicárselo a nadie, porque sencillamente no lo entenderían. A partir de esa visita de mis tíos empecé a caminar las calles de ese barrio ajeno, con el *discman* y los grandes éxitos de Roy Orbison. "You Got It" fue la canción que me animó a seguir adelante. Había que tomar sol y sentir el viento en la cara. Siempre aquella fuerza inesperada. Me echaron de aquel departamento por usar muy alto el volumen de los auriculares.

Alquilo una habitación en el mismo apart en el que me había recluido durante la filmación de *Ciudad de pobres corazones*. Apart hotel Suipacha. Necesitaba concentración y soledad para los toques finales. *Tercer Mundo* estaba íntegramente compuesto. Solo faltaba ajustar la métrica y las palabras correctas para terminar de definir ese nuevo "Cambalache" que fue "Tercer Mundo", la canción. El primer intento de rap en español.

Unas jornadas antes de comenzar la grabación del álbum vino Fena a visitarme. Después de un rato de estar juntos, él observó con claridad que yo no paraba de rascarme la cabeza y la parte púbica. "A ver, agachate", me dijo. Revisó mi cabellera y vio una horda de piojos curtiendo vida bacana. "¡Bajate el pantalón!", me indicó, enojado y simpático a la vez. "¡No, no las puedo matar! ¡Siento que son familia!", dije. Por fin le muestro a mi amigo la tribu de ladillas que vivía en mi zona púbica. Fena comenzó a tener un acceso de risa y yo con él. "¿Dejás que maten a una vaca para comértela y no podés matar a una especie que vive en tu cuerpo y que va a terminar haciéndote daño?", preguntaba entre carcajadas. "Seguramente me lo merezca", le respondí, mientras Fena no paraba de reírse. "Pobrecitas", le decía a Fena. "¡Vamos ya a la farmacia!", ordenó mi amigo. Entramos, yo rascándome arriba y abajo, muerto de vergüenza y con un irredimible sentimiento de culpa por estar a punto de convertirme en un asesino de pequeñas especies. Fena le preguntó al farmacéutico cómo hacer para matar piojos y ladillas. "¿A la vez?", preguntó incrédulo el farmacéutico. Salimos con dos Nopucid. Uno rojo y otro verde. Cada uno exterminaría a un tipo diferente de invasor.

Tercer Mundo se grabó íntegro en los estudios ION. En horarios nocturnos en la mayoría de sus sesiones. Con Osvel Costa de técnico y una banda de lujo. Guille Vadalá en el bajo, Ricardo Verdirame en guitarras, Daniel Colombres en batería y una manifestación de invitados. Sandra Mihanovich y Celeste Carballo tuvieron la infinita paciencia de soportarme durante la construcción del arreglo de coros de "Fue amor", canción donde probé sobre el estribillo la grabación de una guitarra eléctrica en los tiempos 1 y 3 y la otra sincopada sobre el 2 y el 4. Abriéndolas en estéreo. Eso generaba un efecto desconcertante en el oyente, porque las guitarras, completando la armonía, se movían de un lado al otro. También Luis Alberto fue de la partida al grabar el solo del final, que tan bien se funde en esa marabunta improvisada con el piano. Solo sobre solo. Osvaldo Fattoruso repicó tambores en "Yo te amé en Nicaragua", "Y dale alegría a mi corazón" y "Tercer Mundo". Celsa Mel Gowland y Analía Fink grabaron los coros de "Religion song", donde se destaca la voz de Liliana Herrero en un solo con sabor a voces indias. David Lebón tocó la guitarra en "Los buenos tiempos", luciéndose en un solo majestuoso, y cantó la segunda estrofa de "Y dale alegría a mi corazón". Luis Alberto grabó la tercera, que era altísima, en fa mayor. Creo que nunca me lo perdonó. Yo, sin embargo, estaba feliz, y no podía terminar de escuchar relajado la canción por la emoción que me embargaba al sentir las voces de dos de los artistas que más admiraba en cada repetición. Charly tocó unos simpatiquísimos pianos en "B.ode y Evelyn" y Fabi hizo la voz principal conmigo. También paseó como corista por todo el álbum. Los arreglos de metales y cuerdas estuvieron a cargo de Carlos Villavicencio. Allí lució parte de sus luces musicales y sembramos las semillas para trabajos futuros. Durante estas sesiones tuve un encuentro mágico con otro de mis artistas más admirados.

Leonardo Favio. Él grababa a la tarde y nos cruzábamos en los cambios de sesiones. Me pidió permiso para quedarse a la grabación de metales y orquesta. Había escuchado sus milongas criollas y sus canciones populares de niño junto a mi padre y había visto todo su cine. Era un milagro para mí pensar que a Leonardo Favio le pudiera interesar lo que yo hacía. Se quedó en silencio las seis horas que duraron las dos sesiones. Yo no podía dejar de observarlo, a pesar de la concentración que me llevaba a estar atento, para corregir cualquier cosa que no funcionara o meter algún cambio de rigor. Su humildad, su recogimiento, su entrega hacia lo que sucedía en aquella sala de grabación son imágenes inolvidables que llevaré siempre conmigo. La segunda noche, mientras nos retirábamos por el pasillo de ION, le pregunté qué pasaba con *Gatica*, el film que hacía años se rumoreaba estaba a punto de realizar, basado en la vida del púgil peronista. Me dijo que tenía a un pibe entrenando hacía dos años. Ese pibe era Edgardo Nieva, a quien dos años más tarde veríamos en la pantalla grande emulando al Mono Gatica con la ductilidad y la gracia de un boxeador profesional y bordando una inigualable actuación bajo las órdenes de ese genio del cine. Había cosas que llevaban tiempo. Los artistas de talla lo sabían. Yo tenía mucho que aprender todavía sobre la férrea disciplina de dominar la ansiedad.

Warner me dio un adelanto de cuatro mil dólares y con ese dinero íbamos a emprender un nuevo viaje con mi amigo Avalis hacia territorios desconocidos. Finalmente, después de una de las tantas demoras de la filmación de *El viaje*, de Fernando Pino Solanas, en Ushuaia, logramos tomar junto a Alejandro Avalis el vuelo de Air France que nos llevaría directo a París, la ciudad luz. Esa filmación fue una auténtica pesadilla. La nieve, el frío, mi marcado alcoholismo que estuvo a punto de enterrarme bajo una casa que movía una grúa en una toma del film, que finalmente no quedó en la película. Las esperas eternas a las cuales no estaba acostumbrado. También allí vi al Chango Monti, extraordinario director de fotografía, sacar luz de las piedras y conocí a Ricardo Bartis.

Él se convirtió en mi gran compañero. Sentía que era el único que percibía el dolor que cargaba. Que notaba mi deseo de desintegración al no saber cómo llevar adelante el efecto devastador de la pérdida de mi familia. Y me acompañó con todo el amor y la comprensión del caso. Bartis: una mente brillante y uno de los artistas más geniales que ha dado el teatro argentino. Sus puestas son audaces obras bordadas en el rigor de la investigación de textos ajenos y propios, argentinos y extranjeros. A veces de manera colectiva, con un trabajo exhaustivo sobre la luz y los movimientos coreográficos en espacios insólitos, que en la mayoría de los casos surgían de distintas perspectivas acerca de cómo abordar ese gran espacio cultural de la Ciudad de Buenos Aires que fue el Sportivo Teatral. Nunca dejé de conectarme con él. Iniciamos un vínculo de gran camaradería que continúa hasta el día de hoy. De hecho, por ese tiempo me pidió una música para el ingreso al foyer de su *Hamlet*, protagonizado por Alejandro Urdapilleta. Este espectáculo lo presentó en una de las salas alternativas del Teatro San Martín. Ricardo fue, aunque él no lo supiera, un ángel de la guarda al que siempre necesitaba volver a ver para no perder noción de lo que había pasado en aquellos momentos tan extraños de mi vida. También estuvo allí Victoria Solanas, esa hermosa joven que me apañó entre sus brazos tantas noches de desconsuelo y ginebra mala en los parajes helados de Ushuaia. Tuvimos un corto pero apasionado romance. Gracias a ellos dos había logrado terminar mi experiencia en ese tramo del film.

Viajaban, en aquel avión rumbo a Europa, Cecilia Rossetto y Marilú Marini, dos de las más extraordinarias actrices argentinas de todos los tiempos. Espléndidas mujeres. Ale y yo no llegábamos a la treintena. Nos encontramos detrás de la última fila a fumar y charlar. Bebimos whisky y vino tinto. La charla se fue animando y contamos anécdotas de aquí y allá. Algunos pasajeros que trataban de dormir nos chistaban y nos llamaban al orden. Igual que las azafatas, que intentaban descansar después del servicio de cena. Todos queríamos a Fernando Noy y aquello encendió la charla. La bomba en tal teatro cuando Jorge Lavelli estrenaba la *Eva* de Copi en París, el día en que secuestraron al marido de Rossetto, la cocaína durante los ochenta en Buenos Aires, anécdotas de Troilo y el Polaco Goyeneche, el exilio, etcétera.

De pronto los ojos de Cecilia se salieron de órbita. Comenzó a murmurar palabras que no llegábamos a distinguir con claridad. El ruido grave de los motores del avión nos obligaba a hablar un poco más fuerte para hacernos entender. Cecilia se desvaneció en mis brazos y, ahora en un tono más alto y con la contundencia de una locutora profesional, me dijo al oído las siguientes palabras: “Me quiero bajar, abran la puerta”. En aquel momento, Cecilia se arrojó sobre la puerta del avión con el claro objetivo de abrirla. Aquello, que sucedió a muchísima velocidad, pareció una eternidad. Yo la abracé por la cintura intentando alejarla de la puerta. Ella forcejeaba. Trataba de hacer girar la palanca para abrir y tomar el aire que necesitaba. Las azafatas, alarmadas, hablaban en francés. Marilú intentaba decirles que nuestra amiga estaba sufriendo un ataque epiléptico, pero las muchachas, ni lerdas ni perezosas, salieron disparadas hacia adelante ante el desconcierto de todo el pasaje. Marilú se arrojó tomándome también de la cintura, haciendo fuerza hacia atrás. Cecilia gritaba: “Me ahogo, necesito respirar”. Claro, sin tomar en cuenta que, si lograba girar esa palanca y por fin abrir la puerta del avión, saldríamos varios disparados al vacío y nuestros cuerpos caerían al mar y serían devorados por tiburones en cuestión de segundos. Ale Avalis tomó a Marilú por la cintura y ahora éramos tres las personas que estábamos intentando salvar al avión de un desastre inminente. Las azafatas habían huido despavoridas. Primero para no caer si la puerta se abría y segundo, menos importante, para avisarle al capitán que había cuatro personas muy desequilibradas tratando de abrir la puerta posterior del avión. "Necesito respirar, me ahogo", seguía gritando Cecilia. Todo el avión ya estaba al tanto del asunto. Hubo una retirada en manada hacia adelante. Esto es lo que yo llamo solidaridad entre los pueblos. Mientras tanto, seguíamos tirando hacia adentro para evitar que Cecilia accionara aquella gigantesca manija. Finalmente se distrajo por una milésima de segundo y logré sacarle una mano de la palanca; la fuerza de todos nos tiró hacia atrás. Estábamos fuera de peligro. Llegó el capitán, bastante pasado de copas con aquella sonrisa que todos conocemos. Marilú, toda despeinada, desde el suelo, le explicaba al capitán en un perfecto francés que necesitábamos un médico. Que nuestra amiga estaba escupiendo baba blanca por la boca y que se moriría asfixiada si nadie hacía nada. Avalis intentaba sacarle la lengua para afuera mientras se resignaba a perder dos dedos de su mano derecha que Cecilia masticaba en un acto de canibalismo espontáneo. El capitán se retiró al grito resbaloso de "Y a-t-il un docteur?". Cuando llegó el *docteur*, Cecilia seguía aún en trance, saliendo del shock y preguntando qué había pasado: "¿Qué hace toda esta gente aquí?". Quedó sentada en el piso. Le contamos lo ocurrido. Se angustió, naturalmente. La abrazamos con todo el amor hasta que logró recuperar la calma. Nos fuimos cada uno a sus respectivos asientos e intentamos dormir.

Llegamos a París pasado el mediodía.

Allí nos recibió una familia encantadora. Los Demarle. Llegamos a ellos por medio de Sebastián Escofet, un colega músico argentino. Esa era su familia francesa. Su tía y su primo. Ana Andrieu y su hijo Nico Demarle. Vivían en un departamento en el número 16 de la *rue* Saint Jacques, subiendo tres pisos por escaleras, en el barrio de Montparnasse. Nos trataron como si fuéramos una delegación diplomática. Fueron diez días inolvidables. Ana y Nico eran dos personas de una dulzura y una amabilidad conmovedoras. Allí, en esa habitación que me brindaron, compuse la música de "Tumbas de la gloria" con una guitarra con cuatro cuerdas que estaba en la casa.

Visitamos a nuestro amigo Martín Pavlovsky, actor y músico que paraba en el departamento parisino de Pino Solanas. Entrabas y, sobre la parte superior de una pared, había una foto de él mirando igual que la Gioconda. En cualquier lugar del living y de la cocina en que te pararas te sentías observado, inspeccionado por él. Siempre me llamó la atención que Quique Fogwill le pusiera *Solanas* al comisario de uno de sus relatos. Había pasado algunos momentos muy hilarantes con Pino. Nosotros, una banda de músicos, intentando hacer un *playback* sobre un bote destartalado en Villa Epecuén. La ciudad inundada dejaba ver partes de los techos de las casas hundidas bajo el agua entre copas de árboles secos salidos de la imaginación de Tim Burton y algunos techos roídos de antiguas bóvedas del cementerio local. La cámara no arrancaba y las botellas de las cervezas que había bebido en el transcurso de la mañana se amontonaban alrededor del bote. La música no tenía volumen, y comenzó a llover. El bote desde donde Pino dirigía empezó a llenarse de agua y el viento tiró a uno de los asistentes al lago. Recuerdo su risa sonora. ¡Todo era un disparate! La precariedad de la filmación. Las condiciones climáticas. Así y todo, su risa fue liberadora. Aún hoy consigo escucharla y confirmar que Pino no solo era un hombre de las artes y la política, sino que también tenía un gran sentido del absurdo. Los días en París transcurrieron. Yo estaba escapándome. Aún lo hago. Me encantan las personas que huyen hacia adelante.

Nos enteramos de que Mercedes Sosa cantaba en el Teatro Mogador. Logramos entrar a la prueba de sonido y nos sentamos en las últimas filas. Olga Gatti, en aquel momento mánager de Mercedes, nos ve y le cuenta a la gran cantante que yo me encontraba en la sala. Me invita a subir al escenario, nos abrazamos y me ofrece cantar y tocar el piano en "Parte del aire". La habíamos versionado con Mercedes unos meses atrás en Buenos Aires. Mi aspecto no podía ser peor. Pantalones de pana azul agarrados de un cinturón para no caerse debido a mi extrema flacura, zapatillas rotas, una remera de Sex Pistols y el pelo todo entreverado. Ensayamos con su grupo y sonó de mil maravillas. León Gieco había estrenado una canción preciosa junto a Mercedes en la prueba de sonido. Lo felicité por esa gema, compuesta a dúo con Luis Gurevich. Nos reencontramos con Luis Garutti, entrañable amigo y *stage manager* de Mercedes. A la hora del concierto me paré a un costado del escenario, entre bambalinas, para escuchar. Mi canción era una de las primeras. Al lado de Mercedes había una traductora que pasaba rigurosamente del castellano al francés todas las presentaciones de las canciones. Y llegó mi turno. Mercedes me introdujo en sociedad como uno de los grandes artistas argentinos. Se deshizo en elogios. Y se tomó su tiempo mientras la traductora hacía su tedioso trabajo. Los nervios me estaban jugando una mala pasada. Estaba parado delante de Lucho Garutti. Cuando Mercedes dice mi nombre, Lucho me empuja suavemente desde atrás. Aquel escenario estaba preparado para ballet y tenía un sobrepiso de unos pocos centímetros. Tropiezo con ese ínfimo borde y aparezco delante de toda la *intelligentsia* parisina dando cuatro o cinco tumbos. Llegué rodando hasta el bombo legüero de Mercedes, en el centro del escenario. Después de aquel tropezón involuntario me levanté igual que un *clown* e hice una reverencia que fue recibida con sonrisas y aplausos. Estaba destinado a la comedia física. Había equivocado el camino con la música. Me senté en los teclados de Popi Spatocco, y junto con Colacho Brizuela en guitarra y a Rubén Lobo en batería interpretamos aquella canción que versaba sobre la posibilidad de la continuación del romance de mis padres durante el eterno período al que nos somete la muerte. ¡Buenas noches, París! La noche continuó en la casa de una millonaria parisina a orillas del Sena. En el gran salón, Mercedes, igual que una reina, recibía los saludos de los célebres argentinos, algunos exiliados, otros ya radicados y franceses que la miraban como a un exotismo criollo al que se le debía reverencia sagrada. Bien que hacían. Los impresentables, o sea, la *crew* y los borrachos, estábamos en la habitación de al lado disfrutando de los manjares y el champagne en nuestro debido lugar.

En el trámite parisino conocí a Andrea, una flor uruguaya que me cautivó. Como en un melodramón, nos separamos sin llegar a besarnos en la estación de trenes, una mañana fría de invierno. Yo la miraba desde la ventanilla del tren que se alejaba y ella me saludaba agitando sus manos y soltando una lágrima. Llegamos con Avalis rumbo a Den Haag. Allí nos esperaba Alejandro Agresti. Un montón de alcohol y un ácido en un kebab a las cuatro de la madrugada. Salí a caminar mientras mi amigo Avalis dormía en el hotel. No recuerdo cómo, pero en un momento un muchacho de origen árabe me puso un ácido en la lengua mientras me cobraba. Me invitó a retirarme del lugar porque cerraba y desde ese momento hasta unas horas más tarde no recuerdo casi nada, menos aún cómo volví hasta el hotel. No estaba preocupado. Solo perdido. Hermosa y extraña sensación. Las cosas cambiaron cuando llegué al hotel. Las formas de los objetos mutaban suavemente en otras nuevas formas, las luces tenían colores que no conocía y las flores de la alfombra de la recepción se mecían al son de un viento inexistente para los demás, pero absolutamente real para mí. No era para tanto todo lo que me habían contado sobre los ácidos lisérgicos. Me pegó de egotrip. Le pedí a Ale que sacara la cámara de su estuche y me hiciera un reportaje. Parece que hablé un buen rato y transformé a mi amigo Alejandro Avalis en un experto periodista por unas horas. Al otro día debíamos encontrarnos con Alejandro Agresti en un cine a ver un film suyo. Filmaba cuatro por año. Era un promedio altísimo. Se trataba de un film con guion de Ricardo Piglia. No logré entrar en el *mood* de la película. Seguía con mucho alcohol en sangre y la resaca del ácido. Después tomamos unas ginebras en un bareto y se hizo de noche. Fuimos a su casa. Le dejé ese guion que aún no filmé, *Novela*. Años más tarde noté algunos rastros de aquel libro en uno de sus films que más me gustaron: *El acto en cuestión*. Me propuso filmar un video sobre "Fue amor" en Ámsterdam. Rápido, Alejandro preparó todo en veinticuatro horas. Filmamos en los estudios de Peter Greenaway. Alejandro tenía un control absoluto sobre su equipo. Improvisó mucho. Él tomaba la cámara. Un hombre de pocas pulgas, sin miedos. Cuando terminamos el rodaje nos llevó a un bar donde le pegamos a la ginebra y probamos cervezas holandesas exquisitas. En un momento de la noche, entró un pibe de no más de veinte años ofreciendo algo que se llamaba "fruto prohibido", así, en castellano. Con Avalis pedimos cuatro por las dudas. Dos para cada uno. Todos pedían uno. Se pagaba por adelantado. No sabíamos de qué se trataba. Sí que era algo totalmente ilegal y clandestino. En Ámsterdam, el reino de las libertades, eso sonaba exótico y despertó nuestra obvia curiosidad. A los pocos minutos el mismo pibe pasó con una caja de cervezas que iba entregando. A cada uno su pedido. Con Avalis pensamos que se trataba de una broma. Eran unas botellitas muy pequeñas. ¡Cervezas! Las abrimos y brindamos con todo el equipo que también se había aprovisionado, cada uno con la suya. Nosotros teníamos cuatro.

Lo siguiente que recuerdo es despertar y ver a mi lado a un hombre-torso que me miró y me dijo en perfecto cordobés. "¿*Tení* un cigarrillo, *culeao*?". Se llamaba Leandro. Era un morochazo de ojos de puma con el pelo enrulado. Estábamos en la puerta de la estación de trenes de Ámsterdam esperando que abran para volver en tren a Den Haag. Me reincorporo. Saco un Marlboro del paquete, se lo prendo y se lo pongo en la boca. Me cuenta que vino con hinchas argentinos a ver un partido. Que estaba con su hermano y que habían decidido quedarse. Que vivían como gitanos. Que hacía un número con su hermano en la calle. El hermano apoyaba la pelota de fútbol en el piso y luego lo apoyaba a él, con extrema delicadeza, sobre la pelota. Era un espectáculo de equilibrismo. De alto riesgo, porque el perímetro de la pelota es de un poco más de veinte centímetros. Cualquier caída le causaría fuertes dolores. En su rostro y en el torso. Cada cuatro o cinco pitadas me pedía que le tire la ceniza: "¡*Sacameló*, *culeao*, que me quema!". El cigarrillo se iba quemando mientras yo escuchaba embobado aquel fantástico relato. Vivían a la gorra y la policía los trataba bien. Holanda era un paraíso. Abrieron las puertas de la estación de trenes. Su hermano Pocho lo alzó en andas y se lo llevó. Ale tomó mis brazos y haciéndome palanca con sus pies logró pararme. Tomamos el tren sin poder recordar nada después del primer trago de "fruto prohibido", ni cómo habíamos llegado hasta aquella estación.

Partimos hacia Londres. Era un día viernes. Creo que nunca atravesé una resaca como esa. Al llegar a Heathrow nos inspeccionaron y nos detuvieron varias horas hasta que logramos comunicarnos con la oficina de WEA UK.[7] Por fin nos visaron la entrada. Teníamos diez libras, cuatro maletas y tres bolsos de mano. Llegamos hasta un barrio muy marginal en el London *underground*. Llovía. La indicación era: "*Squatter* de rosarinos a cinco cuadras de la estación de metro de Kensington". Cuando Kensington era un barrio peligroso. No sabíamos para qué lado encarar. Llovía fuerte. Cuatro maletas y los bolsos de manos. ¿Derecha o izquierda? Decidimos ir hacia la derecha. Ale tenía un papelito con un teléfono y un nombre. Pablo Robledo. No había cabina desde la cual llamar. Había que volver a la estación. Ya habíamos avanzado tres cuadras. Pero podíamos haber fallado en la dirección. De ser así, estaríamos a ocho cuadras. El viento nos tiró al piso y comenzó a llover más fuerte todavía. No se

7. Warner-Elektra-Atlantic.

veía nada. Era el diluvio del que Noé había escapado. Estábamos empapados, a punto de coger una brutal neumonía. De pronto la lluvia paró y pudimos avanzar dos cuadras más. Estábamos en una esquina con una veintena de puertas posibles de cada vereda. Me eché al piso. No podía más. Ale me alentó a seguir. "¿A dónde?", grité con todas mis fuerzas. Era el fin. Habíamos llegado hasta ahí. No nos quedaba una libra. Estábamos exhaustos. La vida me había puesto en mi lugar. Nos restaba esperar en la calle hasta el lunes, ir a WEA UK sin comer y que nos presten el puto dinero para un pasaje de vuelta.

"¡¡¡Fitoooooooooo!!!".

Era la voz de un ángel que hablaba en un idioma conocido. Siempre había imaginado este tipo de escenas en sánscrito o latín. Ninguna figura celestial hablaría castellano. Y menos me habría llamado por mi sobrenombre. Era Pablo Robledo. Amigo de Alejandra Rodenas. Ella nos dio sus datos para ir a parar a su "casa" si necesitábamos ayuda. Brillante, Alejandra. Sin esos datos, nuestra vida hubiera sido otra. Pablo, un joven alto y muy guapo, de barba tupida, pelo enrulado y ojos negros, había escuchado mi grito y salió a la ventana para dar aviso de salvataje. Nos vio en la vereda de enfrente y fue a por nuestro rescate. *Emotional rescue*, nunca mejor dicho. Llegamos a aquel oasis londinense regenteado por un rosarino de pura cepa. La vida era algo. Apenas entramos al *squatter*, le preguntamos si tenían teléfono. "Por supuesto", respondió Pablo con plena seguridad. Llamamos a nuestras familias, que no sabían nada de nosotros hacía casi dos meses. Hablamos una hora cada uno. Pablo nos miraba con picardía ante nuestro declarado pudor por estar usando tanto el teléfono. Comimos en algún McDonald's y dormimos largamente en aquellos colchones en el piso. Esperamos el fin de semana. El día lunes cobramos nuestro dinero en libras esterlinas en la oficina inglesa de la Warner. Alquilamos un escarabajo negro y Pablo nos llevó a conocer Buckingham, Oxford, el búnker de Winston

Churchill en la Segunda Guerra, infinidad de pubs y los estudios Abbey Road. En la pared de entrada de los estudios escribí: "En dos años grabaré mi próximo disco aquí".

Una mañana antes de partir rumbo a España, alguien tocó el timbre de la casucha tomada. Pablo lo vio desde arriba y nos dijo con absoluta parsimonia: "Es el cobrador de la línea telefónica". Bajó raudo y se demoró unos minutos. Nosotros ya veíamos las rejas de la cárcel londinense en la que terminaríamos nuestra estadía europea. Esperamos a que Pablo subiera. Volvió con una sonrisa de oreja a oreja. "¿Y?", pregunté desorientado ante su desparpajo absoluto. "Aquí en Londres llega el cobrador de la empresa y te pregunta si tenés teléfono. Si le decís que no, te hace firmar un papel y sigue su camino. Aquí se cree en la palabra".

Llegamos a Madrid, última parada de aquel viaje iniciático. Nunca paré de beber en las cuatro jornadas que estuvimos en la capital española. Estábamos intentando armar una reunión con alguien de Warner España para que editaran *Tercer Mundo*. Suspendí en dos oportunidades aquellos encuentros por problemas de innegable impresentabilidad. Finalmente llegó la reunión con Iñigo Zabala, en ese momento presidente de la compañía Warner española, en un 7-Eleven, una tarde fría de octubre. Hablamos de las dificultades de los artistas argentinos para insertarse en el mercado español. Yo disertaba sobre lo extraño que resultaba que nunca hubiera sido al revés. "Conocí una banda española muy mala", dije en tono provocativo, buscando equilibrar ese tono de superioridad española sobre los argentinos que el señor Zabala se arrogó en aquel encuentro. "¿Recuerdas su nombre?". "Ay, no. Ale, ¿te acordás cómo se llamaban? Tocaron con nosotros en el primer festival Rock & Pop en Buenos Aires". "¿La Unión?", dijo Iñigo, esperando que yo dijera lo que iba a decir. Eso le iba a permitir dar su última estocada en aquella tensa reunión en la que parecíamos mendigos ante un rey sin corona y con pretensiones de emperador de la industria. "¡Síííí! ¡La Unión! Qué banda más aburrida...", me burlé entonando una de sus melodías, "Lobo hombre en París". "Era mi banda", dijo Iñigo con sequedad. No volví por seis años a España. Tiempo más tarde, cuando mi amigo André Midani —de quien les contaré más adelante— dejó la presidencia de WEA Latina, nombró a Iñigo como presidente sustituto. Una de las primeras medidas que tomó el señor Zabala fue despedirme de la compañía en el año 2000. De todas formas, fue un regreso triunfal a Buenos Aires. *Tercer Mundo* había vendido treinta mil unidades, era disco de oro y me esperaban tres Gran Rex explotados.

26

Omar Bare, un amigo de Ale Avalis, me ofrece gentilmente ir a vivir a una casa abandonada de su propiedad en las intersecciones de las calles Hidalgo y Arengreen, en el barrio de Caballito. Allí estuvimos con Pilo Ruiz Díaz unos largos meses. Sí que vivíamos en la indigencia. Yo dormía en un colchón con los resortes salidos. Por suerte ingresábamos en meses de calor. Entonces no harían falta colchas ni sábanas siquiera. Pilo, entrañable compañero de aventuras, no me dejaba ni a sol ni a sombra. Comenzaba a convertirse en un auténtico virtuoso de la armónica. Era un hombre de tamaño mediano, portador de una sonrisa irresistible. Siempre dispuesto a participar y a que la cosa no decayera. Faltaban cervezas, iba Pilo. Había que armar un porro, lo armaba Pilo. Tuvimos un vínculo hermoso de profunda hermandad. Éramos gente del rock. Conocíamos los códigos básicos de la elegancia para permitirnos una alegre convivencia. Quise mucho a Pilo. Lloré mucho su ausencia cuando partió de este mundo. Billy, el cuñado de Ale Avalis, también era de la partida. Él tampoco tenía dónde pasar las noches. Éramos una cofradía *freak* con ciertos protocolos de limpieza y orden. No muchos. Omar, el dueño de la casa, guardaba en una habitación húmeda unas botellas de un alcohol indefinible destiladas en una refinería casera. *Brandy*, era el nombre que le dábamos. Ciertamente, no lo era. Era una excusa que volvía potable lo imbebible. Al no haber ingresos económicos, ese alcohol pasó a ser todo para nosotros. Comenzábamos con un vino acartonado o unas pocas cervezas. Las más baratas. Latas de Bieckert, en aquel momento. Una vez terminada esa provisión, quedábamos a merced de ese *brandy* de dudosa factura, que nos condenaría a fuertes dolores de cabeza y descomposturas varias durante los días posteriores a su ingesta.

Una mañana me desperté sobresaltado, durmiendo al lado de Pilo. Le pedí que me consiguiera un lápiz y un papel. En el lapso de dos horas escribí, sobre lo que me acordaba de la melodía original hecha en París, la letra entera de "Tumbas de la gloria". Recuerdo a Pilo observándome en silencio, procurando no molestarme. Nos fundimos en un fuerte abrazo después de la lectura final de aquellas palabras. No volví a tocar una sola coma después de esa versión. Esa misma tarde lo llamé a Tweety González. Le pregunté si tenía un rato para "demear" una canción. Nos fuimos caminando hasta su departamento frente al Parque Rivadavia, sobre la calle Rosario. Durante largas horas y hasta que se hizo de madrugada grabamos lo que fue el demo definitivo de "Tumbas de la gloria", voz incluida. Los cambios de batería, los *staccatos* de cuerda del comienzo, el Hammond, la cuerda solista de violines de la parte instrumental y un detalle de oro. No teníamos guitarra, y Tweety recordó que tenía unos *samplings* de Gustavo Cerati de unas quintas de guitarra eléctrica grabadas durante sesiones de Soda Stereo, con quienes Tweety tocaba por esos días. Las probó sobre las estrofas y funcionaron de mil maravillas. Tweety González y su máquina de jugar. Fue uno de mis grandes colaboradores a través de muchos años. Injustamente, no le reconocí su crédito de coproductor en la montonera de álbumes que hicimos juntos. Por vanidad, torpeza o desconocimiento. Todos pecados capitales. Ojalá alcancen o le sirvan estas palabras para devolverle su merecido lugar en las obras que abordamos juntos. Querido Tweety.

En octubre de ese año tocamos tres noches en el Aula Magna de la Facultad de Ciencias Exactas. "Tumbas de la gloria" era recibida como un clásico y aún no la había grabado. El menemismo estaba en pleno auge. Había que colocar a la Argentina en el mundo. Yo no acordaba con aquel posicionamiento que dejó a tanta gente tan perpleja y a la intemperie. Pero por otro lado, disponía de mis pocas armas, balas de pólvora húmeda. Me molestaba todo aquello. Tuvo olor a traición. De todas maneras, a nadie en las altas esferas de la política le importaba un bledo mi opinión. Quiero dejarles aquí una mirada alternativa y real del posicionamiento que intenta abordar el entonces presidente argentino, el doctor Carlos Saúl Menem, en ojos de mi amigo, el brillante Martín Rodríguez.[8] Aún hoy discutimos. Pero debo decir que, ante los argumentos de la razón y sin dejar de observar las complejas derivaciones del caso, Martín me obligó a ver aquel fenómeno con otra perspectiva. ¡Pues muy bien, aquí estamos!

Ricardo Bartis me llama por teléfono y me cuenta que esa noche había una fiesta en la casa de Cristina Banegas, extraordinaria actriz, docente y directora de teatro. Que era el cumpleaños de alguien. Llegué solo, cerca de las once de la noche. Había un montón de personas. No conocía a la mayoría. La cuestión es que esa noche Ricardo me presenta al gran Alberto Ure, quien sería mi nuevo gurú. La vida me proporcionaría varios encuentros con él. Uno de los más impactantes fue el que tuve con su libro *Sacate la careta*, textos y ensayos sobre teatro, política y misceláneas varias, recopilados por la gran escritora y ensayista María Moreno y la propia Cristina Banegas, que hoy puede leerse en clave de faro cultural argentino. Plagado de ironías, verdades fulminantes, una fuerte erudición en los más diversos temas, preguntas incontestables y un altísimo sentido del humor. Alber-

8. www.lapoliticaonline.com/nota/martin-rodriguez-menem-un-busto-ahi

to era un hombre de mediana estatura, robusto, ojos de lince y una inteligencia superior. Ricardo, un hombre menudo, con ese tono *canyengue* y erudito al hablar, que lo hace tan peculiar. Su pelo negro lacio, agarrado a su cabeza a la manera del Calculín de García Ferré, y esos ojos peronistas que lo dicen todo. Otra inteligencia desmesurada. Íbamos y veníamos los tres por algunos rincones de la casa. Buscando vino, whisky, lo que fuera. En un momento nos sentamos en la escalera, dominando el campo de batalla. Se veía animada la noche. Ellos eran grandes generales, yo apenas un proyecto de cabo. De todas maneras fui rápidamente aceptado para una prueba de rigor por los altos mandos. Ricardo debe haberle contado de nuestra experiencia en Ushuaia y de mis inquietudes. Alberto habrá comprendido que podía estar delante de un cuadro, que, de ser bien entrenado, podría ser de destacado valor en el regimiento. Allí estábamos los tres, riéndonos a carcajadas, con Alberto y Ricardo afiladísimos, mofándose de todos aquellos desprevenidos que se paseaban delante de nosotros allí abajo, sin la más mínima sospecha de estar siendo observados por dos cazadores de leones y un aprendiz de brujo.

Así como Macbeth fue sorprendido por las brujas fatídicas en su destino de regreso a Forres, yo tuve a mis dos brujitas bienhechoras, que en un éxtasis de intuición me prepararon el camino de retorno hacia la felicidad. Sabemos que nunca perenne, pero siempre bienvenida. Ellas fueron Martha Gloria Goldsztern —más conocida como la rutilante Divina Gloria— y Sonia Lifchitz. Hermosas jóvenes de la colectividad judía, reinas de la noche porteña y hadas madrinas de un amor que iba a cambiar mi vida. Chispeantes, atrevidas e irresponsables, me rescataron de la casa aguantadero en la que vivía, en Hidalgo y Arengreen. Pilo, Billy y la cicatriz que le hizo el puma del circo donde vivía con su familia cuando niño me despidieron con alegría una tarde de calor arrasador de enero del 91. Por un lado Divina, comediante, *prima attrice* de calle Corrientes, rubia petitera, *partenaire* del gran Alberto Olmedo. Por el otro Sonia, vestuarista, laburanta todo terreno, morocha de arrabales, hija de familia cara. Manipuladoras de destinos, con gran maestría las dos me intimaron a armar un bolsito con dos sacos, un par de remeras, un par de pantalones, medias, calzoncillos, un cepillo de dientes, un *walkman* Sony Pro, un auricular, algunos casetes, y me subieron a un avión hacia Punta del Este. Yo parecía un viejo cascarrabias. Me llevaron muy a regañadientes. Estaba contento, de todas maneras, porque había terminado varios demos importantes. "Tumbas de la gloria", "Creo" y "Breaking in the highways".

Al cabo de media hora de despegar aterrizamos en tierras uruguayas. En un departamento de Punta del Este me reciben Elvira y Jorge, la mamá y el papá de Fena, como a un hijo más. Divina y Sonia paraban en un hotel a pocas cuadras. Dormí toda la tarde. Eso sí que lo hacía bien. Cerca de las siete de la tarde recibo un llamado de Sonia que me dice: "Esta noche hay una fiesta en lo de Alejandro Kuropatwa en José Ignacio". "OK", contesté. Corté y seguí durmiendo. Nada me interesaba menos en aquel momento que ir a una fiesta a una hora de auto de donde estaba. Ni siquiera sabía qué hacía en Punta del Este. Me pasaron a buscar, cerca de las diez de la noche, en una cuatro por cuatro de alguien. Yo llevaba un pantalón blanco que parecía una pollera. Sandalias de pescador, una remera blanca y un saco plateado con motivos búlgaros. Esa noche me crucé con Cecilia Roth en la pequeña galería de la casa, explotada de gente. "Me traés un vino, ¿nena?", le dije con un cancherismo impropio. No había cruzado con ella más que unas pocas palabras en el cumpleaños de Kuropatwa en su palacete de avenida Rivadavia. Bailamos toda la noche. Allí conocí a gran parte de la tribu porteña del *jet set* cultural. A la Gran Marcova, alta reina de Solano, a Roberto Jacoby, a Guillermo Kuitca, a Miriam Bendjuia, amiga de todos, a Horacio Dabbah, hoy uno de los tíos favoritos de mi hijo Martín, y a muchas más personas que el ponche enfrutado que servían esa noche no me permite recordar. Sugerí poner *Lovesexy*. Bailando Prince, Cecilia, en un movimiento maestro, audaz y a toda velocidad, rozó sus labios con los míos. Eran suaves y carnosos. Nadie logró darse cuenta. Fue un solo movimiento. Muy delicado, sexy. Yo no salía de mi asombro. Fue una fiesta hermosa. En esa casita mediterránea muy *chic* al lado del mar, pegada al faro que orienta a los navegantes, me enamoré de Cecilia. Era un imposible absoluto. Se había casado hacía unos meses. Su marido no estaba allí, claramente, y un beso muchas veces no es nada más que eso. Volví a dormir al departamento de los padres de Fena, obligado por Sonia, que quería irse a toda costa con el mismo tipo que nos había llevado hasta esa casa encantada. No pude sacarme un segundo de la cabeza ese beso y la forma en que me miró Cecilia durante aquella noche, aún incompleta para mí. Debía ser un sueño. Yo no estaba apto para una empresa de tamañas dimensiones. Finalmente, logré dormirme. Elvira me despertó cerca de las tres de la tarde. Yo despedía un olor a alcohol que tumbaba. Le pedí a Fena que averiguara el teléfono de la casa donde estaba Ceci. Me lo consiguió a los pocos minutos. Entonces la llamé. "Ansiedad de tenerte en mis brazos...". Le canté esa frase del bolero del venezolano José Enrique Sarabia, popularizado por Nat King Cole. Otra vez los discos de mi padre. Ella se ruborizó. Pude sentirlo a través del teléfono. Y quedamos en encontrarnos esa noche para ir al cine. Vino acompañada de su amiga Miriam. Estaba espléndida, con su melena rubia. Parecía una señora muy recatada. Vestida con un traje marrón caqui, saco y pantalón a tono, camisa blanca abierta y tacos bajos. Yo estaba vestido con un pantalón dorado, una remera de The Who medio rota, zapatillas y un saco rojo con motivos búlgaros. Ropa de show. Era lo único que tenía. Vimos *Habana*, el film de Sydney Pollack protagonizado por Robert Redford, Lena Olin y Raúl Juliá. Iba sobre las intrigas palaciegas en los albores de la revolución cubana. Otra vez el cine y el amor. La historia volvía a repetirse, aunque nunca de la misma manera. No era Miriam en el cine Palace de Rosario. Era Cecilia en un cine de Punta del Este. No tenía otros intereses más que mirar *de côté* a aquella espléndida mujer. Tenía un encanto sobrenatural y esa voz firme que intimidaba. Solo debía intentar disimular mi torpeza y mis deseos de volver a besarla, para dar la apariencia de alguien a quien estar o no allí le daba lo mismo. No creo haberlo logrado. Mis ojos se iban de su curso natural, que en el cine es mirar hacia adelante. Aprovechaba a cambiarme de posición para poder observarla mejor. Pero estaba en la peor situación posible. A su lado. Finalmente, la película terminó. Nos subimos al auto de su amiga y fuimos a cenar a la cantina de una tana muy simpática en la avenida Gorlero. Allí nos encontramos con algunos de sus amigos, que empezaron a sospechar que algo se estaba gestando afuera de sus áreas de influencia. Su mirada felina se colaba pícara por las grietas de su manifiesto disimulo mientras apuraba un *gin-tonic*. Yo toqué el piano y bebí Coca-Cola. Ceci se retiró con Miriam: volvieron en el auto de su amiga a la casa de Ale Kuropatwa. Por suerte, me olvidé el *walkman* en aquel auto cuando bajamos a cenar. Esa noche, en su cama, Cecilia escuchó los demos de "Tumbas de la gloria" y "Creo". Cuenta la leyenda que en aquellos momentos se enamoró de mí. A eso le siguió la primera noche que dormimos juntos en su habitación de la casa Kuropatwa. La noche que nos dimos el beso que cambió nuestras vidas.

Al mediodía siguiente llegó mi mánager de turno a pasar sus vacaciones en José Ignacio. No suelo creer en las casualidades. Pero esta vez, y con claridad absoluta, los dioses estaban de mi lado. Le pedí dinero para quedarme una semana en La Posada del Mar. De todas maneras, si no me lo hubiera dado, me habría quedado durmiendo en la playa o en el rancho de algún hippie. No hizo falta. Milagrosamente, este hombre tan agarrado a su economía me hizo el préstamo.

Nos estábamos enamorando. Sentí que mi vida se iluminaba después de tantos años. Pasamos una semana de amantes clandestinos en aquella posada del amor. Después de una sesión interminable de abrazos y revolcones con gemidos, gritos y susurros, comenzamos a beber whisky. Los dos desnudos sobre aquella cama. Yo cogí la guitarra y canté para ella. Íbamos a la terraza desnudos en el medio de la madrugada a ver los rayos de luna reflejados en el mar. Le conté la historia del asesinato de mis abuelas. Ella venía de un exilio español que le había dejado huellas amargas. Hubo largos silencios esa noche. Cecilia comenzó a llorar y no paró hasta la mañana. Nos estábamos reconociendo y hermanando en el dolor. Mientras yo seguía rumiando escenas sobre aquel episodio macabro que no podía quitar de mi cabeza, Cecilia me contaba historias de sus desvelos madrileños en sus primeros años en España. También tomábamos unos desayunos riquísimos. Y cada noche de aquella mágica estadía cenamos mariscos regados con cerveza uruguaya en la posada de unos españoles encantadores. El cuerpo dorado de esa beldad desnuda, de espaldas, mirándome de reojo, invitándome a otra revolcada apasionada, fueron mi arribo a puerto después de un largo naufragio en altamar. Cada mañana ella volvía brincando por los prados de arena y pasto verde hasta su casa de verano, cruzando el faro. Lo recuerdo todo. Lo bueno difícilmente se olvida.

Una noche fuimos hasta Punta del Este y en avenida Gorlero nos perdimos de vista. Es una avenida corta. Solo que esa noche estaba repleta de gente. Íbamos juntos entre la multitud. Yo me desmarqué y crucé al banco a sacar plata del cajero. En ese momento nos perdimos de vista. La desesperación que sentimos en aquel momento fue indescriptible. Los dos pensábamos que jamás volveríamos a vernos. Habían pasado menos de quince minutos. Miriam Bendjuia, la amiga de Ceci, sentada en un bar en la vereda, nos veía pasar. Ir y venir. Despreocupada, tomando un daiquiri, observaba graciosa nuestro errático andar de un lado para el otro.

Cuando nos reencontramos, nos dimos un abrazo que duró once años. Íbamos a vivir una gran historia de amor.

27

La vuelta a Buenos Aires fue con mariposas en el estómago. Yo regresé a Hidalgo y Arengreen. Una tarde en la terraza de esa casa le conté a Fabi que estaba enamorado. "De Ceci", disparó ella con intuición pisciana. "¡Sabía que era ella!". Algo la tranquilizó. Me habrá visto la sonrisa, o habrá sentido la vibra que me brotaba por los ojos cada vez que nombraba a Cecilia, o lo que sea. El mundo se divide en dos: las personas que entienden y las que no. Ya sabemos a qué grupo pertenece Fabiana Cantilo. Cecilia volvió a su departamento de República Árabe Siria y Juncal. Le contó todo a Gonzalo, su marido, apenas llegó. Cecilia no es una mujer de engaños.

De todas formas, nunca nada es tan lineal ni tan definitivo.

Ese mismo enero, Herbert Vianna me invitó a Río de Janeiro a participar en una versión *aggiornada* de "Track track", la canción que cerraba *Ciudad de pobres corazones*. Me dieron una habitación en el hotel Othon sobre la avenida Atlântica. La grabación transcurrió de mil maravillas. Era una versión potente, en *tempo* alto y al estómago. Muy diferente a la barroca que cerraba aquel disco maldito. Me sorprendió gratamente. "¡Mirá Herbert lo que escuchó adentro de esa canción!", me repetía sin salir de mi asombro por el cambio radical de carácter que le habían dado a la triste "Track track". Ahora parecía una canción que había sobrado de *Born in the USA* de Springsteen.

Al otro día Prince se presentaba en Rock in Rio. Recuerdo el primer vodka en camarines del Maracaná. Luego, al genio de Mineápolis muy cerca. Había logrado llegar hasta las primeras filas. Estaba solo. Esperé a que finalizara su concierto y volví al VIP por más dosis de alcohol. La desesperación estaba allí, impoluta. Y las bebidas blancas saben hacer su tarea. Después, solo imágenes. Bi, el bajista de Paralamas, evitándome en el hall de algún hotel de Copacabana. Una gran comitiva subiendo a un ascensor y yo sabiéndome rechazado. Iban a una fiesta espléndida, en una suite espectacular con vista al mar, donde alguien en mi estado no tenía cabida. Yo intentaba preguntarme dónde estaba y, muy posiblemente, quién era. Logré comprar cervezas en los barcitos de la avenida Atlântica y seguir un derrotero incierto hacia ningún lugar. Conocía esa materia más que a mí mismo. Terminé entregado a lo que fuera, rebotando por las calles de la ciudad maravillosa. Amanecí cerca del mediodía de un día nublado en Copacabana, debajo del toldo de un bar de la playa. De la misma manera que en el episodio de *Dreams* de Kurosawa los escaladores ven el campamento a unos metros de donde habían sido atrapados por una tormenta de nieve después de haberse abandonado a su destino fatal, abrí los ojos y el Othon apareció nítido como un gólem, a pocos metros de distancia. Solo tenía que lograr cruzar la avenida atestada de autos y gente que deambulaba frenéticamente. Demoré un rato en la recepción intentando hacerme entender. El *voucher* que PolyGram Brasil había designado para mi estadía había vencido a las ocho de la mañana. Logré comunicarme con Warner Argentina y al cabo de una hora me reubicaron. Tuve que trasladar mis cosas a otra habitación. Me costaba mucho mantener el equilibrio. Finalmente, dejé la valija en la cama y fui a asearme al baño. Me mojé la cara con el agua fresca de la canilla y salpiqué con agua el piso de mármoles blancos. Me miré en el espejo. Lo que vi no me gustó. Cuando cerré el grifo, di un paso a la izquierda para tomar una toalla. Resbalé y caí de bruces sobre el bidet. Horas más tarde, desperté en un charco de sangre. Me levanté como pude y apoyé mis brazos sobre la bacha. Me miré en el espejo otra vez y vi que tenía el hueso de la nariz torcido hacia abajo. No me dolía. No estaba quebrado. Tenía un tajo profundo en el tabique. Las fuerzas del amor recién comenzaban su lucha. El encuentro con Cecilia había sido solo una pequeña batalla ganada.

Durante el período de unos meses, Horacio González me invitó a vivir con él en su departamento de Santa Fe y Julián Álvarez. Su amistad es otra de las grandes que me regaló la vida. Hombre erudito y desprejuiciado. Escritor refinado de ensayos y novelas. Docente moderno y muy amigo de sus amigos. Sus temas fueron todos. No hubo nada que a este hombre no le interesara. Intenté, en esos días y cada segundo a su lado, aprender y aprehender de sus efluvios. Horacio fue un intelectual mayúsculo. Un hombre que ha activado motores e intervenido en su época. La nuestra. Un intelectual que se ha brindado a todos los debates y tensiones sin temor a ser interpelado por fuerzas oscuras. Nuestra amistad ha sido un territorio de amor, conocimiento y bonhomía. Donde él, mariscal de campo, siempre intentó hacerme sentir como un par. Un soldado raso como yo debía tener en cuenta las irrefutables jerarquías que se imponen en el orden castrense.

En aquellos días le habían pegado ocho balazos en las piernas a Pino Solanas en la salida del laboratorio Cinecolor. Acababa de realizar varias denuncias sobre el desguace de YPF de parte de mafias políticas y de las otras. El atentado adquirió relevancia nacional en pocas horas. Inmediatamente enterado, Horacio comenzó una labor urgente: recolectar firmas para repudiar semejante hecho de barbarie e intimidación. El presidente Menem le ofrece todas las atenciones del caso. Pino las rechaza enérgicamente, acusándolo de estar involucrado en los hechos junto a los servicios de inteligencia. Acompañé a Horacio en esa tarea durante toda una noche. Hablamos por teléfono y recorrimos media ciudad en taxis y colectivos. Cuando hubimos terminado la labor, con más de cien firmas, llegamos a su casa. Tomamos un té en la pequeña cocina de aquel departamento franciscano. Recuerdo, en un arrebato de lucidez, que faltaba una firma muy importante. La de Charly García. "¡Vive a cuatro cuadras, vamos!". "Es muy tarde", replicó él, siendo las siete de la mañana de un mayo helado. "Está despierto, ¡vamos!", dije con la seguridad que tenemos las gentes de vida licenciosa. Salimos rumbo al departamento de Coronel Díaz y Santa Fe. Alguien, desconocido, nos abrió la puerta de abajo y subimos por el ascensor hasta el séptimo piso. Charly estaba en su habitación, de espaldas a nosotros y en el piso, entreverado entre cientos de cables, intentando conectar algo con algo. Era una medusa de cables de todo tipo que le colgaban del cuello y los brazos. Plug-plug, plug-rca, rca-rca, etcétera. Sin dejar de realizar él su tarea y siempre de espaldas, lo saludo: "Hola, Charly, vinimos con Horacio a pedirte una firma de apoyo a una solicitada en repudio al atentado contra Pino Solanas. Le pusieron ocho balazos en las piernas". Charly se dio vuelta y nos miró con esos ojos. Se quedó quieto el tiempo que duró su respuesta: "¿Algún espectador indignado?". Charly retomó su actividad y, sin mirarnos, replicó: "Todo bien, firmalo". Nos retiramos de su departamento y volvimos al de Horacio. Hicimos esas pocas cuadras en silencio mientras Charly seguía intentando conectar algunas cosas en el mundo.

Cecilia había ido a filmar una película a Paraguay bajo las órdenes de un director suizo. Yo ya vivía en su casa. La banda se modificó entera. Llegó un joven con mucho entusiasmo en el bajo, Marcelo Vaccaro. Tenía la inmensa tarea de reemplazar a Guille Vadalá. El genial Ulises Butrón, compositor y cantante, se adueñó de las guitarras. Volvió Daniel Colombres con la prestancia y el dinamismo de siempre. Y Mario Maselli reemplazó a Tweety González (que seguía en Soda Stereo) en los teclados. Celsa Mel Gowland en los coros fue también una gran compañera de banda. Hicimos una rabiosa presentación de *Tercer Mundo* en Obras Sanitarias.

En el medio del concierto actuamos un *sketch* con Ale Urdapilleta, Batato Barea y Humberto Tortonese. Ale hacía de mi mamá y Batato y Humberto, de mis hermanas, a quienes había dejado en la máxima pobreza una vez alcanzada mi fama de pacotilla. Los tres estaban ubicados en el super-pullman de frente al escenario, a muchos metros de distancia, con micrófonos inalámbricos. En el medio del público. Se creó una situación muy graciosa donde las tres, pero sobre todo mi madre-Urdapilleta, me reclamaban que las había abandonado en la más absoluta miseria. Venían a hacerme una denuncia pública. El estadio se quedó totalmente desconcertado. Nos trenzamos en una discusión en la cual yo les decía que no sabía quiénes eran y que no tenían derecho a interrumpir un concierto, y menos de esa manera. El público comenzó a interactuar y se creó una atmósfera de delirio y risas. Cecilia me miraba desde bambalinas y yo creía estar viviendo un sueño. Había llegado de sorpresa. Pasamos una noche hermosa. Al otro día la despedí en el aeropuerto y cada uno a su vida. En esos años el teléfono aún se usaba lo justo y necesario. Tres semanas más tarde llegó el momento de su retorno. Prometí esperarla en el aeropuerto. Nos habíamos extrañado mucho. Cecilia entró en la habitación del departamento de República Árabe Siria y me vio desmayado, abrazado a un enorme ramo de rosas amarillas en su cama. El vodka nunca es buen consejero en estos casos.

Esa noche vino el Flaco Carlos Villavicencio y vimos *The Misfits* de John Huston tirados en la cama en silencio absoluto. ¡Qué fantástica película para ver resacoso! Todo pesaba lo que tenía que pesar. Era un film alcohólico y triste, maravillosamente escrito por Arthur Miller. Con una Marilyn Monroe real, a quien todas las injusticias del mundo la afectaban. Eran de la partida un enorme Eli Wallach, Montgomery Clift y un Clark Gable crepuscular que hacían temblar la tierra. Después Ceci se metió en el baño y nos quedamos solos con el flaco escuchando los casi cuarenta minutos de "La consagración de la primavera" de Ígor Stravinsky. La música debe escucharse en silencio. Con concentración absoluta. La música abre. Ceci se aprestaba para meterse en la cama y por fin descansar después de tantas jornadas de filmación paraguayas.

Ese año transcurrió entre conciertos y tertulias nocturnas. El amor se asentaba y no había que andar ocultándose. Fabi comprendió. Gonzalo comprendió. Era un panorama alentador. Una mañana hice una ronda de llamados delante de ella a mis doce amantes. Que me había enamorado. Que estaba afuera del juego. No todas se lo tomaron bien. Pero si tenía algo a mi favor era que nunca fui de hacer promesas de amor infundadas. Ahora estaba renaciendo. Es un tipo de situación que tuve la suerte de vivir varias veces. Pero aquel fue el primer renacer. La plenitud del romance entre un hombre y una mujer, en tiempo y espacio correctos. Las hormonas explotadas y la inconsciencia total del mundo exterior. El romance amoroso también es el colmo del egoísmo. Mientras tanto iba componiendo canciones: "Detrás del muro de los lamentos", "Un vestido y un amor", "El amor después del amor", "La rueda mágica". Estaba creciendo una flor. Relajada, sin presiones, al tiempo de la luz que la alumbraba.

Ceci sugiere hacer un viaje a Brasil y elige Praia do Forte por consejo de unos amigos. Paramos en una posada muy modesta frente al mar. Los días transcurrían livianos y gozosos. Una tarde en la playa saqué unos papeles y birome del bolso de Ceci. Comencé a dibujar. Eran unas puestas de cámara muy sencillas con los clásicos triangulitos con la base abierta. "Base abierta" es el ángulo sobre el cual uno quiere disponer la escena. Eran muchos dibujitos con flechas que iban y venían sobre un espacio imaginario. Personitas dibujadas con palitos como cuerpo, brazos, piernas y pies, con círculos en la punta que representaban sus cabezas. Después de un largo tiempo en silencio, Ceci me preguntó qué estaba haciendo. Le dije que estaba pensando en una escena para filmar una película. "¡No dibujes más, filmá!", me dijo con su clásica seguridad marcial. El film fue *La balada de Donna Helena*. Todos esos dibujos se trataban de la pelea que después tuvieron ella y Urdapilleta en las bodegas Giol. Eran una pareja pobre discutiendo en una habitación compartida con otras familias, antes de que él saliera disparado hacia una oscura ruta de la provincia de Buenos Aires, donde Donna Helena le succionaría el alma y se la entregaría al mismísimo diablo en un aquelarre brujeril situado en algún piso del edificio Barolo.

Volvimos a Buenos Aires. Se acercaba el verano. Pablo Milanés visitó nuestro futuro departamento y se encontraron con Charly por primera vez. Eso era unir las puntas de un mismo lazo. Estaba exultante por haber sido el artífice de ese encuentro de amores de mi vida. Desenfundé un pianito eléctrico y se tocó música hasta bien entrada la madrugada. Cuando se acabaron las cervezas tuve que bajar a comprar más. Una vez que abrí la puerta del departamento, vi a una decena de personas que se habían amontonado en el pasillo del sexto piso a escuchar aquella histórica descarga.

En esos días había llegado el primer álbum de Los Rodríguez al departamento de República Árabe Siria. Lo pusimos en el reproductor de música. Era un álbum imponente. Ariel Rot y Andrés Calamaro estaban al comando de esa banda irrepetible. Cumplían con todos los requisitos para tener éxito en España. Eran canciones sencillas, de gran efectividad para el oído popular, tocadas con estirpe rockera. Los dos capomúsicos estaban afincados en Madrid. De colegas llevaban a Julián Infante en la segunda guitarra y a Germán Vilella en la batería. Era una auténtica armada

Brancaleone. Andrés dejaba asomar, otra vez, su inmenso talento como compositor de canciones perfectas y Ariel iba rumbo a su destino, que era convertirse en uno de los grandes guitarristas del mundo. Siempre estuve atento a sus derivas compositivas, y podría decir que es el heredero de una parte importante de la música popular argentina. Hijo poético de Moris y María Elena Walsh. Él gusta de relatar en sus canciones. Algunas leyes claras y nada fáciles de aplicar a la canción popular están en sus gemas. Una fuerte inventiva para las elipsis temporales, melodías recordables apoyadas en formatos de compases clásicos, más la audacia de ser un chico guapo en poder de una guitarra eléctrica y no haberse perdido en el camino. Los llamé por teléfono y les propuse que sean mi banda en la presentación de *Tercer Mundo* en Madrid, en la sala de conciertos Revólver. Se tomaron unos minutos y confirmaron.

Cecilia salía rumbo a Merlo a ponerse bajo las órdenes de Adolfo Aristarain en ese extraordinario film llamado *Un lugar en el mundo*. Yo puse rumbo a Madrid junto a Ale Avalis. La estadía madrileña fue una pasada. Ariel me invitó a parar en su casa. Esa casa había sido la de la familia Rotenberg en un largo período de su exilio madrileño. Era un departamento amplio de estilo francés. Con un living y una habitación en la entrada. Por un largo pasillo pintado de negro, muy de moda en aquellos años, llegabas al baño y a las otras dos habitaciones. El frente era muy luminoso. Ariel tenía su habitación en la parte posterior del piso. Yo me instalé en la habitación que había sido de Cecilia, sobre la avenida Martínez Campos. A media cuadra de Castellana. Teníamos dos semanas para preparar una veintena de canciones. Ensayamos en una de las salas de ensayo de Tablada, un clásico madrileño. Recuerdo que comenzábamos bastante temprano a la mañana y Julián arrancaba con un sol y sombra. Mezcla de *brandy* o coñac con anís dulce. O un carajillo, que era una bomba de *brandy* y café. Andrés tomó el bajo con la misma tranquilidad con la que canta o toca cualquier instrumento. Ariel tomó el dominio de la escena y se asumió como líder natural. En casa de capitán no manda marinero. Germán es un gran baterista, y no había mucho misterio por resolver. Lo que allí se fumaba era hash. Corría como agua por el río. Los ensayos duraban de cuatro a seis horas. Después volvíamos a Martínez Campos con Ale y Julián. Comenzaban las rondas nocturnas. Madrid era un excelente lugar para ir a tocar a cualquier garito y ponerse un poco de todo mientras la noche reinaba a sus anchas. Estaba viviendo mi segunda adolescencia. En tierras lejanas y sin que nadie me observase. Pedíamos comida china regada con cervezas. Arrancábamos cerca de las once de la noche. Era un veranito español delicioso. La terraza favorita de Ariel era el Ambigú. Se podía tocar y estar al aire libre. Después de allí seguíamos en el Yasta o en el Lab. Eran boliches más *darkies* pero igual de entretenidos. Íbamos a buscar lo que sabíamos que íbamos a encontrar. También allí se tocaba. Una madrugada saliendo del Lab le pregunté a Ale si habíamos estado allí antes. Él contestó que sí. Una de las noches de aquel primer viaje iniciático terminé en los hombros de Daniel Melingo, desmayado, mientras Ale nos abría camino entre la multitud.

Ahora estábamos rodeados de amigos y una excelente energía. La peor escena era llegar a Martínez Campos y que no hubiera cervezas. Eso me obligaba a bajar por más. Ir hasta Castellana e intentar meter las monedas por la ranura de la máquina expendedora de Skøll, la peor cerveza del mundo. Las resacas te liquidaban. Nos preguntábamos con qué la harían. Porque la Mahou, la que se vendía en toda la ciudad, era una cerveza espléndida. La primera botellita ya te colocaba. Y se podía beber sin fin. Al otro día, otra vez a Tablada. Los ensayos fueron fabulosos. El amor con que mis colegas se involucraron en aquella aventura fue uno de los más gratos recuerdos que guardo de mi vida con la música. Por el desinterés en todo lo que no fuese tocar y estar colocado. Éramos bohemios profesionales en posesión de alguna destreza musical. Esa destreza era todo lo que nos hacía felices.

¿Para qué sirve la música, damas y caballeros? ¡Para esto y para hacer felices a los demás!

Cerca del final de los ensayos me puse por demás obsesivo con el sincro entre tema y tema. Debía ir todo a una velocidad específica. Julián siempre se equivocaba o llegaba tarde a "B.ode y Evelyn". Yo le señalaba, con la vehemencia con la que se aborda un caso de vida o muerte, que aquello estaba mal y que me iba a poner de muy mal humor si llegaba a suceder en el concierto. Por supuesto, cuando anuncié "B.ode y Evelyn", marqué cuatro y salí tocando "11 y 6" ante la risa general de la banda. Tuve que parar el show y explicar el episodio. Era mi segundo ridículo en público en tierras europeas. Se sentía bien todo aquello y yo había resultado un buen humorista. Del ridículo no se vuelve: se vive en él. Fue una noche extraordinaria que terminó en el camarín de la emblemática sala de la movida ochentosa madrileña a los abrazos con amigos de aquí y del otro lado del mar. Y algún macarra desconocido, siempre bienvenido.

Al volver a Buenos Aires conocí a un hombre extraordinario: André Midani. Hombre de las artes y el negocio. Un auténtico titán cultural. Un hombre de una sabiduría y amor infinitos. Le vi decirles verdades en la cara a personas muy poderosas. Él también lo era. No solo con el dinero. Tenía el poder que manifiestan las personas dueñas de una ética insobornable. Era un hombre moderno, sofisticado y lleno de vida. Podías estar con él en el Guggenheim de Nueva York en un cóctel de inauguración de un artista consagrado o en una favela carioca levantando paredes para alguna de las tantas escuelas que ayudó a construir. Todo André desprendía glamour y sencillez. Así se sentaba a negociar y a inventar. Tal el caso de la formación de la MPB y de la WEA Latina. Fueron ocurrencias suyas. "Quiero juntar a todos los talentos jóvenes de América Latina y mostrárselos al mundo", me dijo en un bolichón de la calle Bouchard donde me citó a tomar un trago. De aquel equipo surgimos Café Tacuba y yo. Hace poco vi al extraordinario grupo mexicano en el Hollywood Bowl en Los Ángeles. Estaba colmado de diez mil fervorosos fans. Yo estaba en las primeras filas con mis hijos Martín y Margarita. En un momento no tuve más que mirar hacia atrás. Al ver a toda esa gente bramando y bailando, aquel pensamiento se hizo ineludible: esto jamás habría sido posible sin la intervención de aquel hombre brillante nacido en la ciudad de Damasco. Escapó desde Francia, en brazos de su madre, de la Segunda Guerra Mundial. La suerte lo trajo hasta las costas brasileras. Y luego a mi vida. Él me hace firmar un nuevo contrato en la WEA Latina bajo su comando regional. Fue Chacho Ruiz quien un año antes me había firmado para la Warner Argentina. A él le debo haberse dado cuenta de que había mucha tela por cortar todavía. Ahora pasaba al ala Midani. La que me abriría las puertas de todos los caprichos y deseos. André no conocía más que *Tercer Mundo* y lo que había recopilado de aquí y allí sobre mí. Necesitaba mirarme a los ojos. Yo no tenía idea de quién era ese hombre semicalvo, de mirada profunda y sonrisa abierta. Después de aquel encuentro a metros del Luna Park, lo llamó a Chacho Ruiz y le dijo: "Sin límite de presupuesto". Ese dinero fue, es y será un montón para producir un álbum. En cualquier circunstancia. Mas el necesario para poder crear en libertad, sin presiones y cumpliendo el protocolo ideal. Período de composición. Período de demos. Período de ensayo en un estudio. Período de grabación. Período de *overbacking*. Período de mezcla. Período de *mastering*. Con los músicos elegidos y en donde yo quisiera. Solo me pusieron un administrador/productor artístico, el chileno Carlos Narea, y un técnico excepcional, Nigel Walker. Inglés de pura cepa, discípulo de George Martin, el genial productor de los Beatles. *El amor después del amor* se realizó en cuatro países y seis estudios, en el lapso de cinco meses. Con invitados de oro. El 1 de junio de 1992 se editó en Argentina. En este negocio se acostumbra a dar todo por sentado. El lema "menos es más" es uno de los habituales. Contra las reglas, creo que esto es muy probable, pero a veces también "más es más". Lo mejor era que aún no sabíamos dónde nos estábamos metiendo, y esas siempre son las partes más divertidas.

Estaba promediando la grabación de *Algo mejor*, el discazo de Fabi que tuve la suerte de producir. Ceci estaba filmando en San Luis. Una noche sigo de largo y me duermo cerca del mediodía. Me despierta el teléfono y me dicen que son las dos de la tarde. Que Gustavo estaba esperando desde las diez de la mañana. Gustavo era Cerati. Y me estaba esperando con un arsenal de guitarras, equipos y paciencia. "¡Vamos a hacerlo rápido y bien!", fue lo primero que le dije desde el control, sin saludar, al caballero sónico nacido en el barrio de Barracas. Fue una sesión extraordinaria. Gustavo era un artista enorme. De una sensibilidad superior. En unas horas grabó varias guitarras para la canción "Arcos". Conclusión: los buenos modales que con tanta delicadeza me había enseñado mi padre podían desaparecer bajo el influjo del alcohol en sangre. Iba a tener que prestar mucha atención a esto. Solo la bonhomía y la estatura humana de ese gigante que fue Gustavo me permitieron convivir con esa vergüenza. De todas maneras, y para quitarle gravedad, entre colegas sabemos comprender y acompañarnos. Hoy por ti, mañana por mí.

Faltaba un tema. Para mí tenía que ser "Mi enfermedad" de Andrés Calamaro, que estaba siendo un éxito total en España por Los Rodríguez. Fabi finalmente aceptó. "Mi enfermedad" fue el hit.

28

Fabi durmió algunas noches con Ceci y conmigo en el departamento de República Árabe Siria. En la habitación de al lado. El amor después del amor no fue solo una metáfora, ni la aparición espontánea de un delirio místico.

"Y lo que llamamos amor es el deseo de unirnos y confundirnos como estábamos antes, en el seno del Dios globular que la discordia rompió". (Extracto de "Empédocles, dios supuesto", en *Vidas imaginarias*, de Marcel Schwob, 1896).

Aquella idea me fue brindada de infinitas maneras por estas dos mujeres. Desayunar los tres juntos al mediodía, la más hermosa. Por eso incluí ese texto en el sobre del álbum.

Cecilia me pidió que la acompañara en Merlo. Tomé un avión y en cuestión de horas ya estaba aterrizando en San Luis. De allí, un auto hasta Merlo. Recuerdo haber dejado la valija en la habitación de Ceci y salir ansioso hacia el set. Estaban rodando tierra adentro, en un rancho. Escenografía realizada en un predio al aire libre por Abel Facello y su equipo. Bajé del auto y me acerqué al set. No estaban filmando en ese momento. Nos reencontramos con Ceci delante de todo el equipo. El hombre que estaba sentado debajo del árbol dándole órdenes a todo el mundo era Adolfo Aristarain. Uno de los más grandes directores de cine de todos los tiempos. Allí comenzamos una amistad que se iría afianzando con el correr de los años. Con él y con Kathy Saavedra, su pareja. Uruguaya de mi vida y madre de Bruno. Rubén Lobótrico era el camarógrafo. Ya me había cruzado con él en la filmación de *El viaje* en Ushuaia. Así que tenía asegurada una buena recepción en el equipo técnico. A los dos días ya estaba intentando aprender todo lo que podía. Estaba donde quería. Con mi novia y en el set de uno de los directores a los que más admiraba.

Recuerdo una tarde en la habitación de Adolfo. Estaban con parte del equipo viendo copias de algunas tomas de la filmación en videocasetes, sin audio. Había que ver cómo habían funcionado la cámara y el foco. Eran tomas muy complejas, a mucha velocidad, hechas con recursos mínimos. Con un tren y un niño manejando un sulky. Adolfo, algo retirado de la excitación general, me comenta: "Cuando filmo ya sé si la toma está bien o mal". Había crecido y filmado en la vieja escuela. Sin *video assist*. En su caso había que seguir de cerca el movimiento de la cámara, por ende el del foquista, y sobre todo estar atento a las actuaciones de las actrices o actores. *In situ*. Asistí a la escena aquella en la que Cecilia contaba la historia de su hermano desaparecido mientras Adolfo intentaba un *travelling* imposible por sobre la mesa toda enclenque en la que estaban sentados todos los protagonistas del film. La toma se demoraba y Cecilia no encontraba el tono con que debía decir aquel texto central de la película. Tiempo más tarde me contó que Federico Luppi, al verla desconcertada, se le acercó muy despacio y le murmuró al oído esta pregunta: "¿Cuántos años tenía tu hermano?". Ella se encendió y el plano fue perfecto desde la técnica y la actuación. Eso era el cine. Un mundo hecho de detalles, dinero y milagros.

Otra noche vi al personaje de Luppi quemando el granero, propiedad de la cooperativa. Los fuegos del odio y el dolor encendiéndose para contarnos que ni siquiera en los últimos parajes de la tierra donde los hombres y las mujeres intentaran un mundo mejor iban a poder conseguirlo. Volví a Buenos Aires no sin pena, después de jornadas de amor y aprendizaje.

Eran noches de tertulias infinitas en el departamento de República Árabe Siria. Allí conocí a Rodrigo Fresán y a Juan Forn. Dos destacados jóvenes escritores en aquel momento. Más tarde célebres en su tarea. Habían publicado dos libros fantásticos en paralelo. *Nadar de noche* (Forn) e *Historia argentina* (Fresán). Los noventa se estaban abriendo delante de nuestros ojos.

Mientras el espectáculo de la música popular en los años ochenta había crecido en calidad por medio de pioneros como Juan Quaranta en la iluminación y Milrud en el sonido, ahora en los noventa se estaba comenzando a tejer una nueva red de desamparados. Nuevas generaciones que, a la intemperie de pertenencia a cualquier tendencia política, comenzaban a generar tribus. Tribus musicales con banderas y preceptos propios. Espacios en los que se sentían amparados y contenidos. Mientras se pauperizaba todo el andamiaje tecnológico y legado artístico de la década pasada, se avanzaba a ciegas hacia el pozo ineludible de aquella época, cuyo fondo definitivo fue la tragedia de República Cromañón. Sobre este tema, la brillante escritora, actriz y directora de teatro Camila Fabbri nos regaló ese libro extraordinario que es *El día que apagaron la luz*.

Cecilia estrenaba *Vivir mata*, un film en el que participaba junto a Alejandro Urdapilleta. Era una fábula de cruces de tiempos entre la vida contemporánea y la vida de la gesta revolucionaria argentina del mil ochocientos. Una de vampiros. Estábamos Ceci, Alejandro y yo sentados en la platea. Cuando Cecilia apareció en pantalla con ese vestido y tacones rojos caminando sobre el asfalto tuve la sensación de que había entrado a escena alguien que sabía lo que estaba haciendo. Entonces comenzó a hundirse en su butaca de la vergüenza. Era un film errático. Ale Urdapilleta llevaba un armiño en la cabeza a manera de peluquín e iba vestido como un militar argentino de la revolución de 1810. El tono era ridículamente engolado. Parecía una comedia aunque no intentara serlo. Pasaron unos minutos más y Alejandro pronunció con su voz resonante y de forma contundente las palabras con que Luis Alberto Spinetta cerraba "A Starosta, el idiota": "¡Vámonos de aquí!". Cruzamos en diagonal al bar de la esquina en Lavalle y Esmeralda. Ceci pidió un whisky doble y yo una cerveza. Ale no lograba pronunciarse sobre cuál iba a ser su pedido. "¡Heroína, por favor!", le dijo al mozo, que se retiró hacia la barra algo desconcertado.

Por esos días conocí a Dina Gutkin y a Abrasha Rotenberg. La madre y el padre de Ceci. Vivían en un departamento en Seguí y República Árabe Siria, en el piso once. Habían preparado una cena muy elegante para recibir al nuevo pretendiente de su hija. Yo estaba nervioso. Entrabas a un living muy blanco con muebles un tanto impersonales. Todo en tonos beiges y blancos. Dos grandes sillones en forma de ele y una mesa amplia coronaban el espacio. Después de los saludos de rigor cometo mi primer error. "Qué lindo es el departamento, parece un apart hotel". No cayó bien aquel comentario. Con toda razón. ¿Qué hacía un perfecto desconocido dando puntos de vista sobre temas decorativos delante de los progenitores de su novia? Habían trabajado con dedicación en aquel departamento. No sé cómo remonté aquella situación, pero recuerdo la incomodidad que causó mi inoportuna opinión. Yo amaba los aparts. Era lo más parecido al orden que recordaba. Intentó ser un halago. Tampoco eran cuestiones de Estado. Mi vínculo con Dina y Abrasha se desarrolló en la mejor dirección. Fueron padre y madre putativos desde aquel momento. Solo supieron abrigarme con amor durante los años venideros. Fue mi entrada formal al judaísmo. Dina era una mujer espléndida de ojos verdes. Cantante, maestra de canto y fonoaudióloga. Con álbumes grabados. Diva de su época. La canción que cantaba Juan Carlos

Baglietto, "El gigante de ojos azules", que produje en su tercer álbum, él la había escuchado de boca de Dina. Abrasha, uno de los hombres más brillantes y eruditos que conocí en mi vida. No había tema del cual él no tuviera una opinión formada. Hoy es un hombre de noventa y seis años que puede atrapar a una audiencia con infinidad de recursos histriónicos y narrativos. Dueño de un humor implacable y pigmalión por naturaleza.

Una noche, años más tarde, en su casa de Entrepinos, una localidad muy pequeña en las cercanías de Madrid, tomé unas notas sobre algunas recomendaciones suyas. Cuando lo revisé tiempo más tarde me pareció que podía ser un poema modernista. Aquí va:

ABRASHA ROTENBERG STYLE

Carpe diem   Saul Bellow
Herzog

Los hermanos Ashkenazi   Israel Yehoshua Singer
La casa de Jampol   Isaac Bashevis Singer

El mundo de ayer   Stefan Zweig

Vodka Finland
Vodka polaca kosher   Santa Fe entre Julián Álvarez y Salguero

Crítica de las ideas políticas argentinas   Juan José Sebreli

Aquel verano del 92 alquilamos con Ceci una casa muy coqueta en José Ignacio. La Casita. Era una casa de estilo naíf suiza de dimensiones mínimas con techo de paja. Entrábamos al living-cocina, donde Tweety y Ale montaron el pequeño estudio casero en el que se desarrollarían los hechos. Llevábamos la consola Teac, ya bien entrenada, y dos monitores JBL *near field* que aún conservo. Algunos efectos, un par de teclados y dos guitaras Fender, la eléctrica Stratocaster y la Santa Rosa electroacústica. Un micrófono 57 con su respectivo pie y un anvil con púas, pilas, cintas y accesorios varios. Por una escalera de madera se subía a un pequeño entrepiso donde dormían Ale y Tweety. Salíamos a un patio de piso de ladrillo que daba a una piscina modesta pero efectiva en tardes de calor en las cuales no queríamos interrumpir el trabajo para bajar a la playa. Con Ceci dormíamos en una amplia habitación matrimonial con techo de paja, al lado de la piscina. De allí, una escalera que bajaba a la habitación donde durmieron los mil invitados de aquel verano del 92.

Una tarde Cecilia se metió conmigo en la ducha. Me desenredó el pelo. Fue una escena larga. El agua nos mojaba a los dos. Con la paciencia y el amor de una madre, le metía a la crema de enjuague y al peine. Luchaba con esas motas de pelo pegoteadas. Logró incluso romper peines durante aquella tarea. Debería haber usado una motosierra para ahorrarse esas tres largas horas bajo la ducha. Fue un momento de comunión inolvidable. Cecilia estaba desenredando mi vida. Y yo, posiblemente, la suya.

Carlos Villavicencio iba a encargarse de los metales y las cuerdas. Por eso estaba allí. Tweety ofició de técnico de grabación y algo más. Ese *algo más* fue ponerme sin avisar el *loop* que todos conocemos de "El amor después del amor". Esa decisión devino en el carácter que luego desarrollé en el armado de aquella canción que imploraba redención. En el medio de otra sesión repitió la operación con el *loop* de "Sasha, Sissí y el círculo de baba". La escribí de un tirón. Al igual que la música de "Brillante sobre el mic". Son piezas que quedaron en el álbum con la exacta forma con las que las toqué la primera vez. Así me gusta hacer las músicas. Improvisando. Dejándome llevar. Sin planes. Aquella sentencia de Gerardo Gandini, otra vez: "Cuando lo imprevisto se vuelve necesario". Tweety González fue el artífice inspirador de esas canciones. Qué feliz estaba en aquel momento. Enamorado de una mujer que me amaba, viviendo una dimensión desconocida del amor y haciendo música con amigos en una playa frente al mar.

José Ignacio era un pueblito de pescadores que fue, de a poco, siendo visitado por los *habitués* de Punta del Este que no conciliaban en forma y espíritu con la conservaduría esteña. De todas maneras, Punta del Este era y es el refugio y la sala de operaciones de hombres y mujeres de altas finanzas y políticos argentinos. Entremezclados con parte del *establishment* del espectáculo.

Mirtha Legrand tenía una propiedad frente al mar, al lado de la de Amalia Lacroze de Fortabat, empresaria del concreto y filántropa argentina. Un mediodía la señora Legrand nos pidió que la visitáramos en su casa. Quería agasajarnos. Después de los saludos de rigor, nos invitó a pasar. Nos mostró el garaje donde su marido, Daniel Tinayre, cinesta de nacionalidad francesa afincado en Argentina, guardaba un espléndido auto de colección. Vimos caer una lágrima sobre su mejilla recordando un antiguo esplendor y logró conmovernos. Luego nos hizo recorrer la suntuosa planta baja. Terminamos en el amplio balcón que daba al mar. Con esa vista delante nos contó que religiosamente todos los sábados por la tarde, cuando el tren pasaba más allá del patio de su casa en Buenos Aires, ella se paraba, vestida de punta en blanco, esperando ese momento. Luego levantaba sus brazos y los movía lentamente de lado a lado, con un pañuelo en una de sus manos. Saludaba a la plebe que venía desde San Miguel de Tucumán, que la veía desde las ventanillas del tren. Ese tren que traía a los futuros olvidados. Era el tren Estrella del Norte. El mismo que tomábamos en Rosario con mis compinches sobre el fin de nuestra infancia, pero viniendo en sentido contrario. Extrañas coincidencias intemporales del destino. Rosa María Juana Martínez Suárez, nacida en la localidad de Villa Cañás, provincia de Santa Fe, a su edad de casi setenta años, actriz y conductora televisiva, curiosamente apodada Mirtha Legrand, apellido de probable origen inglés, escocés, galés o irlandés, y nombre propio de origen griego que proviene del arbusto llamado mirto, arrayán o murta, considerado en la antigüedad símbolo del amor y la belleza, sentía que así correspondía al amor incondicional de su pueblo.

Almorzamos fideos con manteca.

La noche siguiente celebró su cumpleaños con una cena y fuimos invitados. La curiosidad no siempre mata al gato. Ceci y yo éramos la frutilla del postre en cualquier situación social. Éramos deseados. Quedábamos bien. Qué gracioso resulta, aún hoy, esa percepción que tenían algunas personas sobre nosotros. Nosotros éramos marginales. Los artistas lo somos *per se*. Pasamos una noche divertida, muy cómplices, en aquella celebración en la cual nos sentíamos algo ajenos. A pedido de la anfitriona, canté "Y dale alegría a mi corazón". Inmediatamente después partimos raudos al nidito de amor, a emborracharnos con nuestros amigos.

Con el dinero de la Warner para rentar aquella casa de muñecas y comprar toneladas de cervezas Patricia, Zillertal y Pilsen, estábamos conformes. ¡Qué prodigio la cerveza uruguaya! Con eso y la pizza rectangular de Popeye ya no necesitábamos más en aquel paraje perdido del mundo.

Una mañana nos contaron que la hija de un habitante del pueblo se había ahogado en las cercanías del faro. Se llamaba Verónica. Ella nos regaló esa canción en la que todas las vidas habían caído al mar. "La Verónica". Nos embargó una extraña tristeza durante varios días.

Ceci pasaba gran parte del tiempo con amigos e hizo bastante vida social. Yo no quería moverme de nuestra casita de juegos. Una noche apareció, también en composición automática, "A rodar mi vida". Sabía que me faltaba un *up tempo*, y las cosas a veces solo suceden cuando deben. La máquina de inventar canciones estaba funcionando.

Otra tarde estábamos en la piscina haciendo fiaca. De pronto escuchamos palmas en la puerta de entrada y vimos a un joven entrar como pancho por su casa hasta el borde de la pequeña pileta. "Tranquilos, soy Javi, el hijo del Negro". El Negro era Olmedo. Alberto había fallecido unos años atrás en un confuso episodio en la ciudad de Mar del Plata, cayendo del balcón de un piso once. Esa muerte fue un gran duelo nacional. Adopté a Javi inmediatamente. Esa tarde no grabamos. Tomamos todas las cervezas que Javi trajo en su heladera portátil. Javi es hoy uno de mis grandes amigos. Junto a Ale Avalis, Tweety, el Flaco Villavicencio y Javi Olmedo, la experiencia solo se hacía más placentera. Había diversión a toda hora.

Una tarde descubrí, sentado en silencio en la mesa del livingcito, que una estructura me iba a permitir contar en cuatro estrofas compuestas de dos estrofas internas y una parte B la historia de *Thelma y Louise*, el gran film de Ridley Scott. La inspiración tocó a la puerta de esa casa casi todos los días de aquella estadía. El trabajo era las veinticuatro horas.

Vimos una luna anaranjada salir sobre el mar. Toda la comitiva se eyectó hacia la playa mientras el astro se vestía de plateado. Cuando hubo virado a blanco, nos metimos desnudos en el mar a tomar un recuperatorio baño de luna. Marcelo, en la terraza de la pensión de Rosario, me había ayudado a observar el cielo. Allí estaba, veinte años más tarde, sugiriéndole a Ceci que se detuviese en el delicado cambio de color de la luna sobre el mar. Éramos dos tortolitos. Nos besábamos delante de cualquiera, en estado de gracia. Nos mirábamos en silencio durante largos minutos y teníamos jornadas gimnásticas de sexo dotadas de fuertes dosis de amor. Éramos jóvenes, fuertes e inmortales.

Recuerdo que algunos turistas y habitantes del pueblito se juntaban a aplaudir la caída del sol al frente de La Posada del Mar. "Las cosas no están bien en este mundo", pensaba. Me enojaba la estupidez humana cuando funcionaba en grupo. Aún hoy. No se aplauden esas cosas. Estas materias no se pueden explicar. Todos pensaban que tenían la razón. Yo también. En fin, tenía que volver a mi tarea. A lo que importaba en verdad. Ese verano, con una ayudita de mis amigos, allí, al lado del mar uruguayo, viviendo una plenitud exultante, armé la estructura de *El amor después del amor*.

La banda quedó conformada así: Guille Vadalá en el bajo, Tweety González en programaciones y teclados, Ulises Butrón en guitarra eléctrica y Daniel Colombres en batería. Llegó Carlos Narea desde España. Era el hombre que la WEA Latina había puesto a cargo para que las cuentas lleguen a buen puerto. Un hombre cálido y afectuoso. Desatornillaba las tensiones cuando afloraban. Ingresamos en La Escuelita, un estudio pequeño en el barrio de Villa Crespo. Resultó altamente efectivo. Nigel Walker, el técnico inglés que Narea trajo para registrar el álbum, fue fundamental desde un primer momento. Fueron dos semanas intensas donde fui puliendo los arreglos de cada canción. Los *riffs* de bajo y guitarra. Los teclados. Rearmé algunas estructuras compositivas. Y, sobre todo, el grupo se unió como un engranaje irrompible y empático. Cualquier cambio era incorporado a la velocidad del rayo. Aquí es donde quiero volver a hacer hincapié en el estado de relax y claridad en el que se plantea y se genera esta obra. Sin descartar los imprescindibles dislates artísticos o los cambios de timón hechos en la mitad de cualquier experiencia de esta naturaleza. Tener tiempo, dinero, conocimiento y audacia parece una combinación imbatible. Porque cuando falta alguno de estos elementos, la causa corre el riesgo de perder mística o rigor. O puede pecar de falsamente ambiciosa. Sin estos elementos en perfecta conjunción solar, hubiera sido imposible realizar *El amor después del amor*. Había una sensación en el aire de estar haciendo algo especialísimo. Todos los que estuvimos allí lo sabíamos. Menos uno. Ya verán.

29

La vida seguía adelante. Mis borracheras eran intensas. El alcohol lograba ausentarme de la conciencia y a la vez era el camino directo hacia mis más salvajes impulsos tanáticos. Que eran mayoría. Y no estaban de acuerdo con esta nueva plenitud que Cecilia traía a mi vida. Ella logró sacarme de mi ostracismo y conectarme con una vida social que yo tenía a cuentagotas. Vivía replegado, revolcándome en el dolor. Cecilia trajo el sol, el mar, la alegría y una pizca de sabiduría que me hizo mucho bien. Por eso Ceci, como Pablo Milanés en su momento, fueron dos boyas en el mar de la desolación. A través de sus sensibilidades me acercaron a lo mejor de mí. Y lograron abrirme los ojos y el corazón.

Una noche después de volver a contarle a Ceci, con lujo de detalles, las escenas escabrosas del asesinato de Belia y Pepa, se impuso un tremendo silencio entre nosotros. Yo no paraba de llorar. Cecilia entró en una dimensión desconocida. Se abstrajo por unos instantes. Parecía estar distante. Lo estaba. Cada uno sentado a un lado de la cama. Cuando volvió de su trance, y en un tono dulce, me dijo: "Dejalas partir". Yo paré de llorar. Nos acercamos al medio de la cama y nos fundimos en un abrazo. Ese fue el momento que David Lebón y Charly García retrataron tan bien en su canción "Esperando nacer". Yo estaba deseoso de un nuevo nacimiento, mas no tenía las armas para darme a luz. Cecilia fue la artífice. Hoy, a través del lente del tiempo, puedo ver que esas palabras resonaron de la única manera en que podían hacerlo. No era una metáfora. Era real. Tan real como dejar partir a mis muertos y darnos la oportunidad de disfrutar de este innegable gigante que vivía en nuestra casa, que era el amor, con sus mieles proteicas y benignas. Cecilia fue la primera persona con quien pude comenzar a procesar el asesinato de mis abuelas y las muertes de mi madre y de mi padre. Un camino que aún hoy sigo transitando. En algún momento tenía que comenzar. Fue allí, al lado de esta mujer, que florecí y me dispuse a disfrutar de cada segundo que me quedara de vida.

El primer día en ION grabamos "El amor después del amor". La canción. Nigel Walker había ideado cosas que nosotros ni sospechábamos durante los ensayos de La Escuelita. Sonaba enorme. Y éramos solo cuatro músicos. Lo planeado fue plasmado con la garra que impone una grabación de estas características. "Los demos siempre suenan mejor que los discos". No es cierto. Este álbum viene a corroborarlo. Llegó Luis Alberto Spinetta a grabar "Pétalo de sal". Había compuesto esa canción en el medio de la hechura de *Tercer Mundo*. Entonces Luis fue hacia el equipo Roland. Enchufó la guitarra y la pasó por el amplificador. Sonaba distorsionada. Recuerdo el grito de sorpresa y felicidad que pegué al escuchar aquel sonido. Íbamos a grabarla con piano CP70 y guitarra eléctrica limpia. Algo del orden del sentido común indicaba eso. Nunca había imaginado la posibilidad de grabar esa guitarra distorsionada. Nigel me dio la derecha. Narea no fue de la partida. Aquella discusión se terminó en cuestión de minutos, una vez que la canción fue grabada. No encuentro nada malo en el punto de vista de Carlos. Solo que lo que se acuerda de palabra en la acción artística pierde toda fuerza. No me gusta quedarme con la primera idea que tengo de las cosas. Cualquiera que haya trabajado a mi lado lo puede certificar. Hasta que no imprima la máquina cortadora de discos, todo puede cambiar. La conservaduría y yo nunca nos llevamos bien. De todas maneras, la necesito.

Otro mediodía llegó García. Me faltaba una estrofa de "La rueda mágica". Charly le pidió a Dionisio, el dueño del bar de ION, un *bloody mary*. La escribió, la cantó e hizo los coros en no más de dos horas. No saben lo que se pierden al no poder ver en acción a un artista como Charly García. La música y el *swing* le brotan como agua de un géiser. Solo tiene que tener ganas. Lo demás hay que darlo por hecho. Llegó Lucho González y armó el *riff* de "Detrás del muro de los lamentos". El Chango Farías Gómez tocó la percusión. De pronto estábamos en Lima y yo volvía a la infancia al lado de mi padre, escuchando los discos de Chabuca Granda, de quien Lucho había sido uno de sus últimos guitarristas. Ulises Butrón regalaba tomas de excelencia. Y Vadalá fue la piedra fundamental sobre la que se estaba asentando ese edificio majestuoso. Andrés Calamaro cantó con Charly y en un momento fuimos tres en "La rueda mágica". Tweety mandaba los *loops* y proponía sonidos de teclados para seguir escalando. Fabi Cantilo y Celeste Carballo fueron Thelma y Louise en "Dos días en la vida". Ariel Rot hizo el solo de guitarra eléctrica de "A rodar mi vida" con maestría en primera toma. Fabián Gallardo y Gabriel Carámbula cantaron coros y tocaron algunas guitarras. Osvaldo Fattoruso vistió de gala las canciones con sus percusiones, mientras el Flaco Villavicencio seguía con mucha atención las sesiones para poder escribir las partituras de metales y cuerdas. Terminamos exultantes aquellas sesiones en el estudio donde me crié bajo las alas del amor del portugués Jorge da Silva y Osvaldo Acedo. ION era mi casa porteña, más que todas en las que había vivido hasta el momento. Aunque la casa, en realidad, siempre es una. La primera. La casa de la calle Balcarce.

Llegamos a Madrid. Ariel me recibió nuevamente, como el alto caballero que es. Con amor fraterno y la alegría de un auténtico Rodríguez. Mi habitación del frente en la espléndida avenida Martínez Campos con sábanas limpias y el deseo de repetir algunas jornadas como las gloriosas del año anterior. Las sesiones de voces fueron en Cinearte. Los estudios de cine más antiguos de Madrid, enclavados en el barrio Los Austrias, cerca de Plaza Mayor, en el centro de la ciudad. Plaza de Conde de Barajas, número 5. Un estudio de grandes proporciones donde ahora se grababa y se mezclaba para cine y música. Su entrada daba a una placita a la que íbamos con Ale a airearnos cada tanto y fumar algún que otro cigarrillo. Allí paraba un *yonkie* que siempre nos pedía plata. Le dábamos y desaparecía por unas horas. Después volvía. Nos cruzábamos. Nos pedía. Le dábamos. Se iba. Rituales, dicen algunos. Síndrome de abstinencia, otros. Éramos colegas.

Una tarde llegó a cantar Mercedes Sosa. Estaba de gira por Europa. Eso sí que es tener suerte. Le había guardado su espacio en "Detrás del muro de los lamentos". Cuando modula a la mayor. Pero había perdido las esperanzas. Imaginaba su cansancio después de recorrer el vasto territorio europeo. Hasta que Olga Gatti nos llamó y nos contó que estaban en Madrid, y que Mercedes quería venir. No podía ser mejor. Llegó, escuchó la canción y después de intentar un par de tomas, la cantó con esa voz alta como la cordillera. Todo lo que Mercedes cantaba lo convertía en oro. Por aquellos años se solía hablar del rey Midas al respecto de algunos empresarios televisivos argentinos. Nada más errado. Midas era reina, había nacido en San Miguel de Tucumán y se llamaba Mercedes Sosa.

Quería una voz soulera para que estallara la entrada de la banda en "El amor después del amor". Estaba pensando en grabar con alguna cantante afro en Londres. Hasta que nos enteramos de que Claudia Puyó estaba en la capital inglesa. Me pongo en contacto con ella y la invito a Madrid. Quién mejor que ella para imprimir esa fuerza desgarradora y explosiva en la canción. Llegó y fue como si nos conociéramos de toda la vida. Hicimos inmediatas migas. Cantó varias tomas a través de toda la canción. Fue una grabación inolvidable. Claudia lo da todo. Al otro día vino Antonio Carmona, el cantante del grupo Ketama, para intervenir en la parte instrumental de "Tráfico por Katmandú". Yo era loco por Ray Heredia, que había sido miembro original de la formación gitana. Ellos estaban revolucionando la canción flamenca. Ray había fallecido dejando una obra bella como su alma, y Ketama era un sol en plena explosión. Le pedí a Antonio que me diera esa voz gitana. La más salvaje. A él no sé si le parecía lo mejor para la canción. O es probable que yo me haya explicado mal. La cuestión es que en un momento esa voz empezó a cantar y su sangre gitana se encendió. Ni más ni menos. En muchos regresos a Madrid pude gozar de su compañía y la de su mujer, Mariola Orellana, una de las personas más simpáticas con las que me he cruzado del otro lado del océano. Entre invitado e invitado, yo cantaba. Carlos Narea era muy exigente con la voz. Y le agradezco toda aquella labor. Aprendí mucho. Nunca nadie me había exigido tanto frente a un micrófono.

La semana siguiente, increíblemente, estábamos sentados en el estudio en el que los Beatles habían grabado sus álbumes. En la misma sala, el mismo control. Que alguien venga a contarme que las energías no quedan impresas en los lugares. Sin adentrarnos en disquisiciones religiosas, diría que por allí anduvo Dios y se notaba mucho. Otro sería el libro para debatir las características de su improbable existencia. En este libro Dios existe y se llama The Beatles. El Flaco Villavicencio abrió sus partituras, y la orquesta de Gavin Wright —con Gavin Wright como primer violín— se encendió en la primera toma. Pasaron "La Verónica", "La balada de Donna Helena", "Sasha, Sissí y el círculo de baba",

"Pétalo de sal" y "Creo". La criatura iba creciendo. Alquilamos un departamento cerca de Hyde Park. El hombre parado sobre el banco de la plaza frente a nuestro edificio era real. Declamaba a los gritos sobre lo injustos que eran los altos impuestos a la clase media británica. Uno allí podía decir cualquier cosa sin ser detenido. No estaba mal como una manera barata de drenar neurosis de todo tipo. Malo para el terapeuta, bueno para el paciente, excelente para el Parlamento. ¡Que griten allí! "Let them scream there, they don't hurt anyone", le habrá comentado un laborista a un conservador después de cocinar algún chanchullo en las entrañas del parlamento británico, observando la escena. Al otro día toqué el piano con la orquesta en directo. Nunca lo había hecho. Fueron dos tomas. Toda la orquesta me aplaudió. Intenté interpretar ese mar interminable de corcheas en el piano y así llevar el pulso de la canción. Que en este especialísimo caso dependía más de mí que del director. Tarea cumplida. "Un vestido y un amor" estaba lista para ser cantada. El colombiano Chucho Merchán grabó el contrabajo en "Detrás del muro de los lamentos" y solo faltaba grabar los metales. Esa sesión duró unas largas seis horas en las que Carlos se lució con su escritura sincopada y los músicos estuvieron a la altura del virtuosismo que chorreaba el papel. Canté "Un vestido y un amor" sumido en una profunda emoción. Era una canción de agradecimiento a Cecilia. Por su amor, por su inspiración, por su compañía. No había sido fácil llegar hasta allí, pero nunca nada lo es. Entonces hubo que concentrarse y estar a la altura.

Mientras Nigel comenzó las mezclas en Air —los estudios de George Martin, su mentor—, con Ceci nos tomamos unos días y unas noches. Caminamos Londres. Bajo la lluvia. Con sol. No importaba. Entrando a tiendas de ropa a probarnos nuevos trapos. Allí descubrí una marca que sería mi favorita: Paul Smith. Sus pilchas son cómodas, elegantes y rockeras. Sus prendas combinan a la perfección con todos los accesorios creados por míster

Smith en otras temporadas. Medias, anteojos, zapatos, corbatas, zapatillas. Sus sacos de abrigo de colores, cortos y largos, están confeccionados con las mejores telas italianas y cortados en los mejores talleres. Así te queda la cara cuando pasás por caja. Vimos a John Malkovich en un pequeño teatro victoriano hacer una obra aburridísima sobre un matrimonio que se iba a pique. Nada más lejos de nuestras vidas en aquel momento.

Cada mezcla era una dosis de droga dura que iba a ser muy difícil abandonar. Mi espíritu explotaba de plenitud y alegría. Cecilia acompañaba aquel proceso con amor e inteligencia. Yo estaba en pleno subidón. Supongo que ella contará su versión en algún momento. Yo me la estaba pasando bien. No le debía nada a nadie. Amaba la música y las palabras. Y estaba haciendo algo con ellas. Llegó el final. La edición y la escucha de las mezclas. Salimos con Ale esa mañana de la sala de *mastering* y nos dimos un abrazo de hermanos. Él había estado allí todo el tiempo. Eso también le pertenecía. Dormimos todo el día y en algún momento volvimos a Buenos Aires.

La sala de ensayos era un gran rectángulo vacío iluminado por seis faroles colgados del techo. Estaban a punto de abrir un teatro cuando alguien decidió alquilárnosla. Quedaba en calle Humahuaca 3759, en el barrio de Almagro. La banda quedó así conformada: Claudia Puyó repatriada desde Londres en voz, Fabián Gallardo a cargo de los teclados, guitarra acústica, coros y programaciones, Paul Dourge de regreso en el bajo y Gabriel Carámbula en guitarra eléctrica. Los ensayos fueron arduos. Yo estaba afilado como nunca y en esas sesiones terminé de recibirme de director de banda. Era una tarea que había ejercido desde siempre. Solo que ahora iba a aplicar con la máxima eficacia todo lo aprendido. La labor del ensayo es de las más gozosas. Es el momento en el que preparás la máquina musical y los detalles se vuelven imprescindibles. Nada está allí por azar, a menos que jugar a lo contrario sea una decisión establecida. La música no es un territorio del cual se pueda apropiar cualquiera. Porque allí conviven el rigor con el fluir. El desenfado con la técnica más despiadada. Los ensayos siempre han sido mi zona de investigación. Un laboratorio donde los procedimientos pueden repetirse, pero a la vez ser puestos en duda, para recomenzar la tarea reacomodando todos los elementos de manera que el material pueda ser interpretado, revisado o estudiado desde otro punto de vista. El armado fue el de una torre. Primero ajusté las bases de teclados, *loops*, bajo y batería. Luego incorporé guitarras y voces. Lo demás fue tocar y detenerse. En células microscópicas y en tramos de diferentes medidas. Mientras uno va encontrando el sonido, también va comenzando a imprimir el *swing*.

Una vez ajustada la banda comenzó el raid por el Gran Buenos Aires. Lomas de Zamora, Quilmes, Avellaneda, etcétera. Fueron más de diez conciertos en los que fuimos recibidos con el máximo amor y logramos comenzar a conocernos fuera del rigor de los ensayos y las repeticiones obsesivas en busca de mayor calidad de interpretación y sonido.

Una noche, el mánager de turno me citó en la pizzería La Farola. Fui con Cecilia. Ella sería mi testigo implacable. Después de andar por la provincia de Buenos Aires con aquel éxito, nos dice que seguramente íbamos a hacer dos Gran Rex. A lo que Cecilia respondió, con rapidez, de manera enérgica y una cuota de humor: "OK. El resto de conciertos queda todo para nosotros". Todo se hace cuesta arriba cuando alguien del riñón no puede darse cuenta de que está por explotarle una bomba de flores y buenaventura en la mano. Y ese alguien es tu mánager. Estar solo y esto era lo mismo. Era el que manejaba mis negocios. Hicimos once Gran Rex. Todo un visionario. Deberíamos haber cobrado nueve con Ceci. No sería la última vez que este caballero demostraría sus destrezas. Siempre fui desapegado en cuestiones de dinero.

Produje *Sino*, el álbum de Mercedes Sosa, durante los ensayos de *El amor después del amor.* Fue una grabación dificultosa. La única vez que tuve una desavenencia con mi bienamada. No me animaba a decirle que no me gustaba la elección de los temas. Popi Spatocco desarrolló un arreglo interminable para salvar una baguala que duraba nueve minutos imposibles. La versión de "Sino" de Djavan era lo mejor del álbum, con un arreglo bien princero que Mercedes cantó con una gracia especialísima. La versión de "Caruso" de Lucio Dalla se hacía notar y era definitivamente una pieza en la que ella pudo lucirse. Yo, como productor, necesitaba que Mercedes grabara "Y dale alegría a mi corazón". Ella se empecinó en no grabarla. Quería que compusiera una canción original para su nuevo álbum. Yo estaba imposibilitado por el rigor inevitable que imponían los ensayos. Mercedes no terminó contenta con la experiencia. *Sino* salió a la venta con poco suceso. Mercedes finalmente grabó "Y dale alegría a mi corazón" por sugerencia de la compañía y obtuvo un disco de oro a los pocos días.

Comenzaron los Gran Rex. La primera tarde que llegué al camarín encontré un ramo de rosas rojas y una botella de champagne francés con una tarjeta que decía: "¡Toda la *merde*!". Era Sandro. Se había tomado el trabajo de enviarme esos presentes sin siquiera conocerme. ¡Qué hermosa sorpresa! De parte de uno de los ídolos populares más grandes de la música argentina de todos los tiempos. Eso también era una legitimación. El mundo del espectáculo me abría sus brazos. No estaba yo tan seguro de pertenecer a ese especialísimo territorio. ¡Pero era Sandro! El mismo que veía en el cine Rosemary en interminables matinés de tres películas junto a Felipa en los años de la infancia. Ella se desvivía por aquel potro humano que destilaba sexo y lujuria a cada paso de baile, con esa mirada pícara de pibe del conurbano. Lucho González vino a casi todas las funciones a tocar "Detrás del muro de los lamentos". Ante mi pedido expreso de que estudiara esa canción con la misma dedicación que las otras, un Gabriel Carámbula sentado en su silla, de espaldas al equipo Marshall donde enchufaba su Gibson Les Paul Custom negra en aquella inmensa sala de ensayos, me dijo sin mirarme a los ojos y con la cabeza gacha: "No me hagas esto". Había mucho trabajo por delante. Sus prejuicios no iban a detener mi marcha. Ni los de él ni los de nadie. De todas maneras, logró descollar como el gran guitarrista de rock que es. Claudia Puyó se consagró como una de las más grandes cantantes argentinas y fue aplaudida con furor en cada función. Fabián Gallardo cantaba los coros, manejaba los hilos con sobriedad y pasaba de la guitarra a los teclados con máxima soltura. Paul Dourge junto a Daniel Colombres, asentadísimos en la base, hacían que todo marchara sobre ruedas. Una tarde llegó mi tía Charito a los camarines del Gran Rex. Me emocionó mucho que viniera a acompañarme en aquel momento tan importante. Claro, la emoción duró unos pocos instantes. Mientras me cambiaba para realizar la función de esa noche, Charito nos contaba a Ceci y a mí, sentada en el silloncito del viejo camarín del teatro, que se había separado de mi tío Carrizo. Que ese vínculo no daba para más. Que bla, bla, bla. Yo tenía que salir a escena y mi tía no prestaba atención a nada más que a sus reclamos maritales, formulados en el lugar más imposible. Después de más de media hora de cháchara imparable, Cecilia logró calmarla llevándola al camarín de enfrente. A mí me hacía gracia aquella pelea de sexagenarios actuando como si fueran dos adolescentes. Carrizo no dio el presente en toda la semana que Charito se quedó en nuestro departamento. Cuando bajé de la función, mi tía seguía con la cantinela de los engaños y el cansancio de estar desde hacía tanto tiempo con el mismo hombre. No estaba mal lo que decía. Era muy obvia la sobreactuación y con Cecilia sabíamos que aquello duraría lo que un vuelo de mariposa. Finalmente, saludamos al público y nos fuimos a casa a festejar. Al otro día no había concierto. Cecilia trajo con ella a un compañero de cine y tablas español muy popular en estas tierras por haber sido el protagonista de *Camila*, el film de María Luisa Bemberg. Allí encarnaba a Ladislao Gutiérrez, un sacerdote en el medio de la gobernación de Juan Manuel de Rosas, que violaba las normas de los hábitos y se enamoraba de Camila O'Gorman, doncella de una familia adinerada. En fin, no podían avanzar por la calle por la cantidad de autógrafos que tuvo que firmar su amigo español. Charito ya estaba en el departamento, en su cama, suponíamos que durmiendo. La había acompañado una de las asistentas de producción. Cuando llegamos cometo el error de cerciorarme de que Charo estuviera allí. Estaba, y despierta como alguien que acaba de nacer o de ingerir una cantidad importante de anfetaminas, sentada sobre su cama. El amigo actor de Ceci pasó por el pasillo hacia el baño y Charito implacable sentenció: "Imanol Arias". En ese momento comprendí lo que esas dos palabras significaban en su boca. Me retiré de la habitación para procurarme una cerveza helada. Aquello no iba a suceder, pensaba, mientras la realidad y el conocimiento a fondo de mi tía me indicaban lo contrario. Cerré la puerta y me fui con mis amigos, que habían venido por su copa y un poco de charla. A los treinta minutos vimos salir del pasillo a Charito vestida como para un estreno de gala del Colón. Maquillada como una puerta con un único objetivo: Imanol. Hay que decir que el hombre quedó encantado con esa mujer descocada que haría cualquier cosa con tal de cumplir alguna de sus más pecaminosas fantasías con el padre Gutiérrez. Ese curita que había fallecido en un fusilamiento junto a su amante clandestina y ahora estaba a punto de decirle a mi tía que la amaba y que daría su vida por ella.

Finalmente, siguieron dieciséis conciertos en tres ciudades y dos países en el lapso de dos meses, antes de terminar el año 92.

30

Había sesenta días libres por delante. *El amor después del amor* había sido un éxito rotundo. Corrían los comienzos de los años noventa, que habrían de estar regidos por el menemato. Yo triunfaba en un país que se hundía. Extraña paradoja. No existían las redes sociales. Ni apoyo de compañías discográficas. Así que aquel triunfo era legítimo. Había recorrido en ómnibus, aviones y automóviles muchas ciudades del mundo y era amado como se ama a un dios pagano sin ningún encanto ni poderes sobrenaturales. Iríamos a Fidji a disfrutar las mieles del éxito.

En el vuelo transpolar no paré de beber vinos franceses e italianos y fumar un cigarrillo atrás de otro. Ceci durmió relajada. Al llegar a Auckland hicimos el transbordo a Suva, en Viti Levu, la isla más grande del archipiélago fidjiano.

La primera tarde en el jardín de la suite, que daba a una playa de arenas blancas y mar azul, Cecilia y yo bebíamos unas cervezas heladas observando la caída de un sol naranja cegador. A quinientos metros, enfrente nuestro, veíamos una isla plena de vegetación. Ceci se levantó preocupada de su reposera.

—¿Qué es eso que viene volando?

—Un pajarito, mamá.

—No es un pajarito.

—Sí, amor.

—¿Está cerca o lejos?

—Abrime otra cervecita, ¿dale?

Ella se quitó los lentes de sol, levantó su espalda de la reposera y pudo observar con mucha dificultad que eso que venía volando no era un simple pajarito. Venían de a cientos. Un mozo del *room service* que nos traía media docena de cervezas más nos vio tan descubiertos a la intemperie que irrumpió en el jardincito privado al grito de "¡Flying foxes, flying foxes!". Los dos nos levantamos y salimos corriendo, atropellando al mozo. Volaron las cervezas por el aire. En aquel momento los "zorros voladores" pasaron sobre nuestras cabezas a la velocidad de un rayo, emitiendo un sonido de comadrejas que hubiera erizado la piel del mismísimo Belcebú. Eran perros con alas. Murciélagos con patas gigantes. Bichitos del Señor, habitantes de la naturaleza salvaje de estos parajes donde lo fantástico se funde con lo real. Nada de realismo mágico. El mozo se recuperó del golpe. Recogiendo las cervezas del césped, nos contó con muchísima dificultad, en un idioma indefinible, que los zorros voladores se comían y que eran muy ricos. Gárgolas comestibles. Durante dos días con sus noches, Cecilia y yo no salimos de la habitación y planeamos la vuelta inmediata a Buenos Aires. El cambio de pasaje salía más caro que toda la estadía y aún faltaban diecinueve días. Esa noche compuse el "Tema de Piluso" bajo los efluvios de la cerveza fidjiana. Cuando más lejos de casa te vas, más cerca te sentís. Entonces afloran las cuestiones importantes.

Una mañana radiante de sol subimos al *Shark 1* a dar unas vueltas por el archipiélago de islas encantadas en el mar de Koro.

—Do you bring *yaqona* for the king? —preguntó el capitán.

—The hotel receptionist told me about it.

Ceci sacó de su bolso de playa tres bolsitas con la hierba curativa multiuso llamada *yaqona*. Esta hierba era el único requisito para conocer a uno de los tantos reyes de las islas Fidji.

—¡Qué locura! —Ceci le pasaba su Kodak al capitán John para que retratara aquel inolvidable momento de nuestras vidas.

—Welcome to the *Shark 1*...

Los marineros de la tripulación eran dos hombres de piel negra azabache con torso desnudo y ojos de aguiluchos. Nos recibieron en la proa del barco con unas sonrisas que dejaban ver sus brillantes dientes blancos y una alegría propia del paraíso en el que vivían. Cecilia era una mujer despampanante en la plenitud de la vida. Yo solo quería otra cerveza. Los marineros no tenían ojos más que para esa mujer avasallante. El capitán John los fulminaba con la mirada cuando notaba esa lascivia antiprofesional en sus subordinados. Estos volvían a sus tareas igual que dos niños descubiertos en una travesura. Esa mañana tomamos sol en proa y en popa. Almorzamos un cóctel de camarones y un filete de salmón con arroz. Luego dormimos una siesta bajo la sombra protectora de la vela gigantesca del *Shark 1*.

—Te amo, Páez.

—¡Y yo a vos, rubia! Pasame una birrita.

Por la tarde visitamos tres islas paradisíacas y fuimos felices en el corazón de la inmensidad bajo el sol de oro fidjiano. Ceci lagrimeaba ante tanta maravilla mientras le pasaba protector solar en el pecho a aquel hombre a quien amaba.

Al otro día amanecimos alrededor de las seis con una suave brisa marina y el aroma del café recién hecho. El capitán nos recibió en el comedor central mientras los marineros servían un suculento desayuno. Próximo destino: la isla del rey. Bajamos en un bote. Los dos marineros remaban con fuerza y no dejaban de mirar a Ceci. Yo seguía concentrado en mi lata helada. Al arribar a la playa nos bajamos con cierta dificultad, pero manteniendo la *yaqona* a distancia del agua para que no se mojara y así hacer posible el encuentro con el rey melanesio. Nos recibió un paje que vestía una pollera de hojas de plátano. Habrá tenido unos ochenta años. Movía los brazos en todas direcciones y vociferaba como un joven de treinta. Señalaba el bolso que Cecilia llevaba colgado del hombro con exagerada insistencia. Claramente en busca de la *yaqona*. La hierba secreta de los reinos de aquellas islas mágicas. Ese pasaporte tan preciado para acceder a una de las casas reales del archipiélago. La hierbita de Dios no olía a nada y su color era de un marrón insulso. El paje nos empujaba hacia el interior de la isla con desmesurada pasión. Casi con brutalidad. Con Ceci nos mirábamos desconcertados. Veíamos a los marineros del *Shark 1* que sonreían a lo lejos mientras se alejaban en el bote. Una vez que cruzamos los médanos avistamos una choza de barro y adobe, un poco más grande que un baño químico, cubierta de hojas de palmera. El paje insistía con que avanzáramos en esa dirección. Lo hicimos con curiosidad y temor. Al llegar a la pequeña puerta de entrada, comenzó a lanzar unos gritos desaforados y a bailar una danza ritual que parecía una coreografía de Pina Bausch. El paje nos empujó hacia el interior y entramos casi tropezando. Primero Ceci y después yo. Se ve que se mantenían los protocolos de la caballerosidad incluso en estos reinos salvajes. El rey nos recibió sentado en la arena, con las piernas cruzadas como un buda. Fumaba igual que un escuerzo un cigarro que inundaba el trono real de un humo amarillento de alta toxicidad. Tosía este buen hombre a punto de morir y comenzamos a toser nosotros a la par.

El rey no tendría menos de ciento diez años. Tosía, gritaba y estiraba las manos hacia nosotros. El paje lo alentaba y ya eran dos los que gritaban. El rey de pronto detuvo su tos, sus gritos y sus movimientos. Nos miró directo a los ojos.

—*Yaqona* —dijo

—Ah, sí, sí… —respondió Cecilia.

Sacó de su bolso playero las tres bolsitas y las depositó en manos del rey. El rey y su paje volvieron a gritar, presas de una fuerte posesión. La energía que desplegaban era inhumana. Entre los dos sumaban casi doscientos años. Parecían dos niños a quienes les habían regalado tres cajas de chocolate Godiva. No lográbamos salir de nuestro asombro. Nunca habíamos visto algo como aquello. Poco a poco los anfitriones fueron recuperando la calma y el rey nos invitó a sentarnos junto a él. El rey y su paje no quitaban sus ojos de Cecilia, que solo vestía un microbikini naranja que dejaba ver su tremendo cuerpazo, pleno de curvas, tostado por el sol. En un inglés casi incomprensible, el paje comenzó la charla.

—*Guear iu fron*?

—Argentina —respondió Ceci, que era la única interlocutora posible. A mí ya me había comenzado a bajar la presión y solo quería salir disparado del lugar.

—*Orjendina*? —apuró el paje.

—Sí, Argentina.

—*Arjontena*?

—Sí, sí... Argentina... Argentina. Maradona.

—¡¡¡Maradona, Maradona!!! —gritó el rey ante el sonido de la palabra santa—. ¡Maradona! —Y así volvieron sus convulsiones cuasi epilépticas.

—Yes, Maradona... My husband is a very good friend of Maradona —dijo Cecilia señalándome, sin saber el efecto que causaría ese movimiento casi involuntario de su mano.

—¡Maradona! —El paje salió disparado de la habitación real al grito de "¡Maradona, Maradona!".

—No, no... Él no es Maradona, es amigo de Maradona... Amigo, "friend", ¿entiende, jefe? Understand? He's not Maradona. Él no es Maradona, es amigo de Maradona —le decía algo nerviosa Cecilia al rey, que tosía, fumaba y repetía a los gritos en aquella caldera fidjiana, que ya pasaba los cuarenta grados, la palabra sagrada: ¡Maradona, Maradona, Maradona!

Ceci quedó por un instante perdida en tiempo y espacio. Olvidó por unos momentos cruciales que el rey no comprendía una sola palabra de castellano. Yo me retiré de aquel antro delirante. A lo lejos vi venir por una callecita de arena cercana a una horda de indios vestidos con la misma pollera de hojas de plátano que el paje. Otros con taparrabos, mujeres desnudas con hijos en brazos. Todos sin excepción con una lanza en la mano. Lanzas con filo. Algunas de madera, otras de metal.

—¡Ceci! ¡Mirá! —No podía quitar mis ojos de aquella montonera que se acercaba acechante.

—¡Maradona, Maradona! —gritaba el paje, señalándome, al frente de aquella manifestación popular que se acercaba al palacio.

—Ceci —le digo en voz baja apuntándole al oído—: esta gente cree que soy Maradona.

—Vos, chito. No decís una palabra.

El paje me tomó del brazo y me arrastró con fuerza hacia una suerte de dispensario que quedaba a unos metros, siguiendo hacia el centro de la isla. Ya nadie se acordó del rey. Ceci iba rodeada de cuatro hombres desnudos con unos falos colgantes de dimensiones irreales. Ingresaron en manada al dispensario y el paje me señaló una radio sobre una mesa de madera. La radio del reinado.

—*Orjenti! Madonna! Madrona!*

—¡Ah! —sonrió con picardía Cecilia—. ¡Que sos Maradona! ¡Que te conocen de la radio! Que te escucharon por ahí.

—¡Pero yo no soy el Diego!

—¡No lo conocen, boludo! Ahora Maradona sos vos.

En ese momento cayó desde el fondo del salón una pelota de fútbol blanca perfectamente inflada. La tribu entera, niños incluidos, me alzaron al grito de "¡Maradona, Maradona!". Me llevaron en andas hasta la cancha de fútbol que quedaba a pocos metros, escondida en plena jungla. Armaron un pan y queso. Igual que aquí. En cuestión de minutos, trasmutado en Diego Armando Maradona, comencé a mover el balón con audacia. Debía sacar a relucir aquella antigua maestría infantil, si es que quería salir vivo de allí. Los morenos que no jugaban el partido no dejaban a Cecilia ni a sol ni a sombra, ante la mirada celosa de las mujeres de la tribu. Mientras tanto, yo transpiraba y corría como si fuera la última vez. Mi temple superviviente y un genio futbolístico que creía olvidado en la explanada de la Facultad de Derecho de Rosario reaparecieron por arte del terror. Así fue que hice caños, tacos, palomitas, voleas, gambetas, chilenas y tiros libres con la habilidad de un gran jugador de fútbol. Metí una docena de goles en media hora y conté, gracias a la buenaventura del Señor, con que todos los jugadores de aquel reino eran imponentes pataduras. Por un momento logré sentir la gloria maradoniana. Fui venerado por un grupo de personas que festejaban cada jueguito, cada córner, cada cabezazo al arco y cada pase de precisión a algún compañero. Me prodigaban amor sincero ante las monerías que tuve que resucitar imperiosamente para impedir ser alimento fresco de caníbales. Cecilia pidió ir al baño y una de las mujeres la llevó hasta un pozo en el que los miembros del reinado depositaban heces y fluidos. Entre aquella pestilencia sacó de su bolso el *handy* que el capitán John nos había dado al bajar. Llamó al *Shark 1*.

—Danger! Come on, boys! I need you! We need you! —desesperaba nuestra heroína.

En cuestión de minutos los dos marineros desembarcaron en tierra y llegaron en nuestro auxilio. Al de Claudia y Diego Armando Maradona. La despedida fue larga. Nos regalaron collares, mantas, frutas, artesanías, cuencos para beber y comer, un taparrabos *deluxe*, polleras de colores y una faca afilada como los ojos de la muerte. Una vez arriba del bote, mientras agitaba sus brazos saludando a todo un pueblo que ya nos añoraba y extrañaría por siempre, Cecilia lloró de emoción por un amor del que no se sentía merecedora. Yo, por mi parte, había bajado dos kilos en las dos últimas horas, esas en las que fui un auténtico rey de Fidji.

Entonces llegaron trece conciertos en tres países durante dos meses, antes de los shows en Vélez Sarsfield del 24 y 25 de abril de 1993. Canal 13 filmó el concierto en el estadio a todo trapo. No sabía bien cómo había llegado hasta allí. Tenía veintinueve años recién cumplidos. Había cuarenta mil personas esperando. Hay una toma sobre el principio de la filmación donde vamos con la banda acercándonos al escenario, con las luces del estadio aún prendidas. Fabi me toma del brazo y me muestra a la multitud desde las bambalinas. Antes de que se apague la luz del estadio José Amalfitani, me tomo la frente con la mano derecha y hago un gesto de "¡Sáquenme de aquí!". En ese momento se apagan las luces y el estadio truena.

Lo que sucedió durante esas horas fue un trance fantástico. Un rito sacrificial. Logré no pensar, cantar bajo el flujo incesante de la inconsciencia. Nunca más fuerte que en aquel concierto, sentí lo que significa "ser parte de". Nada de lo que sucedía allí me pertenecía, más allá de lo que dijeran las planillas de SADAIC. Nadie le pertenecía a nadie, nada era de nadie, todo fue comunión, entrega y amor en aquella ceremonia. Las luces estaban sobre mí, otra vez, pero eso no es lo que quiero señalar aquí. Aquí quiero agradecerle a mi país el haberme permitido el beneficio de la aventura. Las mieles de la odisea. El tiempo muerto que necesitan las palabras y la música para llegar al corazón de los otros. Aquí quiero agradecer a mi tribu el premio que me dieron esa noche. "Vos, que te la bancaste… ¡tomá!". Ese *tomá* fue el más grande abrazo que alguien pueda recibir. Estaba en aquel espacio enorme estrenando el "Tema de Piluso", compuesto en las islas lejanas de la Melanesia, mientras una multitud cantaba conmigo leyendo la letra a través de dos pantallas gigantes puestas a los costados del escenario. Ese niño criado en el más excelso amor, cuyo padre lo indujo a los libros, el cine y la música, arropado en las faldas de aquellas dos mujeres viejas en la ciudad de Rosario, que veía al Capitán Piluso a la hora de la leche, estaba siendo tomado en sus brazos por un pueblo. Una parte de él, que sentía que había que darle unas palmadas en la espalda a aquel muchacho. La vida me había cruzado con todas esas almas que conformaban la mía y me completaban. No éramos nada más que unos puntitos en el universo. Cantando, bailando y gozando. De eso se trataba todo.

Había que acompañarse en el trámite de vivir, y a mí me había tocado la parte más hermosa. Tenía que escribir y cantar, ensayar, leer y estudiar, dejarme ir, curiosear en los piringundines y en los palacios. Vivir. Vivir y contar. Con la lengua y el cuerpo sueltos. Con delicadeza y a todo volumen. Ese fue el pacto firmado con sangre, sudor y lágrimas esa noche de lujuria y redención. Ya no se trataría solo de un juego. "Esto es una cuestión sagrada", me decían, entre remeras y corpiños revoleados, todos esos corazones refulgentes de luz. Yo no había elegido estar allí, en ese escenario. O posiblemente sí: dilema irresoluble. Allí también me pusieron las circunstancias. Esa noche, todo ese delirio tuvo la dimensión de un juramento.

Mientras, Cecilia les pedía a sus colegas de *Relaciones peligrosas*, corriendo por los pasillos del teatro, que le abrieran paso, que la esperaba un auto, que le alcanzaran la campera, que no le descorrieran el rímel, que llegaba tarde al concierto de su novio.

Continuará…

AGRADECIMIENTOS

Gracias a Martín Páez Roth, Margarita Páez Richi, Cecilia Roth, Fabiana Cantilo, María Eugenia Martínez Kolodziej, Pedro, Miguelito y Mozart Páez Martínez, Noemí Ledesma, Liliana Herrero, Guadalupe Rodríguez, Pedro, Gabriel y Julia Taboada, Alina Gandini, tía Charito, tía Yiya, Ale Avalis, Martín Rodríguez, Nacho Arteaga, Max Rompo, Wikipedia, Guillermo Carrizo, Alejandra Rodenas, Coki Debernardi, Chicha, Olivia y Pantaleón Martínez Páez, Vandera, Pablo Javkin, Jorgela Argañarás, Nacho Iraola, Camila Fabbri, Enrique Avogadro, Lucas Ávalos, Julieta Ávalos, Nico Wodner, Sandra Bolatti, Germán Risemberg, Hernán Arias, Nicolás Igarzábal, Sandra Randazzo, Diego D'Angelo, Rodolfo González Arzac y Marcelo Panozzo.